桑榆自珍集

涂武生 著

北京时代华文书局

图书在版编目（CIP）数据

桑榆自珍集 / 涂武生著 . —北京 : 北京时代华文书局 , 2016.1
（中国艺术研究院学术文库 / 王文章主编）
ISBN 978-7-5699-0732-2

Ⅰ . ①桑… Ⅱ . ①涂… Ⅲ . ①社会科学－文集 Ⅳ . ① C53

中国版本图书馆 CIP 数据核字（2015）第 318172 号

中国艺术研究院学术文库

桑榆自珍集

著　　者 | 涂武生

出 版 人 | 田海明　杨红卫
项目统筹 | 余　玲
责任编辑 | 宋　春　丁克霞
装帧设计 | 程　慧
责任印制 | 刘　银
营销推广 | 赵秀彦

出版发行 | 时代出版传媒股份有限公司 http：//www.press-mart.com
北京时代华文书局 http：//www.bjsdsj.com.cn
北京市东城区安定门外大街 136 号皇城国际大厦 A 座 8 楼
邮编：100011　电话：010 - 64267955　64267677
印　　刷 | 山东临沂新华印刷物流集团　0539 - 2925888
（如发现印装质量问题，请与印刷厂联系调换）
开　　本 | 710mm×1000mm　1/16
印　　张 | 24.5
字　　数 | 373 千字
版　　次 | 2016 年 4 月第 1 版　2016 年 4 月第 1 次印刷
书　　号 | ISBN 978-7-5699-0732-2

定　　价 | 75.00 元

总 序

王文章

以宏阔的视野和多元的思考方式，通过学术探求，超越当代社会功利，承续传统人文精神，努力寻求新时代的文化价值和精神理想，是文化学者义不容辞的责任。多年以来，中国艺术研究院的学者们，正是以“推陈出新”学术使命的担当为己任，关注文化艺术发展实践，求真求实，尽可能地从揭示不同艺术门类的本体规律出发做深入的研究。正因此，中国艺术研究院学者们的学术成果，才具有了独特的价值。

中国艺术研究院在曲折的发展历程中，经历聚散沉浮，但秉持学术自省、求真求实和理论创新的纯粹学术精神，是其一以贯之的主体性追求。一代又一代的学者扎根中国艺术研究院这片学术沃土，以学术为立身之本，奉献出了《中国戏曲通史》、《中国戏曲通论》、《中国古代音乐史稿》、《中国美术史》、《中国舞蹈发展史》、《中国话剧通史》、《中国电影发展史》、《中国建筑艺术史》、《美学概论》等新中国奠基性的艺术史论著作。及至近年来的《中国民间美术全集》、《中国当代电影发展史》、《中国近代戏曲史》、《中国少数民族戏曲剧种发展史》、《中国音乐文物大系》、《中华艺术通史》、《中国先进文化论》、《非物质文化遗产概论》、《西部人文资源研究丛书》等一大批学术专著，都在学界产生了重要影响。近十多年来，中国艺术研究院的学者出版学术专著至少在千种以上，并发表了大量的学术论文。处于大变革时代的中国艺术研究院的学者们以自己的创造智慧，在时代的发展中，为我国当代的文化建设和学术发展作出了当之无愧的贡献。

为检阅、展示中国艺术研究院学者们研究成果的概貌，我院特编选出版“中国艺术研究院学术文库”丛书。入选作者均为我院在职的副研究员、研究员。虽然他（她）们只是我院包括离退休学者和青年学者在内众多的研究人员中的一部分，也只是每人一本专著或自选集入编，但从整体上看，丛书基本可以从学术精神上体现中国艺术研究院作为一个学术群体的自觉人文追求和学术探索的锐气，也体现了不同学者的独立研究个性和理论品格。他们的研究内容包括戏曲、音乐、美术、舞蹈、话剧、影视、摄影、建筑艺术、红学、艺术设计、非物质文化遗产和文学等，几乎涵盖了文化艺术的所有门类，学者们或以新的观念与方法，对各门类艺术史论作了新的揭示与概括，或着眼现实，从不同的角度表达了对当前文化艺术发展趋向的敏锐观察与深刻洞见。丛书通过对我院近年来学术成果的检阅性、集中性展示，可以强烈感受到我院新时期以来的学术创新和学术探索，并看到我国艺术学理论前沿的许多重要成果，同时也可以代表性地勾勒出新世纪以来我国文化艺术发展及其理论研究的时代轨迹。

中国艺术研究院作为我国唯一的一所集艺术研究、艺术创作、艺术教育为一体的国家级综合性艺术学术机构，始终以学术精进为己任，以推动我国文化艺术和学术繁荣为职责。进入新世纪以来，中国艺术研究院改变了单一的艺术研究体制，逐步形成了艺术研究、艺术创作、艺术教育三足鼎立的发展格局，全院同志共同努力，力求把中国艺术研究院办成国内一流、世界知名的艺术研究中心、艺术教育中心和国际艺术交流中心。在这样的发展格局中，我院的学术研究始终保持着生机勃勃的活力，基础性的艺术史论研究和对策性、实用性研究并行不悖。我们看到，在一大批个人的优秀研究成果不断涌现的同时，我院正陆续出版的“中国艺术学大系”、“中国艺术学博导文库·中国艺术研究院卷”，正在编撰中的“中华文化观念通诠”、“昆曲艺术大典”、“中国京剧大典”等一系列集体研究成果，不仅展现出我院作为国家级艺术研究机构的学术自觉，也充分体现出我院领军国内艺术学地位的应有学术贡献。这套“中国艺术研究院学术文库”和拟编选的本套文库离退休著名学者著述部分，正是我院多年艺术学科建设和学术积累的一个集中性展示。

多年来，中国艺术研究院的几代学者积淀起一种自身的学术传统，那就是勇于理论创新，秉持学术自省和理论联系实际的一以贯之的纯粹学术精神。对此，我们既可以从我院老一辈著名学者如张庚、王朝闻、郭汉城、杨荫浏、冯其庸等先生的学术生涯中深切感受，也可以从我院更多的中青年学者中看到这一点。令人十分欣喜的一个现象是我院的学者们从不固步自封，不断着眼于当代文化艺术发展的新问题，不断及时把握相关艺术领域发现的新史料、新文献，不断吸收借鉴学术演进的新观念、新方法，从而不断推出既带有学术群体共性，又体现学者在不同学术领域和不同研究方向上深度理论开掘的独特性。

在构建艺术研究、艺术创作和艺术教育三足鼎立的发展格局基础上，中国艺术研究院的艺术家们，在中国画、油画、书法、篆刻、雕塑、陶艺、版画及当代艺术的创作和文学创作各个方面，都以体现深厚传统和时代创新的创造性，在广阔的题材领域取得了丰硕的成果，这些成果在反映社会生活的深度和广度及艺术探索的独创性等方面，都站在时代前沿的位置而起到对当代文学艺术创作的引领作用。无疑，我院在文学艺术创作领域的活跃，以及近十多年来在非物质文化遗产保护实践方面的开创性，都为我院的学术研究提供了更鲜活的对象和更开阔的视域。而在我院的艺术教育方面，作为被国务院学位委员会批准的全国首家艺术学一级学科单位，十多年来艺术教育长足发展，各专业在校学生已达近千人。教学不仅注重传授知识，注重培养学生认识问题和解决问题的能力，同时更注重治学境界的养成及人文和思想道德的涵养。研究生院教学相长的良好气氛，也进一步促进了我院学术研究思想的活跃。艺术创作、艺术教育与学术研究并行，三者在交融中互为促进，不断向新的高度登攀。

在新的发展时期，中国艺术研究院将不断完善发展的思路和目标，继续培养和汇聚中国一流的学者、艺术家队伍，不断深化改革，实施无漏洞管理和效益管理，努力做到全面协调可持续发展，坚持以人为本，坚持知识创新、学术创新和理论创新，尊重学者、艺术家的学术创新、艺术创新精神，充分调动、发挥他们的聪明才智，在艺术研究领域拿出更多科学的、具有独创性的、充满鲜活生命力和深刻概括力的研究成果；在艺术创作领域推出更多具有思想震撼力和艺术感染力、具有时代标志性和代表性的精品力作；同时，培养更多德才兼备的优秀青年人才，真正把中国艺术研究院办成全国一流、世界知名的艺术研究中心、艺术教育中心和国际艺术交流中心，为中华民族伟大复兴的中国梦的实现和促进我国艺术与学术的发展作出新的贡献。

2014年8月26日

目　录

第三辑　文化探寻

第四辑　它山之石

附　录

代序：无怨无悔的美学情缘

一 结缘美学感恩祖国

我从小便喜爱文艺，8岁时读小学二年级识字不多，偶然在家中发现一本母亲用来剪鞋样的破旧的插图本《水浒传》下册，一知半解地竟从头到尾读到底，由此开始迷恋和沉醉于中国古典小说。抗日战争胜利后，全家从鄂西恩施山区回到武汉，每天下课回家在路过“生活书店”时，一定要进门站在书架前阅读鲁迅的作品；从《狂人日记》读起，紧接着又读《孔乙己》、《药》《阿Q正传》等等，直到傍晚书店关门。新中国诞生后，全家移居湖北浠水小城，在这里读高中期间先后成为《新青年报》、《展望周刊》、《读者通讯》和《湖北日报》等报刊通讯员。

1952年考入长春东北人民大学（今吉林大学）中文系，校长是著名历史学家吕振羽，教务长兼中文系主任为龚依群。由于这所学校的前身是“抗大”式的东北行政学院，保送的调干生很多，我在系里属于年龄最小的之一。当时经全国院校调整，从北京大学调到这所学校的有著名教授杨振声、冯文炳（废名）等，他们教我们文学理论和写作课。也许冯老师是我的老乡湖北人，对我特别亲切、关爱；他有好几次把我叫到教研室，同我单独讲解我写的作文，肯定其中的优点和一些比较好的文句，同时又指出某些错误和不足，并让我当面自己修改和纠正。我到苏联后还曾与他通信，直到他眼睛失明才中断联系。

幸运之神不知为什么总会降临，我刚入东北人民大学这一年，中苏两国签订了《关于中国公民在苏联高等学校学习之协定》，决定大规模派遣留学生到苏联，而第二年暑假学校就通知我到沈阳参加留苏预备生考试。我们一共去了20多人，结果只有8人被选中。1953年8月我们到北京俄文专修学校留苏预备班集中，主要任务有三项：一是强化俄语训练，争取达到听读讲写能力；二是接受政治考察，交代个人历史和家庭社会关系；三是锻炼身体，保证五年内能坚持学习。在前后近一年的时间里，在这里只学两门课：马列主义基础和俄语，而俄语又包括阅读和听写。至于到苏联进哪个学校和读什么专业，当时根本没有考虑也一无所知。

在乘坐前往莫斯科的火车上，从广播中才听到我们每个人将到苏联哪个学校和什么系学习。我一直认为我会学文学，但从宣读的结果中却知是分配到莫斯科大学哲学系。虽然像许多同学一样出乎意料，可并没有在思想和情绪上引起太大的波动，因为只要能出国到苏联去学习，那就是极大的荣幸和骄傲，一切服从党和国家的需要。尽管如此，我仍然恋恋不舍我的文艺爱好；当进校后知道哲学系有唯一与文学艺术有密切关系的美学专业时，毫不犹豫地便选择了它。这个决定经我国驻苏联大使馆同意并批准后，我和另一位同学杨汉池（后来他是我的入党介绍人之一），便成为共和国派往国外最早的两名攻读美学专业的留学生，美学的情缘由此而来并终生不悔。在离开满洲里的中苏边境线上，我们向高高飘扬的五星红旗举手敬礼，心中不断地宣誓般重复说：祖国母亲，请您放心，您的嘱托，铭记终生！

二 苏联教授美学启蒙

在苏联莫斯科大学的5年学习生活，使我真正跨入到神圣的美学殿堂。青春的年华，阳光明媚、充满活力；每时每刻，离不开书本。除了上课听讲，每天清晨起床早餐后，便一头钻进图书馆，直到深夜11时左右才回到宿舍。莫斯科列宁图书馆、苏联科学院图书馆、莫斯科大学山下和列宁山上的图书馆，都是我们经常出入的场所。下课后最大的业余爱好，就是与同学们一道，到高尔基大街逛书店。新书店、旧书店、外文书店、专业书店，几乎家家都要光顾；书架上展示的各种版本、不同文字的大大小小书籍报刊，形形色色、琳琅满目；有时发现一本喜爱的书刊，如获至宝、如饥似渴，迫不及待地立刻买回细读收藏。我至今仍保存一部1940年由苏联国家社会—经济出版社出版的俄文版黑格尔的《美学》，如今在俄罗斯也成为珍本。

莫斯科大学是苏联最著名的高等学府，历来是著名专家学者济济一堂。开始几年哲学系在红场附近，我们通常都是先乘无轨电车再乘地铁赶到学校。每周的课程最初是6天，后来改为5天，每天都排得满满的；有大课也有小课，除必修课外，其他课任学生挑选。与我国的学校不同，这里没有8小时工作制，也没有固定的就餐时间。课程多时，从早上7点半一直到晚上9点半都要接着上课；只有课间的15分钟休息。吃不上午饭是家常便饭，用几片面包和一杯饮料替代，晚餐有时便变成夜宵。但从未听说过大家有任何怨言，因为专心听课努力学习对我们不是负担，而是每个出国学子的自觉需要和兴趣。我们如饥似渴、争分夺秒，在课堂上听教授们讲美学，总是早早地去抢占前几排座位，以免漏听重要的亮点和内容。

阿斯穆斯是给我们上西方美学史的老教授，那时已年过花甲。他满头白发，精神抖擞，刚跨上讲坛便滔滔不绝、口若悬河。早在20世纪30年代，他已经是莫斯科大学哲学系知名教授，并且编辑、翻译了有权威性的《古希腊罗马思想家论艺术》一书，这是苏联高等院校美学专业学生必读著作之一。他精通希腊语、拉丁语、德语、法语、英语等七八种语言，学识渊博、见多识广，据说在天文学方面也是数一数二的专家。讲课时他不爱照着讲稿念，通常只带一份提纲，有时再多带几本书。书大多是原文版，边讲边随意翻开念一段，然后让学生们课下找来读。他不硬性规定听讲人做笔记，只要把握要点真正理解就行。听他讲课很费劲，必须在课前、课后将指定的原著先读过再复习才能适应。康德的“三大批判”（《纯粹理性批判》、《实践理性批判》、《判断力批判》），起先我阅读中文译本如同看天书，不知所云。经他在课堂上讲过几次，前前后后，豁然贯通，读俄文译本也不觉得那么难，口试时有的段落居然能用俄语背下来。

比阿斯穆斯小两岁的另一位著名教授顿尼克，在我出生那一年已是莫斯科大学教授，20世纪50年代已成为苏联科学院通讯院士。在我的印象里，那时他在国内外的知名度似乎超过阿斯穆斯（从1943年开始，每年苏联科学院院士选举，阿斯穆斯都被提名，可由于他的“历史问题”一再落选）。《苏联大百科全书》第一版的《美学》条目，就出于他的手笔。我国在20世纪40年代，翻译并出版过他的《美学的基本问题》，50年代又出版过《马克思主义的美学观》。列宁格勒大学美学教授卡冈曾经说：登尼克发表在《马克思主义旗帜下》的美学文章，是“对30年代苏维埃美学科学积极发展的结果进行了总结”。他同样精通多种语言，有一次课间休息时还问我，中文的每个字看上去好像是一幅画，到底如何才能学好。对西方哲学史上的经典著作，他熟门熟路、了如指掌。讲课时一字一句、铿锵有力，抑扬顿挫、逻辑性强。考试时他特别看重是否读过原著，有时让学生先背某部书的目录，然后再谈心得体会；背不下来就请回去从头至尾再读一遍，过几天再来补考。

当阿斯穆斯和顿尼克已成为莫斯科大学哲学系教授时，奥符相尼柯夫仍是系里的研究生。50年代他给我们讲授“现代资产阶级美学”课，还是副博士和副教授，刚刚进入不惑之年。每次讲课前他都准备了比较完整的讲稿，有的还油印出来供学生备用。但在课堂上却不照本宣科，而是以讲稿为提要补充大量的有关资料来印证和说明。听他讲课比较轻松，但要专心致志，不然就会漏掉一些重要的信息。奥符相尼柯夫博古通今、著作等身，既对俄罗斯和西方古典美学思想有相当系统的了解和研究，又及时关心和非常熟悉国内外的美学动态。他的著作中有大量的对西方现当代美学思潮的批判，可从不反对学生们去接触和阅读这些书刊。在和我们的交谈中，他常常说：要先掌握第一手材料，然后才能真正用马克思主义的观点、方法去分析、批判，不能先入为主、凭空想象。学生们向他诉苦，说指定的参考书实在太多，来不及阅读。他毫不犹豫地笑着回答：书读得越多越好，不要怕书；有的书精读，有的读个大概；有的可以当枕头，有的只能垫脚，有的看完就扔掉！

教我们“美学原理”课的老师叫斯卡捷尔希科夫，他比奥符相尼柯夫的年纪还要小。那时，他既是莫斯科大学的哲学副博士，又是莫斯科音乐学院的副教授。可能是年龄的关系，与学生们相处得最融洽、最随和的老师就数他。在同学们的眼里，他年富力强、年轻有为，举止潇洒、风流倜傥。上他的课是最活跃、最热闹、最不受拘束的；往往是他在台上眉飞色舞、谈笑风生，台下则兴致勃勃、交头接耳，不时被他讲的趣闻逸事、插科打诨引得哄堂大笑。讲课开始时，他总爱问大家最近看过什么戏或电影、电视节目，听过什么音乐会，参观过什么展览馆、博物馆，读过什么新诗、新小说，然后让大家发表意见、交换看法。莫斯科大学旧校舍位于市中心莫霍瓦亚大街跑马场附近，那里新建了一座大展览厅，经常有美术和其他展览。有几次他就把课堂干脆搬到那里，边看边讲边议论。他还乐意同学生一起到剧院、音乐厅、电影院去欣赏节目，回来后集体讨论、分析、研究。他的教学原则是：美学理论与艺术实践密切结合，书本知识重在运用。

我的毕业论文指导老师福明娜教授，1906年生，1951年成为莫斯科大学哲学博士，是著名的俄罗斯美学思想史，特别是普列汉诺夫研究专家。她像母亲对待儿女般爱护和关怀中国留学生，细心照料、体贴入微。我们对俄罗斯美学历史异常陌生，即使是苏联同学对当时一些加盟共和国少数民族思想家的美学思想，过去也很少接触。因此，她讲的那些美学古典著作，常常名字都记不住，听她的课真是“目所未见、耳所未闻”，迷雾重重、一筹莫展，百思不得其解。她耐心地安排我们课外抄苏联同学的笔记，再细读一些原著，按年代梳理、综合，慢慢才进入状态。我的选题本来属于理论范围，不知为什么却指定由她担任指导老师。她专门给我开了一张书单，让我先读有关的美学和文艺理论论著；再教我拟一个大纲，确定主要论点和论据，经她修改后再动笔。那是我用俄文撰写的第一篇长文，语言文法有不少错误。她不仅一字一句地细心修改，帮我润色，还向我详细解释错在何处，为什么要这样改。有的地方，等于重写。这篇论文以优秀成绩顺利通过答辩，实在归功于她。

莫斯科大学哲学系的课程很多，除了以上的美学专业课，5年内还要通过20多门课的考试、考查。它们包括“辩证唯物主义”、“历史唯物主义”、“资本主义政治经济学”、“社会主义政治经济学”、“联共党史”、“外国哲学史”、“苏联人民哲学史”、“马克思列宁主义哲学史”、“现代资产阶级哲学和社会学”、“宗教和无神论史”、“逻辑学”、“心理学”、“教育学”、“高等数学”、“普通物理学”、“理论物理学”、“生物学原理”、“近代和当代史”、“哲学课程教学法”、“文化工作基础”、“第二外语”、“体育”，等等。另外，还有一门“军训”；因为按照苏联当时的规定，未服兵役的大学生，一律要在学校通过军事训练课程。刚进哲学系时，校方原准备安排我们入学后第一年先学俄语，然后再去听课。可大家为了节省国家的费用开支，没有同意，坚持用5年时间学完全部课程，并且人人都取得优良成绩。以上这些课目的内容，有的在考试、考核通过后，就几乎忘得一干二净；可它们扩大了我们的眼界和拓宽了知识结构，我们打下了比较扎实的基本功，对美学的基础训练还是相当必要和有用的，终生受益匪浅。从莫斯科大学毕业回国后，再也没有这样难得的系统学习的机会。

三 拳拳之忱刻骨铭心

1959年7月，我们告别莫斯科回到祖国，在北京外国语学院集中学习和等待分配。抵达北京的第二天，《人民日报》刊登的新华社电讯稿的标题是：《祖国建设战线又添新军——400多名留苏学生学成回国》。随后，党和国家领导人刘少奇、朱德、周恩来、彭真、李富春、聂荣臻、陈毅、郭沫若、周扬、杨献珍、杨秀峰等在中南海怀仁堂接见我们，并一起合影，我至今仍保存着这张珍贵的照片。过了几天，我们又有幸参加了天安门广场上的国庆10周年的盛典。随后，当宣布我和在莫斯科大学同班一同学习美学的同学杨汉池两人，都到中国科学院文学研究所工作时，我又惊又喜；想不到经过6年多的岁月流逝，从东北人民大学中文系到国外学哲学，又转回国内到文学研究所研究美学。多年后我才知道，我俩调入文学所工作，是与何其芳、蔡仪的争取分不开的。那时国内的美学大讨论仍在持续，他们向周扬提出，希望加强文学研究所的美学研究，调进一些美学专业的大学毕业生，充实文学所的力量。周扬对这个要求相当重视，于是向有关方面建议，将我俩选派到文学研究所。

50年代初成立的中国科学院（现为中国社会科学院）文学研究所，不愧为国内一流的声名显赫的最高文学研究机构，所内除了有过去在延安生活和工作过的一大批老文艺家，如何其芳、毛星、贾芝、力扬、曹葆华、卞之琳、路坎、陈涌、井岩盾、王燎荧、朱寨等，还有像俞平伯、钱锺书、陈翔鹤、王淑明、孙楷第、王伯祥、余冠英、李健吾、杨季康、唐弢、陈友琴、潘家洵、罗念生、缪朗山、戈宝权、叶水夫、张白山等党内外著名学者，他们的论著和作品不少都是我读过和喜爱的。协助何其芳管行政事务的副所长，则是黄克诚的夫人唐棣华；而文艺理论组组长蔡仪更是我早就仰慕的美学家。这些前辈们几乎个个“学富五车，书通二酉”，著作等身、德高望重。

文学研究所的所长何其芳，那时正密切关注我国学术界开展的美学大讨论，对我俩抱有很大期望。记得刚到所里报到时，他就笑眯眯地对我们说：你们是祖国派往苏联的头一批美学留学生，在莫斯科大学学习了5年，肯定是有不少收获的。国内目前还没有这么优越的条件，美学研究才刚刚起步，很需要有扎实的美学功底的科研人员。蔡仪同志是所内唯一专门研究美学的专家，是国内美学界一派的代表，你们就到理论组与他一起工作吧！接着他又补充说：现在我们只有哲学研究所设有专门的美学组，文学所是由蔡仪负责的理论组研究美学，这样也有好处。美学研究要联系实际，结合实际，要多研究一些现实生活中和文学艺术中存在的问题；抽象的理论问题也要研究，比如美的定义、美和美感的关系、什么是艺术美等一大堆理论问题都值得研究。但是不能总是从概念到概念，从定义到定义，从理论到理论，总得关心一般人感兴趣的许多美学问题。即使讨论的问题是很抽象的，也要通过一些具体的论证，用一些实际的生动的例子来深入浅出地说明。否则，圈子会越来越窄，路子会越来越死。文学艺术是离不开美的，我们不是唯美主义者，可思想内容好却吸引不了人、打动不了人的作品，为什么不受欢迎呢？仅仅只有内容好的诗，就不一定是好诗。这里就有一个艺术美的问题，美学问题。因此，你们到文学所来工作，不是没有作为，或者只是小有作为，而是“广阔天地，大有作为”呢！我们不能不为他的真诚和热情所打动，不仅连连点头称是，还从心底里感受到一位德高望重的长者对后学的拳拳之忱！

然而，当我们特许休假一月回乡探亲，再到文学所上班时，气氛却完全改变了。在建国门内5号院“六号楼”里大会议室内，挂满了党内整风反右倾的大字报。庐山会议的文件，回国集中学习时便听过传达，并且还结合自己的思想学习和讨论过。但这次运动竟然与文学所挂上了钩，而且一开始就如同暴风骤雨，铺天盖地地冲击着这个学术研究机构，那是做梦也未想到的。原来，作为副所长的黄克诚夫人唐棣华，尽管她在北京家中，对庐山会议一无所知，但仍然被确定为重点批判对象，上面要她揭发、交代与“反党集团”的关系，彻底划清界限。不仅如此，由于文学所有唐棣华，属于领导成员的党员干部，也都成为重点检查批判的对象。只是与唐棣华稍有不同，何其芳、毛星和蔡仪三位所内的党员理论家，重点是对照检查自己的学术思想，并号召全所的党员干部（后来又扩大到全所工作人员），一起来系统地揭发批判。因为我和杨汉池俩人的专业是美学，于是整风领导小组便布置我俩分工查阅蔡仪的所有论著，找出问题，写大字报，整理批判稿，准备在支部大会上作重点发言。

这是我走向社会参加工作后，接受党组织交付的第一项任务，也是第一次真正参加国内的政治运动。真是“初生牛犊不怕虎”，夜以继日、认认真真地读完了蔡仪的《新艺术论》、《新美学》和《唯心主义美学批判集》等著作，然后又绞尽脑汁、花尽心思，细挑和历数其中的“错误”和“问题”，炮制出一大篇发言稿。其中主要的观点和内容，就是将在苏联学过的那些似懂非懂的条条框框，生搬硬套、生拉硬扯地堆积在一起，用它们去对照和衡量蔡仪的论点。特别是借助和搬弄在美学讨论中不同意蔡仪观点的社会学派，对他的美学思想进行了武断的批判和上纲上线。因为组织上一再地对我嘱咐："一定要把大是大非问题弄清弄透"、"一定要尖锐批判和热情帮助相结合"，打破情面，抛弃顾虑。我的发言带有一定的"专业性"，许多同事听后觉得茫然。但整风领导小组却相当肯定，让我整理成书面稿打印出作为"简报"；我为顺利完成组织上交付的任务，感到心安理得、处之泰然。

按照国内当时的规定，大学生（包括留学生）毕业后参加工作前，要下到基层劳动锻炼一年。那年，中国科学院哲学社会科学部总共有百余人和我一起到山东兖州下放劳动；文学所由我带队任小队长，离京到一个生产队担任兼职副支部书记，同10余位年轻研究人员（大多是当年分配到所的大学毕业生）下乡与农民一起同吃、同住、同劳动。就在动身的前两天，其芳同志约我到他家中去谈话。那是晚饭后他还未开始写作前的一段时间，家里只有他一人在等我。谈话是从我们要下乡到农村去开始的，他先问我有没有做好准备？还有什么困难？我很干脆地回答：目前在京单身一人，无牵无挂，说走就走！他接着向我简单地一一介绍了所内下放人员的情况，并语重心长地解释说：这次安排你带队到农村下放锻炼，是所内领导班子反复研究讨论后决定的。这是一次很好的机会，也是对个人很好的考验。目的是到基层去一边劳动、一边接触群众，提高自己的政治思想水平和工作能力。他结合自己曾经到农村参加土改的体会说：要把参加劳动与提高思想水平和工作能力结合起来，不能单纯地劳动。和农民一起下地干活是主要的，但是还要抽时间联系群众、搞调查研究，兼做一些基层工作；如果有条件的话，最好还要学学外文、抓点业务，不要把美学丢掉了。他建议我带上一两本俄文美学书，闲时翻翻，一来可复习外语，同时也不会忘记美学。

我知道晚上的时间对他十分宝贵，站起来准备告辞；没想到他摆摆手让我重新坐下，表示他的话还未说完。沉思了片刻，他终于开口了。语气很平静、委婉，声音尽量压得很低，态度显得更为严肃和郑重。在浓浓的纯粹四川的口音中，他两眼透过深度的近视眼镜直对着我说：“你是专门研究美学的，这样的人才我们现在很需要，很宝贵。前一段时间在报刊上发表了不少关于美学问题的文章，讨论得很热闹，争论得相当激烈。可是，存在的问题也不少；很多人都是半路出家，说得不好听，有点赶时髦。有的人连对方的意思都没弄懂，就劈头盖脸对别人乱批一通，这怎么能叫人信服呢？”我担心他过于激动，想插句话缓和一下，他却加快了节奏继续说下去：“美学研究是非常复杂和困难的，不能简单化、绝对化，要下大功夫才会有真正的成果。我对蔡仪的美学观点并不完全赞同，可用美的社会性来替代美的客观性就彻底解决了吗？”他自问自答并带着嘲讽的口吻笑着说：“举个简单的例子吧！《人民日报》发表过一篇批评蔡仪同志的文章，其中说我们的国旗五星红旗为什么美呢？那并不是一块红布和五颗星本身有什么美，而是因为它代表了我们伟大的社会主义祖国才具有美。可是，在中国人民政治协商会议开会投票确定国旗的时候，一共提交了几十个图案让大家选择；坐在我旁边的一位委员，就投票赞同会议推荐的另一个图案。而我则和大多数代表，选定的是五星红旗图案，结果它被确定为中华人民共和国国旗。那位教授问我：你怎么知道这个图案会选中？我回答说：我只是感到这个图案比推荐的更美！可见，五星红旗在未被确定为国旗前，就至少被大多数代表认为是美的。因此，仅仅用社会性来解释美，是说不通的！做学术研究不是那么容易的，你们还得加倍努力才行。”显然，其芳同志对我说这番话，是经过认真思考和准备的。他没有直接说是在和我商榷或争辩美学问题，更没有摆出一副领导者或前辈的架势，教训和批评我的浅薄和幼稚；可是，我一边听着他相当自信和自持的谈论，一边已明白他的苦口婆心和推心置腹。当我从东单附近的小胡同拐到宽敞的长安大街时，两旁的路灯已将街道照得通明。一轮满月悬挂在蓝天，无数的星星向着我闪闪眨眼。街上的车辆和行人很少，空气格外的清新。我漫步在长安街上朝着东方的所内缓缓走去，一股说不清的难舍难分之情，在心底里不断翻腾。

四 初出茅庐风云突变

在山东劳动锻炼一年期间，正是新中国遭遇三年困难时期的最高峰，国内遇到特大自然灾害，国外与苏联关系恶化。我们在农村每月补贴的38斤粮票，全部交给队里食堂，与农民一起吃大锅饭。等到青黄不接的断粮期，只能以红薯叶和野菜充饥。锻炼期满回到北京时，人人都患有营养不良的浮肿病。何其芳与所领导看望我们后，立即嘱咐食堂给每人每月一斤黄豆和一斤红糖补充营养，一边休养一边作总结。他让我们多读几遍毛泽东的《和美国记者安娜·路易斯·斯特朗的谈话》，告诉我们愈是在困难的时候，读这篇著作的体会愈深。

回到理论组即恢复研究工作，组长蔡仪对我说，周扬交给我们组一项任务，要编写高等院校的文科教材《文学概论》。理论组绝大多数研究人员，都投入到这项工作，个人的研究课题，一律暂停。不久，我们和从全国各地调来的一批高校老师，集中到西郊中央高级党校的教材编写组。蔡仪早就想修改和重写40年代出版的《新美学》，可一直未能如愿以偿。这时，周扬又指定他为《文学概论》主编，不得不勉为其难，做出牺牲。但他还是尽心尽力地全力以赴，按照要求带领大家认真负责地去完成任务。最初，《文学概论》编写组全体人员都集合在一起，进行编写和讨论书稿提纲；后来根据上面的指示，将这个组的成员一分为二，调一部分人同时编写另一部教材《学习〈在延安文艺座谈会上的讲话〉》，由王燎荧负责，我即被调到这个新的教材组。

这是我第一次参加集体编写书稿，当时在中央高级党校集中的教材编写组，还有唐弢主编的《中国现代文学史》和王朝闻主编的《美学概论》，相当热闹。我们这些20世纪30年代出生的、刚刚从大学毕业的人，在这里属于“小字辈”；老一辈美学家和文艺家对我们寄托着极大的期望和无微不至的关怀，言传身教，身体力行。蔡仪从文学所图书馆借了一大批有关的书，还把个人的藏书也搬到组里；每次集体讨论前，他都要求大家一定做好充分准备，发言不要空谈。我对编写文学教科书的兴趣不浓，他多次做我的说服教育工作，说美学虽然不完全等同于文艺理论，但却包括文学艺术理论，而且还是重点研究对象。他本人就是先撰写《新艺术论》，然后才转到《新美学》的研究的。他又提醒我说：你们在国外学习五年，脱离了国内的实际，要抓紧时间补课。另外，还要勤动笔多写文章，开始写点小东西，什么都可以，用来练笔；然后逐渐转入写学术论文，写一遍不行再多写几遍，多听取意见，反复修改，不苦练是不行的。

1961年2月27日，《新建设》杂志在北京的北海公园召开“探讨美学研究中的几个问题”的座谈会。蔡仪提出让我们几个刚从国外回来的大学毕业生也去参加学习。这是我第一次出席国内的美学讨论会，也是第一次见到美学界著名人士宗白华、朱光潜、金维诺、马奇等。给我印象最深的是，当时有不少人针对姚文元在《文汇报》上发表的《照相馆里出美学》和《论生活中的美与丑》两篇文章，提出了不同的意见，有的还相当尖锐。例如，朱光潜说：研究环境布置、生活趣味、衣裳打扮，以至挑选爱人等美学问题的提法，尽管侧重现实这一正确方面，却把“现实”了解得太狭窄了，它们不应与“艺术创造”并列。而马奇更是认为，姚文元的美学研究很难避免方法上的“烦琐倾向”，“既简化了客观事物的多样性，也必然排斥了艺术反映的多样性”；“如果按照这种理论去研究美学，势必会造成取消美学之为美学”。我在会上没有发言，但会后应编辑部要求，补写了一篇关于美学对象问题的书面发言稿。文中对姚文元的看法，附带地提出了一点个人的意见，认为把现实中存在的一切与美有关的问题，都归纳到美学对象中来，把它们都叫作美学问题，不够恰当。作为一门特殊科学的研究对象来说，美学与其他科学一样，不可能包括全部有关的包罗万象的问题，而只能是带有发展规律性的问题，是对这些知识性认识的系统化，或者叫作知识体系。这番见解，自然非常浅薄；想不到几年后在“文化大革命”中，竟然也被搜罗出来，成为“炮打无产阶级司令部”的重要证据。我看到大字报后，感到似是而非、哭笑不得。

在高级党校参加蔡仪主编的《文学概论》编写讨论的闲暇中，我偶尔翻阅《人民音乐》杂志，读到一篇关于音乐的社会功能的文章。因为有些内容是我的毕业论文涉及的，于是提笔写了篇《从音乐的社会作用谈起》的争鸣文章，投寄到编辑部。没有料到，这篇相当粗糙的东西，过了没多久即发表在1961年第6期的刊物上。它是我正式参加工作后发表的第一篇长文，也是第一篇带有一定理论性和学术性的文论。相隔近20年的20世纪80年代初，当《人民音乐》重新复刊，我又主动投稿，写了篇《重谈音乐的社会作用》，表达了经过“劫难”刚刚恢复组织生活后的解脱心境：“粉碎‘四人帮’，文艺得解放，乐坛大变样。喜看新貌，寄托未来，有感于怀，不昧浅薄，愿旧调重弹，再论音乐的社会作用，聊表对我国社会主义音乐之花的深切期望。”我对音乐其实没有什么研究，可说完全是个外行，班门弄斧，徒遗笑耳。有趣的是，几年前我在美国上网，发现我写的那头一篇文章，竟入选《20世纪中国音乐美学文献卷：(1950—1978)》[①]，历史记录，无法回避，是非曲直，后人评说。

我参加《文学概论》的时间只有半年多，随后，按照周扬的指示，“研究所要大搞资料，文学所要有从古到今最完备的资料”，何其芳经蔡仪同意，调我回所专门从事《外国美学思想史》的资料翻译和整理工作。这是一项相当庞大和复杂的工程，从古希腊罗马到近当代，我估计终生投入也难以全部完成。等到我将古希腊罗马美学这部分资料大致翻译整理完毕，“批修反修”头等大事又交付下来，我转向收集和整理“苏联美学界和文艺界的修正主义言论”。1964年9月，由何其芳带队，文学所全体人员到安徽寿县参加第一批“四清”，蔡仪是领导成员之一，我被指定为工作组一个大队的队长。研究工作自然而然全部停顿，《文学概论》编写组自行解散。等到近一年后“四清”结束再回到北京，已是“山雨欲来风满楼”的“文化大革命”的前夕。随着

① 王宁一、杨和平主编，现代出版社2000年版。

十年大风暴的来临，辗转于河南罗山、息县和明港“干校”的“学习班”，不仅我被批斗成为“文艺黑线的接班人”、“赫鲁晓夫的徒子徒孙”，以及所谓“‘五一六’的重要骨干”，美学也变成背负的沉重的十字架。

五 喜看新貌美学翻身

1980年初，在昆明召开了全国美学研讨会和中华全国美学学会成立大会，文学所派敏泽（当时任《文学评论》编辑）和我前往与会。这是新时期美学界的一次盛会，经过十年的“文革”停滞、萧条，美学在中国大地重新露出了生机，高等院校已逐步恢复美学课。那时，由王朝闻主编的《美学概论》，与蔡仪主编的《文学概论》、唐弢主编的《中国现代文学史》一样，都刚刚处于重新修改阶段还未与读者正式见面。因此，在这次会上，许多代表，尤其是一大批高等院校的老师强烈呼吁，希望早日编写和出版供教学使用的美学教科书和系统的美学教材。回到北京后，敏泽和我一起向所领导和蔡仪汇报了会议情况。蔡仪立即表示，作为全国研究美学的最高机构，我们应当不辜负老师们的期望，义不容辞、理所当然地满足大家的要求，集体编写出一本自成体系、自成一家的美学教材来。

随后，经过何其芳和所领导的同意，蔡仪初步确定了编写组成员和计划，召集大家讨论。最初打算敏泽也参加编写，因他忙于撰写和修改《中国美学思想史》和《文学评论》编辑工作等，不得不中途退出。于是，这项任务便由理论研究室美学组杨汉池、王善忠、杜书瀛和我单独承担下来。编写组成立之初，大家便一致同意，这本著作的体系和内容，应当鲜明地、突出地体现出以主编蔡仪为代表的一派的美学观点和思想。参加编写的人员虽分工负责撰写不同的章节，对某些问题可以作一些发挥和补充，但在整体上要保持前后的统一性和连贯性。根据蔡仪的安排，我负责《前言》、第一章《现实的美与美的规律》和第二章《自然美与社会美》三个部分的撰写。蔡仪作为主编，除了承担全书的修改统稿等工作，还亲自撰写其中的两章。

当时，确定《美学原理》的编写工作，分两个阶段进行。第一步，先写出一个详细提纲，确定全书框架，提出主要的论点和论证，为下一步撰写全书作好理论上、材料上的准备。为了写好这本著作，我重新认真学习了蔡仪的《新艺术论》和《新美学》，以及朱光潜的《文艺心理学》，回顾和反思了自己过去的美学观念。还有一些美学大讨论的各家各派的文章，我也细心重读。经过20余年的风风雨雨、坎坷曲折，美学的情结再次紧紧缠绕。然而，当提笔开始写作时，还是遇到许多难题和疑虑，只得不断地向蔡仪请教。那时他已经着手重写《新美学》，常常将他的看法毫无保留地告诉我。其实，他对自己的旧著，是相当严厉地审视和对待的。有一次在他的家中与他长谈，他便推心置腹地对我说："《新美学》是写得不好的，一是受当时条件限制，资料匮乏，无法充分论证；二是有些部分太钻牛角尖，例如美论的第三、四节和美的种类论，都是钻牛角尖的抽象理论；三是内容上有重复，杂乱，如关于方法论的部分就是如此；四是有的论点和提法不周全，有错误，例如主张美是客观的并不错，但说美是事物的客观属性就有欠缺；应当改成美在于事物的客观属性，这样才能避免将客观事物的美和客观事物的一般属性区别开来。因此，这些地方都要重写和修改。从大的体系上来说，我们现在的《美学原理》分为四大部分，即美论、美感论、艺术论和美育论，也更为合理和科学。"老一辈美学家对事业的严肃负责、认真苛刻，严格要求、精益求精，让我感到深受教育、肃然起敬。尽管我竭尽全力按照他的要求撰写这部集体著作的前几章，但初稿送到他那里还是改动很大，有的他不得不亲自重写。

经过半年多的努力，《美学原理提纲》终于写成近10万字的初稿；蔡仪定稿后决定在《美学论丛》第4辑先发表出来，听取广泛的意见。1981年11月，经所领导批准，在武汉召开了一次专门的《美学原理提纲》讨论会。蔡仪亲自主持这次研讨会，参加了所有大大小小的讨论，细心听取来自全国10多个地区50余位代表的意见，认真回答了与会者提出的各种各样的问题。会后，他召集编写组综合这些意见，又进一步对提纲作了补充修改，由广西人民出版社于1982年10月出版单行本；1984年6月，再由漓江出版社重印出版。1983年初，我受蔡仪委托，带着这本书前往广西桂林参加全国社会科学重点研究项目会议，将《美学原理》正式申报为“六五”计划哲学社会科学重点课题。会上，特别令我印象深刻并感动的是，钟敬文老先生高度赞赏和推崇蔡仪的美学思想，率先表态同意将《美学原理》列入“六五”规划重点科研项目；接着，绝大多数与会专家学者也给予这一课题充分肯定，只有一位上海的教授表示出一点异议，但最后还是全票通过评定。

蔡仪和编写组听取了我的汇报后，为了保证这项课题的质量和按期完成，决定对原提纲的结构和内容再一次作重大的调整和补充。删去了原提纲与艺术概论相似的部分，如《艺术的内容和形式》、《艺术的创作》，增加了《美感的情绪活动与几种美感形态》一章，这就更加符合和突出美学原理的系统性和特点。我承担的几个部分，没有改动，因此写起来相当顺手。后来，蔡仪建议我先将第一章《现实的美与美的规律》，改写为《申论马克思提出的“美的规律”》一文，单独发表在他主编的《美学论丛》第5辑。1984年底，《美学原理》全部定稿并送交湖南人民出版社出版。次年7月在北京西郊又召开了一次研讨会，会上，国家教育委员会教材办的代表宣布，已将此书列为高等院校文科教材上报。不久，便传来已被正式批准的消息。与蔡仪主编的《文学概论》有天壤之别，《美学原理》从酝酿到启动到出版，前后不过五年时间，这是蔡仪最初没有想到的。他在寄给国外女儿的信中写道：“我在改写《新美学》第二卷稿，大约已有少半，十一二万字。还有多半，明后年可完成。八月间我们召开《美学原理》一书的讨论会，曾经告诉过你吧！我说一定要把会开好，要打一个翻身仗。现在这书已经教育委员会批准，作为美学教材，这个目的总算达到了，这是最近感到非常高兴的事。”蔡仪的高兴，当然也是编写组每一个人的高兴！

六 科技美学抛砖引玉

从干校回到北京的相当一段时间，文学所和当时的中国科学院哲学社会科学学部其他所、室一样，处于等待布置下一步工作的阶段。对我的政治结论还未做出，组织生活没有恢复，许多活动不能参加。趁这个松懈的无人过问的空隙，我便经常到北京图书馆和中国科学院图书馆去翻阅外文报刊和书籍，想了解一下对外封闭十年之久的学术动态。真是“不看不知道，看了吓一跳”。从20世纪60年代中到70年代末，世界发生了难以想象的变化，仅以苏联美学来说，从“审美文化”、“科技革命与美学”，到什么“技术美学”、“生产美学”、“劳动美学”、“三论”美学等等，都是我在读大学时闻所未闻、见所未见的。从这些不同的新型美学分支学科的涌现中，我感到美学科学随着时代的步伐，在国际上已经是日新月异地在快速发展和进步；如果我们不去立即奋起直追，就可能难于迎头赶上了。

于是，我将陆续收集到的一些苏联美学资料，分门别类地加以梳理，写了一篇《苏联美学研究中的几个问题简介》，交给蔡仪审阅参考。他看后提出了一些意见，经过补充和修改后，用“武生”的笔名，发表在创刊不久的1980年8月出版的《美学论丛》第2期上。这篇资料的最后一节的标题，便是《关于技术美学等问题》。随后，我在《北京科技报》《光明日报》等报刊上，又写了几篇介绍“技术美学”的短文。它们引起了科技界、学术界和美学界的热烈反响，从不同领域和视角介绍和探讨的文章，一时如雨后春笋般地出现。到80年代中期为止，我读过的有关文字就有50余篇。那是我国美学发展史上的又一个高峰期，在百花齐放的美学苑园中，科技美学显示出特有的魅力。

当技术美学在我国被人们初步认识和了解后，它的意义和作用越来越多地得到有关方面的关注和重视，许多读者纷纷给报刊或我个人写信，索要有关的资料。例如，由《北京科技报》转寄给我的北京邮电学院何志诚教授的一封信，便恳切地写道：“我是邮电学院的制图教师，对于工业产品的造型与色彩设计很有兴趣，对技术美学想作进一步研究，并想在年内能开一门选修课。读了您1980年11月7日在《北京科技报》发表的《技术美学》的大作后，很受启发，很想找些有关的书刊杂志学习。因此，写了这封信向您请教，希望能得到您的指教和帮助。”他还详细地列出了想进一步了解的技术美学发展史和国际上研究、应用的情况等问题。全国各地各行各业寄来的这样的信件，我收到的越来越多，一一回复已不可能。加上还有不少国外的材料，那时国内没有介绍和翻译，于是我加紧对它们进行翻译和整理，想为大家提供一份较为完整和系统的资料。而正好辽宁人民出版社在筹划一套《“面向世界”丛书》，主编沈恒炎向我约稿，我将整理出的材料扩充后交付出版，《现代科学之花——技术美学》一书就是这样问世的。

这本小书受到读者的欢迎，初版即印24000余册，次年又加印20000余册。严格地说，它不是一部严谨的、有深度的研究著作，而属于对一门大家还不太熟悉的新兴美学学科的评介。但是，有一位我至今仍无缘相识的顾国泉先生，对它却给予了很高的评价。他在1987年第10期的《读书》杂志上，以《科学与艺术的“并蒂莲”》为题的文中写道：“涂途同志的《现代科学之花——技术美学》一书，是我国第一部全面介绍和论述技术美学的专著。我觉得，作者在这本较为通俗、浅显的介绍性专著里，只要提拎出与技术美学中心问题相关联的内核就可以了。纵观此书的每个篇章，即‘作为独立学科的技术美学产生的必然性’、‘技术美学的研究对象’、‘技术美学发展的简史’、‘技术美学的主要内容’等等，可察见到一条既清晰明了，又得当均匀的通俗性著作的体系，这对初识技术美学的读者来说，无疑是一本较恰当的入门书，同时，也对探讨有关技术美学理论问题的专家，提供了一些国外的信息。”还说：“总之，此书给我们展示了技术美学这门新课题，使我们领略到技术美学这朵科学与艺术相汇融的‘并蒂莲’散发出的清香和芬芳。”同年，《书讯报》《书刊导报》《花木盆景》等，也发表过介绍和评论。《文摘报》则以《流行色和流行形》的标题，摘录了书中的部分内容。20世纪90年代，台湾有人将此书翻印出版，我一无所知，从网上搜索，果然发现。

这里要特别提出的是，我国著名科学家钱学森对技术美学学科建设的关爱和支持。在我保留的多封书信和亲自聆听他的讲话中，他都对技术美学发表过许多精辟和透彻的看法。《现代科学之花——技术美学》出版后，他委托人给我写了一封长信，阅后慎重地签上自己的名字转交给我。信中写道："我高兴地粗略地拜读了您的大作《现代科学之花——技术美学》。这本书向我国人民通俗易懂地介绍了技术美学的基本内容以及它对我国'四化'建设的意义，相信对我国普及技术美学与工业设计是会有不少帮助的。"同时还说："我不是专门研究美学的，看到美学界出研究成果总是很欣慰的。我也由衷地期望我国的美学家们，能同科技、特别是工业设计工作者结合，以马克思主义哲学为指导，吸取国外有益的东西，在技术美学理论方面，去创立我们自己的、即具有我国社会主义特色的技术美学学科。"我与钱老保持了很长时间的联系，得知他不幸逝世后，我写了篇短文《"跨箭相期星际游"——钱学森与技术美学、文艺学》，发表在2010年第1期的《中华魂》上，聊表对这位"国家杰出贡献科学家"、"导弹之父"的怀念和感激之情。

从20世纪80年代开始，各类有关科学技术美学的论著纷纷出版和问世，据我所知的已近百部。如《科学技术之光——科技美学概论》《技术美学》、《实用技术美学》、《理性与情感世界的对话——科技美学》、《当代美学新葩——技术美学与技术艺术》、《技术美学概论》、《科技美学原理》以及《工业设计全书》等等。这些著作从不同的方面和视角，对科学技术美学进行了比较广泛和深入的探讨和研究，取得了可喜的成果和长足的进展，无论在广度、深度和高度上，都远远超过我最初写的那本小书。它们充分地说明，科学技术美学在我国的普及、应用、研究和发展，都迈上了一个崭新的兴旺发达的全新阶段。北京奥运会和上海世博会的成功主办，再一次证明科技美学的强劲的生命力和活力，也表明有中国特色的科学技术美学和现代化艺术设计，已开始栖身于国际最先进发达的行列。应当说，抛砖引玉、早已过时的小书，多多少少完成了它应有的、微薄的历史使命。

七 独辟蹊径后必知清

我在研究美学基本问题的过程中，深感理论、历史和现状三位一体的重要性。有的美学理论书籍和文章，读后之所以感到空洞抽象、食之无味，原因之一在于对历史和现实都了解甚少，泛泛而论，不着边际。某些基本理论问题，明明在中外美学思想史上有过明确的解答和正确的结论，而有的人或一无所知，或视而不见、闭目塞听，对现实中出现的活生生的现象和事例，或者早已提出的有关争议问题，往往置若罔闻、置之不理，与中外历史和现实生活“疏离”、“错位”和“隔绝”的美学，怎能具有强盛的生命力和活力呢？因此，我在密切关注国内、国外美学动态的同时，把目光和精力重新转向西方美学史。

早在撰写蔡仪主编的《美学原理提纲》和《美学原理》期间，漓江出版社的负责人刘名涛，就向蔡仪提出，希望在“美学热”不断升温的大好形势下，为满足广大美学爱好者的迫切需要，除了编写高等院校教学需要的教科书，最好能再出版一套简明扼要、通俗易懂的美学小丛书，介绍一些美学基本知识。《丛书》按照专题分类，共10册，每册10万字左右，由蔡仪主编。蔡仪和大家商量后，认为此事可一举多得，一方面满足了读者和出版社的要求，另一方面“从我们自己来说，通过这样的专题编写，可以整理原有的知识，同时也可以借此介绍有关的理论，使关心美学的同志有所了解”。于是，他拟定了10个专题题目，即《什么是美学》、《美》、《美感》、《自然美》、《社会美》、《艺术美》、《美的欣赏》、《美感教育》、《中国古代美学概观》和《西方美学史概观》。我自告奋勇承担了最后一项的任务，因为“文革”前我翻译、整理出的关于西方美学思想史的那部分尚未丢失的资料，正好可以用上了。

《西方美学史概观》虽然是作为蔡仪主编的“美学知识丛书”中的一种，篇幅不长，却是一部通史性的著作。在写作的过程中，我从自己初学美学的个人体验出发，尽可能照顾青年读者的接受能力和兴趣。由于篇幅的严格限制，内容上只能抽取西方美学史上有代表性又有影响的美学家及其主要学说加以评介。在按照时间顺序介绍的同时，又注意相近和相反观点的联系和照应；从掌握西方美学史的全貌及其发展线索中，理解美学学说的进化和演变。因此，它属于普及性的、知识性的美学史读物，而不是学术性的研究论著。而且，当时我就发现，它存在不少缺点。一是有些重要的流派和代表人物根本没有提及，有的则论述得过于简略和粗糙；二是因为资料、特别是第一手的原始资料的欠缺，便不得不引用某些间接的材料或转述，难免会产生不准确、不确切的毛病，甚至极有可能产生错误；三是文字上还不够生动活泼，理论上则阐述得不够通俗、易懂。要克服和纠正以上的不足和失误，最佳的选择就是在已出版的朱光潜的《西方美学史》的基础上，再写一部真正完整的、系统的西方美学史的专著。

虽然在蔡仪的吩咐和鼓励下，我曾经将这项困难、繁重的任务列入了个人科研计划，而且作为蔡仪主编的《美学丛书》的一部分；但考虑再三，最终还是决定另辟蹊径，先编写一部《西方美育史话》。因为这是一项开创性的工程，更具有挑战性。真是“无巧不成书”，那时红旗出版社的编辑到文学研究所了解研究人员的现有课题，一眼便看中了它，希望列入他们的出版计划。这无疑加强了我的信心，鼓舞着我将它尽快完成。第一章《众女神争夺金苹果——西方美育思想的萌芽》写成后，再巧遇重庆出版社要推出《美的研究与欣赏》丛刊，主编苏鸿昌来京向我约稿；我抱着试试看的心情，以《西方美育史话》(初稿) 第一章的名目，交出了书的开场白的部分。这篇东西很快便发表在创刊号上，而且还有插图。我原本在每一章都选用几张有关的插图，可出版社因技术和成本原因全部未用。

在《西方美育史话》即将出版的前夕，我请蔡仪作序；那时他正赶写《新美学 · 改写本》，还有一大堆杂事缠绕，处于相当紧张的状态，但竟然一口答应，而且很快就将书序交给了我。他在序中写道：“记得1982年《美学评林》创刊号集稿时，我读到武生同志的《西方美育史话》的第二章《两诗人‘决斗’为桂冠》时，便非常感兴趣，曾表示希望他能把这书稿陆续发表在《评林》上。其后在《评林》上发表的那些篇，我都早已读过，并把已经发表在其他美学丛刊上的也读过两三篇，也都加深了我的印象。一般的西方美学史我虽读过几种，可是西方美育史我在以前却没有读到过。因而，对它不仅在内容上有新鲜的感觉，而写法上也觉得巧妙动人。当然，美育与美学思想的关系是非常密切的，但是两者究竟不完全是一回事，美育还有它的特点。”

他还指出：“我还想说一点，就是这里关于西方美育史的论述，是紧密地结合着社会实际的，这样就能更好地说明美育的社会效益，也是美育本身应有的社会意义。也正因此，我想一般读者不仅可以由本书了解西方美育史的主要过程，还能了解美育发达和社会文化发展的密切关系。美育也许可以看作是社会文化发展的标杆。提倡美育，对于社会主义精神文明建设定有促进作用，可以认为是有历史根据的。”从进入文学所理论组在蔡仪领导下工作，我很少听到他的夸奖；如同像对他自己一样，更多地总是对我们年轻人的严格要求，指出一些存在问题和需要改进的方面，不料这次却是个例外。

王学海在《美与时代》1990年第10期，也发表了一篇短评：《通俗活泼的美文——推荐〈西方美育史话〉》。作者评介说：“我国第一部系统阐述西方美育史的力作《西方美育史话》，日前由红旗出版社出版发行。由于作者写法巧妙，以中国传统的章回小说的手法勾画出具有研究价值的西方美育史，使人油然感到陈旧的历史内容在这里一下变得新鲜耐看了。（如阐述古代希腊两位最杰出的诗人，悲剧作家埃斯库罗斯和欧里庇得斯的大论战为《两诗人“决斗”为桂冠》；讲卢梭及其美育观为《爱弥儿迷恋鲁滨逊》；等等。）特别需指出的是像柏拉图、黑格尔等一些圣哲的美育思想均镶嵌于他们庞大深奥的哲学体系中，作者以故事的形式先将要旨简单明了地点出，然后再运用文艺手法铺陈介绍，使初次接触西方美学（美育）的读者，或者曾对晦涩冗长论文感到头痛的读者，不仅容易消化吸收，而且阅读兴趣陡然倍增！这是本书区别于一般史话的根本特色。”

还有《文艺报》刊登的《〈西方美育史话〉评说》的文章，认为这部著作有以下的几个特点：一、“系统、全面”；二、“史论结合、生动别致”；三、“文笔酣畅，从标题到具体内容叙述，都独具匠心”。文章说：中国近代自梁启超、蔡元培等提倡美育，“一个世纪悄悄过去，直到今天一部全面介绍西方美育史的著作才在神州大地问世，遗憾之余还得感谢作者伏案数载之功”。这些当然都是对我的鼓励和促进。因为这部《史话》仍然存在着许多疏漏，有待修订；而且按照原来打算，仅仅只完成了一半，即马克思主义产生后的百余年的西方美育思想史，还没有续写。其实，我已将资料大体上梳理并准备就绪，章节题目也已初步拟定，同样是20章，写到20世纪末为止。可惜，主观愿望与现实难免会有距离，由于各种各样一时说不清的原因，这个打算一直无法实现，只能留待后人接力了。

八 “三论”美学紧追前沿

我在了解和整理国外美学动态和现状的过程中，对“三论”美学同样产生了浓厚的兴趣。实际上，早在1980年6月27日的《北京科技报》，我就发表过一篇短文：《信息论和美学》。在《现代科学之花——技术美学》一书的开头，我即写道：“技术美学属于现代交叉学科的第三代——横向科学，它与新的科学技术革命中异军突起的‘三论’（系统论、信息论、控制论）可算得上是同一家族的亲姊妹，即都具有由多种科学（自然科学、精密科学、社会科学、人文科学、技术科学）甚至还有艺术等互相渗透、汇流、交融在一起的特点。”然而，与技术美学不同的是，它们的出现和形成，是“与现代社会生产的高度自动化水平，尤其是与电子计算机的发明和应用分不开的”。而20世纪80年代的中国社会，一般人对于电子计算机还相当陌生，与日常工作和生活中运用电脑和多媒体，更相距遥远。那时我对电子计算机一窍不通，也不知电脑为何物。在这样几乎是空白的知识基础上，怎么可能真正理解“三论”美学呢？

我决定提笔撰写《信息论、控制论、系统论与美学》这部小书的动因，首先是受钱学森当面指教的启迪。1985年8月下旬，也就是《美学原理》研讨会召开期间，陆梅林、程代熙以《马克思主义理论研究丛刊》主编的名义，写了封信给钱学森，请他就马克思主义和他构想的科学体系，以及文艺学美学方法论，特别是与系统论有关的问题，谈谈个人的看法。这封信由我转交，钱学森收到后，立即答应在他的办公室接见他们，我作为陪同一道前往。那天钱老的兴致很高，从早上9时左右一直讲到中午吃饭时未停。后经整理成文共分9个问题：1．关于马克思主义哲学的重要意义和科学体系的构想；2．关于系统论的一些问题；3．关于人工智能的问题；4．关于数学方法的运用；5．关于决定论与非决定论以及物质世界的层次（五观）的问题；6．关于文艺理论基本观点与方法的关系；7．关于科学技术对文学艺术的影响及技术美学的问题；8．关于文艺预测的问题；9．关于文艺理论和美学的其他问题。尽管对自然科学和技术领域的一些专业问题，我们相当陌生，但他那高瞻远瞩、高屋建瓴的谈话，还是深深地打动了在场的每一个人。

例如，他一开始就坦然自若、动情地说："我从前在国外，在自己的科研工作中，做了点事，对于应该怎么办事，问题应该怎么看，有一些体会，我自己还蛮得意，因为那总算是自己的心得。后来回到祖国以后，初步接触到马克思主义经典著作，觉得我那点东西就太浮浅了，经典著作里都有，而且比我说得好得多，深刻得多。打那以后我就感到了马克思主义哲学的重要。"又说："我研究系统科学、系统论，从系统工程开始，与实际联系起来。中间层次是技术科学。我把控制论、信息论放在技术科学这个层次，它研究信息的传递、系统的控制。在这个层次还有运筹学等。再上边的一个层次，就是系统学，然后就到了桥梁——系统论。再上边就是马克思主义哲学。"还说："我始终认为，方法是第二位的，根本的认识是第一位的。至于用什么方法，很难说只能用什么方法，不能用什么方法。既可以用这种方法，也可以用那种方法，各有千秋。研究问题的不同层次，可以运用不同的方法。方法是根据问题来选择的。"钱老的这番高论，让我茅塞顿开、信心倍增，如释重负、如获至宝。

另外还有一个重要动因，就是我在书的开头表白的："近年来，在改革开放的总形势下，我国的美学研究也发生了引人注目的变化，其中关于信息论美学、控制论美学、系统论美学等的引进、介绍、探讨和应用，尤其受到学术界的重视和关注。在报刊上，有关这方面的文章时有所见并日渐增多，涉及其中某一学科，主要是系统论美学的专著也开始出现。然而，直到目前为止，还很少见到全面、系统地介绍信息论、控制论、系统论美学的专门著作，特别是综合性地、史论结合地评介这组学科在国外的产生、兴起和发展的历史及现状的通俗性书籍更难见到。因此，许多文章和著作便不免让人感到只是一堆新的名词及术语的搬用、堆砌，少数甚至还有故弄玄虚、牵强附会的。这样，既无益于我们对系统论、控制论、信息论美学的正确认识和理解，更难于开展对这些新兴学科的探讨、研究和运用。看来，对于目前我国还了解甚少，而在国外却早有影响的这群新兴美学分支学科和流派，做一些客观介绍和适当的评论，已成为当务之急。”两个方面重合在一起，再加上读者和出版社的需求，解除了我的顾虑和思想负担，不由自主、甘冒风险，再一次满腔热情地涉足美学的前沿。

1985年10月，由中国艺术研究院外国文艺研究所和华中师范大学联合召开的“文艺学美学研究方法论问题学术讨论会”，进一步推动了我对美学方法论和“三论”美学的探讨。感谢会议的组织者和主持人，安排我在大会上作了题为《美学方法论展望》的长篇发言，同时听到了围绕会议主题的许多博大精深、令人信服的讲话和意见，学习到很多自己短缺的知识。会后，我趁热打铁、一鼓作气地草拟了书的纲要，在不到一年的时间里就完成了初稿。当我写到那最后的一段话时，兴奋和喜悦流淌到全身。我展望未来：“充分地利用现代科学技术的最新成果，千年美学古树定能露出新芽、长出新枝、开出新花、结出新果。信息论美学、控制论美学和系统论美学作为美学科学学苑中的一丛现代科学之花，在我国必将为更多的人移植、栽培和喜爱！”我的这番期待和祝愿，由于电脑和多媒体的普及和应用，跨越到新的21世纪从“中国制造”到“中国创造”阶段，已经部分实现，并且开始融入到我们社会的大街小巷、千家万户了。

1991年3月24日的《中国文化报》，发表了一篇题为《正确评价西方文化思想的可贵探索》书评，认为《信息论控制论系统论与美学》一书，以马克思主义的观点介绍并说明系统论、控制论和信息论的出现，是现代社会的生产力高度发展，尤其是自动化生产高度发展的必然结果。它们不仅是现代科学技术的生长点和前沿，而且作为现代方法论被应用到美学领域中来，形成了信息论美学、控制论美学、系统论美学等最新一代的新兴交叉学科。同时，作者指出，“三论”并非万能，它们无法取代和超越马克思主义哲学。文章写道：本书“以马克思主义为理论指导，对这组新学科在国外的产生、兴起和发展的历史及现状作了综合性的、史论结合的评介，不仅填补了我国美学领域的一个知识空白，而且在如何正确引进和评介西方当代人文科学思潮方面进行了可贵的探索，给人以丰富的思想启迪”。“在近几年介绍西方当代思想文化的各种著作中，无论就知识性、系统性、理论性而言，还是就马克思主义批判精神与科学态度而言，涂途同志的这部新著都是上乘之作。该书更具有语言生动、资料翔实、逻辑严密、观点鲜明的特点，可谓深入浅出、通俗易懂，实为青年朋友增长智慧的良师、科研人员探索真理的益友。”评论的肯定和赞赏，自然多有溢美之词，不过强调要在充分评价和利用“三论”美学的同时，注意把它放在历史和现实的恰当的应有的位置，还是实事求是，十分必要和精当的。

九 自愧自惭，无怨无悔

回首半个多世纪的美学情缘，既诚惶诚恐、自愧自惭，又无怨无悔、心甘情愿。自20世纪90年代初我被调往《文艺理论与批评》和中国艺术研究院工作，因忙于编辑刊物和行政事务等，就不可能一心一意专注科学研究，同自己钟爱的美学专业，也渐行渐远、忽疏忽离。然而，“事有切而未能忘，情有深而未能遣”，美学已化解成红彤彤的浓浓血液，渗透心灵、融贯全身，终生终世都会不停地流淌。新的21世纪已过去10年，世界的大动荡、大变革、大发展，为美学科学带来了新的机遇、新的活力。中国特色的社会主义美学事业，迈进了新的发达兴旺时期。科学发展、世纪神韵、创新理念，为古老而又年轻的科学美学迎来又一个百花盛开、万紫千红的广阔天地。

美学在科学发展的大道上稳步而快速地行进，前所未有、后继有人。

美学在世纪神韵中散发出特有的光亮和馨香，绚丽多姿、光彩夺目。

美学在开拓创新的理念下继往开来、变革扩展，日新月异、异彩纷呈。

美学是具有超常魅力的大众化科学，同是又是与肤浅和庸俗绝不相容的学科。美学的品质是超群的集聚的高雅的美，研究美学必须首先懂得什么是真正的美，以热爱美、追求美、珍惜美之心来攀登美学高峰。美学的星空永远灿烂辉煌，美的彩虹光彩夺目！

年逾古稀，老牛破车，面对美学的前景和未来，自卑尊人、自遣自勉：

“古稀过半路遥远，/扪心自问常自惭；/年华虚度无大器，/薄书数册散小摊！”

“古稀过半路遥远，/长途跋涉休偷闲；/老骥伏枥再扬鞭，/力所能及往前赶！”

“古稀过半路遥远，/珍惜余热勤自勉；/量力而行敲边鼓，/知足长乐乐无边！”

“古稀过半路遥远，/美学情缘一线牵；/征途奋进向前看，/风流人物谱新篇！”

（《美与时代》2010年第9、第10期下旬刊）

第一辑　经典解读

费尔巴哈对马克思早期思想的影响

一

“我长久地探索着，漂游在汹涌的思想海洋里，

在那儿我找到了表达的语言，就紧抓到底。”[1]

19岁的马克思，在他的父亲诞辰55周年之际，奉献了自己创作的一本诗集，“略表永远敬爱之心”。在此之前不久，马克思于1836年10月按照父亲的意愿由波恩大学转入柏林大学法律系攻读。正如青年马克思自己所说，在柏林大学学习的头一年，就使他的思想发生了转变。马克思在这里听了黑格尔的弟子讲授的哲学课，又系统地攻读了黑格尔的著作，并且还加入了新黑格尔派运动中的一个团体。于是，他很快地告别了飞翔于太空之中、徘徊于未知黑暗世界之间的康德、费希特学说，寄希望在黑格尔的哲学体系中，去“深入全面地领悟在地面上遇到的日常事物”。在献给父亲的诗册里，年轻的马克思郑重地抄写了一组题为《黑格尔·讽刺短诗》的作品。这些带着幼稚和狂

① 马克思：《献给父亲的诗册》，《马克思恩格斯全集》第40卷，第651页。

热的哲理诗句，形象而真实地表白了一个正在追求真理的年轻人的心迹：

请原谅我们这些短小诗篇，
对这阴沉的旋律也别见嫌，
我们已陷进黑格尔的学说，
无法来摆脱他的美学观点。[①]

青年马克思对于黑格尔哲学的信奉，也并非是毫无保留的。在敬佩和欣赏这个学说的“最崇高的智谋”和“深邃的奥秘”的同时，他却并不喜欢其中的“离奇古怪的调子”，更对那种故意用隐晦的语言来表示自己的高深莫测的方式表示出厌恶。但是，正处于思想转变、急于探求通往真理航标的马克思，黑格尔哲学的博大精深和睿智的辩证法，却是最具有吸引力和最合口味的了。“我想再钻到大海里一次，不过有个明确的目的，这就是要证实精神本性也和肉体本性一样是必要的、具体的，并且具有同样的严格形式；我不想再练剑术，而只想把真正的珍珠拿到阳光中来。”[②]但是，抽象的思辨的客观唯心主义体系愈来愈使马克思感到，其中固然包含着真正的发光的珍珠，可也有不少污秽、陈腐的粪土。而且，离开了真实的、具体的物质基地，在无所不包的绝对精神中去寻找精神的本性和根源，最后所看到的也不过是斑驳陆离的泡影。作为青年黑格尔派的一个积极成员，马克思用黑格尔唯心主义的观点撰写了题为《德谟克利特的自然哲学和伊壁鸠鲁的自然哲学》的论文，并获得了博士学位。就在这篇论文的撰写过程中，马克思已经发现黑格尔哲学的思辨体系，不可能真正认识古代希腊哲学，特别是像德谟克利特和伊壁鸠鲁这些唯物主义哲学家学说的重大意义。同时，更感到这种客观唯心

① 《马克思恩格斯全集》第40卷，第652页。
② 《给父亲的信》，《马克思恩格斯全集》第40卷，第15页。

主义哲学，在解决思维对存在的关系以及两者的相互的关系时，明显地软弱无力和自相矛盾。这种矛盾在当时是青年黑格尔派成员共有的。

青年黑格尔派开始陷入在矛盾中彷徨并面临着解体的绝境。正在这时，1841年，费尔巴哈的《基督教的本质》一书问世了。它直截了当地使唯物主义重新登上了王座，彻底摧毁了客观唯心主义的体系，并把它抛在一旁。这种深刻而有力的影响，直到晚年还使马克思、恩格斯记忆犹新。恩格斯在将近50年后写道："这部书的解放作用，只有亲身体验过的人才能想象得到。那时大家都很兴奋：我们一时都成为费尔巴哈派了。"[①]接着，费尔巴哈又于1842年写作了《关于哲学改造的临时纲要》，1843年出版了《未来哲学原理》。这些著作对马克思产生了更为直接和强烈的作用。它们不仅促使青年马克思完成了由唯心主义到唯物主义哲学思想的转变，而且其中明确而全面地提出的人本学（或人本主义）原则，成为马克思在曲折的思想发展过程中一个阶段的主导思想。直到1845年春，马克思撰写了"包含着新世界观的天才萌芽的第一个文件"[②]《关于费尔巴哈的提纲》，才最终克服和抛弃了费尔巴哈的人本主义思想，显露出新的唯物主义的世界观的"天才萌芽"。同时，也标志着马克思主义创始人在最严格意义上的青年时期的结束。

《1844年经济学—哲学手稿》（以下简称《手稿》）是马克思于1844年4至8月间在巴黎撰写的一部未完成的草稿，所以一般又称为《巴黎手稿》。它原是马克思为写作《政治和政治经济学批判》而事先准备的札记。但是，由于种种主客观原因，马克思没有继续写这部著作。在马克思生前，这部手稿不仅没有发表，甚至很少为人所知。马克思逝世后，曾经有人向恩格斯建议出版包括这部手稿在内的马克思青年时期的遗稿，恩格斯没有同意。因此，当这部手稿的一部分于1927年首次在《马克思恩格斯文库》俄文版第3卷发表时，便被

---

① 《马克思恩格斯选集》第4卷，第218页。

② 同上，第208—209页。

编者误认为是《〈神圣家族〉的准备著作》并加上了标题。目前沿用的这部著作的标题以及文内的某些插题，都是由1956年苏联出版的《马克思恩格斯早期著作选》及随后出版的《马克思恩格斯全集》俄文第二版第42卷的编者拟加的。

青年马克思的《手稿》是在辞去《莱茵报》主编之后，完成了《黑格尔法哲学批判》一书，并在《德法年鉴》上发表了《论犹太人问题》、《黑格尔法哲学批判导言》期间开始动笔的。正如他自己后来所叙述的那样，写作《手稿》的动因是为了在政治经济学的研究中去寻求对“市民社会”的理解。在《〈政治经济学批判〉序言》中他写道：“为了解决使我苦恼的疑问，我写的第一部著作是对黑格尔法哲学的批判性的分析，这部著作的导言曾发表在1844年巴黎出版的《德法年鉴》上。我的研究得出这样一个结果：法的关系正像国家的形式一样，既不能从它们本身来理解，也不能从所谓人类精神的一般发展来理解，相反，它们根源于物质的生活关系，这种物质的生活关系的总和，黑格尔按照18世纪的英国人和法国人的先例，称之为‘市民社会’，而对市民社会的解剖应该到政治经济学中去寻求。”[①]于是，马克思在巴黎期间便开始进行对国民经济学的研究。这种研究是在以费尔巴哈的唯物主义为思想理论武器、批判黑格尔的唯心论的基础上展开的。

有些同志否认马克思的《手稿》在哲学思想基础上与费尔巴哈的联系和一致性，认为青年马克思只是沿用了费尔巴哈的某些术语，而在实质上这些术语却具有根本不同的内容，因此他便“越出了”费尔巴哈的人本主义，并“同费尔巴哈的人本主义分道扬镳了”[②]。他们甚至还提出，早在1843年马克思就“已回答了费尔巴哈没有能够回答的问题，开辟了通向唯物主义世界观的道路”。从而，马克思便表示出自己和费尔巴哈划清了界限。更有人自称是

---

① 《马克思恩格斯选集》第2卷，第83页。

② 刘纲纪：《正确评价〈经济学—哲学手稿〉》，《江汉论坛》1983年第1期。

“冒天下之大不韪”，宣称哲学人本主义是关于历史的主体性的理论。在《手稿》中，“青年马克思批判了费尔巴哈的理论的人本主义；提出了自己的实践的人本主义”，并由此而得出了“称之为新天人合一论之美学的结论”。①这就不仅牵涉到对《手稿》这部著作的理解和评价，更重要的是如何看待哲学上的人本主义，以及马克思主义与人本主义是否有本质上的区别的原则问题。

无可置疑，对于研究马克思思想的形成和发展来说，《手稿》确是一部相当重要的文献；同样地，在这部未完成的手稿中，包含着不少美学问题值得进一步探讨。问题在于，如同对待任何马克思主义的经典著作一样，也应全面地、完整地、历史发展地来看待这部有意义的《手稿》。马克思主义是一门完整的、严密的、系统的科学，是在批判地继承了前人的优秀理论成果的基础上，结合无产阶级的革命运动实践而逐步形成的。因此，它必须要经历萌芽、产生、成熟、发展的过程。无论是马克思还是恩格斯，都经过了由唯心主义到唯物主义、由革命民主主义者到共产主义者的重大转变。

处于马克思早期思想过渡阶段草写的《手稿》，一方面可以看出他已经在许多问题，其中包括某些美学问题上超出了当时德国的思想的最高水平，具有独特的、深邃的思想；另一方面，却又明显地残留着“过去的遗迹”，特别是费尔巴哈人本主义原则的深重的、浓厚的影响。总的说来，作为马克思主义的三个主要组成部分中的重要标志，即哲学中的唯物史观、政治经济学中的剩余价值论、社会主义学说中的无产阶级专政的理论，在这时都还没有被明确地提出。有的提法和论述，甚至显然和成熟的马克思主义的著作根本矛盾和相反。这些，本来是马克思主义创始人和经典作家多次明确地指出过的客观历史事实。只要真正有诚意按照实事求是的态度去对待马克思的青年时代的著作，是不难发现和容易理解的。马克思在1843至1844年间究竟是否与费尔巴哈“分道扬镳”、“划清界限”，只要不“过于武断”，也是非常清楚明白的。

① 潘家森：《马克思的〈1844年经济学哲学手稿〉对美学的启示》，《中国社会科学》1983年第2期。

二

有的文章无视青年马克思思想发展的实际过程，竭力抹煞《手稿》中的人本主义思想倾向，用一些表面的、似是而非的论点企图证明26岁的马克思只是“常常借用费尔巴哈的术语和说法”，而在“思想实质”上、“在根本上”表达的却是与人本主义全然不同的所谓“从社会历史哲学的角度所理解的共产主义。”从而，这些文章的作者声称：“《手稿》的基本思想并不是费尔巴哈的人本主义思想，而是马克思在1843年到1844年间奠定基础的历史唯物主义思想。一切把《手稿》的思想混同于费尔巴哈人本主义思想的说法都是错误的。”①

青年马克思和费尔巴哈的关系，我们在上面大致已勾画出一个总的轮廓。这本来就已经说明，马克思在写作《手稿》期间，基本上还是站在费尔巴哈人本主义原则立场上，肯定费尔巴哈思想，赞扬费尔巴哈思想，谈不上从总的思想观点上与费尔巴哈“分道扬镳”。关于这一点，任何牵强附会的辩说都比不上马克思本人的言论有力。

在《手稿》的“序言”中，马克思便明确地、郑重地指出，他对国民经济学的研究，对黑格尔唯心主义哲学的批判，是以费尔巴哈的著作作为真正的思想基础的。青年马克思写道：“只是从费尔巴哈才开始了实证的人道主义的和自然主义的批判。费尔巴哈越不喧嚷，他的著作的影响就越扎实、深刻、广泛而持久；费尔巴哈著作是继黑格尔的《现象学》和《逻辑学》以后包含着真正理论革命的唯一著作。”②这些话清楚地表明了马克思对于费尔巴哈哲学的极高的评价，证实了就在写作《手稿》期间，马克思仍然还是一个坚定的费尔巴哈的拥护者。不仅如此，按照马克思原来的意思，他的这部

① 刘纲纪：《正确评价〈经济学—哲学手稿〉》，《江汉论坛》1983年第1期。

② 《马克思恩格斯全集》第42卷，第46页。

《手稿》的一系列论述，还将证明“费尔巴哈的关于哲学的本质的发现”，从而揭穿某些人策划的旨在“埋没”费尔巴哈著作的“真正阴谋”。因此，《手稿》中表现出的人本主义思想，不但真实地反映出马克思当时所处的思想状态，而且还可以说是马克思从一开始就有意识地要努力贯彻和运用的基本思想原则。

《手稿》中明确表示的对于费尔巴哈及其著作的高度赞赏，并非是作者偶然的即兴之笔。在马克思同一时期写给费尔巴哈本人的书信中，我们还可以看到这种对费尔巴哈的高度赞扬更带有真诚的强烈的感情色彩。当马克思写完《〈黑格尔法哲学批判〉导言》，并把它寄给费尔巴哈的时候，也就是在写作《手稿》的后期，1844年8月11日，他给费尔巴哈写了一封长信。在这封信中，马克思一开始就写道：

> 我趁此机会冒昧地给您寄上一篇我的文章，在文章中可以看到我的法哲学批判的某些成分。这一批判我已写完，但后来又重新作了修改，以便使它通俗易懂。我并不认为这篇文章有特殊的意义，但我能有机会表示我对您的极崇高的敬意和爱戴（请允许我用这个字眼），我感到很高兴。您的两部著作《未来哲学》和《信仰的本质》尽管篇幅不大，但它们的意义，却无论如何要超过目前德国的全部著作。
>
> 在这些著作中，您（我不知道是否有意地）给社会主义提供了哲学基础，而共产主义者也就立刻这样理解了您的著作。建立在人们的现实差别基础上的人与人的统一，从抽象的天上下降到现实的地上的人类概念，——如果不是社会的概念，那是什么呢！①

接着，马克思告诉费尔巴哈，他的著作《基督教的本质》正在由恩格斯

① 《马克思致路·费尔巴哈（1844年8月11日）》，《马克思恩格斯全集》第27卷，第450页。

译为英文和由另外的人译为法文。信的最后，马克思又再次告知费尔巴哈，在巴黎的一个德国社会主义组织正义者同盟，整个夏天都由它的领导者在讲述《基督教的本质》这部著作，“而且听众也表现出极有接受能力”。所有这一切难道只是马克思对费尔巴哈有意的恭维和讨好之词吗？难道全是马克思的违心之论吗？否则，马克思既然早已和费尔巴哈“分道扬镳”，又为什么要向费尔巴哈做这番溢美之词的表示呢？

在此之前，我们知道马克思与费尔巴哈还有过直接的通信。1843年10月3日，当马克思从科伦移居克罗茨纳赫以后，就在即将动身前往巴黎的时候，曾致函费尔巴哈为《德法年鉴》创刊号撰写评论谢林的文章，认为他“正是适合做这件事情的人”。马克思在信中说，谢林是费尔巴哈的“预先出现的模拟像”，而费尔巴哈则是“谢林的直接对立面”，“一旦现实出来反对，这种模拟像就会烟消云散”。因此，马克思向费尔巴哈坦率地表示：“我认为您是自然和历史的陛下所召来的、谢林的必然的和自然的对手。您同他的斗争是真哲学同假哲学的斗争”；“如果您马上给创刊号写一篇评论谢林的文章，那就是对我们所创办的事业，尤其是对真理，做出了一个很大的贡献”。[①]

然而，费尔巴哈在一封回复马克思的信中，尽管表示他“对谢林先生感不到些微的敬意”，并且以严厉和尖锐的口吻批判了谢林的学说，指出“为了赋予那陈旧的、早已被推翻了的东西以新颖的外貌，谢林毁坏了旧的，用经院哲学的最任意的杜撰恶化了波墨的学说。同时，这是毁坏了的黑格尔主义；但是，在黑格尔主义那里还可以懂得的东西，在他这里已经不知所云了；在那里还有意思的东西，在这里变成可怕的胡说八道了”。但同时却以种种借口仍然拒绝了马克思的要求，认为公开地对谢林进行批判“没有任何必要性”，而且在心理上也很难把他的“贪求一切有意义的事物的智力贯注在像

① 《马克思致路·费尔巴哈（1843年10月3日）》，《马克思恩格斯全集》第27卷，第445页。

谢林这样空虚、微末且倏忽的现象上去”。[①]根据马克思在巴黎写给其他人的书信来判断，他很可能是看到过这封信的。但是，马克思并未从根本上改变自己对费尔巴哈的看法和态度，更没有立即在思想上来清算费尔巴哈对自己的影响。这无论是从他在这一时期的活动，还是从他的书信和著作中，都是看得非常清楚的。

当然，这并不意味着青年马克思与费尔巴哈在任何方面、任何问题上看法都完全一致。从对待谢林的态度上，实际上已经表现出他们在基本思想与观点一致的前提下，在具体的做法和看法上是有某些分歧的。这丝毫也不奇怪，正如马克思早年曾经是青年黑格尔派中的一员，却在某些问题上仍持有某些保留的意见一样；否则，也就不会在他的思想上促成由唯心主义到唯物主义、又由唯物主义到马克思主义的最后的彻底转变了。评断一个人在某一时期的思想，当然是看他的基本观点和主要倾向，而不是用个别问题的看法来代替全貌。

某些人正是以这样的片面性来看待青年马克思的思想的。例如，不少人援引马克思于1843年3月13日写给卢格信中的一句话，便断言马克思这时“对人本主义早就有了清醒的分析”，从而超越并批判了费尔巴哈主义。事实真是这样吗？并非如此。马克思在给卢格的这封信中是这样写的：“费尔巴哈的警句只有一点不能使我满意，这就是，他过多地强调自然而过少地强调政治。然而这一联盟是现代哲学能够借以成为真理的唯一联盟。”[②]马克思在这里评论的是《德国现代哲学和政论界轶文集》上费尔巴哈的一部新著，即《关于哲学改造的临时纲要》。众所周知，费尔巴哈的这部著作，对青年马克思产生过重大的影响，正是在费尔巴哈这部著作的启示下，马克思于1843年夏天写了一本生前未能出版的论著《黑格尔法哲学批判》。正如稍后马克思发表在

---

① 《费尔巴哈著作选集》上卷，三联书店1959年版，第187、189页。

② 《马克思恩格斯全集》第27卷，第442—443页。

《德法年鉴》致卢格的书信中所表示的，他是以费尔巴哈的思想来进行对宗教唯心主义的批判的。“我们的全部任务只能是赋予宗教问题和哲学问题以适合于自觉的人的形态，像费尔巴哈在批判宗教时所做那样。”①直到撰写《手稿》时，马克思仍然对费尔巴哈的《未来哲学原理》和《关于哲学改造的临时纲要》给予极高的评价。他在《手稿》中谈到在对国民经济学进行批判研究时，说除了利用过法国、英国和德国的社会主义者的著作，其中包括魏特林、赫斯和恩格斯的著作外，特别提到费尔巴哈的上述两本论著：

> 除了这些批判地研究国民经济学的作家以外，整个实证的批判，从而德国人对国民经济学的实证的批判，全靠费尔巴哈的发现给它打下真正的基础。但是，一些人出于狭隘的忌妒，另一些人则出于真实的愤怒，对费尔巴哈的《未来哲学》和《轶文集》中的《哲学改革纲要》——尽管这两部著作被悄悄地利用着——可以说策划了一个旨在埋没这两部著作的真正阴谋。②

而在同一部《手稿》的另外地方提到费尔巴哈的这两部著作时，马克思更对费尔巴哈作出了全面的赞赏的评价。他写道：“费尔巴哈是唯一对黑格尔辩证法采取严肃的、批判的态度的人；只有他在这个领域内作出了真正的发现，总之他真正克服了旧哲学，费尔巴哈成就的伟大以及他把这种成就贡献给世界时所表现的那种谦虚的纯朴，同批判所持的相反的态度恰成的对照。”③所有这一切都说明，马克思在1843—1844年间对费尔巴哈本人及其主要的著作《未来哲学原理》和《关于哲学改造的临时纲要》，从总的方面是给

---

① 《马克思恩格斯全集》第1卷，第418页。

② 《马亮思恩格斯全集》第42卷，第46页。

③ 同上，第158页。

予极高的评价的。

其实，在致卢格的信中，马克思所表露的意思基本上也与上述看法一致，只不过表达的方式不同罢了。他在信中明明白白地告诉卢格说："费尔巴哈的警句只有一点不能使我满意"，这无疑表示整个说来他是赞同费尔巴哈的观点的。在指出费尔巴哈"过多地强调自然而过少地强调政治"之后，马克思接着又说明他与费尔巴哈的合作，在当时是"现代哲学能够借以成为真理的唯一联盟"。也就是说，只有以费尔巴哈的哲学思想原则为基础，才能使社会主义的学说成为真正科学的学说；但是作为一个共产主义者来说，马克思对于费尔巴哈过少地强调政治是不够满意的。在这里，马克思自己说明了他和费尔巴哈的异同。同是主要的、基本的，而异则是次要的、个别的。这怎么能说是"对人本主义早就有了清醒的分析"，甚至断定为与费尔巴哈已经"分道扬镳"呢？恰恰相反，马克思在这里竭力主张的是与费尔巴哈的合作与"联盟"，是坚信费尔巴哈"给社会主义提供了哲学基础"。闭眼不看这些主要的历史事实，或者只是抓住个别片言只语就主观武断地作出不符合实际的结论，"自然不会用正确的、实事求是的态度，对青年马克思和费尔巴哈的关系作出公允的评断，更不可能按照马克思《手稿》的原意去说明作者的基本思想。这类先入为主而不顾事实的臆断，与马克思主义的科学态度是根本不相容的"。

三

马克思《手稿》的基本思想是否是费尔巴哈的人本主义呢？这部《手稿》是否如某些同志所断言的那样，只是"在利用旧术语来表达他的新思想"呢？从上面所述的马克思自己在《手稿》中阐释的对费尔巴哈的认识，这本来是不难做出正确的回答的。如果真正持有实事求是的态度，确实"从全文去了解马克思思想的精神实质"，就更可以看出这时的马克思，正处于思想急剧变化之际，或者说，他在思想上正处在一个重大的蜕变时期。新的思想已经在孕育的过程中，而旧的哲学、特别是费尔巴哈人本主义的影响却又仍然在紧紧束缚和限制着它们的生长和发展。只有经过质的飞跃和转变，这个过程才会结束，从而上升到一个崭新的更高的阶段。

从哲学上来看，正如列宁所说，青年马克思这时正是开始“离开黑格尔走向费尔巴哈，又进一步从费尔巴哈走向历史（和辩证）唯物主义”；这个过程的完成，按照列宁的说法，是在1847年间。[①]而写作《手稿》时，是马克思站在费尔巴哈的立场上，对黑格尔客观唯心主义进行清算的时期。因而，马克思不仅大量沿用费尔巴哈等人普遍使用的哲学术语，而且在基本的观点上、在总的原则也是和费尔巴哈相一致的。

19世纪40年代初，当费尔巴哈与唯心主义彻底决裂，在德国哲学界重新恢复唯物主义应有的权威后，他立即成为当时先进的思想界的旗帜。费尔巴哈深刻地揭露了宗教的本质，指出了它的认识论的根源，论证了唯心主义和宗教在根本上的联系，从而有力地说明了唯心主义只不过是用理性改造了的神学。费尔巴哈唯物地解决了哲学的基本问题，坚决维护物质第一性、精神第二性的原理，宣布自然界并不依赖于人的思维，从而也不依赖于任何哲学而客观地、独立地存在着。他认为，关于思维与存在的关系，只能是“存在是主体，思维是宾词。思维是从存在而来的，然而存在并不来自思维。存在是从自身、通过自身而来的——存在只能为存在所产生。存在的根据在它自身中，因为只有存在才是感性、理性、必然性、真理，简言之，存在是一切的一切”。[②]这样，他便把人看作是自然的产物，是思维和存在的统一体，因此人是能认识客观的世界和客观规律性的。在唯心主义长期统治和支配德国思想界达数十年之久后，费尔巴哈坚定地树立起唯物主义的大旗，这是一次真正的伟大的思想解放。诚如马克思主义的创始人所说，这部书的解放作

① 《列宁全集》第38卷，第386—387页。

② 《关于哲学改造的临时纲要》，《费尔巴哈哲学著作选集》上卷，三联书店1959年版，第115页。

用，的确只有亲身体验过的人才能真正想象得到。

然而，同时又不能不看到，费尔巴哈的唯物主义却是他自己再三强调的，是从人出发并以人为中心和目的的人本主义。他宣布："新哲学将人连同作为人的基础的自然当作哲学唯一的，普遍的，最高的对象——因而也将人类学连同生理学当作普遍的科学。"他把"我是一点也不排斥人性的东西的人"作为新哲学，即人本主义唯物论的口号。他明确地宣称："艺术，宗教，哲学或科学，只是真正的人的本质的现象或显示。人，完善的，真正的人，只是具有美学的或艺术的，宗教的或道德的，哲学的或科学的官能的人——一般的人只是那一点也不排除本质上属于人的东西的人。"[①]

这样，费尔巴哈的人本主义学说虽然在认识论问题上如列宁所说是彻底唯物主义的观点；然而，他本人却连唯物主义的名称都不敢接受。在费尔巴哈看来，"唯物主义、唯心主义、生理学、心理学都不是真理；只有人类学是真理"[②]。所以；这种人本主义或人道主义的哲学，在费尔巴哈那里也就是以自然为基础、重新与自然科学相结合的自然主义。"一种学说在没有找到它的自然基础之前，只能是一种假设。这一点特别对于自由的学说有意义。只有新哲学才能将直到如今仍然是一种反自然主义的、超自然主义的假设的自由自然主义化。"[③]因此，列宁又同时非常正确地指出，哲学中的人本主义原理是狭隘的，"无论是人本主义原理，无论是自然主义，都只是关于唯物主义的不确切的肤浅的表述"[④]。

40年代初的马克思，不但在基本思想上与费尔巴哈相一致，有的论述甚至在语句和表达的方式上也有摹仿的痕迹。例如，马克思在《手稿》中写道：

---

① 《未来哲学原理》，《费尔巴哈哲学著作选集》上卷，第184页。

② 《反对身体和灵魂、肉体和精神的二元论》，《费尔巴哈著作选集》上卷，三联书店1959年版，第205页。

③ 《关于哲学改造的临时纲要》，《费尔巴哈著作选集》上卷，三联书店1959年版，第118页。

④ 《列宁全集》第38卷，第78页。

“彻底的自然主义或人道主义，既不同于唯心主义，也不同于唯物主义，同时又是把这二者结合的真理。我们同时也看到，只有自然主义能够理解世界历史的行动。”[①]这样的说法，几乎与费尔巴哈的论述一模一样。显然，把自己的哲学置于唯物主义和唯心主义哲学之上，甚至称为是两者的结合，这是费尔巴哈的人本主义既狭隘又肤浅的充分表现。即使在这里所谓的唯物主义指的是费尔巴哈以前的“英法两国的唯物主义”或“旧唯物主义”，这样的关于哲学上的基本路线和基本派别的提法，在根本上也是错误的。青年马克思在受到费尔巴哈的严重影响之下，重复了在哲学根本问题上这种无原则的思想，毋庸讳言也是错误的。

又如，马克思在《手稿》中还毫无保留地赞同费尔巴哈把感性作为科学的基础，并由此出发同样主张哲学必须重新与自然科学相结合。他写道：“感性（见费尔巴哈）必须是一切科学的基础。科学只有从感性意识和感性需要这两种形式的感性出发；因而，只有从自然界出发，才是现实的科学。全部历史是为了使‘人’成为感性意识的对象和使‘人作为人’的需要成为[自然的、感性的]需要而作准备的发展史。历史本身是自然史的即自然界成为人这一过程的一个现实部分。自然科学往后将包括关于人的科学，正像关于人的科学包括自然科学一样：这将是一门科学。”[②]把感性作为认识和科学的基础，这是包括费尔巴哈在内的旧唯物主义的一个基本出发点。这个在认识论上是正确的命题，在人本主义的唯物主义学说中却明显地暴露出它的缺陷和不足。因为费尔巴哈所理解的感性，只是抽象的人、一般的人对于自然界的感觉和认识；这样，人便是在对客观存在进行消极的直观中认识客观存在。

在费尔巴哈那里，感性的意识和感性的需要主要地是把人作为“类”而区别于动物的以肉体的感官为基础的活动。用这样的抽象原则来说明社会历

---

① 《马克思恩格斯全集》第42卷，第167页。

② 同上，第128页。

史现象，就不能不由唯物主义倒退到唯心主义。青年马克思在理论原则上接受了费尔巴哈的思想，并以此来说明人类的“全部历史是为了使‘人’成为感性意识的对象和使‘人作为人’的需要成为[自然的、感性的]需要而作准备的发展史”，显然是在历史观上步人本主义之后尘。这不仅不能科学地阐明人类社会发展历史的本质规律；而且在实际上也是无益于真正的革命实践活动的。只是后来马克思在抛弃和清算了这类有害的理论以后，在历史唯物主义的基础上才牢固地建立了科学的共产主义学说。

坚持在40年代初马克思“就同费尔巴哈的人本主义分道扬镳了”的同志认为：“同样是讲人的感觉，但马克思的看法同费尔巴哈的看法已经有了巨大的差别。马克思已经无可怀疑地越出了费尔巴哈那种单从人的天性、自然官能的特征去说明人的感觉和动物的感觉的区别的人本主义观点了。”[①]这是不符合《手稿》的基本思想的。因为在上面所引的那段话中，我们明明看到马克思亲笔所写的是“见费尔巴哈”，这难道不是说马克思依据的正是费尔巴哈的看法而不是与之相反吗？事实上，马克思在以上所引的关于历史的那段话，其基本的思想恰恰来源于费尔巴哈。人本主义主要从人的自然属性来说明人的本质，强调人的所谓“感性意识”和“感性需要”，这并不意味着它把人等同于动物，抹煞人与动物的区别。恰恰相反，人本主义在这里的错误，正是企图从人的自然属性与其他动物的不同上，来区别作为“类”的人和作为“种”的动物。

费尔巴哈认为，人和动物的区别并不在于人具有动物所没有的东西，正好相反，作为人他正具有那些动物作为动物而具有的东西。动物和人同样具有感觉，但动物的感觉是动物的，人的感觉是人的。因此，他把人的存在、人的起源都归功于人的感性，即高于其他动物的感觉。费尔巴哈写道：“人只因为他是感觉论的有生命的最高级，是世界上最感性的、最敏感的生物，而

① 刘纲纪：《正确评价〈经济学—哲学手稿〉》，《江汉论坛》1983年第1期。

有别于动物。感官是人和动物共通的，但只有在人身上，感官的感觉从相对的、从属于较低的生活目的的本质成为绝对的本质、自我目的、自我享受。只有人，对星星的无目的的仰望能够给他以上天喜悦，只有人，当看到宝石的光辉、如镜的水面、花朵和蝴蝶的色彩时，沉醉于单纯视觉的欢乐；只有人的耳朵听到鸟儿的啭声、金属的铿锵声、溪流潺潺声、风的飒飒声时，感到狂喜；只有人把‘多余的’嗅觉当作神的本质来焚香献礼；只有人才能够从‘曼妙地伴随着那甜蜜情话’的手的一触之中，汲取无限的享乐。因此，人之所以为人，就因为他的感性作用不像动物那样有局限，而是绝对的，是由于他的感官的对象不限于这一种或那一种可感觉的东西，而是包括一切现象、整个世界、无限的空间；而且他们所以常常追求这些，又仅仅是为了这些现象本身，为了美的享受。”[①]总之，费尔巴哈是从人本主义的观点来看待人的感觉，并以此把人和动物相区别；并且还以这种人本主义的哲学为基础，进一步来阐释自己的美学观的。

马克思是否在《手稿》中已经“越出了费尔巴哈那种单从人的天性、自然官能的特征去说明人的感觉和动物的感觉的区别的人本主义观点”呢？这不是“无可怀疑”而是“大可怀疑”的。在《手稿》中，马克思固然在谈到人的本质的具体内容时，与费尔巴哈有所不同，而且也有“社会的人的感觉不同于非社会的人的感觉”这样较为进步的思想；但是，整个说来，他仍然是从人本主义的基本原则出发去区别人的本质和动物的本质、人的感觉和动物的感觉的。并且，他在《手稿》中对“社会”的理解，也尚未达到历史唯物主义的高度。例如，他在《手稿》中我们可以看到这样的表述：“社会是人同自然界的完成了的本质的统一，是自然界的真正复活，是人的实现了的自然主义和自然界的实现了的人道主义。”正是基于这样的对“社会”的理解，他才说：“只有在社会中，自然界才是人自己的人的存在基础。只有在

① 《反对身体和灵魂、肉体和精神的二元论》，《费尔巴哈哲学著作选集》上卷，第212—213页。

社会中，人的自然的存在对他说来才是他的人的存在，而自然界对他说来才成为人。”[①]这种对“社会”的看法，明显地是按照费尔巴哈的原则而推论出来的；因而，所谓“个人是社会存在物”依然还是建立在费尔巴哈的“类意识”之上。也就是说，马克思在自己青年时期所写的手稿中，在区别人和动物时，在确定人的本质和动物不同时，基本上还是按照费尔巴哈的学说，将人作为类存在物，作为有生命的类来看待的。

马克思反复地写道：“人不仅仅是自然存在物，而且是人的自然存在物，也就是说，是为自身而存在着的存在物，因而是类存在物。他必须既在自己的存在中也在自己的知识中确证并表现自身。因此，正像人的对象不是直接呈现出来的自然对象一样，直接地客观地存在着的人的感觉，也不是人的感性、人的对象性。”又说：“人作为对象性的、感性的存在物，是一个受动的存在物；因为它感到自己是受动的，所以是一个有激情的存在物。激情、热情是人强烈追求自己的对象的本质力量。”[②]从这些话中，我们所看到的不仅是马克思大量沿用了费尔巴哈的术语，更突出的是他几乎完全重复了费尔巴哈的基本思想。把人作为类存在物是根本揭示不出真正的人的本质的。

在论述马克思早期思想的不少文章中，还一再地提出了这样一个论点，似乎把人作为社会的人而和动物区别开来，这就标志着历史唯物主义的诞生。因此，马克思的《手稿》不仅是真正马克思主义的著作，甚至在这之前如《黑格尔哲学批判》、《论犹太人问题》、《穆勒〈政治经济学原理〉一书摘要》等著作便提出“社会的人”、“我的人的本质，我的社会本质”等等，便足以证明马克思已经不同于费尔巴哈而成为成熟期的马克思了。例如，有的文章写道：在《手稿》中，“马克思所用的‘类’这个概念，在用以指人的时候，其意思就相当于社会或社会性。而所谓人是‘类的存在物’，就等于说

① 《马克思恩格斯全集》第42卷，第122页。

② 同上，第169页。

人是社会的存在物，不能脱离社会而生存。所谓人的‘类的生活’，指的就是人的社会生活。”从而，马克思在这里所用的术语完全是表达“全然不同”的“新思想”。[①]这个论证是根本站不住脚的。

众所周知，“人是社会的动物”这类思想，古代早已有之。人们早就知道人是“不能脱离社会而生存”的。特别是欧洲文艺复兴以来，一个接着一个的资产阶级思想家都在用形形色色的理论证明人兽不同，把人性与兽性相区分。18世纪法国的一大批启蒙主义者，从狄德罗、伏尔泰、爱尔维修、霍尔巴赫到孟德斯鸠、卢梭，无不反复地证明“人是社会的存在物”。差不多家喻户晓的鲁滨逊漂流记的故事，与其说是证明人能脱离社会而可以独立生存，倒不如说是生动而形象地表现了脱离社会的人处处寸步难行，最后庆幸还是返回到人类社会。

马克思主义产生前许许多多空想社会主义者所梦寐以求的未来人类社会，都是基于人类应回到那最初符合于人性产生的社会这种思想的。至于费尔巴哈，也不能说他的根本错误就是完全不懂得人不能脱离社会而生存、人是社会的存在物。费尔巴哈明确地指出：“孤立的，个别的人，不管是作为道德实体或作为思维实体，都未具备人的本质。人的本质只是包含在团体之中，包含在人与人的统一之中，但是这个统一只是建立在‘自我’和‘你’的区别的实在性上面的。”因此，他自己声明说，他“在《基督教的本质》一书中从历史上和哲学上所证明过的三位一体的秘密，乃是团体生活，社会生活的秘密”[②]。费尔巴哈在回答别人质问他是谁时，甚至还直截了当地声称：“他是人，或者更正确地说……他是社会的人，共产主义者。”[③]由此可见，在费尔巴哈那里，并不是完全没有把人作为社会的存在物的思想，也不能说

---

① 刘纲纪：《正确评价〈经济学—哲学手稿〉》，《江汉论坛》1988年第1期。

② 《未来哲学原理》，《费尔巴哈哲学著作选集》上卷，第185、186页。

③ 《费尔巴哈全集》（俄文版）第2卷，第443页。

他根本未看到人的社会性。但是，费尔巴哈仍然不是一个历史唯物主义者，当然更不是他自己声称的共产主义者。

马克思主义的历史观与从前一切学说的根本区别，并不仅仅限于和停留在承认人是社会的存在物，指出所谓“类”的生活即人的社会生活。最主要和最根本的在于，如何理解这不同于动物的人类社会，如何理解人的社会性。只有彻底发挥唯物主义的基本原理，把唯物主义用于正确地解释社会、社会性和一切社会现象，才能消除以往一切学说的局限和缺点，才能澄清对于人的本质的一切混乱和武断的见解，才能纠正一切对于社会和人的主观唯心主义的臆测。马克思主义的历史唯物主义，就是在这样极其完整严密的科学学说上建立起来的。

马克思写道：“各个人借以进行生产的社会关系，即社会生产关系，是随着物质生产资料、生产力的变化和发展而变化和改变的。生产关系总合起来就构成为所谓社会关系，构成为所谓社会，并且是构成为处于一定历史发展阶段上的社会，具有独立特征的社会。”[①]也就是说，“社会生产过程既是人类生活的物质生存条件的生产过程，又是一个在历史上经济上独特的生产关系中进行的过程，是生产和再生产着这些生产关系本身，因而生产和再生产着这个过程的承担者、他们的物质生存条件和他们的互相关系即他们的一定的社会经济形式的过程。因为，这种生产的承担者对自然的关系以及他们互相之间的关系，他们借以进行生产的各种关系的总和，就是从社会经济结构方面来看的社会”[②]。由这种对“社会”的基本观点，马克思又说：“人们在自己生活的社会生产中发生一定的、必然的、不以他们的意志为转移的关系，即同他们的物质生产力的一定发展阶段相适合的生产关系。这些生产关系的总和构成社会的经济结构，即有法律的和政治的上层建筑竖立其上并有一定

① 《雇佣劳动与资本》，《马克思恩格斯选集》第1卷，第363页。

② 《资本论》，《马克思恩格斯全集》第25卷，第925页。

的社会意识形式与之相适应的现实基础。物质生活的生产方式制约着整个社会生活、政治生活和精神生活的过程。不是人们的意识决定人们的存在，相反，是人们的社会存在决定人们的意识。”[①]这才是马克思主义关于社会、关于社会现象和社会规律的正确的、科学的理解，这才是历史唯物主义与其他一切旧的学说的根本分歧和区别。

显然，单说“人是社会的存在物”，只承认“人不能脱离社会而生存”，一方面既不能表明马克思与费尔巴哈的“全然不同”，另一方面也不足以证明马克思在这里已经具有历史唯物主义的“新思想”。反之，40年代的马克思一再地把人是“社会的存在物”说成就是“类的存在物”，把“人的社会生活”说成是所谓人的“类的生活”，恰好显示出他还没有和费尔巴哈“分道扬镳”，在哲学上还没有从根本上由费尔巴哈的人本主义转向历史唯物主义。因此，正像上面我们指出的那样，他把费尔巴哈的著作作为社会主义的“哲学基础”，把费尔巴哈“建立在人们的现实差别基础上的人与人的统一，从抽象的天上下降到现实的地上的人类概念”，理解为是当然的“社会的概念”，也就丝毫没有什么可以奇怪的了。

四

有些论者不厌其烦地重复申述说，既然历史唯物主义认为一定的社会总是在生产关系的基础上构成的，而生产关系又是随着物质生产资料、生产力的变化和发展而变化和改变的；那么，它们所谈的岂不都是人的“劳动”吗？“劳动”岂不是马克思主义的“基本概念”吗？而《手稿》的重要内容就是把“劳动作为人的本质”；并且又由此而重点地论述了“异化劳动”，这部著作难道还不是马克思主义的吗？不仅如此，马克思在《资本论》中所系统论证

① 《〈政治经济学批判〉序言》，《马克思恩格斯全集》第2卷，第82页。

和发挥的理论，在《手稿》中就早已提出和确立了呢！于是，有的断言：“对于马克思主义来说，从劳动去规定人的本质和从社会关系去规定人的本质，两者是完全一致的。而且只有从劳动出发去规定人的本质，才能在彻底唯物的和科学的意义上从社会关系去规定人的本质。”①有的声称：“马克思关于人们在劳动中、在对象化生产中彼此生产，从而形成现实的社会关系和现实的人本身的观点，恰恰是对于把人只看作自然本质的‘类’存在物观点的突破，是唯物主义历史观对费尔巴哈唯心史观的决定性突破。正是马克思本人的这一观点，才‘奠定了真正的唯物论和真实科学的基础’。”②还有的带有结论性地肯定说：“马克思是从人的生产劳动引申出人的社会性，又从人的社会性引申出人道主义和自然主义的统一这条贯串全部手稿中的红线的。”③总之，《手稿》中把“劳动”作为贯穿全书“红线”的基本概念，就足以证明“马克思已经成为马克思主义者的马克思了”。“劳动”成为衡量《手稿》是否为马克思的成熟著作的另一把可以用来炫耀的标尺。

不错，马克思在《手稿》中把“劳动作为人的本质”当作理论的基础概念之一，而且无论在哪一部分手稿中都有涉及，特别是在《第一手稿》谈到异化劳动时更着重地论述了资本主义私有制条件下劳动异化的特点。但是，只要是细心地阅读了《手稿》并经过认真思索的人都很难得出结论说，在这部著作中马克思主义的经济学说已经形成。马克思自己在手稿中就写得清清楚楚：“我们是从国民经济学的各个前提出发的。我们采用了它的语言和它的规律。我们把私有财产，把劳动、资本、土地的互相分离，工资、资本利润、地租的互相分离以及分工、竞争、交换价值概念等等当作前提。”④包括“劳动”、“资本”在内的一系列政治经济学上的概念，是马克思主义产生以

① 刘纲纪：《正确评价〈经济学—哲学手稿〉》，《江汉论坛》1983年第1期。

② 杨适：《马克思〈经济学—哲学手稿〉述评》，人民出版社1982年版，第123页。

③ 朱光潜：《美学拾穗集》，百花文艺出版社1980年版，第88页。

④ 《马克思恩格斯全集》第42卷，第89页。

前早就存在的；无论是在《手稿》中，还是在差不多同一时期所写的《穆勒〈政治经济学原理〉一书摘要》中，青年马克思都是大量摘引现代国民经济学家，即资产阶级古典经济学家的有关论述，或者用自己的话来对它们加以复述。这时，马克思刚刚开始转到政治经济学中，去寻求对资本主义社会的解剖，基本上还限于对前人的理论成果“进行认真的批判研究”阶段，不可能提出很多新的思想，更不可能形成科学的完整体系，这本来是理所当然、不足为奇的。所以，他在书的《序言》中就坦率地表示：“我用不着向熟悉国民经济学的读者保证，我的结论是通过完全经验的以对国民经济学进行认真的批判研究为基础的分析得出的。”①

把“劳动”作为重要的考察对象，作为政治经济学中的重要范畴，并由此而建立了劳动价值的理论，这是资产阶级国民经济学的巨大贡献。在重农学派那里，以18世纪法国经济学家魁奈为代表，认为全部财富都在于土地和耕作，因而，农业劳动才是财富的来源。这样，财富的主体的本质已经移入劳动中，可是却颠倒地把劳动看作是土地的一个要素，而不是把土地看作是劳动本身的要素，看作是资本。“因此，劳动还不是从它的普遍性和抽象性上来理解的，它还是同一种作为它的材料的特殊自然要素结合在一起的，因此它还是仅仅在一种特殊的、自然规定的存在形式中被认识的。所以，劳动不过是人的一种特定的、特殊的外化，正像劳动产品还被看作一种特定的——与其说来源于劳动本身，不如说来源予自然界的——财富一样。”②与重农学派不同，古典经济学家则承认一般劳动是一切财富的源泉，把一切财富都看作是劳动的财富、工业的财富。早在威廉·配第那里，就有了“劳动是财富之父，土地是财富之母”的思想，把劳动和土地一起作为创造财富的共同因素。亚当·斯密则在《国富论》中又发挥了这一思想，明确地把劳动作为价

① 《马克思恩格斯全集》第42卷，第43页。

② 同上，第114页。

值的基础。他写道："显然，劳动是价值的唯一普遍和唯一准确的尺度，是我们能够借以在任何时候和任何地点来比较不同商品的价值的唯一尺度。"[①]大卫·李嘉图又更进一步发展和丰富了劳动价值论，指出商品价值决定于生产时所耗费的劳动时间，并且还考察了剩余价值的各种特殊形式。马克思在大量摘录詹姆斯·穆勒的《政治经济学原理》时，对于书中所说的"生产是劳动的结果"，以及直接劳动和积累劳动等的提法，也给予了特别的注意。所以，在《手稿》中关于这个问题有相当大的部分是重复这些古典政治经济学家的意见，或者是概括和转述他们的主要论点。从政治经济学的角度来说，尤其是关于"劳动"这一基本概念的理解，与前人相比，青年马克思在这里实在谈不上有什么"决定性的突破"。

需要指出的是，在马克思之前或差不多同时，对"劳动"概念加以注意和研究的，并不限于古典政治经济学家。不少思想家、哲学家都或多或少地从各个不同的方面对人的劳动的本质和意义，进行过探讨。例如，在空想社会主义的著作中，从莫尔的《乌托邦》开始，就是一直重视劳动在社会中的作用的。19世纪初期法国空想社会主义者圣西门把劳动看作是一切美德的源泉，认为最有益的劳动应当最受尊重；傅立叶则指出人生来就爱好或喜欢某种劳动，所以这些个人爱好的全部总和就必然会形成一种能满足整个社会的需要的力量，现代资本主义社会把劳动变成痛苦是极端不合理的。关于资本主义的劳动分工给劳动者带来严重的危害，席勒在他的《美育书简》中也曾说明。德国主观唯心主义哲学家费希特，从自己的哲学思想涉及过劳动在人从"自然状态"变为"理性生物"过程中的作用。至于黑格尔，则更是较为仔细地对劳动进行了哲学的历史分析。诚如马克思所说："黑格尔站在现代国民经济学家的立场上。他把劳动看作人的本质，看作人的自我确证的本质"，"他抓住了劳动的本质，把对象性的人、现实的因而是真正的人理解为他自

① 亚当·斯密：《国富论》（《国民财富的性质和原因的研究》）上册，商务印书馆1959年版，第32页。

己的劳动的结果”。[1]由此可见，单从“劳动”概念本身来看，还不能把它作为马克思主义的基本概念；更不能笼统地说从人的生产劳动引申出人的社会性，又从人的社会性引申出人道主义和自然主义的统一，是什么贯穿于马克思主义的“红线”。

这里还可以补充一点说明，就是19世纪俄国革命民主主义者也是相当重视对劳动的研究的。特别是车尔尼雪夫斯基，曾对资产阶级古典政治经济学作过大量的批判性的分析，既充分肯定了劳动价值论的巨大贡献，又深刻地指出了这个理论的矛盾和缺陷。车尔尼雪夫斯基认为，从人的观点来看，劳动是生产的唯一源泉。劳动是人脑和肌肉的活动，这种活动构成了这些器官的天然的内在需要，为这些器官造成快感；而这些活动的外部结果则是推动自然界的力量和事物，来生产为满足人体需要所必要的事物和产品。他把劳动划分为生产性劳动和非生产性劳动；强调“凡是生产为人类福利所必需的产品的劳动就是生产性劳动；凡不使福利有所增加的劳动称为非生产性劳动”[2]。资本本身便是由劳动生产出来的，它并没有什么独立性；而只不过是变态的、异化的劳动。

车尔尼雪夫斯基敏锐地看到劳动者和资本家处于敌对关系之中，要求从根本上改变这种不合理的生产关系。他说：“亚当·斯密所说任何价值都是劳动的绝无仅有的产物一语，以及产品应当属于其生产者这一常识原则，提出了最有利的分配原则。任务仅仅在于发现可借以实现这种常识要求的经济组织的方式。”[3]因此，他宣布自己的政治经济学说是新的劳动人民的理论。车尔尼雪夫斯基还把不同的审美观的形成，与各个阶层所从事的劳动活动联系起来。然而，由于他的全部理论都是建立于哲学中的人本

---

① 《马克思恩格斯全集》第42卷，第163页。

② 《车尔尼雪夫斯基选集》下卷，三联书店1959年版，第339页。

③ 同上，第342页。

主义原理之上，车尔尼雪夫斯基始终未上升到辩证唯物主义和历史唯物主义的水平；在社会历史观上，他也只能停留在革命民主主义者和空想社会主义者的先进行列。

当然，在《手稿》中，无论是对国民经济学家还是对黑格尔关于“劳动”的看法，马克思都是有所批判的。他指出，国民经济学从私有财产的事实出发，但是没有进一步说明这个事实。它把私有财产在现实中所经历的物质过程，放进一般的、抽象的公式，然后又把这些公式当作规律。因此，国民经济学便不能提供一把理解劳动和资本分离以及资本和土地分离的根源的钥匙。实际上，便掩盖了资本主义私有制的本质，甚至把资本家的利益当作最后的根据。马克思也批判了黑格尔站在客观唯心主义的立场上，用资产阶级经济学家的观点来看待劳动。在分析了黑格尔的《精神现象学》之后，马克思看出，黑格尔唯一知道并承认的劳动是抽象的精神的劳动。“他只看到劳动的积极的方面，而没有看到它的消极的方面。”①这样，马克思便运用费尔巴哈的唯物主义的基本原理，从资本主义社会的经济事实出发，提出了他的“异化劳动”的概念，并试图由此来建立自己的共产主义学说。

应该说，马克思在《手稿》中对于资本主义私有制所带来的种种矛盾和对立的揭露，对于在异化劳动条件下产生的种种恶果和弊病的剖析，大都是相当尖锐和有力的，有的还是十分深刻的。例如，他在指出国民经济学没有考察工人即劳动同产品的直接关系，从而掩盖了劳动本质的异化的同时，也同样地写道：“劳动为富人生产了奇迹般的东西，但是为工人生产了赤贫。劳动创造了宫殿，但是给工人创造了贫民窟。劳动创造了美，但是使工人变成畸形。劳动用机器代替了手工劳动，但是使一部分工人回到野蛮的劳动，并使另一部分人变成机器。劳动生产了智慧，但是给工人生产了愚钝和痴

① 《马克思恩格斯全集》第42卷，第163页。

呆。”[①]这就鲜明而形象地展示了资产阶级社会劳动所带来的不合理的两极分化。又如，马克思还看到私有制使得人们变得如此愚蠢而片面，以致任何一个对象，只有在拥有它时，也就是把它作为资本，或者被直接占有，吃、喝、穿、住而使用时，才会感觉到这对象的存在。因此，“忧心忡忡的穷人甚至对最美丽的景色都没有什么感觉，贩卖矿物的商人只看到矿物的商业价值，而看不到矿物的美和特性；他没有矿物学的感觉”[②]。这也无疑是从一个方面对于资本主义的深刻批判和揭露。至于马克思不停留在国民经济学只考察工人同他的劳动产品之间的关系，而是更深入、更仔细地剖析和说明工人的劳动生产活动本身，从劳动的“异化”进一步得出无论是工人自己还是他的劳动活动、劳动成果都不属于他本人的结论，这就更具有现实的、革命的意义。

但是，问题在于，资本主义私有制下的“异化劳动”产生的真正社会根源在哪里呢？它在人类社会发展中处于什么样的历史地位呢？要改变这种不合理的社会制度需要通过什么样的手段和途径呢？所有这些问题从人本主义的哲学观点或局限于揭露当前现实的经济现象和社会现象上是仍然不能得出正确的、科学的答案的。正如我们在上面指出过的那样，马克思在写作《手稿》时还只是刚刚开始着手系统地研究政治经济学，作为马克思主义学说的最主要的概念和基本原理在这时都未形成。以对“劳动”这个概念的理解为例，他在《手稿》中大都只限于一般性的事实说明，远远未达到由劳动的二重性进而创立剩余价值论这种科学的认识的高度。不仅如此，由于受到人本主义思想的影响，有时不免还会出现某些片面的、错误的看法，如把人的劳动活动仅仅看作是类的生活，创造生活的生活，并由此而作为人的本质，等等。总之，马克思在这时还没有全面地、正确地把“劳动”看作是历史的社

① 《马克思恩格斯全集》第42卷，第93页。

② 同上，第126页。

会的“物质变换的过程”，没有发现劳动二重性是“理解问题的全部秘密”，更没有创立科学的政治经济学。

恩格斯后来公正地、实事求是地指出：“在40年代，马克思还没有完成他的政治经济学批判工作。这个工作只是到50年代末才告完成。因此，他在《政治经济学批判》第一分册出版（1859年）以前发表的那些著作中，有个别地方与他在1859年以后写的著作中的论点不同，并且从较晚的著作来看，有些用语和整个语句是不妥当的，甚至是不正确的。”为了不至于产生不必要的误解，恩格斯便对《雇佣劳动与资本》这本专为在工人中进行宣传工作用的小册子，仔细地认真地做了完全符合马克思心愿的“必要的修改和补充”。恩格斯特别声明说，他所做的全部修改，都归结于一点，这就是把原稿上写的工人为取得工资向资本家出卖自己的“劳动”，一律改正为“劳动力”。“关于这点修改，我应当作一个解释。向工人们解释，是为了使他们知道，这里并不是纯粹的咬文嚼字，而是牵涉到全部政治经济学中一个极重要的问题。”①恩格斯对待马克思早期著作的这种高度负责和郑重的态度，实在是令人肃然起敬，同时也为我们慎重、严肃地研究马克思主义创始人的遗著树立了榜样。

在《手稿》这部未完成的著作中，马克思力图从政治经济学的角度，来解剖资本主义社会并论证共产主义学说，把政治经济学的研究与哲学、共产主义思想结合起来，以创立作为无产阶级解放的理论基础的科学学说。这样的意图和方向是完全正确的，事实证明也取得了某些有意义的成果。从“异化劳动”同私有财产的关系的剖析中，马克思更加坚信：“社会从私有财产等的解放、从奴役制的解放，是通过工人解放这种政治形式表现出来的，且这里不仅涉及工人的解放，因为工人的解放包含全人类的解放；其所以如此，是因为整个人类奴役制就包含在工人同生产的关系中，而一切奴役关系只不

① 《马克思恩格斯选集》第1卷，第341页。

过是这种关系的变形和后果罢了。”[1]马克思认识到要解放工人阶级、解放全人类，就必须废除私有财产，消灭资本主义的奴役制度，而这又需要通过现实的政治的行动才能达到目的。所以，他进一步又指出："整个革命运动必然在私有财产的运动中，即在经济中，为自己既找到经验的基础，也找到理论的基础。”[2]但是，如上所述，由于青年马克思这时对于政治经济学的研究还刚刚开始，而且更主要地是在世界观上还存在着费尔巴哈的严重影响，因而无论是在理论基础上，还是在经验基础上，对于共产主义的认识还不能说是完全正确和科学的。马克思从费尔巴哈的人本主义出发，把人的类本质与人相脱离看作是“异化劳动”的表现之一，从而认为人的彻底解放就是向自身、向社会的真正的人的“复归”。这自然还未跳出以人为本、以人性论为基础的旧社会主义理论的旧巢。由此引申，他在这里关于共产主义的论证和表述，也渗透着人本主义思想的缺陷和错误，明显地显露出距离科学的世界观还有相当长的一段距离。马克思写道：

> 共产主义是私有财产即人的自我异化的积极的扬弃，因而是通过人并且为了人而对人的本质的真正占有；因此，它是人向自身、向社会的（即人的）人的复归，这种复归是完全的、自觉的而且保存了以往发展的全部财富的。这种共产主义，作为完成了的自然主义，等于人道主义，而作为完成了的人道主义，等于自然主义，它是人和自然界之间、人和人之间的矛盾的真正解决，是存在和本质、对象化和自我确证、自由和必然、个体和类之间的斗争的真正解决。它是历史之谜的解答，而且知道自己就是这种解答。[3]

---

① 《马克思恩格斯全集》第42卷，第101页。

② 同上，第120—121页。

③ 同上，第120页。

贯串于《手稿》中的这种关于共产主义的思想，既不能说是辩证唯物主义的；也不能说是历史唯物主义的。所谓“共产主义是私有财产即人的自我异化的积极的扬弃”，不过是说人的本质在私有制之下由于“劳动异化”而“异化”了，因而在废除私有财产制度后，即共产主义社会，人便向自身，即人的人“复归”了。尽管这里指的是“积极的扬弃”，是“保存了以往发展的全部财富”的“复归”，但它的基本意思仍然是失而复得、复旧自身，而且是人的自身的返复。这与唯物辩证法的否定之否定规律所说的由低级到高级、由简单到复杂的曲折的螺旋式、波浪式前进上升运动并不是一回事，并不能互相等同。私有制的产生，可以看作是对原始生产资料公有的否定，这是由于原有的生产关系与生产力的发展相矛盾而产生的突变；“异化劳动”在这里不过是由于这种否定所带来的一种现象，只是这种根本变化的一种表现形式，其本身并不是原因。所谓人性的丧失，就更不是什么现实的物质的变化的否定，而只不过是唯心主义历史观对于社会发展抽象的、错误的认识，把人的本性作为人类社会变化的根本原因。既然把私有制看作是人的本性的“丧失”、“异化”，那么，它在“扬弃”所保留和提高的又是什么呢？如果说，共产主义是所谓从私有制条件下对人的本身的“复归”，那么，私有制又给人的本性带来什么积极的因素呢？共产主义公有制是在生产力高度发展的基础上所建立起来的崭新的社会经济制度，这种对私有制的否定的否定，绝对不是“复归”到原始的公有制，更不是什么人性自然的“复归”而达到一切矛盾和斗争的真正解决。

因此，这种对“历史之谜的解答”，完全不是马克思主义的、真正科学的解答。相反地，从这样的解答中，倒是可以集中地、突出地看到青年马克思受到的费尔巴哈的严重影响，也就是确确实实把人本主义的两个基本理论部分，即自然主义和人道主义，作为新的共产主义学说的指导思想。这样明显而直接地把共产主义看作是完成了的自然主义和完成了的人本主义，是两者的必然结合，正好证明这种共产主义是从费尔巴哈的学说中推论出的抽象结论，也正符合青年马克思在写给费尔巴哈的信中所说，共产主义者是以《未来哲学原理》、《信仰的本质：对〈基督教的本质〉的补充》等著作作为社会主义理论的“哲学基础”的。硬要把这样的观点当作“从社会历史哲学的角度所理解的共产主义”，那这种“社会历史哲学”，也绝不是历史唯物主义的，更不是马克思主义的。

总之，无论是从哲学的基本观点上看，还是从政治经济学和共产主义学说的阐释上看，青年马克思在《手稿》中的思想都受到费尔巴哈人本主义原则的相当强烈的影响。马克思的《手稿》尽管在个别论点上有超过费尔巴哈的地方，在个别问题上与费尔巴哈有不同的看法；然而，就总的思想倾向来看，就全面论述的思想实质来看，还不能看作是马克思主义的成熟著作。马克思主义的诞生，是在彻底清算了费尔巴哈的人本主义以及唯心主义历史观后的事情。

五

1844年8月28日左右，恩格斯由英国动身返回德国时，特意绕道巴黎前往拜访马克思。这是马克思和恩格斯的第二次会见，然而却是一次具有伟大历史意义的会见，从此便开始了两位巨人40年始终并肩战斗的志同道合的友谊。列宁生动地描述说：“古老的传说中有各种非常动人的友谊的故事。欧洲无产阶级可以说，它的科学是由两位学者和战士创造的，他们的关系超过了古人关于人类友谊的一切最动人的传说。”[①]马克思主义作为科学的完整的思想体系，就是这两位现代无产阶级的领袖和导师不朽友谊的结晶。

恩格斯在巴黎总共逗留了10天，在这短短几天的倾心交谈中，他与马克思在一切理论领域中都显示出意见完全一致。当恩格斯于1843年底至次年

① 《列宁选集》第1卷，第92—93页。

初写作《政治经济学批判大纲》这部“天才的”经济学著作，并在《德法年鉴》上发表时，马克思就给予了高度的评价；他在《手稿》中将这部著作列为少数可以利用的“内容丰富而有独创性的著作”之一，同时还做过摘要。除了现实中的实际问题，在很大的程度上，恩格斯的这部经济学著作激励和促使马克思将自己的科学研究工作转向政治经济学。他们以通讯的方式不断交换意见，这就为在巴黎开始的合作早已奠定牢固的思想基础。

马克思和恩格斯在巴黎相处10天的重要的共同成果，就是由马克思建议两人一起撰写一本批判青年黑格尔派的小册子，即后来取名为《神圣家族，或对批判的批判所做的批判（驳布鲁诺·鲍威尔及其伙伴）》的哲学著作。恩格斯在巴黎期间便写完了自己的那一部分，马克思则由于不断扩大篇幅而延迟到11月才结束全书。在这部被列宁称之为“奠定了革命唯物主义的社会主义的基础”的著作中，马克思和恩格斯开始迈出费尔巴哈所没有走过的一步，开始运用唯物主义的世界观系统地考察人类社会，特别是对市民社会进行解剖。他们在这里已接近于得出生产方式在社会发展中起决定性作用这一历史唯物主义的基本原理，提出了无产阶级在社会革命中的历史作用；在超出费尔巴哈并进一步在历史观上发展费尔巴哈的伟大事业中，取得了显著的前进的成就。但是，费尔巴哈这时对他们的影响仍然是相当大的。马克思在20多年后重读这本书后说：“我愉快而惊异地发现，对于这本书我们是问心无愧的，虽然对费尔巴哈的迷信现在给人造成一种非常滑稽的印象。”[①]而恩格斯在经过了将近半个世纪之后再次证实，从《神圣家族》这部著作中可以看出，当费尔巴哈的新的哲学原则出现时，“马克思曾经怎样热烈地欢迎这种新观点，而这种新观点又是如何强烈地影响了他”[②]。不过，从《神圣家族》已可看出，对于费尔巴哈人本主义的思想

① 《马克思恩格斯全集》第31卷，第293页。

② 《马克思恩格斯选集》第4卷，第218页。

的清算，已经是势在必然。

1845年1月，法国外交部下令将马克思驱逐出国。2月3日马克思移居比利时首都布鲁塞尔，同年春天恩格斯也迁居到这里。在巴黎会见期间撰写《神圣家族》之后，马克思和恩格斯便各自分头在自己的著作里叙述他们共同的见解。恩格斯在这段时期撰写了《英国工人阶级状况》一书，马克思则草拟了《关于费尔巴哈的提纲》。从这时起到1848年春的三年间，是马克思主义形成和成熟的最重要的时期。马克思自己回忆说："当1848年春他（恩格斯）也住在布鲁塞尔时，我们决定共同钻研我们见解与德国哲学思想体系见解之间的对立，实际上是把我们从前的哲学信仰清算一下。"[①]于是，他们再次合作撰写另一部哲学著作《德意志意识形态》。马克思所说的对他们"从前的哲学信仰"的清算，首先指的就是费尔巴哈的人本主义。正是在彻底批判以费尔巴哈为代表的旧唯物主义的基础上，马克思和恩格斯确定了新的唯物主义，即马克思主义的世界观。

马克思草拟的"一份供进一步研究用的匆匆写成的笔记"《关于费尔巴哈的提纲》，就是"作为包含着新世界观的天才萌芽的第一个文件"。马克思扼要而全面地批判了费尔巴哈的直观观点和人本主义思想，明确地提出了"人的本质并不是单个人所固有的抽象物。在其现实性上，它是一切社会关系的总和"[②]。在《德意志意识形态》中，马克思和恩格斯进一步发挥《提纲》中的观点，更尖锐和系统地展开了对费尔巴哈的批判。也就是在深入揭露费尔巴哈的"唯物主义和历史是彼此完全脱离"的同时，他们对自己的唯物主义历史观作了全面的论述，并第一次提出了无产阶级夺取政权的任务。这无疑说明，马克思最终抛弃了费尔巴哈的人本主义，以鲜明的科学社会主义的旗帜，开始跨进了马克思主义的成熟时期。

---

① 《马克思恩格斯选集》第2卷，第85页。

② 《马克思恩格斯选集》第1卷，第18页。

1847年撰写的《哲学的贫困》，虽然是一部论战性的政治经济学著作，却进一步阐明了科学社会主义中有决定性的论点，是成熟的马克思主义的最初著作之一。这时，马克思和恩格斯积极参加并领导了无产阶级的革命活动，加入了“共产主义者同盟”组织。1848年2月，他们共同撰写的作为这个同盟组织的纲领性文件《共产党宣言》问世。“这部著作以天才的透彻鲜明的笔调叙述了新的世界观，即包括社会生活在内的彻底的唯物主义、最全面最深刻的发展学说辩证法以及关于阶级斗争、关于共产主义新社会的创造者无产阶级所负的世界历史革命使命的理论。”①正是在这部具有伟大历史意义的著作中，马克思和恩格斯庄严地发出了“全世界无产者，联合起来！”的战斗口号，取代了“正义者同盟”过去沿用的旧口号“一切人都是兄弟”。科学的共产主义的理论，在《共产党宣言》中得到了充分的表述；马克思主义的三个组成部分的主要标志，这时都有了充分的论证。毋庸置疑，《共产党宣言》体现了马克思主义形成时期的最高成就，标志着马克思主义学说的最后成熟。

列宁在阅读黑格尔的《哲学史讲演录》时，曾经写过这样一段话：“卓绝坚持哲学史中的严格的历史性，反对把我们所能了解的而古人事实上还没有的一种思想的‘发展’硬挂到他们名下。”②如果我们大家都承认这是正确评价历史人物的马克思主义的基本原则的话，那么，为什么对青年马克思又似乎并不愿意真诚运用它呢？马克思自己明白地说过：

> 在科学的入口处，正象在地狱的入口处一样，必须提出这样的要求：
> 这里必须根绝一切犹豫；
> 这里任何怯懦都无济于事。③

---

① 《列宁选集》第2卷，第578页。

② 《列宁全集》第33卷，第272页。

③ 《马克思恩格斯选集》第2卷，第85页。

坚持马克思主义的实事求是原则，才是真正科学的态度，否则，一切都“无济于事”！

1983年9月于北京

（《美学论丛》1984年第7辑，中国社会科学出版社1984年版；《马列文论研究》第12集，中国人民大学出版社2001年版；《中国社会科学院马克思主义研究论丛》[文学编]，中国社会科学文献出版社2007年版）

伟大的革命发现

——恩格斯论文艺是上层建筑

一

列宁在《弗里德里希·恩格斯》一文中说：

> 古老的传说中有各种非常动人的友谊的故事。欧洲无产阶级可以说，它的科学是由两位学者和战士创造的，他们的关系超过了古人关于人类友谊的一切最动人的传说。[①]

列宁的这段著名的言论，不知已在关于马克思和恩格斯的论著中被引用过多少次。但是，当我提笔要写一篇学习恩格斯论述文艺属于上层建筑的札记时，它不禁又回响萦绕于耳际。马克思恩格斯在近40年的亲密合作中，曾经探索过多方面的科学领域，其中包括美学和文艺领域。然而，所有这些方面又都是与他们共同创造的“无产阶级的科学”相联系的；社会的经济基础和上层建筑的理论，就是属于这个科学的核心部分。

恩格斯在评价马克思的伟大功绩时曾经指出：“正象达尔文发现有机界的

① 《马克思恩格斯选集》第1卷，第40页。

发展规律一样，马克思发现了人类历史的发展规律，即历来为繁茂芜杂的意识形态所掩盖着的一个简单事实；人们首先必须吃、喝、住、穿，然后才能从事政治、科学、艺术、宗教等等；所以，直接的物质的生活资料的生产，因而一个民族或一个时代的一定的经济发展阶段，便构成为基础，人们的国家制度、法的观点、艺术以至宗教观念，就是从这个基础上发展起来的，因而；也必须由这个基础来解释，而不是象过去那样做得相反。”[①]恩格斯一再声明关于人类历史的发展规律是由马克思最先发现的，尤其是关于唯物史观的指导思想的最后的明确的表述是属于马克思的；这当然是有道理和符合实际的。因而，也正像恩格斯所说，这个理论用马克思的名字命名是公正的。

但是，同样也不能否认，无论是在结识马克思以前，还是在马克思主义的形成过程中，恩格斯在一定程度上曾经独立地进行和参加了这一理论的建立和阐发。特别是在马克思于1883年与世长辞之后，恩格斯在10余年间不仅担负了领导国际无产阶级革命运动的重任，而且还在充实、丰富和发展马克思主义的理论方面，做出了任何人都无法比拟的丰功伟绩。其中，对于历史唯物主义关于经济基础和上层建筑的关系的理论，对于文艺是上层建筑中的特殊的社会意识形态的理论，进一步地具体解释和深刻地阐发，更是最突出、最宝贵的贡献之一。

早在1843年年底，恩格斯就开始用社会主义的观点来剖析资产阶级社会的经济结构，试图从政治经济学的角度科学地论证私有制的不合理。在1844年1月写毕、后来发表于《德法年鉴》上的《政治经济学批判大纲》中，恩格斯肯定了资产阶级政治经济学探讨了私有制的各种规律，同时尖锐地揭露了它的片面性和不彻底性，批判了它的“伪善、矛盾和不道德”。他写道：“政治经济学的产生是商业扩展的自然结果，随着它的出现，就有一整套成熟的官许的欺诈办法、一门完整的发财致富的科学来代替那简陋的非科学的生意

① 《马克思恩格斯选集》第3卷，第574页。

经。”在认真地、逐个地批判、研究了资产阶级经济学的基本范畴后，恩格斯热切“希望不久能够有机会来详细地分析这个制度的不道德性，而且无情地揭露经济学家们在这里表现得很充分的那种伪善”[①]。

在这部著作中，他还特别强调科学的进步对社会生产力的发展带来的影响。正如恩格斯自己后来所回顾的那样，这个时期对于新的世界观的形成起了不少的作用。他说：“我在曼彻斯特时异常清晰地观察到，迄今为止在历史著作中根本不起作用或者只起极小作用的经济事实，至少在现代世界中是一个决定性的历史力量，这些经济事实形成了现代阶级对立所由产生的基础；这些阶级的对立，在它们因大工业而得到充分发展的国家里，因而特别是在英国，又是政党形成的基础，党派斗争的基础，因而也是全部政治历史的基础。”[②]无疑地，这样的思想正是后来系统发展和建立的关于经济基础和上层建筑关系理论的开始，它正好与马克思的见解不谋而合。

马克思对《政治经济学批判大纲》认真地做了摘记，把它列为当时德国社会主义科学“内容丰富而有独创性的”少数几部著作之中。10多年后，马克思还称这部著作是“批判经济学范畴的天才大纲”[③]。可以说，正是这一著作成了马克思恩格斯这两位伟人开始联系的纽带，并在很大程度上对马克思最初对于政治经济学的研究起着宝贵的推动作用。1842年11月，恩格斯在赴英国的途中，曾到科伦访问《莱茵报》编辑部时与马克思有过会晤。但是只是在恩格斯的《政治经济学批判大纲》及其他几篇文章与马克思的《论犹太人问题》、《〈黑格尔法哲学批判〉导言》在《德法年鉴》发表前后，他们之间才互相通讯交换意见。共同的思想基础和革命的情谊，自然而然地把他们两人紧密地联系在一起。

---

① 《马克思恩格斯全集》第1卷，第596、625页。

② 《马克思恩格斯选集》第4卷，第192页。

③ 《马克思恩格斯选集》第2卷，第81页。

1844年8月底，恩格斯从英国动身返回德国时，专门绕道巴黎与马克思会见。这是一次具有历史意义的会见。恩格斯在马克思家中住了10天，他们朝夕相聚，促膝谈心，一起参加工人的集会和战友的聚会，共同商讨和研究他们所从事的科学理论工作。他们达成了完全一致的意见，共同决定把两人过去都已经进行并取得不少成果的研究工作的重点，转移到分析资本主义的经济关系上来。他们彼此以各自专门研究领域中的知识互为补充，互相促进，由此开始了两位既是学者又是战士的几十年的创造性的合作。后来逐渐形成的关于经济基础和上层建筑的理论，从此便成为两人共同钻研、全力探讨的课题。

就在巴黎逗留期间，恩格斯参与撰写了马克思已经动笔的一部批判以鲍威尔为代表的青年黑格尔派的著作，并写完了他所分担的该书的7个章节。马克思坚持把这部后来定名为《神圣家族》的书作为两人共同合作的第一部著作送交出版。在由恩格斯执笔的这部书的头几节中，就无情地揭露了青年黑格尔派"仅仅是'用现存事物的范畴来制定公式'，也就是用现存的黑格尔哲学和现存的社会意向来制定公式。公式除了公式便什么也没有"[①]。照马克思和恩格斯看来，像黑格尔那样用一身兼为整个自然界和全体人类的绝对的主客体，即绝对精神来代替人和自然界之间的现实联系，必然会颠倒存在和精神、历史和观念之间的关系，把整个世界头足倒置起来。要解释"历史上的政治、文学和神学方面的重大事件"，只有在认识这一历史时期的"工业和生活本身的直接的生产方式"的基础上才有可能。相反地，"认为历史的发源地不在尘世的粗糙的物质生产中，而是在天上的云雾中"，则只不过是以漫画的形式再现出来的思辨唯心主义的荒诞幻想。马克思恩格斯在《神圣家族》中初步说明了政治、法律、文学、宗教等和社会制度的现实关系，表明了初步的对于社会生活的唯物主义的观点。

① 《马克思恩格斯全集》第2卷，第22页。

继《神圣家族》之后，恩格斯于1844年秋到1845年3月写完了他青年时期的重要著作《英国工人阶级状况》。在写作这本书时，他不仅非常认真地研究过一切可能弄到的各种官方和非官方的文件，搜集了大量事实材料，而且还长期深入到工人群众之中去直接了解他们的日常生活，参与他们的实际斗争，亲自进行各方面的调查研究。正是在大量的、无可辩驳的事实基础之上，恩格斯得出了“工人阶级的状况是当代一切社会运动的真正基础和出发点”的重要结论。关于这部具有历史意义的著作，列宁曾经写道：“在恩格斯以前有很多人描写过无产阶级的痛苦，并且指出了帮助无产阶级的必要。但是，恩格斯第一个说明了无产阶级不只是个受苦的阶级；说明了正是它所处的那种低贱的经济地位无可遏止地推动它前进，使它去争取本身的最终解放。而战斗中的无产阶级是能够自己帮助自己的。工人阶级的政治运动必然会使工人认识到，他们除了社会主义以外，再没有别的出路。另一方面，社会主义只有成为工人阶级的政治斗争的目标时，才会成为一种力量。这就是恩格斯的关于英国工人阶级状况的一书的基本思想。”列宁还进一步指出，这些思想是通过对英国无产阶级穷苦状况的最确实最惊人的情景非常逼真、鲜明、动人的描写叙述出来的。它是对资本主义和资产阶级的极严厉的控诉。“现在，这些思想已为全体能思考的和正在进行斗争的无产阶级所领会，但在当时却完全是新的。”[①]显然；恩格斯在《英国工人阶级状况》中所论述的基本思想，与正在形成的革命的唯物史观是密切联系的。当然，马克思和恩格斯在这一时期的著述，如同他们后来一再强调指出的那样，还并非是成熟的马克思主义的论著。

马克思于1845年春天在布鲁塞尔写的《关于费尔巴哈的提纲》，被恩格斯称之为“包含着新世界观的天才萌芽的第一个文件”[②]。在总共11条的“提

① 《列宁选集》第1卷，第89、90页。

② 《马克思恩格斯选集》第4卷，第208—209页。

纲”中，马克思着重批判了费尔巴哈以及一切旧的唯物主义者的主要缺点，指出了他们在历史观上的不彻底性，不了解“革命的”、“实践批判的”活动的意义。例如，费尔巴哈在分析宗教的根源和本质时，便撇开了历史的进程，孤立地观察宗教感情，从而把宗教的本质归结于人的本质，而又把人的本质理解为人本主义的、由许多个人纯粹自然地联系起来的“类”。马克思着重指出，费尔巴哈没有看到，“宗教感情”本身是社会的产物，在他那里的抽象的个人，实际上是属于一定的社会形式的。“人的本质并不是单个人所固有的抽象物。在其现实性上，它是一切社会关系的总和。”[①]社会生活在本质上是实践的，人应该在实践中证明自己思维的真理性。旧唯物主义不是把感性理解为实践活动，因而它的立脚点是“市民”社会，只能局限于对“市民社会”的单个人的直观。而新唯物主义的立脚点，则是人类社会或社会化了的人类，它要通过革命的实践活动去改变世界。马克思在这里不仅批判了一切旧唯物主义的不彻底性、不完备性和片面性，而且明确地表述了新的历史唯物主义的要点。这样，就为进一步形成和制定新的世界观做好了准备。

1845至1846年间马克思和恩格斯合写的另一部著作《德意志意识形态》，在清算德国哲学思想体系和批判“真正的社会主义”思想的同时，对唯物主义的历史观进行了全面的论述和更深刻的阐释。在这里，马克思恩格斯把他们与唯心主义历史观相对立的新的历史观，初次作了比较完整的表述。他们写道：“思想、观念、意识的生产最初是直接与人们的物质活动，与人们的物质交往，与现实生活的语言交织在一起的。观念、思维、人们的精神交往在这里还是人们物质关系的直接产物。表现在某一民族的政治、法律、道德、宗教、形而上学等的语言中的精神生产也是这样。”不是意识决定生活，而是生活决定意识。意识在任何时候都只能是被意识到了的存在，而人们的存在就是他们的实际生活过程。因此，唯物主义的历史观就在于：“从直接生活的

① 《马克思恩格斯选集》第1卷，第18页。

物质生产出发来考察现实的生产过程，并把与该生产方式相联系的、它所产生的交往形式，即各个不同阶段上的市民社会，理解为整个历史的基础；然后必须在国家生活的范围内描述市民社会的活动，同时从市民社会出发来阐明各种不同的理论产物和意识形式，如宗教、哲学、道德等等，并在这个基础上追溯它们产生的过程。这样做当然就能够完整地描述全部过程（因而也就能够描述这个过程的各个不同方面之间的相互作用）了。”[①]这里所说的“各种不同的理论产物和意识形式”，当然除已经列举的政治、法律、道德、宗教、哲学之外，也包括文学艺术和文艺理论观点。实际上，在这本书中，马克思恩格斯正是运用以上唯物史观的基本原理，以大量的篇幅分析和批判了青年黑格尔派的美学观和文艺观；他们甚至细致而透彻地论证说，即使是艺术的风格在某种意义上也都是依赖于历史上的每一具体阶段上的社会经济生活和政治生活的。而在恩格斯稍后撰写的《诗歌和散文中的德国社会主义》以及其他批判所谓“真正的社会主义”的文章中，更能看到这些原理在美学理论和文艺批评上是如何起到锋利的解剖刀的作用的。

马克思恩格斯一方面积极领导和参加欧洲各国的共产主义运动，另一方面又紧密地结合实际从事理论研究，在反对形形色色冒牌的社会主义学说的斗争中，将已经初步形成和制定的科学理论继续向前推进，使之趋于完善。马克思为反对蒲鲁东的小资产阶级的社会主义学说所写的《哲学的贫困》，他和恩格斯受国际“共产主义者同盟”委托共同起草的《共产党宣言》，便是第一批成熟的马克思主义著作的标志。在前一本著作中，马克思不但对历史唯物主义的基本论点作了进一步的说明，而且还对《德意志意识形态》中使用的某些不确切的术语，如上面引用的实际上是指“生产关系”的“交往形式”，“交往方式”等等作了改正；对另一些重要的概念，如“生产力”等有了更明确的阐释。至于“以天才的透彻鲜明的笔调叙述了新的世界观”（列宁

① 《马克思恩格斯选集》第1卷，第30、43页。

语）的《共产党宣言》，诚如恩格斯所概括的，它的核心的基本原理就是："每一历史时代主要的经济生产方式与交换方式以及必然由此产生的社会结构，是该时代政治的和精神的历史所赖以确立的基础，并且只有从这一基础出发，这一历史才能得到说明；因此人类的全部历史（从土地公有的原始氏族社会解体以来）都是阶级斗争的历史，即剥削阶级和被剥削阶级之间、统治阶级和被压迫阶级之间斗争的历史，这个阶级斗争的历史包括有一系列发展阶段，现在已经达到这样一个阶段，即被剥削被压迫的阶级（无产阶级），如果不同时使整个社会一劳永逸地摆脱任何剥削、压迫以及阶级划分和阶级斗争，就不能使自己从进行剥削和统治的那个阶级（资产阶级）的控制下解放出来。"①因此，马克思恩格斯明确宣告："人们的观念、观点和概念，一句话，人们的意识，随着人们的生活条件、人们的社会关系、人们的社会存在的改变而改变"②，精神生产随着物质生产的改造而改造。这就是彻底的唯物主义，即对历史唯物主义要点的简明扼要的叙述；只有依据这一科学的基本原理，才能正确说明一切社会现象、一切历史事件，才能正确地解释包括文学、艺术在内的一切社会意识形态。

从马克思主义唯物史观的逐渐形成不难发现，这一唯一科学的历史观正是马克思恩格斯经过多年的潜心研究、共同努力探讨的成果。如同作为马克思主义三个组成部分的政治经济学和科学的社会主义一样，马克思主义的哲学既是批判地继承一切人类先进思想并加以改造的理论结晶，又是对国际工人运动和革命实际斗争的科学总结。唯物主义历史观的创立，绝不是偶然的。社会的经济基础和上层建筑的学说，正是唯物史观的基本内容和核心的组成部分。这个问题的解决，最好不过地说明马克思恩格斯这两位无产阶级的导师和领袖在理论上的一体。因此，在这类问题上有意无意地把马克思和

① 《马克思恩格斯选集》第1卷，第237页。

② 同上，第270页。

恩格斯对立起来，人为地制造什么他们之间的“不一致”，便是无视历史事实、无视马克思主义的创始人早已一再作出的郑重声明。坚持马克思恩格斯一起确立的关于经济基础和上层建筑的学说，就不难揭示文学、艺术作为社会意识形态的本质和规律；反之，否定和怀疑唯物史观的基本原理，则只能在美学和文艺理论上陷入迷津。

二

人们在自己生活的社会生产中发生一定的、必然的，不以他们的意志为转移的关系即同他们的物质生产力的一定发展阶段相适合的生产关系。这些生产关系的总和构成社会的经济结构，即有法律的和政治的上层建筑竖立其上并有一定的社会意识形式与之相适应的现实基础。物质生活的生产方式制约着整个社会生活、政治生活和精神生活的过程。不是人们的意识决定人们的存在，相反，是人们的社会存在决定人们的意识。社会的物质生产力发展到一定阶段，便同它们一直在其中活动的现存生产关系或财产关系（这只是生产关系的法律用语）发生矛盾。于是这些关系便由生产力的发展形式变成生产力的桎梏。那时社会革命的时代就到来了。随着经济基础的变更，全部庞大的上层建筑也或慢或快地发生变革。在考察这些变革时，必须时刻把下面两者区别开来，一种是生产的经济条件方面所发生的物质的、可以用自然科学的精确性指明的变革，一种是人们借以意识到这个冲突并力求把它克服的那些法律的、政治的、宗教的、艺术的或哲学的。简言之，意识形态的形式。[①]

无产阶级的革命导师恩格斯、列宁都曾引用《〈政治经济学批判〉序

① 《马克思恩格斯选集》第2卷，第82—83页。

言》中的这段话，并把它作为马克思主义唯物史观的全面、周密、扼要和经典性的说明。在这段集中表述唯物史观的名言中，既明确地阐述了生产力与生产关系、经济基础和上层建筑之间的关系，同时也明确地指出了艺术同哲学、宗教、政治、法律等等“意识形态的形式”一样，是“竖立”在经济基础之上、并随着经济基础的变更而或慢或快地发生变革的“庞大的上层建筑”的一部分。换句话说，如同一切社会意识形态一样，艺术也属于社会的上层建筑。

把艺术理解为一定经济基础的上层建筑的学说，在美学和文艺理论史上便开辟了一个新的时代。在马克思主义以前，关于艺术的本质有过形形色色的说明。如客观唯心主义者有的把艺术看作是理念的“影子的影子”、“摹本的摹本”，有的又认为艺术是理念的感性显现；而主观唯心主义者则更为露骨地提出艺术是直觉的创造、是人的自我意识的冲动和表现。他们完全颠倒了文艺作为社会意识形态与社会存在的关系。马克思主义以前的某些唯物主义的美学家、文艺理论家，虽然肯定客观存在是第一性的、艺术是第二性的，指出艺术是现实生活的反映，但是仍然不能科学地解释艺术作为社会意识形态的真实本质和特点，不能正确地说明艺术在整个社会中的地位和作用。马克思恩格斯创立的关于经济基础和上层建筑的学说，不仅在包括文学艺术在内的复杂的精神生活领域里把唯物主义贯彻到底，从而彻底地批判了唯心主义对于社会历史的歪曲，而且也纠正和克服了旧唯物主义的不足和局限，使美学和文艺理论真正建立在坚实的科学基础之上。

按照马克思恩格斯关于经济基础和上层建筑的理论，考察文艺和其他社会意识形态就不能片面地、孤立地仅仅从这些复杂的精神生活现象本身着手，把这些社会现象和社会事物产生的原因，仅仅归结为人的主观的精神活动。任何社会意识形态，其中包括文学艺术，都不可能单单从它们自身得到解释和引申出来，更不可能从所谓人类精神的一般发展中得到解释和引申出来。只有把文学艺术等社会意识形态，放在整个社会历史关系之中，放在物质的社会关系之上，放在与其他种种社会事物和现象相互联系的总体中去探讨和研究，才能够拨开重重迷雾，从错综复杂、炫目耀眼的事实堆积中去发现真相。

正如列宁所指出的那样，马克思恩格斯的唯物史观的基本思想在于，他们把过去一切哲学家、思想家都无法解释明白的繁茂芜杂的社会关系，分成物质关系和思想关系。“思想关系只是不以人们的意志和意识为转移而形成的物质关系的上层建筑，而物质关系是人们维持生存的活动的形式（结果）。”①因此，对于一切“思想关系”即上层建筑的说明，都必须在“物质关系”，即经济基础中去寻找。被马克思、恩格斯明确地作为“思想关系”即上层建筑的文学、艺术，同样也是在“不以人们的意志和意识为转移”的物质关系的基础之上形成，并且也只能用物质关系来说明它最终的原因，当然是毋庸置疑的。

但是，关于马克思主义的这个基本原则有的同志提出了怀疑。他们对上引马克思在《〈政治经济学批判〉序言》中的那段话表示“迷惑”，认为在这里既然只说法律设施和政治设施是竖立在经济基础之上的，似乎一般社会意识形态便不包括在上层建筑之内，而是和上层建筑平行、和基础相适应但不竖立在经济基础之上，从而得出“上层建筑竖立在经济基础上，而意识形态与经济基础相适应，与上层建筑平行”的结论。好像只有这样，才能解决“上层建筑同意识形态的关系和分别”的“疑问”。对于这种看法，我是不敢苟同的。

其实，马克思在这里所说的“法律的和政治的上层建筑”，本来就包括有两方面的内容，一是指“法律的和政治的”观点，二是指根据法律和政治观点建立起来的“法律的和政治的”机构。这两者是互相联系的而不是互不相关，它们均属于上层建筑而并非仅仅后者才是上层建筑，前者便超出于上层建筑之外、“与上层建筑平行”。关于这一点，马克思在1851至1852年间写的

① 《列宁选集》第1卷，第18页。

《路易·波拿巴的雾月十八日》中讲得十分清楚，他说："在不同的所有制形式上，在生存的社会条件上，耸立着由各种不同情感、幻想、思想方式和世界观构成的整个上层建筑。整个阶级在它的物质条件和相应的社会关系的基础上创造和构成这一切。"①这里特别明确地指出了"各种不同情感、幻想、思想方式和世界观"都是"整个上层建筑"的一部分。毫无疑问，各种社会意识形态就是"思想方式和世界观"，也就是属于上层建筑的这个构成部分的。实际上，马克思在《〈政治经济学批判〉序言》中把法律的、政治的、宗教的、艺术的、哲学的"意识形态的形式"，与"生产的经济条件"即物质的"经济基础"区别开来时，完全可以看出这段话的原意就是：在经济基础上竖立的全部庞大的上层建筑，既包括法律的、政治的设施，也包括法律的、政治的、宗教的、艺术的和哲学的意识形态。上层建筑中各个部分的变革，最终总是依赖于经济基础的变革的。

文学艺术是上层建筑的一部分，它由经济基础决定和制约并为一定的经济基础服务、适应于经济基础，这最终还是因为，物质资料的生产是人类社会生存和发展的基础。如同恩格斯所说，"人们首先必须吃、喝、住、穿，然后才能从事政治、科学、艺术、宗教等等"。人类社会发展中不同阶段的不同性质的文艺，便是在不同的所有制的社会形态的基础上产生的。恩格斯在《反杜林论》中曾经指出：古希腊的奴隶制社会，创造了希腊的文化和艺术；没有奴隶制，也就没有希腊的科学、文化和艺术。而当古代的奴隶制社会走向崩溃，新的封建地主所有制形成和兴起以后，就出现了封建主义的欧洲中世纪的教会文化和艺术。恩格斯在谈到18世纪法国和19世纪德国的哲学和文学繁荣的根源时，又曾写道："不论在法国或是在德国，哲学和那个时代的文学的普遍繁荣一样，都是经济高涨的结果。经济发展对这些领域的最终的支配作用，在我看来是无疑的，但是这种支配作用是发生在各该领域本

① 《马克思恩格斯选集》第1卷，第629页。

身所限定的那些条件的范围内。”[①]的确，即使从文学艺术的种类和体裁上来看，经济的发展对它们的产生和存在，也不能不说是起着最终的支配作用。例如，古代的希腊社会创造了史诗和神话，随着自然科学的发展，它们产生的基础也就消失了。小说和戏剧这些文艺形式，在我国是唐、宋以后才告形成并得到较大发展的；这与当时都市经济的发达和封建社会内部的关系复杂化，不能不说有较直接的联系。像电影、电视等艺术形式，更是只有在现代工业和科学技术高度发展的水平上，才有可能出现和完善。

然而，文学艺术作为上层建筑受着经济基础的制约和支配，正像马克思恩格斯不止一次指出的那样，是指“归根结蒂”的“最终”原因，并且是在“该领域本身所限定的那些条件的范围内”。如果把任何时候、任何条件下的一切文学艺术现象，都机械地直接与当时当地的经济状况硬连在一起，把经济因素当成文艺发展的唯一的决定性的因素，那就是对马克思主义关于经济基础和上层建筑相互之间的关系的极大误解和歪曲。马克思恩格斯在许多地方反复强调：社会发展到一定的阶段，精神生产和物质生产的关系，就不像人类社会开始时那样简单和直接。例如，在社会发展的某一时期或某一地域，文学艺术的发展和繁荣，有可能不是同社会的一般发展成比例。某一历史时期在经济上落后的国家，由于其他条件和因素（如阶级矛盾的尖锐化或哲学、政治等思想的发达等等）的影响，也可能在文学艺术的发展上超过经济上先进、发达的国家。19世纪的俄国就曾经出现过这种情况。但是，这种经济发展和文艺发展的不平衡，仍然要以一定经济发展的水平为前提，因为引起这种不平衡现象的直接因素和原因，归根结底是由经济因素决定的。19世纪俄国出现过的这种情况，只不过说明在经济基础最终决定着上层建筑的同时，上层建筑内部各部分之间也相互发生影响，并且在一定的条件下，也可能对基础产生决定性的反作用。

① 《马克思恩格斯选集》第4卷，第485页。

这里需要特别指出的是，恩格斯不仅阐述了上层建筑中各种意识形态的共同性，而且还更深入、细致地强调了它们的特殊性。关于这一点他曾经解释说：“青年们有时过分看重经济方面，这有一部分是马克思和我应当负责的。我们在反驳我们的论敌时，常常不得不强调被他们否认的主要原则，并且不是始终都有时间、地点和机会来给其他参与交互作用的因素以应有的重视。但是，只要问题一关系到描述某个历史时期，即关系到实际的应用，情况就不同了，这里就不容许有任何错误了。可惜人们往往以为，只要掌握了主要原理，而且还并不总是掌握得正确，那就算已经充分地理解了新理论并且立刻就能够应用它了。”①恩格斯在这里告诉人们，在理解经济基础和上层建筑的相互关系时，不能仅仅片面地把某些“主要原理”当成套语和标签，而是应当在具体的实际运用中，去分析各种不同的复杂的情况；否则，这些本来是正确的命题，也会变成毫无内容的、抽象的、荒诞无稽的空话。也就是说，只有细致地去分析上层建筑中各种不同的社会意识形态的特点，阐明它们在整个上层建筑中的不同的地位和作用，才有可能真正理解经济基础和上层建筑的相互关系。

从主要原则和根源上来说，任何上层建筑都是经济基础的反映，并且最终都反作用于经济基础。但是，无论是就“反映”来说还是就“反作用”来说，同样属于上层建筑的社会意识形态和与它们相适应的政治、法律等设施并不完全是一样的。政治、法律机构是一定的统治阶级按照自己的政治、法律观点自觉地设立的，因而是政治、法律观点的体现和派生。这样，政治、法律等制度作为上层建筑“反映”经济基础，实际上不过是政治、法律等观点在与其相适应的制度上的表现。而政治、法律等机构对经济基础的“反作用”，则更为明显地表现在统治阶级要通过这些机构，有意识地，甚至带有一定强制性地来宣传自己的思想观点，并且与对立的思想观点进行斗争，从而

① 《马克思恩格斯选集》第4卷，第479页。

依靠由此取得的自己在政治、思想上的统治地位，来巩固和发展自己在经济上的统治地位。

至于不同的社会意识形态，它们在上层建筑中也并非与经济基础处于同等的距离；相反地，各种社会意识在上层建筑中分别处于不同的位置，并以自己的特殊地位和方式与经济基础发生关系。恩格斯对于这方面的问题，有过尤为透彻和具体的阐释。在《费尔巴哈和德国古典哲学的终结》一书中，他在分析了政治、法律等上层建筑与经济基础的联系后，便立即指出："更高的即更远离物质经济基础的意识形态，采取了哲学和宗教的形式。在这里，观念同自己的物质存在条件的联系，愈来愈混乱，愈来愈被一些中间环节弄模糊了。但是这一联系是存在着的。"①这就是说，在上层建筑中的社会意识形态，情况并不完全一样，其中有的"密切于经济基础"，有的则"更远离物质经济基础"，虽然它们都是和基础有一定的联系的。在1890年10月27日致康·施米特的信中，恩格斯又再次写道："至于那些更高地悬浮于空中的思想领域，即宗教、哲学等等，那末它们都有它们的被历史时期所发现和接受的史前内容，即目前我们不免要称之为谬论的内容。"②这里所说的"更高地悬浮于空中的思想领域"，显然就是前面所指的"更高的即更远离物质经济基础的意识形态"，亦即宗教、哲学等等。

那么，作为社会意识形态的文学艺术，究竟在上层建筑中处于什么样的地位呢？从马克思、恩格斯的有关论述中，不难看出它们也是属于这类更高的、"悬浮于空中"的、"更远离物质经济基础"的意识形态。从马克思在《〈政治经济学批判〉序言》中关于历史唯物主义的那段经典性说明中，可以发现"艺术"作为"意识形态的形式"，是被排列在宗教和哲学之间的，即如原文说的"法律的、政治的、宗教的、艺术的或哲学的，简言之，意识形

① 《马克思恩格斯选集》第4卷，第249页。

② 同上，第484页。

态的形式”。恩格斯在《反杜林论》中有一段话则写道：“在第三类科学中，即在按历史顺序和现在的结果来研究人的生活条件、社会关系、法律形式和国家形式以及它们的哲学、宗教、艺术等等这些观念的建筑的历史科学中；永恒真理的情况还更糟。”[①]这里又把“艺术”置于“哲学、宗教”之后，或者与它们并列一起。由此可见，艺术作为“观念的上层建筑”，它的顺序在哲学、宗教之后，或者是与这二者并列一起的。这与恩格斯后来在另外的地方，即1894年1月25日致符·博尔吉乌斯的信中所说“政治、法律、哲学、宗教、文学、艺术等的发展是以经济发展为基础的”[②]基本上相同。也就是说，文学、艺术在上层建筑中的位置，不外是在哲学、宗教之后或与它们并列。那么，文学、艺术同样属于“更高地悬浮于空中的思想领域”，是显而易见的，不容置疑的。文学艺术在上层建筑中的这种地位，便决定了它们与经济基础的特殊关系，也决定了它们在整个社会中的特殊作用。

三

恩格斯在致康·施米特的信中写道：

> 我们的历史观首先是进行工作的指南，并不是按照黑格尔学派的方式构造体系的方法。必须重新研究全部历史，必须详细研究各种社会形态存在的条件，然后设法从这些条件中找出相应的政治、私法、美学、哲学、宗教等等的观点。在这方面，到现在为止只做出了很少的一点成绩，因为只有很少的人认真地这样做过。在这方面，我们需要很大的帮助，这个领域无限广阔，谁肯认真地工作，谁就能做出许多成绩，就能

① 《马克思恩格斯选集》第3卷，第128页。

② 《马克思恩格斯选集》第1卷，第506页。

超群出众。[1]

如上所述，意识形态是多种多样的，其中包括政治思想、法权思想、道德、科学、哲学、艺术、宗教等等，它们在上层建筑中与经济基础的距离并不相等。文学、艺术与宗教、哲学所处的地位基本上是一样的，属于更高的悬浮于空中的意识形态。按照恩格斯的分析，这类意识形态大致上具有以下的特点：首先，它们都是更远离物质基础的，因此比较起来有更大的相对独立性，表面看来它们都似乎是仅仅服从自身规律的独立本质而发展；其次，就是这些意识形态“同自己的物质存在条件的联系，愈来愈混乱，愈来愈被一些中间环节弄模糊了”，看起来好像已经与物质生活不相干；最后，与以上两者相联系，在这类更高的思想领域中，往往更明显地表现出“由它的先驱者传给它而它便由出发的特定的思想资料作为前提”[2]的特点，也就是它们更突出地具有思想资料的继承性。

不仅如此，同属于更高的、更远离物质经济基础的意识形态，如宗教、哲学、文艺相互之间，不但影响和渗透着，而且也还具有各自不同的特点。应当看到，在这更高的意识形态中，哲学占有主导的地位，它对宗教和艺术都产生决定性的思想影响。哲学作为一定的世界观，对艺术起着指导性的作用；当然，艺术不但反映哲学思想，并且可以对世界观的形成起到某种影响。何况，一定的美学观就是一定的世界观的一部分。宗教思想其实也是不能脱离一定的哲学思想的，实际上它与唯心主义哲学具有共同的认识论的根源和特点。正如恩格斯所说：“一切宗教都不过是支配着人们日常生活的外部力量在人们头脑中的幻想的反映，在这种反映中，人间的力量采取了超人

---

① 《马克思恩格斯选集》第4卷，第475页。

② 同上，第485页。

间的力量的形式。”[①]但是，宗教在一定条件下也可能成为某个时期占统治地位的意识形态，例如在欧洲中世纪，一切意识形态都成了宗教的奴仆。艺术常常为宗教所利用，同时也在一定程度上对宗教产生影响。这就是艺术和哲学、宗教的关系。

我们还可以从另外的侧面看到它们之间的关系。艺术作为更高的社会意识形态，如同哲学、宗教一样，都是全面地反映社会生活的。也就是说，所有这些悬浮于空中的、更远离物质基础的意识形态，都是既反映经济基础，也反映那些“密切于经济基础”的社会意识，甚至还反映更高的意识形态的其他部分。文学、艺术可以反映人类社会生活的一切方面，即使描绘的是自然事物，如山水风景、鸟兽虫鱼、花草树木等等，主要也是借以表现人类的社会生活，以曲折的方式表现人们的思想、感情。总之，文艺反映从物质到精神的社会生活的各个领域，它反映的是全面的社会生活或整个的社会生活。

尽管文学、艺术与哲学、宗教都属于“更悬浮于空中”的社会意识形态，它们从总体来说都反映全面的社会生活；然而，无论是就它们的内容还是反映的形式来说，这三种意识形态都是各有特点而相互区别的。文艺通过具体、生动、感人的艺术形象来全面地反映和表现社会生活，它的反映方式是具体形象的、个别形态的，它的表现形式根本上要和实际事物的外貌非常近似。更为重要的是，一切真正的美的艺术都要求它所反映和表现的内容从根本上来说是真实的；也就是说，它的内容是具体形象的真理，是典型形象的真实。作家、艺术家经过对普通的日常生活的原始材料的取舍、加工，把这些原料集中、概括和典型化，创造出形形色色真实的、栩栩如生的、感人的典型艺术形象。在文艺作品中全面地、集中地反映和表现的社会生活，便可能高于普通的实际生活，也就更带普遍性。从这个意义上讲，文学、艺术作品就更便于为人们所接受，更易于激起人们强烈的感情，也就更富于广泛

① 《马克思恩格斯选集》第3卷，第354页。

的群众性。由文艺的特点而产生的这种特殊的社会作用，又是任何其他的社会意识形态，包括哲学、宗教都不能替代的。

宗教作为更高的社会意识形态，当然也是现实生活在人们主观意识中的反映；但是它所反映的并不是真实的现实世界，而是颠倒了的、歪曲了的现实，即恩格斯所说将人间的力量变成了“超人间的力量”。而且，宗教的反映方式是完全虚幻的、歪曲的反映。“宗教是在最原始的时代从人们关于自己本身的自然和周围的外部自然的错误的、最原始的观念中产生的。”在阶级社会出现以后，它又被剥削阶级利用而作为维护自己的统治地位的工具，成为欺骗和麻醉人民的鸦片。正由于它的内容和形式都是虚幻的，所以“宗教离开物质生活最远，而且好象是同物质生活最不相干”。[①]当然，它最终还是由物质生活所决定。哲学作为社会意识形态也是相当复杂的。

哲学的内容固然要求真实，但却往往会出现和存在虚伪的、内容并不真实的哲学学说。实际上，历史上从来就有两种主要的对立的哲学观点，即唯物主义和唯心主义。从辩证唯物主义的观点看来，哲学唯心主义是把认识的某一个特征、方面、部分片面地、夸大地发展（膨胀、扩大）为脱离了物质、脱离了自然的、神化了的绝对。“直线性和片面性，死板和僵化，主观主义和主观盲目性就是唯心主义的认识论根源。”所以列宁说唯心主义就是僧侣主义，“是经过人的无限复杂的（辩证的）认识的一个成分而通向僧侣主义的道路”。这就是说，唯心主义哲学和宗教在产生的认识论根源和内容上是有相通之处的。不过，宗教经常采取感性的、通俗的形式，而哲学的反映方式，则是特别抽象的和高度概括的，与实际事物和现象是不一样的。正确的高度概括和抽象，能够透过现象深入到内在的、本质的方面，能更深刻地反映和认识客观世界，能够概括现实世界各个方面的最普遍的规律。因此，哲学作为更高的社会意识形态，对其他意识形态起着方法论的主导作用，对文学、艺术同样产

① 《马克思恩格斯选集》第4卷，第250页。

生强烈的影响。

由此不难看出，无论是宗教、哲学还是文学、艺术，都具有远离物质基础、全面反映社会生活的特点，但相互之间又有所不同。不仅如此，我们还要看到，在这些更高的社会意识形态与经济基础之间，还存在着某些“中间环节”，即政治、法律和道德等等。这些属于“中间环节”的社会意识形态，在上层建筑中与宗教、哲学、艺术相对来说，便与经济基础距离较近，与物质基础的关系更为密切、直接。文学、艺术不仅要同哲学、宗教发生关系，而且还与这些“中间环节”互相作用、互相渗透，特别是与政治的关系相当密切。因为在“中间环节”中，政治原是经济的集中表现，处于最重要的地位；法律不外是政治的一种实施手段，而道德一般地也是为政治所支配，与法权互相补充。于是，我们又进一步看到，经济主要是通过政治等“中间环节”来决定艺术，而艺术也主要是通过政治等“中间环节”来反作用于经济的。这就是文学、艺术和政治在上层建筑中的真实的关系。

这样来看待文艺和政治的关系，当然不会得出文艺不属于上层建筑的错误结论。因为文艺和宗教、哲学一样，固然与政治观点、法律观点以及道德等不同，不是那么“密切于经济基础”，但终究还是由社会的经济结构所决定的更高的上层建筑。同时，这又向我们表明，尽管文艺和政治都是社会意识形态，都是上层建筑，但是它们在整个上层建筑中的地位和作用是并不相同的，文艺又并不等同于政治。说什么为了区别文艺和政治、为了反对把文艺等同于政治，就“怀疑”起文艺等社会意识形式属于上层建筑，就对文艺和政治一样都是上层建筑表示“迷惑”，当然是没有根据的。恰恰相反，只有坚持马克思主义关于经济基础与上层建筑的关系的基本原理，只有把文艺作为上层建筑中的社会意识形态，才能正确地处理文艺与政治的关系。实际上，文艺既不等同于政治，又不能脱离政治。

“我们坚持‘双百’方针和‘三不主义’，不继续提文艺从属于政治这样的口号，因为这个口号容易成为对文艺横加干涉的理论根据，长期的实践证明它对文艺的发展利少害多。但是，这当然不是说文艺可以脱离政治。文艺是不可能脱离政治的。任何进步的、革命的文艺工作者都不能不考虑作品的社会影响，不能不考虑人民的利益、国家的利益、党的利益。培养社会主义新人就是政治。”[①]这就是文艺和政治的确定的、实际的关系。

文学、艺术作为更高的社会意识形态在上层建筑中的地位，不仅决定了它与政治等“中间环节”和经济基础在距离的远近上不同，在反映的内容和方式上不同，而且也决定了它们对经济基础的反作用同样有所不同。马克思说：“随着经济基础的变更，在全部庞大的上层建筑中也就或慢或快地发生变革”；这无异于指出，当经济基础发生变革以后，整个上层建筑也会跟随着产生变更，但是不同的上层建筑在变革的速度上却又并不一致，它们存在着“或慢或快”的差别。一般说来，当经济基础发生变更的时候，那些最“密切于经济基础”的、最接近基础的上层建筑，如政治、法律观点以及同这些观点相适应的政治、法律机构等等，便不能不随之而迅速地发生变革。然而，那些远离经济基础的更高的社会意识形态，其中包括文学、艺术在内，却可能是缓慢地、间接地，甚至要经过相当长的时间才会逐渐产生变化。

不过，文学、艺术的较为间接的、缓慢的变化，又和其他的更高的社会意识形态的变化有显然的区别。宗教的改革和变化，一般地是将旧的内容和新的形式结合在一起，例如恩格斯所说的基督教作为世界宗教，就是东方神学，特别是犹太神学和古希腊罗马的宗教神秘主义的混合。哲学的不同在于，因为它包含有一定的真理，即使作为历史记录也有某种存在的意义，旧的哲学便可以依然作为旧的而存在，它的思想材料则被吸收改造在新的哲学之中。例如18、19世纪的德国古典哲学，从康德开始经过费希特、谢林到黑格尔发展到顶峰，最后则是以费尔巴哈的学说宣告终结。尽管这些学说既有唯物主义也有唯心主义，既有主观唯心主义又有客观唯心主义，但是它们相互之间的继承关系却是显而易见的。即使是表面看来似乎很难相容的哲学学

---

① 《邓小平文选》，人民出版社1983年版，第220页。

派，例如古希腊罗马哲学和欧洲中世纪哲学，以及欧洲中世纪哲学和文艺复兴时期哲学，只要认真剖析也能发现它们之间仍然存在着某种思想材料上的联系。

艺术原是美的创造，虽然每个时代各有不同，但作为艺术的美却是可以永远存在并为每一时代所接受。即使像神话和史诗这样的文学作品，尽管产生它们的社会基础早已消失，可是由于它们能够真实地反映人类社会的一定历史发展阶段，能够充分体现人类本质的具有典型意义的真实性，因而仍然在其他的社会形态中显示出永久的魅力。至于文学、艺术理论和美学观点，在这里则比较类似于哲学思想和观点，那些错误的、荒诞的、反动的东西将被历史所淘汰，而一切正确的、真实的、进步的合理成分，都为后代接受、继承和保留。

与此相联系的便是意识形态的历史继承性问题。恩格斯不止一次地强调指出，任何意识形态一经产生，就会同已有的观念材料相结合而发展起来，并对这些材料做进一步的加工。他写道："历史思想家（历史在这里只是政治的、法律的、哲学的、神学的——总之，一切属于社会而不仅仅属于自然界的领域的集合名词）在每一科学部门中都有一定的材料，这些材料是从以前的各代人的思维中独立形成的，并且在这些世代相继的人们的头脑中经过了自己的独立的发展道路。"[①]这就是说，各种意识形态的发展和变化，在它自身的范围内，总是同前人所留下的一定的思想成果和思维材料有密切的联系；或者说，它们作为某种意识形态不可能凭空杜撰，也不是从天上倏忽而降，而必须与历史发展的传统保持某种联系，必须对过去的遗产加以批判地改造和继承。愈是更高的、更远离物质经济基础的意识形态，这点愈表现得更为明显。

文学、艺术历史继承性的特点，尤其不可忽视。恩格斯曾经辛辣地嘲笑过杜林在科学文化上摒弃一切优秀传统的极端的虚无主义。在杜林看来，似

---

① 《马克思恩格斯选集》第4卷，第501页。

乎“未来社会”中的一切科学、文艺都是与过去格格不入、毫无联系的，所有的优秀遗产都要在“最后的终极的共同社会”中扔进垃圾堆。杜林在自己的书中公然宣称：“当人们负担起不太艺术的、从而对千百万人的命运远为重大的任务的时候，就是说，当完成有血有肉的人的创造的时候，用大理石把人理想化的希腊艺术，就再也不能保持它以前的历史意义了。这种艺术不是纯石头的艺术，它的美学和静观死的形式无关。”与此相反，杜林所提供的则是“同幻想（它和悟性协调一致）的更高要求相称的”并描述出“表明世界的完美性”的“真正理想的”艺术的“杰作”。于是，从前的一切艺术在这里都不适用。这正像恩格斯所说，杜林的“正在成长的未来公民从天而降”，一切都不得不重新做起，“一切都解决得尽善尽美”；可是，只要稍稍有科学头脑而不脱离历史，就不难发现它们“到头来是一堆和谐的胡说”①。所谓与“静观死的形式”无关的“未来社会”的美学和艺术，完全斩断了与过去的历史的联系，从根本上否定了社会意识的继承关系，这当然只能是反科学、反历史主义的主观臆想。

早在马克思写完《〈政治经济学批判〉序言》后不久，恩格斯就已指出：马克思在这篇著作中扼要阐述的关于社会存在和社会意识、经济基础和上层建筑关系的基本原理，“是一个具有革命意义的发现”，它“不仅对于理论，而且对于实践都是最革命的结论”。②恩格斯的这番话是在最广泛的意义上说的，100多年来的无产阶级革命运动的实践，充分地证实了它的正确性。今天，当我们正在努力开创社会主义现代化建设的新局面、进行以城市为重点的整个经济体制的改革的时候，重新学习马克思恩格斯关于经济基础和上层建筑的基本原理，其中包括文艺是上层建筑中的特殊的社会意识形态的论述，更具有巨大的现实意义和理论意义。

---

① 《马克思恩格斯选集》第3卷，第358、359、362、363页。

② 《马克思恩格斯选集》第2卷，第117页。

正如《中共中央关于经济体制改革的决定》中所说："社会主义社会的基本矛盾仍然是生产关系和生产力、上层建筑和经济基础之间的矛盾。我们改革经济体制，是在坚持社会主义制度的前提下，改革生产关系和上层建筑中不适应生产力发展的一系列相互联系的环节和方面。"这样重大的经济体制的改革，不仅会带来经济生活的重大变化，而且会带来上层建筑领域一系列的重大变化，以至于影响到整个社会的生活方式和人们的精神状态。文艺作为上层建筑中的一部分，如上所说，既然要全面地反映社会生活，当然也就要全面地反映当前的经济体制改革，以及由这场改革引起的社会各个方面的变化，其中包括生活方式和思想方式的变化。正确地认识到经济基础和上层建筑的这种关系，就能更加自觉地掌握上层建筑一定要适应经济基础的客观规律，就能更主动、更积极地要求我们当前的社会主义文学艺术，与时代、与社会同步前进。与此相联系，全面的经济体制改革，也提出了一系列与经济基础和上层建筑学说有关的新问题、新情况，其中包括美学和文艺理论如何在新的历史时期丰富和发展的问题，这些都有待于我们去解决。

同时，我们还应看到，文学、艺术既然是更高的上层建筑，它具有与其他上层建筑明显不同的特点，不仅不能与政治、法律、道德这些"中间环节"等同，而且也与哲学、宗教这些远离基础的意识形态在许多方面相区别。这样，如上所述，文学、艺术在上层建筑中的这种地位，便明显地显示出它们具有与其他上层建筑不同的独特的、能动的反作用。我们应当把握文艺作为上层建筑的这种独特性，充分地利用文艺的特殊功能，全面地认识、理解和发挥它对经济基础和整个社会生活的反作用。正如邓小平同志所说："不论是对于满足人民精神生活多方面的需要，对于培养社会主义新人，对于提高整个社会的思想、文化、道德水平，文艺工作都负有其他部门所不能代替的重要责任。"①社会主义的文学、艺术具有真正最广阔的、为任何时

① 《邓小平文选》，人民出版社1983年版，第181页。

代都不能比拟的自由天地，它们可以最好地运用自己特殊的“魅力”和“威力”，去“为千千万万劳动人民，为这些国家的精华、国家的力量、国家的未来服务”[1]。美从来就是五彩缤纷，万紫千红的，美的文学和艺术更是千姿百态，五光十色；在这个迷人的精神领域的百花园中，需要的只是科学地播种和耕耘，正确地管理和经营。“这个领域无限广阔，谁肯认真地工作，谁就能做出许多成绩，就能超群出众。”——让我们牢牢记住恩格斯的嘱托和教诲，用踏踏实实、兢兢业业的工作来纪念这位马克思主义的创始人吧！

（《马克思主义文艺理论研究》第6卷，文化艺术出版社1986年版）

① 《列宁论文学与艺术》，人民文学出版社1983年版，第71页。

关于文艺的党性问题

面对一小撮

　　　　诗坛的

　　　　　　　巧取豪夺之徒，

我要像高举布尔什维克党证那样

　　　　　　　　　　　　　　　高高举起，

整整一百卷

　　　　我的

　　　　　　充满党性的书。

——马雅可夫斯基

“苏维埃时代最优秀、最有才能的诗人”马雅可夫斯基，曾经以诗的语言宣布了自己的党性誓言。尽管他在半个多世纪前便结束了仅仅只有37年的人生，然而他为我们留下的“充满党性的书”，却永远是投向“巧取豪夺之徒”的犀利匕首。经历了1989年春夏之交在北京发生的那场政治风波之后，再重新朗读这响遏行云的诗句，不能不强烈地激起我们对这位无产阶级诗人的崇敬和怀念之情；同时，也促使我们冷静地回顾和反思文艺理论中的大是大非问题，其中包括文艺的党性原则问题。

有那么一段时间，在我们的文艺理论书籍和文章中，似乎在有意无意地回避“党性”这个字眼。这也许是在“十年浩劫”之后，对“文化大革命”

中曾经以派性冒充党性、滥用党性和歪曲党性感到厌恶，但又片面地总结历史教训而带来的某种“讳莫如深，深则隐”吧！随着资产阶级自由化及某些错误思潮在文艺领域的泛滥，在党性问题上也冒出了种种违背马克思主义的观点。例如，有人公开提出文艺的党性原则是“建立在误解上面”，是“科学服从政治”的结果，应该“理所当然”地“加以改正”；有的把“创作自由”与党性原则截然对立起来，否定和反对党对文艺事业的领导；还有人公开宣扬所谓人民性高于党性的主张，说什么“过去往往把人民事业统统当作党的事业，这是不恰当的”；有的则宣称“党性已不再是学科自身理论的组成部分”；等等。这些极端错误和荒唐的论调，在某个时期不仅没有得到严正的辩驳和批评，反而还博得一些人的喝彩和赞扬，由此可见我们在马克思主义文艺理论上的混乱已经达到何种程度。看来，重新学习和阐释党性原则问题，澄清被颠倒的是非，正本清源，已成为理论界、文艺界的当务之急。

一

党性问题的提出并非是偶然和人为的。按照马克思主义的观点，政党是阶级社会发展到一定阶段的必然结果。列宁说：“在大多数情况下，至少在现代文明国家内，阶级通常是由政党来领导的。”[①]毛泽东同志也曾写道：“既要革命，就要有一个革命党。没有一个革命的党，就不可能领导工人阶级和广大人民群众战胜帝国主义及其走狗。”[②]既然政党是代表一定的阶级、阶层或集团并为实现其利益进行斗争的政治组织，那么不同的政党必然便会有体现出不同性质的党性。通常，党性便是阶级性最高、最集中的表现；无产阶级的党性或资产阶级的党性都是如此，只不过前者公开地、毫不含糊地表明自

① 《列宁全集》第31卷，第23页。

② 《毛泽东选集》第4卷，第1360页。

己的党性，而后者有时却对此含含糊糊、羞羞答答，以“无党性”来掩盖自己顽强的党性。由此可见，在马克思主义创立以前，党性问题便早已存在。

马克思和恩格斯在建立无产阶级政党的过程中，曾经不断地与否定党性的人进行斗争。

马克思不止一次地批评过“诗人站在高高的宝塔上，比党站的高度更高”的狭隘论调，要求持有这种观点的人转变立场。恩格斯在批判德国的某些盗用“共产主义者”名义的“真正的社会主义者”时，便明确地指出这些所谓的共产主义著作家“决不代表德国共产主义者的党。党不承认他们是自己著作界的代表，他们也不代表党的利益。相反地，他们维护的是完全不同的利益，捍卫着不同的、在一切方面都和共产主义政党的原则相对立的原则”。马克思恩格斯在《共产党宣言》中，不仅与形形色色的“社会主义”在理论上、思想上划清了界限，而且还向全世界宣布了作为共产党人的观点、目的和意图，“拿出自己党的宣言来对抗那些关于共产主义怪影的神话”。同时，他们又一再地表示希望看到有更多宣传社会主义文学艺术的作品出现，来“歌颂倔强的、叱咤风云的和革命的无产者”，并期待着“一个新的但丁来宣告这个无产阶级新纪元的诞生”。

马克思和恩格斯对于文艺的倾向性问题作过全面的阐述，因为他们深知文学艺术作品的特性和作用，是不同于其他的社会意识形态的。正是从党的利益出发，马克思、恩格斯肯定那些“具有社会主义倾向”的文艺作品，并不反对“倾向诗本身”。恩格斯以赞许的口吻写道：“悲剧之父埃斯库罗斯和喜剧之父阿里斯托芬都是有强烈倾向的诗人，但丁和塞万提斯也不逊色；而席勒的《阴谋与爱情》的主要价值就在于它是德国第一部有政治倾向的戏剧。现代的那些写出优秀小说的俄国人和挪威人全是有倾向的作家。”[①]

不过，他们又以非常明确的态度表示，并不赞同去写“直截了当的社会

① 《马克思恩格斯全集》第4卷，第46页。

主义的”有倾向性的文艺作品，来鼓吹作者的社会观点和政治观点。马克思曾经指出拉萨尔的剧本《弗兰茨·冯·济金根》的最大缺点，就是“席勒式地把个人变成时代精神的单纯的传声筒”，要求他“更加莎士比亚化”；恩格斯不约而同地告诫拉萨尔“不应该为了观念的东西而忘掉现实主义的东西，为了席勒而忘掉莎士比亚”。在写给女作家敏·考茨基的一封信中，恩格斯更是直截了当地指明：“我认为倾向应当从场面和情节中自然而然地流露出来，而不应当特别把它指点出来；同时我认为作家不必要把他所描写的社会冲突的历史的未来的解决办法硬塞给读者。”①显然，马克思主义的创始人既强调文学艺术的倾向性，又特别要求艺术地、“隐蔽地”、不直截了当地来表现这种倾向性。这就从理论上奠定了艺术的党性学说的基础。

列宁进一步丰富和发展了马克思和恩格斯的思想，把党性问题提到一个新的高度。19世纪末、20世纪初的无产阶级革命的时代，现实生活中发生的激烈的复杂的思想斗争、政治斗争和党派斗争，不能不使党性问题成为理论和实践的中心。在和无产阶级政党及马克思主义的较量中，不仅存在着公开的、露骨的反对工人阶级和马克思主义的敌人，而且还出现了一批标榜“客观主义”、“中间党派”和“无党性”等投靠资产阶级的“讨厌的烂泥”。无产阶级的斗争，其中包括文艺战线上的斗争，都迫切地提出需要毫不含糊、旗帜鲜明地公开亮明自己的党性。早在1895年，列宁在《民粹主义的经济内容及其在司徒卢威先生的书中受到的批评》一文中，批判社会学中的客观主义时，便提出了马克思主义的党性概念。他写道：“唯物主义本身包含有所谓党性。要求对事变做任何估计时都必须直率而公开地站到一定社会集团的立场上。”②随后，当1905年俄国民主革命高潮到来之时，许许多多的“非党组织”如雨后春笋般地建立，所谓“非党的民主主义”、“非党的罢工主义”、

① 《马克思恩格斯全集》第4卷，第454页。

② 《列宁全集》第1卷，第379页。

“非党的革命性”等也层出不穷，“非党性”已成为广泛流行的时髦口号，以至于整个运动都具有了“非党性”的迹象和外表了。所谓“非党性”便是超越于各种党派之上，对各种政党之间的斗争漠不关心。然而，正如列宁一针见血地指出的那样，“在资产阶级社会中，非党性不过是属于饱食者的政党、统治者的政党、剥削者的政党的一种虚伪、隐蔽和消极的表现”，“对斗争漠不关心，实际上决不是回避斗争、拒绝斗争或者保持中立。漠不关心是默默地支持强者，支持统治者”。[①]在这种情况下，为了更好地、公开地和广泛地进行阶级斗争，就必须发展严格的党性，也必须在理论上阐述无产阶级的党性原则。

列宁的《党的组织和党的出版物》就是在这样的气候下写出并发表的。在这篇具有伟大历史意义的言简意赅的文章中，列宁第一次公开地、毫不含糊地提出了“党的出版物的原则”。他写道：“出版物应当成为党的出版物。与资产阶级的习气相反，与资产阶级企业主的即商人的报刊相反，与资产阶级创作上的名位主义和个人主义、‘老爷式的无政府主义’和唯利是图相反，社会主义无产阶级应当提出党的出版物的原则，发展这个原则，并且尽可能以完备和完整的形式实现这个原则。”[②]列宁进一步解释了这个“党的出版物的原则”的含义，说明对于社会主义无产阶级，写作事业不仅不能是个人或集团的赚钱工具，而且根本不能是与无产阶级总的事业无关的个人事业；写作事业应当成为无产阶级总的事业的一部分，成为一部统一的、伟大的，由整个工人阶级的整个觉悟的先锋队所开动的巨大的机器的“齿轮和螺丝钉”。也就是说，文学事业应当成为有组织、有计划的、统一的党的工作的一个组成部分。正因为如此，作者才喊出了“无党性的写作者滚开！超人的写作者滚开！”这样响亮的口号。

---

① 《列宁选集》第1卷，第106页。

② 《列宁全集》第12卷，第93页。

毛泽东同志的《在延安文艺座谈会上的讲话》，是在讨论“党的文艺工作和党的整个工作的关系”这个问题时，强调了列宁所提出的党的文学的原则的。毛泽东同志从“我们不赞成把文艺的重要性过分强调到错误的程度，但也不赞成把文艺的重要性估计不足”这样的大前提下来看待文学艺术究竟在党的工作中占据着什么样的地位。他指出：“革命文艺是整个革命事业的一部分，是齿轮和螺丝钉，和别的更重要的部分比较起来，自然有轻重缓急第一第二之分，但它是对于整个机器不可缺少的齿轮和螺丝钉，对于整个革命事业不可缺少的一部分。如果连最广义最普通的文学艺术也没有，那革命运动就不能进行，就不能胜利。不认识这一点，是不对的。”因此，“党的文艺工作，在党的整个革命工作中的位置，是确定了的，摆好了的；是服从党在一定革命时期内所规定的革命任务的”[①]。

可以说，这是毛泽东同志根据中国抗日战争时期的实际，将列宁所提出的党的文学的原则更加具体化。当然，这里讲的一定时期的革命任务，并非是指某一阶段的临时工作或某个短时期内的每项具体任务，而是指党在一定时期内的总方针和总任务。而这里所说的“服从”，也不能简单化、庸俗化地理解为要求文艺作品必须配合每一项具体的临时的中心工作，或者规定文艺的题材和内容必须图解某项具体的政策和个别的政治任务。如果说，过去有某些人在这个问题上曾经有过理解的偏颇和工作的偏差，那也不能成为从根本上否定党性原则的口实。

新时期以来，邓小平同志不止一次地谈到过要加强和改善党对文艺战线的领导问题，并且明确地指出不能忽视党性问题。仅就直接涉及文艺工作的讲话来说，他就多次提醒要增强党性。例如，1981年他在《关于思想战线上的问题的谈话》中针对一部电影批评说：“无论作者的动机如何，看过以后，只能使人得出这样的印象：共产党不好，社会主义制度不好。这样丑化

① 《毛泽东选集》第3卷，第867—868页。

社会主义制度，作者的党性哪里去了呢？”在这篇讲话中，他还严肃地指出：“有些人思想路线不对头，同党唱反调，作风不正派，但是有人很欣赏他们，热心发表他们的文章，这是不正确的。有的党员就是不讲党性，坚持搞派性。对这种人，决不能扩散他们的影响，更不能让他们当领导。”又如，1983年他在《党在组织战线和思想战线上的迫切任务》中，针对理论界、文艺界当时存在的某些资产阶级自由化倾向和领导上的软弱涣散现象，便把“在党性和人民性的问题上提出违反马克思主义的说法”等，作为思想界比较突出的问题进行了批评，并郑重告诫“所有共产党员都要增强党性，遵守党的章程和纪律。不管是什么专家、学者、作家、艺术家，只要是党员，都不允许自视特殊，认为自己在政治上比党高明，可以自行其是。”可见，文艺的党性问题在马克思主义的文艺理论和美学中，是始终坚持并至今仍未过时的。

二

可是，前一段时期，在资产阶级自由化思潮严重泛滥和文艺上的种种错误倾向甚嚣尘上之时，以不同的形式反对和怀疑党性原则的文章和言论也纷纷出现。它们千方百计地散布列宁提出的这个原则是“片面的”、“狭隘的”、“过时的”、“错误的”，或者说这是将政治上的评价“移用于”其他领域，或者宣称所谓“党性原则”似乎全然出于“误解”。总之，照持有这类观点的人看来，文艺的党性原则是束缚作家、艺术家的最大障碍，也是文艺理论和美学上最不能容忍的一个观点，因而一定要“加以改正”、“改正过来”。事实证明，以上的这些错误论调和倾向，不仅在我们的文艺界造成了思想上理论上的混乱，而且在实践上带来了严重危害。

例如，有个文艺刊物用“本刊评论员”的名义发表文章，公开提出，“党的文学”这个提法的流行，完全是出于某种“误解”。并说“这里提出了一个问题，究竟是科学服从政治，还是政治服从科学？我们的政治应该牢牢建立在科学上面，而不应该建立在误解上面”。[①]于是，在列宁的著作中，在马克思主义的理论中，仿佛从来就不曾有过“党的文学”的提法。那么，究竟应当如何理解列宁的著作？艺术的党性原则全然是出于“误解”才杜撰出来的吗？

还是用事实来回答吧！只要查一下辞典就会明白，俄文的“литература”一词，来源于拉丁词“litteratura”，本来具有“文学”、“文艺”、“文献”、“书籍”、“读物”、“图书”、“书刊”、“出版物”、“参考书”等多种含义，有时作为形容词还可有“合乎语言规范”的意思；但是，在任何一本辞书中，“文学”是这个词的主要含义却是共同的。无须否认，列宁在《党的组织和党的出版物》这篇文章中使用这个词时，显然也是包含着比较广泛的意义的。也就是说，这里既指“党的出版物”，同时又是指“党的文学”，或在“党的出版物”中便包括“党的文学”。其实，只要不是以纯粹的口头语言和手头抄写的文学作品，无论是散文、小说还是诗歌、戏剧，都不能不属于文字“出版物”的范围。在大量的出版物中，自然相当数量的并非是文学作品；但以文字撰写并编印出版的文学作品，却必定是出版物而无疑。因此，仅仅从语言的角度来说，也不能断定出版物并不包括文学，从而就一定要排除“党的文学”。

从《党的组织和党的出版物》这篇文章的内容上来看，列宁在这篇短文中使“литература”这个词，的确包含着多种含义。有时单指书籍、文献、哲学社会科学著作，这时主要是针对政论家、社会学家、哲学家、出版家来谈党性的；有时则专门指文学或文艺，这时便明确地针对着文学家、艺术家而提出文艺的党性原则。[②]例如，文中写道：“作家先生，你能离开你的资产阶级出版家而自由吗？你能离开那些要求你作淫秽的小说和图画、用卖

① 《文艺是人民的事业》，《戏剧界》1982年第5期。

② 在俄文中，“出版物”通常用“изданце”。

淫来‘补充’‘神圣’舞台艺术的资产阶级公众而自由吗？……生活在社会中却要离开社会而自由，这是不可能的。资产阶级的作家、画家和女演员的自由，不过是他们依赖钱袋、依赖收买和依赖豢养的一种假面具（或一种伪装）罢了。”下面又说：“我们社会主义者揭露这种伪善行为，摘掉这种假招牌，不是为了要有非阶级的文学和艺术（这只有在社会主义的没有阶级的社会中才有可能），而是为了要用真正自由的、公开同无产阶级联系的写作，去对抗伪装自由的、事实上同资产阶级联系的写作。”[①]等等，非常清楚地都是论述文学艺术的性质的。还有第三种情况也可以看作是这篇论文整体的主旨，就是针对当时理论界、哲学界、出版界、文艺界总的混乱现象，即上面所说的那种“无党性”思潮的泛滥，提出了整个社会意识形态的党性问题，它既包括哲学社会科学著作、书籍、文献、出版物，也指文学艺术作品。如文中说：“我们要创办自由的报刊，而且我们一定会创办起来，所谓自由的报刊是指它不仅摆脱了警察的压迫，而且摆脱了资本，摆脱了名位主义，甚至也是摆脱了资产阶级无政府主义的个人主义。最后这一句话似乎是奇谈怪论或是对读者的嘲弄。怎么！也许某个热烈拥护自由的知识分子会叫喊起来。怎么！你们想使创作这样精致的个人事业服从于集体！你们想使工人们用多数票来解决科学、哲学、美学问题！你们否认绝对个人的思想创作的绝对自由！”[②]等等，相当明确地指出这里所论述的是属于上层建筑中的社会意识形态“科学、哲学、美学”问题，其中当然包括文学艺术问题。显而易见，在列宁的文章中，无疑地包含有“党的文学”的内容。这里并不存在什么“误解”的问题，更谈不上过去是“科学服从政治”便出现了“党的文学”，而现今则是“政治服从科学”。

为了更好地理解列宁的原意，我们还可以将作者稍后写给无产阶级作家

① 《列宁全集》第12卷，第96页。

② 同上，第95页。

高尔基的一封信，与《党的组织和党的出版物》做一番对照。1908年2月7日列宁由日内瓦寄往当时住在意大利喀普里岛的高尔基的信，是与作家们商讨创办党报党刊，即党的出版物问题。照列宁看来，党当时迫切需要有“一个正常出版并能坚持不懈的执行同颓废消沉作斗争的路线的政治性机关报，党的机关报，政治性报纸”，但是这个报纸一定要发表“包括文学批评”方面的文章。列宁赞赏高尔基写的《论小市民》这类体裁的作品，也支持他打算继续撰写哲学、文学批评和关于当前策略的多类文章。他建议长篇的文学批评著作汇编成书，部分由杂志发表，而关于当前策略和大半的文学批评最好由政治报纸刊载。信中特别强调：“各种半党派性的和非党杂志所刊载的专门的文学批评文章，长篇大论，没有什么好东西！我们最好设法远远脱开这种知识分子的陈旧的老爷派头，也就是说，把文学同党的工作，同领导全党的工作更紧密地联系起来。”[①]这里虽然也是议论党的出版物，但列宁却格外重视与哲学和政治策略相区别的“专门的文学批评文章”，要求将文学批评纳入到整个党的工作之中，这与《党的组织和党的出版物》中阐述的精神是完全一致的。

三

党性原则是阶级性的最高最集中的表现。在党性问题上，最能体现出工人阶级自觉的充分的阶级意识。所谓“党的原则”或“党性原则”，指的是整个无产阶级革命事业、建设事业与局部的、各个方面的工作，党的组织与党员个人，以及党内外关系所应遵循的总准则。这样的原则是任何一个政治党派都必须具有而且始终要贯彻的。无产阶级的革命政党公开地、直率地、鲜明地承认自己的党性，因为它代表着一切被剥削、被压迫者的利益，符合整

① 《列宁全集》第34卷，第387页。

个历史发展的规律。无产阶级的党性是坚定的阶级性和高度科学性的统一，是严格的组织纪律性和充分的灵活性、创造性的统一。无产阶级文艺的党性，就是在文学、艺术的各个领域，党性原则的具体运用和特定体现。

正如毛泽东同志《在延安文艺座谈会上的讲话》中所说："我们是站在无产阶级的和人民大众的立场。对于共产党员来说，也就是要站在党的立场，站在党性和党的政策的立场。"这就是说，作为一名无产阶级的革命文学工作者，应该自觉地站在本阶级的革命立场上，自觉地维护本阶级和广大人民群众的利益，自觉地以马克思主义世界观为指导思想，自觉地用自己创造性的劳动为整个进步的、革命的事业做出贡献。可以看出，党性首先是立场问题，同时也与世界观、创作指导思想和倾向性以及为什么人的方向等相关。

对于党性不能片面地、狭隘地理解，更不能做庸俗化的解释。在马克思主义的理论中，无产阶级党性是一个相当宽泛和丰富的概念，党性的体现和贯彻至少可以涉及哲学思想、文化（文艺）工作以及党的组织纪律性这几方面。当然，它们之间是相互联系但又有区别的。通常，在不同的领域和不同的场合，关于党性的含义往往不尽相同。在列宁和其他一些马克思列宁主义经典著作中，我们都会遇到这样的情况。

哲学上的党性是由存在着唯物主义、唯心主义两个对立的基本路线和派别这一客观事实决定的。哲学史上许许多多的学说、观点、理论模式和形态，尽管千差万别、千变万化，但是在回答根本问题上，最终总还是要倒向唯物主义一边或唯心主义的一边。这种哲学上的派别倾向，便成为这一特定意识形态领域中的党性。马克思主义哲学指的是辩证唯物主义和历史唯物主义，从它的出发点和基本倾向来说，必然属于唯物主义阵营；当然，它是唯物主义哲学发展的最高形态，是最彻底最科学的唯物主义。列宁正确地指出，马克思和恩格斯的天才正是在很长的差不多有半个世纪时期内，发展了唯物主义，向前推进了哲学上的一个基本派别。"马克思和恩格斯在哲学上自始至终都是有党性的，他们善于发现一切'最新'流派背弃唯物主义以及纵容唯心主义和信仰主义的倾向。"[①]这种哲学上的党性，在存在阶级和阶级斗争的历史条件下，归根结底反映不同的社会阶级利益、愿望和要求，并且还对其他的社会意识形态和上层建筑产生强烈的影响。

艺术上的党性与哲学上的党性是既有联系又有区别的。从文学艺术与现实生活的相互关系这个基本问题上来看，不能不依赖于对于哲学基本问题的认识和解决。只有在科学的唯物主义认识论的基础上，才能正确地理解和处理艺术和生活的源流、本末，反映与被反映等的关系。因此，用科学的、正确的、先进的世界观和人生观去观察世界、观察社会、观察文学艺术现象，是至关重要的。然而，文学艺术又有自身的规律，作家、艺术家的哲学观点有的并不直接、简单地表现在他们所有作品中；而在艺术地阐释或体现某种哲学思想时，通常没有必要像写哲学讲义那样进行抽象的理论说教。鼓吹所谓"辩证唯物论的创作方法"，宣扬以空洞的教条和图解的公式进行文艺创作，把哲学理论上的概念和原理硬搬硬塞到文艺创作中，非但不是坚持哲学和文艺的党性，恰好是违反马克思主义的美学原则。倾向性和党性在优秀的文学艺术作品中，都只能是自然而然的流露。

就党内的组织关系上说，坚持党性原则是维护政治纪律的必不可少的原则。党员作家、艺术家或文化工作者，当然首先是党员；他们必须拥护党的纲领，遵守党的章程，履行党员义务，执行党的决定，严守党的纪律。这就不仅是思想上的倾向问题，还是一种严格的组织纪律问题。列宁郑重地、严肃地告诫作为党员的一切文化工作者和文艺工作者，每个人都可以自由地、不受任何限制地写他所愿意写的一切，说他所愿意说的一切。但是每个自由的团体（包括党在内），同样也可以自由地赶走利用党的招牌来鼓吹反党观点的人。这就是说，言论和出版固然应当有充分的自由，但是结社也应当有充分的自由。党员作家、艺术家的言论自由，必须以服从党章、党纲和党的决议

① 《列宁选集》第2卷，第346页。

为前提，一切言行都不能损害党的利益。这里当然也包括不能在自己的论著和作品中，公开散布与党的纲领、路线、方针、政策直接对立的观点和主张。“党是自愿的联盟，假如它不清洗那些宣传反党观点的党员，它就不可避免地会瓦解，首先在思想上瓦解，然后在物质上瓦解。”①这种组织纪律性上的党性原则，当然带有一定的强制性，是党的团体对于自己的成员内部的必要的约束。

对于党外的作家、艺术家，显然不会出现这种要求。这里存在的是党同非党文艺工作者的关系问题，即毛泽东同志所说的文艺界的统一战线问题。根据党在不同时期的不同任务，这个统一战线的范围和内容会有所不同。但是在服从总任务的大原则下，“容许包含各种各色政治态度的文艺作品的存在”和“容许包含各种各色艺术品的竞争”却是不会改变的。而当前文艺界的广泛的统一战线和整个党的统一战线一样，是在坚持共产党的领导、坚持社会主义方向、坚持社会主义现代化建设事业和坚持改革开放总原则的共识基础上建立起来的。因此，党外的统一战线和党内的党性原则实际上是统一和谐配合的。

同时，还要看到，尽管存在着党内党外要求不尽相同的区别，但并不意味着只有在组织上是共产党员的作家、艺术家才是真正坚持文艺的党性原则的。事实上，无论在什么时期，许多优秀的革命文艺家都具有很高的党性。因为他们清楚地认识到，无产阶级的党性集中地代表着工人阶级和最广大的人民群众的根本利益，人民性和党性完全不是对立而是一致的。像高尔基那样明确地把文艺看作是阶级的“耳目和喉舌”，像鲁迅那样公开地宣称自己的创作就是“遵命文学”，还有一大批进步的、革命的，始终站在党和人民立场上的作家、艺术家，都不愧是真正坚持党性原则的最优秀的代表。相反地，极少数曾经组织上入党而思想上完全还未入党的人，尤其是那些顽固坚持资

① 《列宁选集》第12卷，第95页。

产阶级自由化的所谓党内“精英”，却总是站在党的对立面而与党性原则背道而驰。党性觉悟和党性意识，绝不是像苏联“拉普”派的代表人物那样，单纯从是否履行入党手续来判定的。

四

党性原则固然不仅仅只适用于文学艺术，但是作为无产阶级文艺事业必不可少的重要原则之一，又是完全符合文学艺术的特点和规律的。而且，正是针对文艺创作的这些特点和规律，列宁才把党的文学的原则提到从未有过的高度上来。按照马克思主义的观点，作为上层建筑中的特殊的社会意识形态的文艺，本来就属于精神生产的范围。这种美的创造的活动，自然与其他的社会意识形态、上层建筑以及物质生产活动不同。也就是说，它是有其自身的特点和要求的。其中之一，便是这种复杂而又精细的创造性劳动，带有相当强烈的生产主体的个性特征。所以，列宁在提出文艺的党性原则时，便以斩钉截铁的语调再三强调：“无可争论，写作事业最不能作机械划一，强求一律，少数服从多数。无可争论，在这个事业中，绝对必须保证有个人创造性和个人爱好的广阔天地，有思想和幻想、形式和内容的广阔天地。”这一切都是无可争论的。可是，列宁紧接着便指出：这一切只证明，无产阶级的党的事业的文学部分，不能同无产阶级的党的事业的其他部分刻板地等同起来。这一切绝没有推翻那个对资产阶级和资产阶级民主派是格格不入的和奇怪的原理，即“文学事业必须无论如何一定成为同其他部分紧密联系着的社会民主党工作的一部分”①。由此可见，党性原则不仅不排斥文艺的特殊性，而且正是依据于它的特性要求，充分发挥创作主体的个性和独特性。

这里便涉及创作自由的老问题。自由本来就是一个广义的和历史的概

① 《列宁全集》第12卷，第94页。

念；任何自由从来都不是抽象的，而是具体的，不是绝对的，而是相对的。哲学上的自由是指对必然的认识和把握，即对客观世界规律性的掌握与运用。在人类历史的初期，刚从动物界分离出来的人，在一切本质方面就和动物本身一样是不自由的。随着社会生产力的发展、科学技术的进步以及人类思维能力和方式的扩展和提高，便不断地从“必然王国”走向“自由王国”。因此，恩格斯深刻地指出：“自由不在于幻想中摆脱自然规律而独立，而在于认识这些规律，从而能够有计划地使自然规律为一定的目的服务。这无论对外部自然界的规律，或对支配人本身的肉体存在和精神存在的规律来说，都是一样的。”艺术创作是“按照美的规律”来塑造的，这既涉及对外部自然规律的认识和掌握，更与“支配本身的肉体存在和精神存在的规律”相关；不能通过实践自觉地驾驭和运用这些规律，也就谈不上什么创作的自由。

从政治、法律的角度来看，自由是相对于纪律、约束而言的。在古代罗马奴隶制社会，自由的原意就是指从被束缚、被虐待中解脱出来。资产阶级革命时期曾经将“自由”当作一个新的思想武器，其目的不过是从封建主手里夺取政权，建立所谓“政治自由”、“贸易自由”、“思想自由”的资本主义的王国。资产阶级的思想家早就明确地意识到，任何时候都不会存在绝对的、毫无限制的自由。孟德斯鸠在《论法的精神》一书中写道：“政治自由并不是愿意做什么就做什么。在一个国家里，也就是说，在一个有法律的社会里，自由仅仅是：一个人能够做他应该做的事情，而不被强迫去做他不应该做的事情。自由是做法律所许可的一切事情的权利。”[①]作家、艺术家的创作自由，当然也只能是在统治阶级所制定的法律允许的范围之内的有限制的自由。而且，即使在这样有限的范围内，正如马克思一针见血所指出的那样，“在自由竞争的情况下，自由的并不是个人，而是资本。”金钱势力是资本主义社会的主宰，也是将文学艺术作为纯商品看待的支配者。有意掩盖金钱统

① 《论法的精神》，商务印书馆1982年版，第154页。

治一切的实质，高唱所谓“绝对自由”、“抽象自由”，不过是一种依赖于资产阶级“钱袋”、“收买”和“豢养”的伪装和假面具。

自由是社会历史发展的产物。在世界上还存在着阶级和阶级斗争的条件下，自由也不能不带有阶级性。剥削阶级总是要以各种无情的手段去压制、限制、剥夺被剥削者的自由，而一切革命的人民都要为着争取自由和解放不懈地进行斗争。只有消灭了私有制，消灭了资本主义和一切剥削人的生产关系，建立起没有剥削没有奴役的生产关系，把生产力置于社会的控制之下，真正能够按照社会规律调节社会生活，这时人们才能完全自觉地、自由地创造自己的历史，既成为物质世界又成为精神世界的真正主人。这是一个需要多代人为之奋斗不息的相当艰巨复杂的历史进程。目前我国正在进行的社会主义现代化建设和实行的改革开放的总方针，就是朝着这个宏伟的目标和理想迈步前进。坚持党性原则的社会主义文学艺术，要真正进入到精神生产的“自由王国”，也必须坚定地树立为此不断努力奋斗的信念。

坚持四项基本原则的核心是坚持党的领导，其中包括着坚持党性原则，它正是保证有个人创造性和个人爱好，保证社会主义的文艺既不偏离方向又极为丰富多彩的前提。反对资产阶级自由化就是为了更有效地在马克思主义思想指导下，实行学术自由、创作自由、讨论自由、批评与反批评的自由，使文艺更好地为人民服务，为社会主义服务。“自由化”主张的“自由”，与我们所说的这种科学意义上的真正自由，风马牛不相及！的确，从来就没有什么无产阶级的、社会主义的自由化，“自由化”本身就是资产阶级的，它必然是党性原则的对立面。鼓吹创作自由和评论自由是“没有前提的自由”、“没有限制词的自由”，其实，“前提”就是否定和取消共产党的领导，“限制词”就是不要社会主义只要资本主义。反之，坚持文艺的党性原则，非但不束缚和禁锢创作自由，而且一定要同时大力提倡和鼓励这种为发展和繁荣社会主义的文学艺术所必不可少的“生气勃勃的无产阶级事业的生气勃勃的精神”。作家、艺术家只有在这时才能得到真正的思想解放，充分地发挥自己的艺术才能和个性，尽情地在形象思维的海洋中遨游。

列宁在提出文艺的党性原则时曾经科学地预言："这将是自由的写作，因为把一批又一批新生力量吸引到写作队伍中来，不是私利贪欲，也不是名誉地位，而是社会主义思想和对劳动人民的同情。这将是自由的写作，因为它不是为饱食终日的贵妇人服务，不是为百无聊赖、胖得发愁的'一万个上层分子'服务，而是为千千万万劳动人民，为这些国家的精华、国家的力量、国家的未来服务。这将是自由的写作，它要用社会主义无产阶级的经验和生气勃勃的工作去丰富人类革命思想的最新成就，它要使过去的经验（从原始空想社会主义发展而成的科学社会主义）和现在的经验（工人同志们当前的斗争）之间经常发生相互作用。"坚持无产阶级的党性原则的社会主义文艺，正是符合历史发展和创作规律的真正自由的文艺！

（《文艺理论与批评》1990年第3期；《坚持文艺的社会主义方向》，北京出版社1992年版）

斯大林论社会主义文艺

“人类灵魂的工程师”——这个亲切而又崇高的称号，是斯大林于1932年10月26日在高尔基的寓所里，和苏联一批作家、艺术家会见时，郑重地提出来的。从此，人们便习惯地以“人类灵魂的工程师”，来作为社会主义的文艺工作者的代称。

作为上层建筑中的社会意识形态之一的文艺，既是一定的社会生活在人们头脑中反映的产物，又反过来要对人们的生活产生重大的影响。文学艺术作品是作家、艺术家的精神产品，它们通过对人们的思想感情和精神面貌所起的潜移默化的作用，改造着主观和客观世界，推动历史的前进。从这个意义上来说，创造文艺作品的文学家和艺术家，不愧为“人类灵魂的工程师”。

无产阶级的革命导师历来都非常重视文艺的社会作用。马克思、恩格斯十分关怀无产阶级文艺的萌芽和兴起，殷切期望能够看到更多的反映无产阶级的生活和斗争的优秀作品。在著名的《共产党宣言》序文中，他们期待随着新的历史纪元的到来，也将“给我们一个新的但丁来宣告这个无产阶级新纪元的诞生”[①]。列宁在《党的组织和党的文学》中，提出了党的文学的原则，明确地把文学事业作为党所领导的整个革命事业的一个组成部分，作为

① 《马克思恩格斯选集》第1卷，第249页。

整个革命机器的“齿轮和螺丝钉”[①]。伟大的十月社会主义革命胜利以后，列宁和蔡特金谈话时，更详尽地阐述了文艺要“为千千万万劳动人民”服务的思想，提出了“艺术是属于人民的。它必须在广大劳动群众的底层，有其最深厚的根基”。在列宁的领导和关怀下，无产阶级的文学艺术事业，在世界上第一个社会主义国家苏联，得到了前所未有的蓬勃发展，真正开辟了世界文艺史上的新纪元。

列宁逝世以后，斯大林成为当时世界上唯一的社会主义国家的领导人。在近30年的时间里，他继承列宁的遗志，高举和捍卫马克思列宁主义的旗帜，为巩固和发展社会主义的文学艺术，做出了不可磨灭的贡献。斯大林在自己的理论著作和实际活动中，高度重视社会主义文艺的积极作用，十分关心无产阶级作家、艺术家的成长，对文艺问题发表过不少精辟的见解，所有这些，都为社会主义文艺的发展和繁荣，提供了非常宝贵的经验。毛泽东同志曾经指出：“社会科学，马克思列宁主义，斯大林讲得对的那些方面，我们一定要继续努力学习。”[②]重温斯大林关于文艺的一些论述，深深感到他曾指出和阐述过的某些有关社会主义文艺的问题，直到今天仍然对我们有一定的现实意义，值得我们“继续努力学习”。

一　“写真实！让作家在生活中学习吧！”

文学艺术是社会生活的反映，一切成功的文艺作品都来源于生活；社会生活是文艺创作的唯一的源泉。革命的文艺则是人民生活在革命作家头脑中反映的产物，它只有扎根于广大人民群众的实际生活中，真实地反映和表现现实生活，创造出各种各样的典型人物，方能有效地发挥文艺的职能。

---

① 《列宁选集》第1卷，第647页。

② 《毛泽东选集》第5卷，第286页。

根据苏联作家的回忆，斯大林曾经在30年代初说过这样一段话：

> 写真实！让作家在生活中学习吧！如果他能以高度艺术形式反映生活真实，他就一定会达到马克思主义。[①]

这段话曾引起过多次的论争。在国外，某些人不止一次地利用“写真实”的口号，作为他们丑化和攻击社会主义现实的幌子。在我国，也有人曾歪曲地引用这段话，来宣传错误文艺思想。而反动文痞姚文元，又从另一个方面耸人听闻地狂吠：“‘写真实’这个口号，是一个反动的口号。”[②]这样，在文艺要不要“写真实”，这个本来是普通的常识的问题上，竟然长期造成种种的思想混乱。

毋庸讳言，斯大林在上面所说的那段话里，确实有某些不确切和欠妥帖之处。例如最后的那句话，往往容易引起误解，似乎作家只要写出了成功的作品，就表明自发地达到了马克思主义的水平，而不必强调他们应该努力学习马克思主义的理论，自觉地改造世界观，这也就是该论述常常易为反对马克思主义的人所利用的原因。但是，只要不完全拘泥于字句，而是结合当时的历史情况，全面地、完整地去理解斯大林的文艺思想，弄清这段话是针对什么而说的，为什么在当时要着重提出这样的要求，以及斯大林所说的“写真实”的真正的含义，那就不至于得出从根本上否定这段话的结论。

其实，斯大林是非常强调马克思主义对于文学艺术创作的指导作用的，他一贯重视作家、艺术家掌握马克思列宁主义理论的问题。他反复引用列宁的名言“没有革命的理论，也就不可能有革命的运动”，以此来说明马列主义理论对于实践的指导意义。他曾经严厉地批评过苏联的某些文艺家，说他们

① 《联共（布）第十七次代表大会速记记录》俄文版，1934年，第624页。

② 《论文学上的修正主义思潮》，新文艺出版社1958年版，第35页。

不熟悉马克思的著作，要求他们努力学习马克思主义，以便提高自己认识生活、分析生活的能力。他还指出，要使马克思主义浸透到文艺作品中去，文艺家们自己首先就应当真正地认识它、理解它和热爱它。

然而，斯大林为什么在这里却强调的是作家、艺术家到生活中去学习，以高度艺术形式反映生活真实呢？这是有一定的历史背景的。众所周知，1925—1932年间，在苏联存在过一个产生了重大影响的文艺团体“拉普”（“俄罗斯无产阶级作家协会”）。这个组织最初成立的目的，是为了巩固无产阶级作家的队伍，帮助和支持青年作家的成长，团结非党的苏维埃文艺工作者。但是，在这个组织的领导中，有段时期混进了个别极端分子和托洛茨基主义文艺思想的追随者，还有某些负责文艺工作的共产党员犯了严重错误，他们利用职权散布了许多非马克思主义的观点。例如，他们提出什么“辩证唯物论的创作方法”，鼓吹以抽象的教条和图解的公式进行文艺创作，把马克思主义的哲学硬搬到文艺作品中，以抽象思维代替形象思维方法。他们还把列宁的党的文学的原则庸俗化，以作家在组织上是否成为共产党员为标准，简单地把非党员的作品一概斥为非马克思主义的文艺。这样，无论在思想上还是组织上，“拉普”给苏联的文艺发展带来了不良的影响。为此，联共（布）中央于1932年4月23日做出决议，宣布取消“拉普”及其有关文艺团体，决定成立统一的苏联作家协会组织。

斯大林是在取消“拉普”以后，召开苏联作家代表大会第一次会议的前夕发表上述讲话的。很明显，这是为了继续肃清“拉普”派的流毒和影响，从理论和实践上拨乱反正，彻底批判他们散布的非马克思主义谬论。他针锋相对地提出了作家应当在生活中学习，把理论同实践结合起来，以完美的艺术形式真实地反映社会主义的生活，这对于批判当时流行的形形色色脱离生活、否定真实性和艺术性的所谓“文艺”作品，是相当必要的。斯大林并没有反对作家、艺术家去掌握马克思主义的理论，他反对的只是在文艺领域中把马克思主义简单化、庸俗化，也就是对马克思主义的严重歪曲。毫无疑问，这是正确而有益的。

文艺理论中早已存在的“真实”或“真实性”的概念，在马克思主义的经典作家中，并非由斯大林首次提出。马克思、恩格斯多次肯定过“真实性”是文艺作品的基本要求。列宁在谈到某些作家时，也运用过“真实”这个术语来评定他们作品的价值。斯大林只不过是重述了这一为马克思主义承认过的文艺理论中的基本原则，但是，斯大林在新的历史条件下，向作家、艺术家着重提出“写真实”的要求，赋予它以一定的、具体的内容，这对社会主义文艺的发展和繁荣，是有积极的促进作用的。

那么，什么是斯大林所指的反映在文艺中的生活真实？他提出的“写真实”的正确含义又是什么呢？如果说，任何时代的任何有成就的文学艺术家，都有一个了解生活、熟悉生活的问题，然后才有可能进行创作，那么，社会主义条件下的革命作家和艺术家，就更要在马克思主义的思想指导下，自觉地去了解和熟悉人民群众的生活。苏联十月社会主义革命的胜利，建立了世界上第一个社会主义国家，工人、农民和其他劳动者成为了国家的主人。这是一个翻天覆地的伟大变革。从这个变革中带来了社会生活的巨大变化和文艺描写对象的更新。斯大林指出：“把领袖看做唯一的历史创造者，而不把工人和农民放在眼里的时代已经过去了。现在民族和国家的命运不仅仅是由领袖决定的，而首先和主要是由千百万劳动群众决定”，他们“才是真正的英雄和新生活的创造者”。[①]斯大林要求作家、艺术家“写真实”，应该说首先指的就是要真实地反映这种社会主义的新型生活，赞美创造这种生活的新型人物，让作家、艺术家成为歌颂革命无产阶级和人民群众的歌手。这是作为“人类灵魂的工程师”所面临的史无前例的崭新的历史使命。因此，社会主义文艺的“写真实”，自然也就与过去的一切文艺，包括批判现实主义文艺的“写真实”，有着本质上的不同。

历史上成功的现实主义文艺，包括在它的发展中达到极成熟阶段的批判

① 《斯大林全集》第13卷，第228页。

现实主义文艺，例如英国的莎士比亚、法国的巴尔扎克、俄国的托尔斯泰等人的作品，通过创造广泛、众多的典型的艺术形象，以生活的固有样式真实地反映了当时的社会生活。然而，由于这些作家所处的社会条件和阶级的、个人的局限，他们不可能把无产阶级和劳动群众作为作品的主要人物。即使有的作品多少也表现了底层阶级的人物和生活，那也往往在整个作品中处于消极的和陪衬的地位。这些杰出作家的作品之所以有强烈的真实感，主要在于深刻地揭露了旧制度的黑暗、残暴和罪恶，真实地反映了封建主义、资本主义剥削人、压迫人的社会本质，从而“引起对于现存事物的永世长存的怀疑”[①]。这是现实主义艺术坚持“写真实”原则所达到的积极的能动作用和伟大的历史功绩。

社会主义文艺并不抛弃真实地描写现实关系这个现实主义的基本原则，然而，由于时代的变革和文艺性质的不同，也由于生活实际本身的质变，真实性在这里已经有了新的内容和含义。首先，社会主义文艺的“写真实”尽管不排斥，而且还有必要揭露和批判生活中仍然存在的问题和缺点，但它已经把肯定和歌颂新的生活作为重要的任务，而且这种揭露和批判的最终目的也还是为了促使新的现实生活得到更为健康的发展。其次，在社会主义的文艺中，从整体来说，尽管也要描写各个阶级各种类型的人物，但是正如无产阶级和劳动群众已经成为政治舞台上的主人公一样，他们也是文艺舞台的主人公。最后，更为主要的是，由于在社会主义条件下，作家、艺术家有了人类最先进的世界观——马克思列宁主义的指导，就能比以往历史上任何作家、艺术家更自觉地去认识和反映生活本质的真实，并且也能更自觉地去掌握和运用形象思维规律去创造更高的艺术的真实。

因此，要正确地了解“写真实”的内容和实质，必须弄清什么是现实生活的真正的真实。按照马克思主义的观点，文学艺术家首先“必须按生活的

---

① 《马克思恩格斯选集》第4卷，第454页。

实在情形来考察生活”[1]，然后才有可能用艺术形式把生活的真实面貌反映和表现出来。斯大林在解释什么是“生活的实在情形”时说：“我们看到生活处在不断的运动中，所以我们应当把生活当作动的东西来考察，并且要问：生活走向哪里去？我们看到生活是一幅不断破坏和创造的图画，所以我们应当把生活当作既破坏又创造的过程来考察，并且要问：生活中破坏的是什么，创造的是什么？”

可见，社会生活本身的这种发展规律性，才是斯大林所说的真正内在的本质的真实。因此，社会主义文艺要真实地、正确地再现生活，要忠实于所反映的生活，这里所指的就决不是烦琐地、刻板地、简单地照搬现实生活中的任何事物和细节。所谓要反映和表现“生活的实在情形”，就是要从现实的革命发展中，历史地、具体地通过那些体现了生活本质特征的典型形象，艺术地加以概括和集中，使细节的真实和历史的真实相统一，从现象中体现出本质。真实地、主动地反映出历史的发展和客观现实的规律，这就是斯大林所说的社会主义文艺真实性的灵魂。

以斯大林高度赞扬和极力推荐的优秀小说《恰巴耶夫》（又译《夏伯阳》）为例，这部作品尽管描写的是作者富尔曼诺夫的亲身经历，书中的主人公恰巴耶夫也是红军中实有其人的一位指挥员；然而，作家并没有拘泥于历史的事实，也不局限于像写传记那样进行刻板的描述。富尔曼诺夫表现的是苏联国内战争时期红军中的一支部队，以及它的指挥员在战争的起伏动荡中的成长。他塑造了鲜明的、活生生的红军指战员的崇高形象，表现了共产党在人民军队中的领导力量和组织力量。他通过典型艺术形象，令人信服地说明了无产阶级为苏维埃政权而斗争的事业，必将取得胜利。这样，就深刻地、真实地描绘了苏联国内战争时期的斗争生活，展现出一幅具有时代精神的广阔图画，从而能够长时期地教育千千万万劳动人民，为保卫和建设社会主义而

① 《斯大林全集》第1卷，第275页。

奋斗终生，发挥社会主义文艺的积极的战斗作用。

就在提出作家、艺术家是“人类灵魂的工程师”的同时，斯大林确定了把社会主义现实主义作为苏联文学的基本创作方法，并把艺术描写的真实性列为这个创作方法的内容。众所周知，在斯大林的创议下，1934年9月由高尔基主持召开的苏联作家代表大会第一次会议，正式地把这个创作方法写进了大会通过的《苏联作家协会章程》。它“要求艺术家从现实的革命发展中真实地、历史地和具体地去描写现实”，并且强调“艺术描写的真实性和历史具体性必须与用社会主义精神从思想上改造和教育劳动人民的任务结合起来”，从而把文艺要真实地反映现实关系这一规律性提高到法定的原则。可见，斯大林提出“写真实”和“以高度艺术形式反映生活真实”的本意，并不是要作家、艺术家和学习、掌握马克思列宁主义互相脱离和对立。

文艺要反映生活的真实，作家、艺术家就必须到生活中去，深入生活。艺术的真实来源于生活的真实，生活美是艺术美的源泉。斯大林把作家、艺术家“必须去研究生活，去向生活学习”，作为要真实地反映社会生活的必要条件。他不止一次地反对那种仅仅坐在书斋里主观臆造各种形象和情节的“克里空”式的作品，批判那种虚伪的、不真实的所谓文艺创作。在写给苏联著名诗人别德内依的一封信中，他建议诗人到当时苏联的石油工业中心巴库去，相信作家在那里能找到极丰富的材料，来创作反映社会主义建设的优秀作品。斯大林还劝告电影工作者到工厂和农村去接近真正的劳动生活，在那里去发现他们创作中所需要的原始材料。可以看出，从客观现实生活出发，让作家在生活中学习，了解生活、研究生活，以此作为基础和出发点，然后创作出具有艺术真实性的文艺作品，这是斯大林坚持的辩证唯物主义的认识论原则，并且提倡在社会主义文学艺术的实践中积极贯彻。

“写真实”这个口号，就像许许多多其他的口号一样，不同阶级、不同观点的人都可以对它作不同的理解，并为己所用。但是，我们决不能因为某些人曲解、歪曲过“写真实”的要求，就完全抛弃文艺的真实性这个原则；也不能因为某些人利用过“写真实”来贩卖他们反马克思主义的谬论，就干脆不要文艺的真实。林彪、“四人帮”正是别有用心地利用了这一点。他们武断地宣判“写真实”是“反动的口号”，不加任何区别，混淆无产阶级和资产阶级提倡“写真实”的原则界限，这不仅是对斯大林的歪曲；更主要的是，他们是为了在这种否定和“批判”“写真实”的烟幕掩护下，为推行他们那套“主题先行”、“从路线出发”、“反对‘写真人真事’”等主观唯心主义的反动文艺思想鸣锣开道。我们应该理直气壮地在文艺理论中深入地探讨“写真实”的问题，还其本来的面目，揭穿林彪、“四人帮”一伙的阴谋，肃清他们的影响。

应该说，真实性是一切文艺的生命；离开了生活真实这个现实的基础，丧失了真实感的所谓艺术形象，只不过是没有血肉的傀儡、失却灵魂的僵尸。这类东西谈不上有什么思想意义和艺术价值，也根本不能把它们看作是优美的艺术品。从这个意义上来说，斯大林当年为了反对“拉普”派等提出的错误观点，把“写真实”作为社会主义文艺的基本要求之一，强调作家、艺术家正确地反映和表现生活的真实，对我们今天仍不失为有益的启示。

二 作家、艺术家应该“揭露和纠正我们的缺点”

社会主义的文学艺术要真实地反映新制度下的新生活，歌颂和赞美无产阶级和劳动群众的英雄业绩，这并不意味着就是回避和掩盖生活中实际存在的矛盾和斗争，或者去粉饰生活。真善美和假恶丑总是相比较而存在、相斗争而发展的。任何时候都会存在好同坏、善同恶、美同丑的对立。任何时候也都会有错误的东西和丑恶的现象存在。社会主义社会丝毫也不例外。

按照斯大林的意见，无产阶级的文艺作为社会意识形态，要通过自己独特的功能，“在精神上影响群众，帮助工人阶级和它的政党以社会主义精神来教育劳动人民，组织群众为社会主义奋斗，提高他们的文化水平和政治战斗力”[①]。这主要是通过肯定和歌颂新的时代、新的生活，创造革命英雄人物的艺术形象来实现；同时，又不能不揭露和批判一切阻碍社会主义发展的反动、消极、落后的现象，不能不站在正确的立场上去反映和表现生活中的某些反动势力和后进人物。应该说，以马克思列宁主义先进思想为指导的无产阶级政党，要比历史上的任何阶级任何政党都更勇于，也更善于发现实际生活中一切消极的东西和阴暗面；它既然把文学艺术事业作为整个党的工作的一个组成部分，也就更会自觉地把文艺作为改造自己的主观世界，从而改造整个客观世界的有力的武器和手段，毫不留情地用文艺这个武器去和一切缺点和错误做坚决的斗争。正因为如此，斯大林在自己的著作中，一再强调运用批评和自我批评是无产阶级政党的一条十分宝贵的经验，同时明确地要求社会主义文艺要在这个方面发挥自己应有的作用。

斯大林认为，社会主义的作家、艺术家不能把自己置身于现实生活的斗争之外，作为生活的旁观者，而要勇敢地投入生活激流的漩涡之中，成为推动历史潮流滚滚向前的参与者。这样，才能发挥文艺的强烈战斗作用。他要求苏联的作家成为揭露布尔什维克党和苏维埃政府工作中缺点的“主要的杠杆”，成为直接反映社会主义建设中错误和问题的“晴雨表”。正是在谈到某些讽刺作品时，他指出：“不要怕把生活中的片断暴露在光天化日之下，不管它们是何等令人不快。我们必须使我们的同志有所转变，……使他们不去掩盖脓疮，而相反地来帮助我们揭露我们的错误，纠正这些错误，并且按照目前党所拟定的路线进行工作。”[②]

斯大林称赞像别德内依等这样的作家，他们在自己的作品中，“很准确很巧妙地”揭露了党和政府工作中的缺点；说他们“以足够的勇气把实际生活中的片断抽出来给全国看”，这并不是什么“过激行为”，而恰恰是他们的“功

① 《斯大林论文学与艺术》，人民文学出版社1959年版，第76页。

② 《斯大林全集》第7卷，第23页。

劳”，“这个功劳一定要指出来”。他肯定这些作家“大多是富有感受力的，他们心里燃烧着真理的火花，愿意不顾一切地揭露和纠正我们的缺点，这些人是不怕枪弹的”。他要求党和政府的各级领导都“必须倾听这些同志的呼声”。斯大林支持苏联的作家、艺术家创作为人民所喜爱的讽刺作品（包括喜剧等艺术形式），指出这类作品不仅可以嘲笑、打击敌人，而且还能教育和帮助人民克服缺点和错误，同自己思想意识中的资本主义残余做斗争。他认为，无产阶级一定要有这种大胆的、打击准确的揭露性和讽刺性的文艺。这样，斯大林就明确地肯定了社会主义的文艺不仅可以，而且应该揭露社会主义制度中的某些消极方面。从而，也确立了讽刺作品在社会主义文艺中应当占有的地位。

有些好心的人曾经担心，公开地承认和反映社会主义社会的缺点和错误，可能被敌人利用，把它作为反对和攻击社会主义制度的炮弹。高尔基就有过这种顾虑。他向斯大林坦率地表露过对批评和自我批评的不安。斯大林在1930年1月17日的复信中，以同志式的友好态度对此做了回答：

> 我们不能没有自我批评。无论如何不能，阿列克塞·马克西莫维奇。没有自我批评，机关的停滞和腐朽，官僚主义的滋长，工人阶级创造主动性的破坏就不可避免。当然，自我批评会给敌人提供材料。在这一点上你是完全正确的。但是它也为我们的前进，为劳动者建设力量的发挥，为竞赛的展开，为突击队等等提供了材料（和推动力）。好处是会抵销和盖过坏处的。[①]

不害怕揭露自己的缺点，不屑于理睬敌人的无耻利用，正显示出布尔什维克党的无所畏惧和坚不可摧。斯大林的这段话，对于那些今天还在怀疑和责难社会主义文艺也要揭露和批判生活中的某些消极面的好心的同志，不也

① 《斯大林全集》第12卷，第152页。

是一个最好的回答吗？！

即使是在伟大的卫国战争年代里，在阶级斗争处于十分尖锐、激烈的战争环境中，斯大林仍然坚持文学艺术作品要真实地反映出实际存在的缺点。当《真理报》连载了一个描写红军领导的缺点的剧本时，有些高级指挥员看后就给当时担任最高统帅的斯大林发电报，认为这是对红军的恶意攻击，说它是“绝对有害”的作品，并且要求禁止这个剧本在报上继续发表和在舞台上演出。针对这些意见，斯大林发了下面的一封回电：

> 你对这个剧本的评价是不正确的。这个剧本对红军和红军的指挥人员将起到巨大的教育作用。剧本正确地指出了红军中的缺点，而对这些缺点闭眼不看是不正确的。应当具有承认缺点和采取措施改正缺点的勇气。这是改善和提高红军的唯一途径。①

由此可见，按照斯大林的意见，无论在什么情况下，文学艺术正确地反映和揭露生活中的矛盾，都是完全可以而且是十分必要的。这符合党对文艺工作的基本要求，也符合文艺本身的规律，是文艺要发挥积极的社会作用所不可缺少的一个重要内容。这里的关键不在于文艺应该不应该描写和表现社会主义制度下的缺点和错误，也没有必要过于担心这样做是否将为阶级敌人所利用，首要的是要看作者站在什么样的立场、以什么态度来对待他所描写和表现的对象。斯大林在强调批评和自我批评的重要性的同时，也指出了要防止滥用这个口号的偏向，并且坚决地反对那种破坏党性、破坏苏维埃政权的威信、削弱社会主义的建设工作、腐蚀干部、解除工人阶级武装的“具有破坏性的反布尔什维克的所谓“批评与自我批评”。

马克思主义认为，自然界和社会普遍存在着矛盾的对立和统一的规律。

---

① 这段话转引自苏联出版的《战争年代的总参谋部》一书第8章中的引文。

但是，这并不是把自然界和人类社会中的矛盾和斗争都看成是“一半对一半”。马克思主义还认为，矛盾对立的双方总会有主导的方面、决定性的方面，总会有主要的、起领导和支配作用的矛盾和次要的、处于服从地位的矛盾；它们在一定的条件下可以互相转化。真的、善的、美的事物终究要战胜假的、恶的、丑的事物，新生的、革命的、先进的势力总是要胜过腐朽的、反动的、落后的势力。光明必定压倒黑暗。这是历史的发展和现实的生活都具有的一条必然的、基本的规律。

社会主义的文学艺术，正是按照这个规律来真实地反映和表现“生活的实在情形”。它要揭露和批评生活中的消极方面，是为了克服和消灭这些前进道路上的障碍。它是从爱护和帮助无产阶级与革命人民出发，来进行必要的和有益的批评和自我批评的。而资产阶级的所谓“暴露文学”和反马克思主义者所提倡的“写真实”，则把社会主义制度中的消极面和阴暗面看作主导的、起决定性作用的因素，并把反映和表现这个方面作为社会主义文艺的主要的，甚至唯一的任务。这当然不是无产阶级所要求的批评和自我批评，而恰恰是对无产阶级文艺的职能和“写真实”本身的严重歪曲。在这种类似的思想和“理论”的影响下，作家、艺术家就会走向歧途。

苏联诗人别德内依一度犯过严重错误的事例，也是应该被视为深刻的经验教训而作为前车之鉴的。前面已经提到，斯大林曾经多次肯定过别德内依的讽刺作品，全俄中央执行委员会主席团还授予他红旗勋章，表彰他在文艺创作上的成就。但是，后来有段时间，由于作家受了错误思想的影响，没有站稳无产阶级的立场，连续发表了严重歪曲和侮辱社会主义制度下的工人阶级和人民群众的讽刺寓言诗，结果受到了以斯大林为首的联共（布）中央的严厉批评。1930年12月12日，斯大林给别德内依写了一封长信。他细致地具体地分析了作家当时写的几篇小品文的错误，尖锐地指出作品中所表现的不健康的趋向，坦率地说明了这些创作所带来的危害，又热情地帮助作家认识所犯错误的严重性和产生错误的根源。斯大林指出，社会主义的作家、艺术家应当站在工人阶级和革命群众的立场，和他们血肉相连、生死与共，正确地理解无产阶级的革命斗争传统和历史，满腔热情地歌颂工人阶级和劳动人民为建设社会主义而进行英勇斗争的光辉业绩，真实地、准确地反映社会主义的现实生活，光荣地“担负起先进无产阶级的歌手的任务”；而不应该歪曲历史和现实生活，丑化工人阶级和人民群众，诬蔑和诽谤无产阶级革命政党和社会主义制度。斯大林诚挚地要求作家无论如何“必须回到原来的列宁的道路上来”。[①]我们知道，别德内依没有辜负以斯大林为首的苏联共产党和苏联人民对他的期望，坚决地改正了自己的错误，在以后的活动中，特别是在伟大的卫国战争中，又重新写出了许多优秀的作品。

斯大林在《反对把自我批评口号庸俗化》一文中写道：“我们需要的不是任何自我批评。我们需要的是能够提高工人阶级的文化水平、发扬他们的战斗精神、巩固他们的胜利信心、加强他们的力量并帮助他们成为国家的真正主人的自我批评。”又说：“我们的自我批评的目的是增强党性，巩固苏维埃政权，改进我们的建设工作，加强我们的经济工作干部，武装工人阶级。”[②]社会主义的文学艺术，正是为了这个目的，把运用“必要的和应该的”批评和自我批评，作为自己神圣的、重要的任务之一；无产阶级是绝对不能缺少这种正确地贯彻批评和自我批评精神的文艺的。

三 作品的价值“应由它的总的倾向决定”

马克思主义者应该用什么原则来衡量文艺作品的价值，如何正确地评价文学艺术作品呢？这是关系到社会主义文艺创作的发展和繁荣的重要问题。正如世界上的任何事物一样，一般地说，一部文艺作品不可能没有丝毫缺陷和不足之处。金无足赤，人要完人，十全十美，求全责备，恰恰是唯心主

① 《斯大林全集》第13卷，第23—27页。

② 《斯大林全集》第11卷，第116—117页。

义、形而上学的片面看法。

按照唯物辩证法的观点，事物总是有正确的方面，也有错误的方面；有优点，也有缺点，而主要地是由取得支配地位的矛盾的主要方面规定着它的性质。因此，在分析和评价一部文艺作品时，首先应该分清贯穿于作品中的主要内容和次要方面，辨别它的基本思想和个别细节，判明它的总的倾向和从属部分，从而确定作品好坏、优劣的性质，作出全面的、实事求是的结论。

斯大林就是这样辩证而具体地对待文艺作品的。当一个年轻的苏联作家写了两部反映苏联共青团员生活的剧本，被某些人斥责为“小资产阶级的”、“反党的”作品的时候，斯大林却实事求是地肯定和支持了作者。他一方面指出这两部作品确实存在着“有些青年团先锋主义的残余”的缺点；但同时又说明它们并没有构成这些作品的“主要特征”和“基本思想”。他说：“它们的基本思想在于尖锐地提出了我们机关的缺点问题，并且深信这些缺点能够改正”；因此，从它们的主要价值上来看，“可以认为是目前革命的无产阶级艺术的范例”①。

为什么这些明显地存在着缺点的作品仍然被斯大林称之为“目前革命的无产阶级艺术的范例”呢？这是因为构成这些作品的基本思想是正确的，在当时具有积极的现实意义，对于广大群众能够起到有益的教育作用。也就是说，作品的主流是好的，基本倾向健康，它们决定了作品的“主要价值”。正如斯大林所说：“这个价值大大地盖过了而且深深地掩没了它们那些很小的、在我看来是正在消失的缺点。”②这种运用辩证法的全面分析的观点来看待文艺作品的缺点和错误，是文艺批评中应该坚持的一条马克思主义的原则。如果违背了这个原则，势必以主观唯心主义的方式，抓住作品的个别缺陷不放，任意扩大一点，不及其余，以偏概全，颠倒主次关系。这样，就必然要混淆作品的性质和敌我界限，造成乱戴帽子，乱打棍子，简单粗暴地否定和

---

① 《斯大林全集》第12卷，第175页。

② 同上，第100页。

扼杀本来还具有一定价值的文艺作品，根本无法作出符合作品本身的客观实际的正确评价。这对于社会主义的文艺事业，有百害而无一利。

对于青年作者和无名作家的创作，只要作品的大方向对头，总的倾向是革命的、进步的，基调健康，有一定的思想和艺术价值，就更应倍加爱护，热情支持。因为这些作品在开始的时候往往还不尽成熟，并难免会有这样那样的缺陷。斯大林亲自为《群众的竞赛》这本通俗的小册子写序言的事例，给我们树立了支持和培植文艺新生力量的光辉榜样。尽管《群众的竞赛》是本“平凡的小册子”，它的作者又是“文坛上无名的人”，书中还有个别细节上的错误；但是，由于这本书“朴素而真实地叙述了构成社会主义竞赛内部动力的那些伟大劳动高潮的深刻过程”，“是根据竞赛的实际材料来连贯地叙述，竞赛是劳动群众自己的事情的初次尝试”[①]，斯大林便为它写了一篇热情洋溢的序言，充分地肯定这本书的成绩，并向全国推荐。

但是，这件事遭到了某些人的非议，他们企图用书中某些事实上的不确切之处来全盘否定这部作品，甚至进而还说什么小册子的作者“蒙蔽斯大林同志”，对此表示特别愤慨。斯大林得知后，公开表示了自己的态度，郑重声明他给这本小册子写序言一点也不后悔，再次明确地肯定了这本书的价值。斯大林质问那些批评这本书的人说：可以认为，作者“也许因为受了某个讲述者的蒙蔽而写了一些很不确实的东西，这当然是不好的和不可原谅的。但是难道问题在这里吗？难道这本小册子的价值是由个别细节而不是由它的总的倾向决定的吗？”[②]文学艺术作品的总的倾向，就是作品的本质和主流。它决定着作品的性质和方向，也决定了作品对社会生活所起的是积极还是消极的作用。因此，分析和评价文艺作品，不能不首先从它的思想和艺术总倾向上入手。否则，就不能对整个作品做出客观的、符合实际的判断，也不能正

① 《斯大林全集》第12卷，第101页。

② 同上，第240页。

确地分清敌我界限，得出科学的结论。斯大林的这种对待文艺作品的马克思主义的、实事求是的、科学的态度，是应该在社会主义的文艺批评中始终不渝地坚持的。和正确地评价文艺作品有关，斯大林在答《比尔-别洛采尔科夫斯基》的信中，还提出了文艺批评中一个值得注意的问题，这就是不要笼统地把“党的概念”、“党内的概念”在文艺领域中生搬硬套。

前面已经提到，20年代末30年代初，曾经一度在苏联占有统治地位的“拉普”派，把列宁的党的文学的原则恣意加以歪曲和庸俗化。他们之中的某些代表人物，不仅形式主义地单从作家、艺术家是否加入党的组织来区分党的作家和非党作家的界限，分裂社会主义文艺队伍，而且机械地把党内斗争的概念随便应用到文艺领域中来。例如，他们给许多作家、艺术家和他们的作品不加分析地套上什么“右倾分子”、“左倾分子”和“右倾”、“左倾”的帽子，就是很有代表性的。斯大林尖锐地批评这是“把一切概念都颠倒了”。

本来，在文艺批评中应该正确地慎重地使用政治概念，用正确的政治标准去衡量作品，把政治问题与学术问题、政治问题与艺术问题细致地区别开来，分清敌我不同的性质而采取不同的态度。而“右倾”或“左倾”，正如斯大林所说，则是党的概念，更确切地说，是党内的概念。“右倾分子”或“左倾分子”指的“就是离开真正党的路线而倾向于这一或那一方面的人。因此，把这些概念应用于像文艺、戏剧等等非党的和无比广阔的领域，那就奇怪了”。①斯大林提出，这些概念最多只能在文艺界的（共产党的）某个小组里应用，因为在这种小组里可能有“右倾分子”或“左倾分子”。但是，如果不适当地把这些概念应用于整个文艺界，往一切作家和作品的头上乱套，那就势必会引起种种混乱，给社会主义文艺事业造成破坏。

“右倾”或“左倾”都是党内特定的概念，它们指的是来自“左”的或“右”的方面的机会主义观点或思潮，和这些系统的非马克思主义的思想进

① 《斯大林全集》第11卷，第280页。

行的斗争，便形成了党内的路线斗争。因此，斯大林说，“我们列宁主义者必须进行两条战线的斗争——既反对‘右倾’又反对‘左倾’”。[①]但是，既然路线斗争是党内的正确思想与错误思想体系的斗争，就不能不加分析、不作区别地滥用它们。党内有各种各样的非无产阶级的、错误的思想，它们大量地属于人民内部的问题，绝不能混淆党内错误思想和反革命活动的界限。同时，也不能把党内的错误思想都一律看作是路线错误，还应严格区分一般性的思想错误和政治性错误，以及一般性政治性错误和路线错误的界限。

不正确地对待和处理党内出现的错误的政治倾向，甚至把党内的反倾向斗争任意地扩大到文艺界，必然会带来十分严重的后果。斯大林反对把“文艺、戏剧等等非党的和无比广阔的领域”与党的工作完全等同，反对把文艺界所进行的一切斗争都与党的路线斗争画等号，反对不加区别地用“左倾”、“右倾”之类的党的概念来代替文艺评论所特有的标准。从原则上说来，这一切都是正确和必要的。许多历史事实证明，把路线斗争简单化地套用到文艺领域，必然地要混淆党内路线斗争与文艺思想斗争既有联系又有区别的界限，不适当地扩大“右倾分子”或“左倾分子”的范围，给作家、艺术家妄加“反党”之类的政治罪名，把一般的文艺问题和学术问题都拔高成“路线错误”，造成党内斗争扩大化的严重后果。当然，另一方面，也有可能把极少数真正属于反对社会主义的反动文艺或混进党内的打着文艺旗号的反动集团，缩小为“右倾”或“左倾”的错误，掩盖了它们的反动本质。因此，斯大林说：“如果在文艺界运用阶级方面的概念甚至‘苏维埃的’、‘反苏维埃的’、‘革命的’、‘反革命的’等等概念，那是最正确的。”[②]这正是指的后一种情况。

需要特别指出的是，斯大林在这里所说的“苏维埃的”、“反苏维埃的”、“革命的”、“反革命的”等等，都属于政治概念的范围。照我们看来，这些

① 《斯大林全集》第11卷，第240页。

② 同上，第280页。

概念尽管与“左倾”、“右倾”等有性质上的不同，但是它们同样地都是指特定的政治内容，并且同样地都应加以严格地限制，绝对不可滥加施用。遗憾的是，斯大林在实际工作中，特别是在他晚年的活动中，没有把这些正确的理论坚持到底，未能严格区分和正确处理敌我之间和人民内部这两类性质不同的矛盾，混淆了它们之间的界限，也混淆了“左倾分子”、“右倾分子”与“反苏维埃的”、“反革命的”之间的界限，以致犯了肃反扩大化和简单粗暴的严重错误。这不能不说是他在理论上有某些片面性的必然结果。前车之覆，后车之鉴。这个沉痛的经验教训，是足以使我们引以为戒的。

四 “问题不在于禁止，而在于通过竞赛”

列宁在《党的组织和党的文学》中，第一次鲜明地提出，无产阶级的文学应该是党的文学，应该在政治上、思想上和组织上接受党的领导和监督。同时，他又指出，“无可争论，文学事业最不能作机械的平均、划一、少数服从多数。无可争论，在这个事业中，绝对必须保证有个人创造性和个人爱好的广阔天地，有思想和幻想、形式和内容的广阔天地”。并且强调“无产阶级的党的事业的文学部分，不能同无产阶级的党的事业和其他部分刻板地等同起来”；说在这个领域中，“最不能来一套公式主义”、“宣传什么清一色的制度或者用几个决定来解决任务”[①]。这就是说，在规定无产阶级政党应当领导文学艺术事业，把它作为党的整个革命工作的一个组成部分的同时，列宁已经明确地指出，文艺工作和党的其他工作并不能完全等同，应该有所区别，应该考虑到文艺的特点来领导文艺工作。苏维埃政权建立以后，列宁十分高兴地看到“革命已使苏维埃国家成为艺术家的保护人和定购者。每一个艺术家和每一个自己想做艺术家的人，都有权利按照他的理想来自由创作，没有什

① 《列宁选集》第1卷，第648页。

么顾虑”[①]。党和国家对于文艺的领导和管理，更提上了议事日程。列宁号召要在艺术和文化方面也学会管理，学会打算；他曾经进一步地设想过如何更好地领导文艺事业，在无产阶级专政的社会条件下，实现培植新的伟大的共产主义艺术的远景。

斯大林同样重视社会主义文艺的成长，并且经过长期的实践，对党和政府如何领导文学艺术事业逐步地总结了一些具体的、成功的经验。他按照列宁所规定的方针和原则，把社会主义的竞赛作为推动无产阶级文艺事业不断发展的重要方法，就是一个宝贵的贡献。革命的文艺应该自觉地接受党的领导和监督。以马克思列宁主义为指导思想的无产阶级政党，代表着最广大的人民群众的最根本的利益，党的领导是一切革命事业的保证。有了工人阶级的先锋队——共产党——的领导，革命的文艺就有了正确的政治方向和路线，就能沿着社会主义的康庄大道胜利前进。而一切反对和脱离党的领导的倾向，都是错误和有害的，最后必将把文艺引向末路。

然而，文学艺术是上层建筑中的一种特殊的社会意识形态，它有自己的特点和规律。文艺作品是作家、艺术家运用形象思维方法进行创造性的劳动成果，是一种带有作者个性的、复杂的、精致的精神产品。因此，无产阶级政党对文艺工作的领导，不能同其他工作“刻板地等同”，不能忽视文艺的特征、违背精神生产的规律性。正如列宁所指出，在文艺领域内，如果一律采取行政的措施，任意实行命令手段，用少数服从多数、下级服从上级等“清一色的制度或者用几个决定来解决任务”，就会阻碍或破坏文艺的正常发展。

斯大林坚持列宁所规定的这个原则，坚决反对在文艺领域采用粗暴干涉和强力压制，反对动辄命令和指示禁止文艺作品的出版和发行。针对某些人的这类错误做法和主张，他写道：“‘批评’和要求禁止非无产阶级的作品是很容易的。但是最容易的不能认为是最好的。问题不在于禁止，而在于通过

① 蔡特金：《回忆列宁》，人民出版社1957年版，第13页。

竞赛，创作真正的、有意思的、富有艺术性的苏维埃性质的剧本，来代替旧的和新的非无产阶级的低级作品，逐步地把它们从舞台上排挤下去。而竞赛是一件重大的事情，因为只有在竞赛的情况下才能使我们无产阶级的文艺形成和定形。”[①] “问题不在于禁止，而在于通过竞赛”，这应当说是无产阶级政党在取得政权以后对文艺进行领导的一项基本方针。

什么是社会主义的竞赛？简单地说，就是革命群众在劳动和工作中通过相互的对照、比赛、学习和帮助，争取优胜，开展生动活泼的你追我赶的活动。斯大林指出，社会主义的竞赛和资本主义的竞争有着本质上的不同，它们代表两个完全不同的原则。前者带来的是一部分人的失败和死亡，另一部分人的胜利和统治，后者带来的则是先进者给予落后者以同志式的帮助，通过互相的比较、学习而达到普遍的提高。因此，“竞赛是在千百万劳动群众最大积极性的基础上建设社会主义的共产主义方法。实际上，竞赛是工人阶级用来在社会主义基础上扭转国家全部经济生活和文化生活的杠杆”。[②]在文化领域不实行禁止而采用竞赛的方法，符合文艺的客观规律，也有利于文学艺术中新生事物的成长。

艺术作品的好坏、美丑、优劣，都是相对而说的。好的、美的、优秀的，总是与坏的、丑的、拙劣的相比较而存在，相斗争而发展；没有对比和斗争，也就分不出好坏、美丑和优劣。而鉴别和判断某种新的文学艺术现象的好坏、美丑、优劣，往往需要有考验的时间；有时甚至会产生辨别上、认识上的错误：以好为坏，以美为丑，以优为劣。同时，在社会主义社会中，尽管新生事物成长的条件要比旧社会优越得多，但是，如果处理不当，简单地使用行政禁止的办法，也会压抑新生事物，压制和扼杀优秀的、成功的作品，有意无意地在领导文艺的问题上犯这样那样的错误。斯大林支持那些竭

① 《斯大林全集》第11卷，第281页。

② 《斯大林全集》第12卷，第98页。

尽全力要从下面冲上来的成百成千有才能的年轻人，说他们力求把自己的微末贡献投入社会主义建设事业的总宝库。但是，“他们的努力往往是徒劳无益的，因为他们常常被文坛‘名人’的自负、我们某些组织的官僚主义和冷酷无情以及同辈的嫉妒（它还没有转为竞赛）压抑下去”。斯大林尖锐地指出这是不容忽视的现象，提出：“我们的任务之一就是要打穿这堵死墙，使不可胜数的年轻力量得到出路。”[①]而通过社会主义的竞赛，就可以粉碎官僚主义的束缚，发挥群众的创造性和主动性，为新生事物开辟出成长和发展的广阔道路。革命的、先进的、优秀的作品，必然逐渐将反动的、落后的、拙劣的东西排挤和淘汰。

不采用禁止的手段而放手让作品自由竞赛，自然会使一些“非无产阶级的作品”，甚至是反动的、有害的东西也趁机冒出来。遇到这种现象，切不可过分大惊小怪。当然，对于那些明显的反革命分子和破坏社会主义事业的反动分子，是应该依据法制采取一定的措施、直到剥夺他们的言论和出版自由的；对于那种蓄意毒害人民、毒害青年的充满毒素的恶劣、低级的东西，也不能允许它们任意泛滥。但是，马克思主义并不害怕人们接触错误的、丑恶的、有害的东西。应当相信，这些东西总是要暴露出自己的原形，总是要被革命的、正确的、健康的事物所战胜。要坚定地相信广大人民群众的认识和鉴别能力。人民群众通过竞赛中的对比和斗争，就会在大风大浪中得到锻炼，提高识别真假、好坏、美丑的能力，学会善于同阶级敌人进行斗争的本领。这无疑地将会促进和推动新生事物的成长和文艺的发展。

文艺作品的好坏、优劣，应该在社会的实践中经受检验，应该根据它在社会生活中所产生的效果来进行评价。检验真理的唯一标准是社会实践，检验文艺作品好坏、优劣的唯一标准也只能是实践。仅凭主观意志、单看表面现象就轻率地做出定论，决定作品的命运，显然是唯心主义形而上学的表现。例如，有的文艺作品成功地、认真地描绘了反面人物，真实地创造了阶

---

① 《斯大林全集》第12卷，第103页。

级敌人的艺术形象，是否就可以根据表面现象，简单地把它斥之为是美化和肯定敌人的作品，是在为敌人“歌功颂德”呢？20世纪20年代末，苏联就一度禁止过这类戏剧在舞台上演出。直到斯大林亲自出面干预，才又在剧院重新上演。关于曾经被禁演过的某个剧本，斯大林写道：“这个剧本本身，它并不那么坏，因为它给我们的益处比害处多。不要忘记，这个剧本留给观众的主要印象是对布尔什维克有利的印象。”因为剧中所描写的敌人的一家人，“都承认自己的事业已经彻底失败，不得不放下武器，服从人民的意志，那就是说，布尔什维克是不可战胜的”。[①]这就是说，尽管这个剧表现的是敌人，然而通过描写敌人的一家的彻底失败，却在实际效果上令人信服地显示了布尔什维克党无坚不摧的力量。斯大林还在另外的场合说，这个剧本表现了一个狡黠有力的敌人，这并没有什么不好，应该把敌人表现得和他本来的面貌一样。斯大林要求这个被禁止的戏剧重新上演以及他对这个剧的评价，是很值得我们深思的。这再一次地说明，“问题不在于禁止，而在于通过竞赛”是如何的正确；而从主观意志出发，依靠行政命令和使用简单粗暴手段去处理文艺问题，势必造成百花凋零、万马齐喑的局面，只会带来有损于革命文艺事业的恶果。

毛泽东同志根据我国的具体情况，在承认社会主义社会仍然存在着各种矛盾的基础上，在国家需要迅速发展经济和文化的迫切要求上，提出了“百花齐放、百家争鸣”的方针。它显然包含了在艺术和科学领域也要开展社会主义竞赛的内容，同时又在这个基础上有所充实和发展。这是促进艺术发展和科学进步的方针，是促进社会主义文化繁荣的方针。这个方针的制定，是毛泽东同志卓越地把马克思列宁主义的文艺理论运用于我国革命文艺运动的具体实践的结果。这不仅是无产阶级在社会主义条件下，对一切文学艺术事业实现马克思主义领导的正确的、必要的方法，也是工人阶级的革命政党领导文艺的坚定的阶级政策，它丰富和发展了马克思列宁主义的文艺理论。要使我国社会主义

① 《斯大林全集》第11卷，第282页。

文艺发展和繁荣，必须遵循和坚持“百花齐放、百家争鸣”这一方针。

斯大林是一个伟大的马克思列宁主义者，他为社会主义文艺的进步和发展，做出了卓越的贡献。列宁逝世以后，在以斯大林为首的苏联共产党和苏联政府的领导和关怀下，社会主义的文学艺术曾经一度出现过欣欣向荣、繁荣昌盛的景象，光耀夺目地展示了人类文学艺术发展的新方向。无产阶级的作家高尔基、马雅可夫斯基、别德内依等人，在十月社会主义革命后又继续创作出许多优秀的革命作品。一大批社会主义现实主义的杰作出现，如《恰巴耶夫》（《夏伯阳》）、《毁灭》、《青年近卫军》、《钢铁是怎样炼成的》、《列宁在十月》、《列宁在一九一八年》、《保卫察里津》、《伟大的公民》等等，在全世界产生了重大的影响，它们至今仍然在教育和鼓舞着一切受压迫、受剥削的革命人民。

当然，和任何革命的领袖一样，斯大林也有过一些缺点和错误。特别是在他革命生涯的后期，脱离了群众，离开了辩证唯物主义和历史唯物主义，在有些问题上陷入理论和实践相脱节的矛盾，出现了更多的形而上学和主观主义。他在马克思主义理论的阐述和解释上，也有不够确切和不尽完备之处。在一段长时间里，他不承认社会主义制度下仍然存在着上层建筑和经济基础之间的矛盾。所有这一切，在文艺问题上都或多或少、不同程度地有所反映和表现。斯大林的这些缺点和错误，我们应引为深刻的经验教训。但是，这只是斯大林的次要方面。整个来说，斯大林的一生，无论是在理论活动上还是在实际工作中，都是功大于过，成绩大于错误。他仍然不愧为伟大的马克思列宁主义的战士。他在马克思列宁主义的理论，其中包括文艺理论方面的功绩，也是永远不可磨灭的。

一九七九年三月五日

（《美学论丛》第4辑，中国社会科学出版社1982年版；《马克思主义文艺思想论集》，中国文联出版公司1985年版；《中国新文艺大系1976—1982理论一集》上卷，中国文联出版公司1988年版）

能动反映论与唯物史观结合的典范

——毛泽东论生活美与艺术美的辩证关系

关于文学艺术的来源问题，中外历史上都存在着各种各样的说法。大致上说，既有唯物主义的观点，如古代希腊的“自然摹仿”说和19世纪俄国革命民主主义者的“美是生活”等；也有唯心主义的各种主张，如客观唯心主义的艺术是理念的感性显现，以及主观唯心主义的“自我表现”、“直觉创造”和“天才论”等。这些说法，有的明显地有极大的局限，有的则是根本上错误的。毛泽东将唯物主义认识论的原则，与唯物主义历史观的原则结合起来，科学地揭示了艺术的根本性质和源泉，全面完整地论述了文学艺术与社会生活两者之间的关系，揭开了文艺理论与美学科学的新篇章。

一

艺术和现实的关系问题，是一个十分古老、早就为人们关注并且在不断地探索和讨论的课题。在马克思主义产生以前，这个问题长期未能得到科学的解答，并不是偶然的。这是因为，文学艺术作品和艺术美都是人类特殊的复杂的创造性劳动成果，是相当精细的神奇的精神产品。要揭示文艺的本质和艺术美的来源，必须首先弄清它们与现实生活的关系，而要揭示出艺术与生活之间的真实关系，就必须要有正确的认识论和历史观。

文学艺术作品和艺术美都是人们创造出来的，文艺是美的创造；只是这种创造却不是凭空的所谓“自我表现”，而是以对客观世界的认识为前提，并在正确的认识和反映的基础上进行的。因此，只有正确地理解艺术认识中客体与主体的相互关系，才能进一步解决艺术创作中主客体的关系，这就不能不依据于哲学中的认识论。认识论的出发点便是哲学的基本问题，即如何看待认识的客体和主体相互之间的关系。正是在这里，从来就存在着两条根本对立的路线和两种基本的观点：一条是首先肯定存在着物质客体，然后才可能通过主体进行认识；与此相反的看法则断言只有主观的精神主体才会有认识，不承认客体的存在或者仅仅把客体作为主体的派生物。要正确地说明艺术认识和艺术创造中主体与客体的关系，只有建立在正确的哲学认识论的基础上才有可能。

马克思主义的认识论是能动的革命的反映论，毛泽东就是根据这种认识论的基本观点来看待文艺的。早在《新民主主义论》中，他便指出，“马克思说：‘不是人们的意识决定人们的存在，而是人们的社会存在决定人们的意识。’他又说：‘从来的哲学家只是各式各样地说明世界，但是重要的乃在于改造世界。’这是自有人类历史以来第一次正确地解决意识和存在关系问题的科学的规定，而为后来列宁所深刻地发挥了的能动的革命的反映论之基本的观点”①。毛泽东正是牢牢地把握住了这个“能动的革命的反映论”的基本观点，并将它创造性地具体地运用于文艺理论和美学领域，这是继列宁之后的又一次巨大的飞跃。

什么是“能动的革命的反映论”呢？它与过去的机械的、形而上学的唯物主义反映论的区别在哪里呢？按照列宁的提法：“形而上学的唯物主义的根本缺陷就是不能把辩证法应用于反映论，应用于认识的过程和发展。”②因此，马克思主义的认识论和辩证法是同一的。过去的“摹仿说”和“镜子说”都存在着这样的根本缺陷。“摹仿说”只是古代人类对于艺术反映论的质

① 《毛泽东选集》第2卷，第66页。

② 《列宁全集》第38卷，第411页。

朴的、简单的、比拟的说明，并未真正深层地、真实地揭示出艺术与生活的复杂关系。“镜子说”虽然更接近于反映的本意，但在当时的条件下还不可能从辩证法的观点来全面地历史地看待反映论。把艺术反映生活类比为一面镜子，只是从映照关系的根本类似上所作的形象化的比喻。实际上，艺术的反映比镜子的反照要复杂、深刻得多。艺术不仅反照客体的外部形貌和表面现象，更重要的是通过这些现象、形貌、形象深层地真实地反映和揭示出客观现实的本质和规律性。正是在这样的意义上，列宁把托尔斯泰看作是俄国革命的一面镜子，并由此而总结和概括出一个重要的美学和艺术原理：“如果我们看到的是一位真正伟大的艺术家，那末他就一定会在自己的作品中至少反映出革命的某些本质的方面。”[①]应当说，这是唯物辩证法的艺术认识论中的一个普遍的、带有规律性的原理。

毛泽东一方面肯定了文学艺术是社会生活的反映；另一方面，又强调文艺创作的能动的积极的革命作用，辩证地论述了两者之间关系。他说：“人民生活中本来存在着文学艺术原料的矿藏，这是自然形态的东西，是粗糙的东西，但也是最生动、最丰富、最基本的东西；在这点上说，它们使一切文学艺术相形见绌，它们是一切文学艺术的取之不尽、用之不竭的唯一源泉。这是唯一的源泉，因为只能有这样的源泉，此外不能有第二个源泉。”[②]在文艺与现实的相互关系上，首先明确地、斩钉截铁地指出，社会生活是一切种类的文学艺术唯一源泉，这是彻底的唯物主义的艺术认识论，是坚定的正确的一元艺术认识论。在这一点上，不能容许二元论和折衷论，也没有什么例外和特殊。任何时代任何种类任何形式的文艺作品，都不可能是无源之水、无本之木，它们总是根源于生活、来源于生活，同时反映和表现生活。

不过，文学艺术作品究竟是由作家、艺术家创造出来的，它们的反映生

---

① 《列宁选集》第2卷，第369页。

② 《毛泽东论文艺》，人民文学出版社1992年版，第48页。

活一定要通过人脑来进行，一定要经过人脑的加工和改造，一定是人的能动的积极的精神劳动的成果。这样，就既不同于刻板的原封不动的摹拟，又不同于机械的镜子式的反照和反射。正因为如此，文学艺术所反映的生活，并不是普通的日常的实际生活的照抄照搬，不是机械的物理的对任何具体生活事实和现象的照相似的摄取。这就需要作为创作主体的选择取舍、加工改造，需要在对生活深刻感受、体验和理解的基础上，去进行美的创造。艺术的真实来源于生活的真实，却又不同和高于生活的真实，这才是能动的革命的反映论的要求。毛泽东在《讲话》中强调，革命的文艺应当把日常的现象集中起来，把其中的矛盾和斗争典型化，创造出各种各样的人物来，帮助群众推动历史的前进。文学艺术能动地积极地反映生活的特点和功能，在这里得到全面的、透彻的、辩证的说明。

不仅如此，毛泽东还把唯物主义认识论与唯物主义的历史观结合起来，用马克思主义的基本观点完整地来揭示艺术与生活的关系。众所周知，文学艺术这种美的创造和产品，是一种复杂的社会现象，同时也是一种特殊的精神生活现象。在马克思主义产生以前，任何哲学家、思想家都不能透彻地对人类历史繁茂芜杂的社会关系做出科学的解释，更难找到对人类精神花朵的文学艺术的本质的科学回答。因为他们考察文艺和其他社会意识形态，往往片面地、孤立地仅仅从这些复杂的精神现象本身着手，把这些社会现象和社会事物产生的原因，仅仅归结为人的主观精神活动。然而，任何社会意识形态，其中包括文学艺术，是不可能单单从它们自身便能得到解释的，也不可能从所谓人类精神的一般发展中引申出来。只有将文学艺术等社会意识形态，放在整个社会历史关系之中，放在物质的社会关系之上，放在与其他种种社会事物和现象相互联系的总体中去探讨、考察，才能拨开重重迷雾，从错综复杂、炫目耀眼的事实堆积中发现真相。

马克思主义唯物史观的基本思想，正如列宁所指出的那样，就是将过去任何思想家们都感到迷惑不解的人类社会关系，分成物质关系和思想关系。而“思想关系只是不以人们的意志和意识为转移而形成的物质关系的上层建筑，而物质关系是人们维持生存的活动的形式结果”[①]。因此，对于一切“思想关系”即上层建筑的说明，都必须在“物质关系”即经济基础中去寻找。被马克思、恩格斯明确地作为“思想关系”即上层建筑中的社会意识形态的文学、艺术，同样也是在“不以人们的意志和意识为转移”的物质关系的基础之上形成，并且也只能用物质关系来说明它最终的原因。

毛泽东在《讲话》中提出：“一切种类的文学艺术的源泉究竟是从何而来的呢？作为观念形态的文艺作品，都是一定的社会生活在人类头脑中的反映的产物。革命的文艺，则是人民生活在革命作家头脑中反映的产物。”[②]这是马克思主义关于文学艺术最全面、最完整的定义，是能动的革命的反映论和唯物史观结合和统一地对文艺的科学解释。文学艺术是属于观念形态（社会意识形态）范畴的，这是文艺反映社会生活命题的理论前提，同时也是文艺作为特殊的上层建筑和社会意识形态的根本特点。早在《新民主主义论》中，毛泽东就对文化和政治、经济的关系，以及政治和经济的关系作过说明：“一定的文化（当作观念形态的文化）是一定社会的政治和经济的反映，又给予伟大影响和作用于一定社会的政治和经济；而经济是基础，政治则是经济的集中表现。”[③]这是对包括文学艺术在内的作为观念形态（社会意识形态）的总体性的说明，当然也是辩证唯物主义认识论和唯物史观相结合和统一地对文化做出的科学解释。

但是，无论是作为上层建筑来说，还是作为观念形态的文化来说，文艺都是具有明显的特殊性的。因此，我们通常总是将文艺作为一种特殊的社会意识形态。文学艺术作为上层建筑和观念形态的文化之一，它的特殊性不止是单一的某一个方面，如形象性、感情色彩、幻想因素、美感效应等等，都是它区别于其他上层建筑或作为观念形态的文化的个性特点。然而，从根本

① 《列宁选集》第1卷，第18页。

② 《毛泽东论文艺》，人民文学出版社1992年版，第48页。

③ 《毛泽东选集》第2卷，第656—657页。

上来说，无论是文艺的内容和对象，还是文艺观点形成的根源和来由，都是由它反映的是整个社会生活这个特殊性所决定的。文学艺术属于更高的、更远离物质经济基础的意识形态，它对经济基础的反映是通过许多中间环节，其中便包括政治、法律、道德等等；同时，也还反映同样属于更高意识形态的宗教和哲学。所谓文学艺术是一定的社会生活在人类头脑中的反映的产物，这里的社会生活既有物质生活也有精神生活，既有社会事物也有自然事物。总之，它包括整个社会生活的各个方面、各个部分；也就是说，文艺是全面地反映社会生活的特殊的社会意识形态，而在反映现实生活的方式上，它同时又是形象的、具有感情色彩和幻想因素的，并且要按照“美的规律”从而产生美感效应。

由此不难看出，毛泽东关于文学艺术是社会生活的反映这个命题，既符合马克思主义关于上层建筑和社会意识形态的理论，又符合能动的革命的唯物主义反映论的原则，同时还是将这两者结合起来阐明文艺的根本性质的典范。毛泽东关于文艺和生活的辩证关系的论述，不仅与形形色色的唯心主义美学划清了原则性的界限，而且超越了以往一切旧唯物主义的美学和文艺理论。无论是从理论上还是从实践上来看，这都是对马克思主义的丰富和发展，同时也无疑地是对整个美学科学和文艺理论的重大贡献。

二

毛泽东在回答了“一切种类的文学艺术的源泉究竟是从何而来的呢”这个问题之后，紧接着又进一步地提出了要解释艺术美的奥秘的问题：“人类的社会生活虽是文学艺术的唯一源泉，虽是较之后者有不可比拟的生动丰富的内容，但是人民还是不满足于前者而要求后者。这是为什么呢？”[①]应当说，

① 《毛泽东论文艺》，人民文学出版社1992年版，第49页。

这是从文学艺术在人类文明社会出现后的那一天开始，就经常使人们困惑的问题，同时也是美学理论中的一个难题。

究竟应当怎样来看待现实美与艺术美两者之间的关系呢？毛泽东在肯定前者是后者的唯一源泉后，进一步深刻地指出：人类的社会生活和文学艺术“虽然两者都是美，但是文艺作品中反映出来的生活却可以而且应该比普通的实际生活更高，更强烈，更有集中性，更典型，更理想，因此更带普遍性”①。这就最终地、彻底地、正确地解答了生活美与艺术美的相互关系问题。毛泽东在美学的这个基本问题上，同样是运用能动的、革命的反映论的典范，是运用唯物辩证法的典范。

生活美艺术美的相互关系，是矛盾统一的辩证关系。一方面，现实生活是艺术的唯一源泉，也是艺术美的唯一源泉。尽管现实生活中的美是自然形态的东西，是粗糙的东西，但正如毛泽东所说，它们也是最生动、最丰富、最基本的东西，是一切文学艺术取之不尽、用之不竭的原料矿藏。19世纪德国伟大的作家歌德说得好：“世界是那样广阔丰富，生活是那样丰富多彩，你不会缺乏作诗的动因，但是写出来的必须全是触景生情的诗，也就是说，现实生活必须既提供诗的机缘，又提供诗的材料。一个特殊具体的情境通过诗人的处理，就变成带有普遍性和诗意的东西。我的全都诗都是触景生情的诗，来自现实生话，从现实生活中获得坚实的基础。我一向瞧不起空中楼阁的诗。不要说现实生活没有诗意。诗人的本领，正在于他有足够的智慧，能从惯见的平凡事物中看出引人入胜的一个侧面。”②艺术美是来源于现实美的，它的土壤和源泉都存在于现实生活之中，这是古今中外无数作家、艺术家从亲身体验中所证实的不可抹煞的事实，也是美学和文艺理论上颠扑不破的真理。

另一方面，不能不同时看到，艺术美尽管来源于现实生活并以现实美为

① 《毛泽东论文艺》，人民文学出版社1992年版，第49页。

② 《歌德谈话录》，人民文学出版社1980年版，第6页。

基础，但却并不完全等同现实美。文学艺术的美，并非是对社会生活的机械的复制和刻板的摹拟，而是作家、艺术家通过主观意识，按照已经形成的美的观念，对生活现象进行进一步的加工改造的成果。而且，如果仅仅在艺术家头脑中形成某种形象，美的创造还不能算完成。因为他所认识和理解的现实美，还没有通过一定的完美的艺术形式表达出来。只有当艺术家用恰当的手段把头脑中孕育、形成的艺术形象完整地表现出来，创造出美的艺术品可以供人欣赏，这才最后完成了美的创造。

这样，美的创造自然又离不开作家、艺术家的主观条件，即对生活素材的深切感受、体验和评价，以及在这样的基础上进行创造性的加工改造，最后以不同的手段和完美的形式使作品形成。因此，在艺术美的创造过程中，充分体现出人的主观能动性，艺术地反映和表现现实生活中的美，是人的主动性、积极性、创造性的高度发挥，也是对现实生活的能动的、革命的改造。经过艺术家对现实生活的集中、概括，加以典型化，创造出的生动感人的艺术形象，就可以比普通的日常的实际生活更高。所以，比之普通的现实美，艺术美是一种高级形态的美。

现实生活中的任何事物，都包含着个别的方面和一般的方面，都可以说是个别和一般的统一。可是，并不是每一件事物都具有典型性，都称得上是典型的事物、美的事物。由于现实生活中有许多个别事物，其个别的方面常常不那什么鲜明突出，而其一般的方面也常常显得微弱贫乏，因而不能成为美的事物而往往被人看得十分平淡。即使现实生活中那些具有一定典型性的事物，虽然相对地说能够以它的个别性比较充分地表现出普遍性，但是也常常在这个或那个方面表现出某些不足，如英雄人物或领袖人物总是要做许多完全与常人一样的事，这些事就不一定每一件都能揭示出他们的高尚的伟大的品质。但是文学艺术能把这种日常的现象集中起来，把其中的矛盾和斗争典型化，从而创造出典型的艺术形象和美的文学艺术作品。

艺术形象绝不是现实生活中的任何实际形象的原样摹拟和翻版。任何优秀的文学艺术作品，任何真正的艺术美，总是要对现实生活进行比较、选择，然后再集中、综合、概括，才能塑造出栩栩如生的艺术形象。高尔基说：“假如一个作家能从20个到50个，以至从几百个小店铺老板、官吏、工人中每个人身上，把他们最有代表性的阶级特点、习惯、嗜好姿势、信仰和谈吐等等抽取出来，再把它们综合在一个小店铺老板、官吏、工人身上，那么这个作家就能用这种手法创造出‘典型’来，——而这才是艺术。”[①]高尔基在这里所说的艺术典型形象的创造，实际上也就是艺术美的创造。这样的艺术美，显然要比实际的生活更有集中性，也更典型。

成功的艺术典型，一方面是按照生活本身的逻辑塑造的，在偶然性之中表现了必然性、规律性；另一方面，它又是通过鲜明、突出的个别性，来深刻地揭示出一般性、普遍性的。艺术的美之所以具有不朽的魅力，正在于它描写的虽是具体的有鲜明个性的一时一地一物一人，是“这一个”而不是“另一个”；但是，在典型形象的“这一个”中，却真实地反映了生活的规律，表现了时代的民族的社会的必然性，从而也就具有了在高度概括性上可以超越具体时代、民族、地区的普遍性。例如鲁迅笔下的阿Q，从外貌、造型、性格、心理、气质甚至名字都是相当独特的，是与许多人显然不同的；然而，通过阿Q这个典型的艺术形象所揭露出的“国民性”、“阿Q主义”，却是带有极大的普遍性的。毛泽东在不同的时期，就曾不止一次地用“阿Q主义”来批评、嘲讽过不同的人。中外文学艺术中的一大批典型形象，由于它们已经成为一定社会生活的本质规律的体现者和负荷者，所以都具有广泛深远的普遍性。

艺术美既然是作家、艺术家的精神劳动的产品，是“按照美的规律”创造出来的结晶，那么，它就一定凝聚和体现着作者美好的理想。现实生活的本质和发展，便会展示着未来的远景。符合历史发展规律的理想，既来源于现实又超越现实。普列汉诺夫在谈到恩格斯时写道：“恩格斯把自己的全部

① 高尔基：《论文学》，人民文学出版社1978年版，第160页。

生命献给一个非常崇高的目的：解放无产阶级。他也曾有过‘理想’，但是他的理想从来没有脱离过现实。他的理想，也就是说现实，但这是明天的现实，是将要发生的现实，它将要发生并不是因为恩格斯是一个有理想的人，而是因为目前现实的特性就是如此，因为那可以叫做恩格斯的理想的明天的现实，是应该从目前的现实中，应该按照目前现实本身的内部规律发展而来的。”①

“美的规律”是客观现实的规律，同时也是包含着从“目前现实本身的内部规律发展而来的”理想的“明天的现实”的规律。任何真正的艺术美，无不强烈地灌注着创造者的美学理想。革命的文学艺术，要改造自己的环境，要推动历史的前进，要使人民群众惊醒起来、感奋起来，就更加应当将现实和理想结合起来，高扬革命的理想主义。高尔基说：“我们不仅要知道两种现实——过去的现实和现在的现实，也就是我们在某种程度上参加创造的那种现实。我们还必须知道第三种现实——未来的现实。我说出这些关于第三种现实的话，不是为了卖弄聪明，完全不是的。我觉得这些话是坚决的号令，是时代的革命的命令。我们现在应该设法把这第三种现实列入我们的日常现象，应该描写它。”②高尔基所说的要描写的“第三种现实”，也就是符合历史发展规律的理想的未来的现实。优秀的文学艺术作品，总是既真实地反映着“过去的现实”和“今天的现实”，同时又有预见性地描绘着未来的“第三种现实”的；这样，它们也就不能不比日常的普通的实际生活更理想。

艺术美虽然根源于生活美，但由于它的集中性、典型性、普遍性和理想化，往往便会以强烈的吸引力、感染力、号召力抓住对象。成功的艺术美的形象，总是以非常突出的鲜明而独特的面貌，以具体可感的活生生的情态出现在读者、观众的面前，使他们赏心悦目，心旷神怡，产生着强烈的感情的

---

① 《普列汉诺夫哲学著作选集》第1卷，第547页。

② 《文学论文选》，人民文学出版社1958年版，第409页。

激动。中外古今那些栩栩如生的艺术形象，是永远铭刻在人们的脑际的；它们既是那样陌生却又似乎早已熟悉。那些实际上是虚构的委婉而又缠绵、甜蜜交织着痛苦的爱情故事和生离死别，常常引起人们内心的剧烈激荡和高度同情，仿佛这些事件就发生在自己的身旁而不能不去关心。还有更多的具有高尚理想和情操的典型人物，以及他们可歌可泣的事迹，更是激励、鼓舞和教育人们去奋发图强、勇于拼搏，披荆斩棘、赴汤蹈火。这就是艺术美的强烈的魅力，也是它的强烈的威力。

因此，与生活美相比较，艺术美便不能不更高。无论是自然美还是社会美，就其现实性来说，都是未经加工改造过的“自然形态的东西”，“粗糙的东西”。而充分地体现出人的主观能动性、积极性、创造性的艺术美，是凝结着艺术家的高超智慧、包含着丰富的感情、灌注着美好理想的晶体的美。这是更高的另一种形态的美，是集中地体现着人的审美意识和美学理想的高级形态的美。自然美和社会美是现实美或生活美，这种类型的美是客观实际中永远存在着的，没有它们的存在便不可能产生出艺术美；而且，这种形态的美也是最生动、最丰富、最基本的。可是，普通的生活美毕竟还在许多方面不及艺术美，毕竟还是低级的美。艺术美要比一般的现实美、生活美更强烈，更有集中性，更典型，更理想，更带普遍性，因而也就是更高类型的美。它既源于生活美，又高于生活美。这就是生活美与艺术美的辩证关系，这就是毛泽东美学思想的能动的革命的辩证法。

三

毛泽东在指出社会生活是一切文学艺术的唯一源泉后，进而就号召：“中国的革命的文学家艺术家，有出息的文学家艺术家，必须到群众中去，必须长期地无条件地全心全意地到工农兵群众中去，到火热的斗争中去，到唯一的最广大最丰富的源泉中去，观察、体验、研究、分析一切人，一切阶级，一切群众，一切生动的生活形式和斗争形式，一切文学和艺术的原始材料，然后才有可能进入创作过程。”[①]毛泽东以马克思列宁主义的实践观点，正确地回答了过去的文艺家们所提出的创作中的根本问题。例如，艺术家如何才能像歌德所说的那样，“能从惯见的平凡事物中看出引人入胜的一个侧面”，发现现实生活中“美的规律”和美的“诗意”呢？首要的便是深入生活、体验生活、熟悉生活和认识生活，这是一切艺术美的创造的前提和依据。

艺术创作活动也是属于人的社会实践活动的，但是艺术实践不能仅仅理解为作家、艺术家进行写作、制作和表演等活动，还有更为重要的认识生活、熟悉生活、体验生活这些社会实践活动。只有在社会实践过程中积累了大量的认识成果和原始材料，才有可能进入到艺术创作的实践中去。在生活实践与艺术实践的关系上，前者是前提和基础，没有生活的实践，任何天才的文艺家也是不可能创造出真正优秀的文学艺术作品的。

美的创造绝对不像19世纪英国唯美主义作家王尔德所说的那样，是与现实生活和时代根本不发生关系的，它始终“保持着不可侵入的栅栏”，似乎“唯一美的事物，就是与我们无关的事物”[②]。恰恰相反，艺术美只是人类由于一定的精神需要，能动地、积极地对现实的反映和改造的结果，它只能来源于生活美。人们只有首先到现实生活中去认识美、发现美、挖掘美，然后才有可能按照美的规律去创造美。对于现实生活中的美的规律的认识，不仅是感性的表面的现象的接触和直观，还必须在长期的实践过程中不断深入，透彻地理解和领悟生活的本质，做到了静观默察，烂熟于心，然后才能凝神结想，一挥而就。

文学艺术固然毫无例外地都是社会生活的反映，可是有的作品能正确地真实地反映和表现生活，有的却是错误地、歪曲地反映和表现生活的。产生这种分歧的最根本的原因，就在于作者如何感受、体验和理解社会生活。社

① 《毛泽东论文艺》，人民文学出版社1992年版，第49页。

② 《西方文论选》下卷，上海译文出版社1979年版，第113、117页。

会生活是无限广阔多样的，其中有大量的偶然的、非本质的、表面的现象，甚至还存在着许许多多的假象；对于社会生活的认识如果仅仅停留在浮浅的表层上，就不可能真正认识和掌握美的规律，也不可能正确地全面地完整地理解和把握现实生活。这样，在具体的创作过程中，便难免会出现这样那样的偏差，甚至会自觉不自觉地歪曲生活真实。优秀的进步的作家、艺术家，既要有深厚丰富的生活积累，又要有科学的世界观和正确的方法论，以及高超的艺术水平，这样才能反映生活的本质和内部规律，才能真正达到艺术的真实。

毛泽东对中国革命的文学家艺术家和一切有出息的文学家艺术家提出的深入生活的要求和殷切希望，至今仍然具有极其重要的现实意义。生活是创作的唯一源泉，是为无数的文艺史上的事实所证实的千真万确的真理。在我国进入社会主义现代化建设的新时期后，邓小平坚持和发展了毛泽东文艺思想，非常明确地指出："我们的社会主义文艺，要通过有血有肉、生动感人的艺术形象，真实地反映丰富的社会生活，反映人们在各种社会关系中的本质，表现时代前进的要求和历史发展的趋势。"这是具有中国特色的社会主义文艺事业兴旺发达的根本道路，也是一切有志气有出息的文艺家向着新的世纪新的时代迈步前进的康庄大道。

（《南方文坛》1993年第6期）

第二辑　美学新葩

现代科学“美之花”——技术美学

当今的现代文明社会，正处于人类智慧迅疾、高速发展的变革时期。在新旧世纪的交替之际，随着新的技术革命的展开，新型的现代科学如雨后春笋，不断涌现。据统计，现代学科的数目已达两千四百多门，真可以说是琳琅满目、绚丽多彩。在这众多的新型学科之中，有一门科学以自己独特的风姿格外引人注目，它就是亭亭玉立的现代科学“美之花”——技术美学。

技术美学属于现代交叉学科的第三代——横向科学，它与新的科学技术革命中异军突起的“三论”(系统论、信息论、控制论)可算得上是亲姊妹，即都是由多种学科(自然科学、社会科学、技术科学)及艺术等相交叉、汇流而形成的新型学科。只不过技术美学所研究的对象和涉及的范围更为专门和特殊，这就是与现代技术有关的一切“美”的问题。

从研究的对象——“美”来说，技术美学是美学的一个分支，是把美学运用于所有的技术领域，使美学和技术相结合而产生的一个现代科学婴儿。但是，与传统的美学有所不同，技术美学是与新兴的大规模工业生产相联系而产生和发展起来的。它主要研究人在一切生产劳动过程中的以及与此相关的一切技术领域中有关“美”的问题。

《中共中央关于经济体制改革的决定》指出：“应该看到，正在世界范围兴起的新技术革命，对我国经济的发展是一种新的机遇和挑战。这就要求我们的经济体制，具有吸收当代最新科技成就，推动科技进步，创造新的生产力的更加强大的能力。”在技术美学中，凝结和汇聚了自然科学、社会科学和技术科学多方面的最新成果，它涉及人们的生产、工作、劳动、学习、生活、交往等各个领域的切身问题，关系到现代社会生活方式和生产结构的变革，确实是有利于“四化”建设、有利于科技进步，有利于创造新的生产力的有广阔发展前景的学科。根据我国的具体国情和实际情况，有计划、有步骤、有目的地引进和介绍国外最新的技术美学成果，结合社会主义现代化建设的大量经验，建立具有中华民族特色的技术美学科学，为提高经济效益、提高社会生产力、提高广大人民的物质生活和精神生活水平服务，这就是我们当前宣传和研究技术美学的既艰巨而又崇高的任务。

二

技术美学之所以产生、之所以能够发展成为一门独立的学科，就是因为它有特殊的应当研究的领域和对象。更具体一点来说，由于现代工业社会和科学技术领域中出现了一系列带有规律性的特殊的美学问题，包括大规模的工业生产和现代产品设计以及与此相关的“美”的问题，它们具有不同于其他领域中的“美”的规律和表现的特殊性，因而成为独立的技术美学的研究对象。

首先，技术美学的崛起并逐步发展成为一门独立的学科，最初便是与本世纪初某些工业发达国家提倡文明生产和科学的劳动组织管理相关的。实际上，在人员和设备相同的情况下，尽可能地使劳动者处在优美的环境中，为他创造一个比较舒适和高效的劳动条件，使其身心都感到愉快，他的劳动积极性和创造能力就一定会发挥得更多更好。反之，劳动者整天处在一个杂乱、肮脏、不舒适的环境中，他的劳动情绪必然低落，甚至会对劳动生产对象产生出对立或敌对情绪，这就势必要影响劳动的速度和质量。于是，如何创造出一个符合各方面要求，其中包括审美要求的劳动环境，便成为一项专门的课题。

根据国外的某些试验而得出的统计数字表明，在同样的条件下，如果将环境按照技术美学的原则加以科学的改善，就可以明显地看出劳动产品的质量不仅有所提高，废品次品大大减少，而且产量还能大幅度地增长。例如，工厂车间的门窗安置适宜并明净漂亮，可以提高劳动效率百分之五至十五；照明设备符合标准并美观，可以提高劳动效率百分之十至三十；车间内外环境以及机器、工具涂饰适当的色彩并注意层次变化，可以提高劳动效率百分之二至百分之十；把噪音减小到最低程度，或在从事某些工作时播放经过严格选择的音乐曲调，即在生产中运用科学的音乐调节，可以使劳动效率提高百分之六至十四。这些数字是否完全准确和可靠，当然还有待于核实和检验；而且，影响生产的因素也是多种多样和相当复杂的。但是，如上所述，无可置疑的是，在相同的人员、设备和条件下，尽可能地使劳动者处在优美的环境中，让他在劳动中和工作中处处受到美的感染，经常产生愉悦的情绪，在生理和心理上都能引起舒适感和美感，那就一定能够减轻他的疲劳和厌烦，提高他的劳动热情和创造性。

劳动生产过程具有十分复杂的结构，在“机器—人—环境”系统中，呈现着多方面、多层次、多环节的调制关系，既有“人—机器”、“人—环境”和“机器—环境”的制约关系，还存在着“人—人”的调制等关系。在所有这些相互依赖的关系中，都有一定的审美因素对生产过程产生影响。就生产的主体和客体来说，又有被加工的原材料本身的美的属性对于劳动者所起的作用，如木料、金属，棉花、矿砂和其他材料的天然美的属性具有的意义，以及人对对象的认识、掌握和利用，这些对于人按照美的规律来创造新的产品都具有意义。

其次，技术美学的产生又是与现代文明社会对劳动产品或商品的审美需要的日益提高相关的。众所周知，作为社会的人总是不同于动物那样仅仅要求生理上的物质需要的满足，他还有不断发展的、强烈的精神上的需求，其中就包括美的需求。以功利的观点对待事物，固然在人类的历史上先于用审美的观点对待事物，但是当人类进入文明社会，在物质需要的满足的基础上，审美的需要在不同的程度上便成为必不可少的了。而且，实用的功能和审美的功能不仅愈来愈紧密地互相联系，而且还相互渗透、影响和制约。从人的全面需要上来看，最理想的则是实用和美观的高度统一和结合。人们在创造或选择产品或商品时，不仅仅从实用功能出发，而且要尽可能地同时考虑对象的审美功能，这样才能满足全面的需要。技术美学就是要研究和探讨如何在自觉地考虑产品的实用价值的同时，使产品的形式与内容尽可能地达到完美的统一，把实用、经济、审美结合起来，让产品符合社会的各个方面的需要。

自然，各种产品或商品实用和审美因素所占的比重是并不相同的，有的偏重于审美价值，有的则偏重于实用价值，但总的说来都有一个二者结合的问题。为了便于说明各种产品具有的实用和审美功能的不同，这里介绍一下国外有的技术美学著作中所列的15种产品包含的实用因素和审美因素比重。当然这种以数字表示的审美因素和实用因素的比重，也只是相对的不断变化的，而不是绝对的、固定不变的。

	实用因素		审美因素	
	含值范围	平均值	含值范围	平均值
灯泡	0.90—0.95	0.92	0.05—0.01	0.06
油桶	0.85—0.95	0.90	0.05—0.15	0.10
吸尘器	0.70—0.90	0.80	0.10—0.20	0.15
冰箱	0.80—0.80	0.70	0.20—0.40	0.30
录音机	0.50—0.75	0.67	0.25—0.50	0.33
电视机	0.50—0.70	0.65	0.30—0.50	0.35
沙发	0.45—0.65	0.55	0.35—0.55	0.45
大衣	0.40—0.60	0.50	0.40—0.60	0.50
吊灯架	0.30—0.55	0.42	0.45—0.70	0.58
女鞋	0.30—0.55	0.42	0.45—0.70	0.58
茶具	0.20—0.50	0.35	0.50—0.80	0.60
领扣、袖扣	0.10—0.25	0.17	0.75—0.90	0.88
头巾	0.05—0.25	0.15	0.75—0.85	0.85
领带	0.05—0.15	0.10	0.85—0.95	0.90
花瓶	0—0.10	0.05	1.00—0.90	0.95

第三，新的产品质量观念也提出了技术美学需要研究解决的问题。任何一件产品生产出来以后，都有一个检验的问题，也就是产品是否达到质量的标准问题。以往，衡量产品的质量大都限于强度、牢度、大小等技术的标准规格上，而不太重视产品质量的多方面的使用性能，特别是审美性能。例如，就衣料来说，不仅其坚牢性、保暖性、舒适性、易洗性、防火性等应当成为质量的标准，而且还有美观性、装饰性、流行性等也应是质量标准中所不可缺少的。因为许多产品不仅要符合实物质量或技术质量标准，还要考虑到市场质量，即是否能满足消费者和用户的全面需要，是否能发挥其社会的功能。否则，就会造成产品的积压和滞销，甚至变成废品。

现代化生产及其产品要求把不同的社会因素综合起来，作为检验是否符合质量的标准。不仅仅要看产品是否达到一定的尺寸、重量、厚薄、耐用性以及其他技术性能，还要看它能不能适时地满足社会多方面的需要。这里既有经济学问题、心理学问题、社会学方面的问题，也有重要的美学问题。质量标准应该是这些方面的综合要求，而不是单方面的片面要求；审美标准应当成为现代化生产及其产品质量综合评价的重要内容，对于某些产品甚至还成为压倒其他方面而占优势地位的质量要求。现代化生产要经常保持生命力和竞争力，必须适应这种新的产品质量观念，也必须研究如何才能更好地发挥产品的审美功能。

注意外观质量（造型、图案、色彩等），将外观质量与内在质量（性能、可靠性、寿命等）有机地结合起来，同样是现代化生产质量观念的重要内容。产品的外观质量不仅对生活消费产品相当重要，而且对生产资料产品也是不可缺少的。外观质量对产品使用者的生理、心理都将产生巨大的影响，它们起到“第一印象”的作用。因为任何工业产品都是有形的物质产品，它们的内在质量总是通过外观才能显示出来。外在的形式固然最终由内容决定，不能脱离内容，但是它们又具有相对的独立性，在某些情况下甚至也有决定性的意义。现代化生产的机器、设备，仪器、仪表要求有符合内在质量的高水平的外观质量。这种外观质量不能简单地理解为仅仅是表面的美化和装饰，而应该是内在质量的准确体现，是通过鲜明的、新颖的、美观的外部形式充分地表现产品的内在功能和质量。这样，产品才能真正达到实用和美观高度结合的水准。

综上所述，现代化生产的产品检验和评价，大致上可以用下图表示。

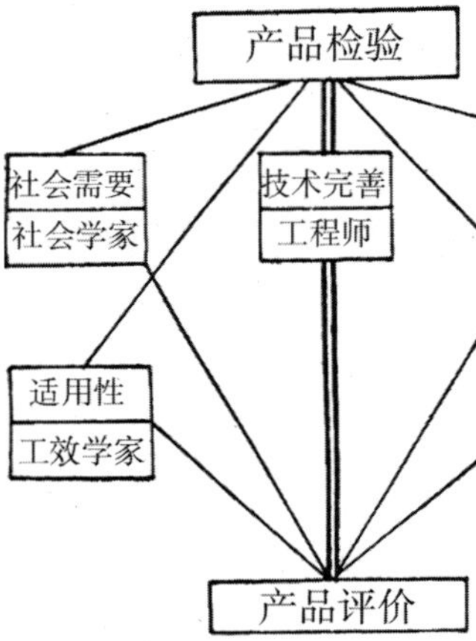

总之，从以上相互联系的几个方面完全可以看出，技术美学成为一门独立的学科绝非偶然。作为一门横向交叉学科，它的诞生是现代科学技术发展的结果，也是现代社会文明的要求。现代化的生产和社会的全面需要，开辟了美学研究的新领域，提出了美学科学中的新问题，展示了现实生活中需要更细致、更深入地探讨的新的特殊对象，这就促使技术美学的正式形成。当然，与许多的新兴的学科一样，技术美学目前还正处在不断充实和完善的过程中，许多问题还有待于继续探索、研究和解决，还谈不上一套完备、周密的科学系统。不过，它要研究的专门对象和主要内容，却日益明确和突出，它在未来迅速发展的广阔前景，业已基本上展现出清晰的轮廓。

二

技术美学研究的对象是什么呢？从字面上简单地来讲，技术美学可以通俗化地解释为是技术加美学，就是着重从技术领域的角度和范围来研究一切美的问题，把美学延伸到现代技术中，特别是现代化的大规模的工业生产技术中，以满足人们对产品或商品的包括审美需要在内的全面需要。所以，在技术美学的研究范围中无论是就劳动生产过程及其产品来说，还是就艺术设计来说，都是技术与美学的结合；其研究对象都是与生产技术相关的“美”的问题。

在现代的生产企业中，对环境的要求不仅趋向于精密化和更加严格，而且范围也更加扩大，涉及的问题日益复杂。技术美学研究的便是怎样运用美学的原则和规律，结合各种技术手段和组织措施，创造一个最优的劳动环境，以便以最少的劳动消耗和物质消耗来取得最大的生产效益的问题。概括说来，劳动生产中的各方面的美学要求，主要有以下七个方面。

1．与视觉相联系的光色对人的影响以及它们的配合是否协调。换句话说，就是光线、色彩以及它们的总和在劳动范围内的审美程度。

2．与听觉相联系的声音环境是否协调，即音响在劳动环境范围中的审美程度，其中包括对噪音的防治以及运用音乐调节等等。

3．劳动环境中各种景观的结合是否协调，即在人们所处的工作、劳动、生活条件下，视觉范围内各种景观的审美程度，包括绿化、园林及其他环境美等等。

4．工作劳动场所室内布置配合的统一性，包括建筑物内部装饰美化和室内、厅内、车间内各种设置安排的审美水平，以及技术设备综合体结合得是否协调等等。

5．劳动生产环境中的各种辅助设施综合体的结合是否协调，包括在人的各种感觉的范围内如标语、图表、挂图、标志等是否符合审美要求等等。

6．劳动时姿态和动作是否协调，包括工作位置、设备布置和排列及其综合装置的安排是否妥当，能否使劳动者在进行操作时感到自然、舒适、轻松和美观等等。

7．与以上有联系的空气环境的影响。

由此不难看出，技术美学作为一门新兴的交叉学科，它的内容是与许多学科，例如生产工艺学、光学、色彩学、声学、建筑学、人体工程学、环境保护学等有密切联系的。但是所有这些学科无论从全体还是部分来看又都不能替代技术美学。不仅如此，劳动过程的美化一方面固然是由生产和生产者本身的需求所决定的，另一方面，还要受到生产者的审美观、审美修养以及种种社会因素的制约。因此，技术美学又不能不同时与社会学、经济学、心理学、教育学甚至伦理学等学科发生关系。当然，技术美学更是不能脱离开艺术尤其是工艺美术、音乐、雕塑等的。这样，技术美学才具有横跨自然科学、技术科学、社会科学和艺术的横向交叉学科的性质。

技术美学的另一个重要的内容，是与劳动生产过程及其产品美化直接关联的“现代艺术设计”或“迪扎因”问题。此问题需另有专文论及，这里就不论述了。

技术美学不仅与产品的生产有关，同时还要研究商品销售，其中包括产品或商品的包装以及商标和广告的设计等问题。产品和商品的包装主要起到保护性能，便于运输、计量，给消费者使用时作指导性说明等作用。另外，相当重要的便是在外观上美化商品。特别是内包装，因为与消费者直接见面，和商品一起到达消费者的手中，而且人们首先看到的是包装而不是商品，它起着“第一印象”的作用。美与不美对使用者产生很大的影响，外表的美观便会首先引起人们对消费和使用对象的强烈兴趣和好感。

过去，我们不太重视包装在生产和生活中的作用，常常是“一等质量，二等包装，三等价格”，造成好的产品却不受欢迎的现象，而且还带来巨大的经济损失。据统计，1983年前我国每年因包装不善造成的经济损失不下百亿元，近年来虽有改善，但与世界先进国家相比，仍显得相当落后。当然，包装也有一个怎样符合商品本身性能和内容的问题，不能一味追求外观好看和吸引人，而不注意内容和质量。包装只有做到与产品本身的内容和性质相符合，把实用性与直观感、新鲜感、方便感、艺术感结合起来，才会使人们乐于接受。单纯地在包装上下功夫而不顾产品质量，滥用包装化，甚至专以包装精致、花哨去招揽、欺骗消费者，以劣充好，外美内丑，并不是作为科学的技术美学的要求。另外，如商标和广告的艺术设计，在商品宣传设计中也是相当重要的。

总之，技术美学研究的内容是相当广泛和丰富的。它的对象既包括劳动生产领域中一切与“美”相关的问题，又包括与此相联系的现代艺术设计，即“迪扎因”所涉及的一系列美学方面的问题。这些问题不但与人们的日常生活、生产劳动、休息娱乐息息相关，而且也是现代文明社会必然经常碰到又必须妥善处理的问题。在我国的社会主义现代化建设中，技术美学正愈来愈明显地显示出自己的魅力，愈来愈渗透到社会生活的各个领域并为人们逐渐重视。引进、推广和运用技术美学，必将对我国的四化建设起到积极的促进作用。

三

社会主义的根本任务是发展社会生产力，使社会财富越来越多地涌现出来，不断地满足人民日益增长的物质和文化生活的需要。在现代文明社会中，随着科学技术和物质生产的发展，人们渴望物质上的需求的满足能够更多地与精神上的满足密切结合起来。对一件产品或商品，不但要求实用功能符合标准，而且还要求适合社会的文明水平。而社会的精神文明又能对物质文明产生巨大的影响，使产品和商品迅速地适应社会的变化和发展。这样，社会的生产，流通和消费是互相联系、互相作用的。物质文明表现在人们物质生产的进步，也表现在物质生活的改善。技术美学在这两个方面都会产生有益的推动作用。

为了实现社会主义现代化经济建设的宏伟战略目标，必须有计划地推进大规模的技术改造，推广各种已有的经济效益好的技术成果，积极采用新技术、新设备、新工艺、新材料，技术美学在这里显然可以大显身手，发挥它的特殊功能。因为工厂企业在管理中只有把生产过程及其产品的美的因素也放在重要的地位，才有可能更多地提高经济效益和开拓新的产品。在引进新技术、新设备、新工艺、新材料时，如果能将实用、经济、美观结合在一起，将审美因素作为塑造生产环境和改造原有产品的重要部分加以综合考虑，那么，无疑地将会提高引进项目的功效。其实，在进行经济体制改革、有计划地实现技术改造的过程中，技术美学本身就属于应当引进的当代先进的科技成果之列。无论在技术设备和生产工艺的改造和革新上，还是在新产品的设计和试制上，现代化的生产都是离不开技术美学的。正确地应用和推广最新的技术美学成果，将对整个社会物质文明水平的普遍提高带来明显的效果。

在建设高度的社会主义精神文明的过程中，技术美学也有着独特的功能。众所周知，精神文明的表现一方面是教育、科学、文化知识的发达，另一方面则是人们思想、政治、道德水平的提高。由于技术美学一方面可以体现出现代科学技术发展水平的一个侧面，另一方面又广泛渗透和运用于科学技术、文化教育以及社会的其他领域，它本身的形成和发展就在某种意义上标志着现代社会物质文明和精神文明的水平。没有现代化的工业生产和先进的科学技术的产生，是绝不可能出现作为独立学科的技术美学的，同样地，没有一定的精神需要和精神文明的水平，也就不可能在物质生产中有意识地、大规模地、科学地运用美学，把技术和美学结合起来。所以，技术美学的命名者，捷克斯洛伐克学者佩特尔·图奇内说，这是一门社会主义的科学，是关于美、自由和创造性劳动的科学。

技术美学之所以能够在建设高度的社会主义精神文明中做出贡献，更主要的当然还在于它在人类整个精神世界的发展和改造中的特殊作用，尤其是在形成正确的、高尚的、进步的审美观中的积极作用。审美观是世界观的一种特殊表现，同时也是世界观中不可缺少的组成部分。审美观的形成和发展，应当并且主要是通过艺术教育的手段，这是毫无疑问的。但是，在日常生活、工作学习和生产劳动中，除了各种艺术的影响，还有不少因素也或多或少地会对美的观念产生作用，它们甚至比单纯的艺术还更多、更经常、更广泛地和人发生关系。生活文明、生产文明总是和人们的审美修养、审美水平分不开的，同时又会显著地体现出社会的精神文明。

这就涉及社会美育这个带有普遍性的问题。美感教育不同于智育、德育和体育等方式，就在于它能寓教育于情感的愉悦之中，潜移默化、不知不觉地起着作用，从而使人自觉地乐于接受这种教育。优秀的艺术作品具有这样的功能，美的自然风景、自然事物和美的产品和商品也能产生美感教育作用。不难想象，人们长期在经过美化的环境里劳动、学习、生活和工作，不仅有益于身心健康，而且会潜移默化地受到美的陶冶和教育，这对他们的智力、情操、意志和思想都不能不产生某种积极的影响。汽车、飞机以及其他交通工具外观的美丽，既可以引起使用者心情的愉悦和舒畅，又是整个社会环境美化的一部分。某些美观、时髦、漂亮的服装、用品、工具的广泛流行，不仅吸引着整个社会甚至整个世界的目光，而且还可能带来生产和生活领域的巨大变化。总之，无论技术美学是专门研究的生产劳动过程中的美的问题，还是研究与艺术设计相关的日常用品、室内家具、公共设施、城乡建设以及一切产品和商品的美学问题，都在一定的程度上对人们的审美趣味和审美观念产生影响，甚至还能反映出一个时代、一个国家、一个民族的美学思想和修养水平。在强调文学艺术对人们产生巨大的美感教育作用的同时，对于劳动生产、工作学习、日常生活以及社会其他方面的美育，也应当给予足够的重视。在物质产品的生产中，尽可能地从技术美学的角度注意这些产品将会带来的某些精神上的社会效果，是完全必要的。当然，在家庭美育和学校美育中，有些方面也是离不开技术美学的，如家庭用品、玩具、环境布置和学习用具、教学环境等的美化，对儿童和青少年的美感培养都会产生一定的影响。

而且，随着新的技术革命的到来以及人们观念上产生的变化，技术美学在社会生活中的地位会显得更加突出。现代科学技术的发展和社会的进步，不仅会引起文学艺术的变革，导致新型的艺术种类的相继出现，而且还会在人们的生活方式和精神状态方面带来新的内容。为了适应现代生产力的发展和社会生活节奏的巨变，人们必然要求有文明的、健康的、科学的生活方式，要求生活的多样化、个性化、灵活性和可变性，要求扩大和丰富生活内容。这些都向技术美学提出了新的课题。1983年10月在意大利的米兰召开的第十三届国际技术美学会议，主题便是“从小匙到大城市”，它说明目前技术美学所关心的迫切问题是何等广泛。意大利科技部部长在这次会上发言说，技术美学的研究对改善全世界各国人民的生活都起着巨大的作用。从会议期间同时举行的三十多个各种类型的技术美学展览会来看，新的技术革命将会给技术美学带来更加光辉而广阔的前景。

（《美学研究与应用》，湖南人民出版社1987年版）

信息论美学和“审美信息”范畴

一

信息论美学的提出最初始于20世纪50年代的法国和德国。到了60年代，它便被正式介绍到苏联和东欧某些国家。同时，在日本和其他欧美国家也广泛传播开来。从1964年在荷兰的首都阿姆斯特丹召开的第五届国际美学讨论会开始，有关信息论美学的问题差不多在历届国际美学讨论会上都有所涉及。如今，信息论美学和控制论美学、系统论美学一起，都已成为国际美学界热门的研究课题。

一般认为，信息论美学的创立者是法国斯特拉斯堡大学教授、技术科学和语言学博士亚伯拉罕·莫尔斯（Abraham Moles，1920— ）。他是一个多方面的活动家和学者，曾长期担任过法国广播电视联合公司研究中心的领导人，并在美国纽约哥伦比亚大学的音乐实验室工作和任教，还曾前往联邦德国的汉堡和斯图加特讲过课。莫尔斯的研究范围相当广泛，涉及社会科学和自然科学的许多交叉学科，其中不少与现代计算机技术、电声学、心理学、社会学以及美学相关。

从50年代开始，莫尔斯在众多的报刊、出版机构发表论文、报告、著作，数量达200余种。其中与信息论美学有关的主要有：《古代戏剧功能美学实例》(1951)、《如何测验口语信息》、《音乐讯号的物理结构》(1952)、《信息论，电子立体音响》、《白色噪音的最低色彩》、《音乐讯息的初级实验方法》(1953)、《词语物质特性的动态因素作用》(1954)、《音乐机器：理论与实践》、《科学创造理论》(1957)、《信息论与审美感知》(1958)、《音乐信息理论》(1959)、《音乐与数学之间的新关系》(1962)等等。在以上的这些论著中，莫尔斯围绕信息论与艺术，特别是音乐、诗歌、广播和电视艺术的关系，进行了多方面的试验和探讨，逐步创立了独立的信息论美学学科。例如，他曾用信息论对西欧各国150多位著名的古典音乐家创作的作品，在各种演奏会上引起听众的不同反应进行了分析，从大量的数据中计算出了它们最受听众喜爱的系数，再以这个系数为基础归纳出音乐美的某些基本规律，并把它们运用于音乐会、广播和电视等节目的编排中，收到了令人满意的效果。照莫尔斯看来，同样的方法也可以运用于文学、舞蹈、戏剧、电影等其他艺术。又如，他对当前某些艺术家利用电子计算机进行作曲、绘画、写诗等也进行了研究，肯定了在这些艺术作品中同样可以反映出艺术家对待现实的关系，以及他们的世界观等；不过，用电子计算机进行创作，不可否认也会为艺术带来一系列新的特性，并反过来会影响艺术家的创作思想。在这样的基础上，莫尔斯又用信息论的观点研究了“文化动态学”及其相关的问题。

1958年在巴黎出版的《信息论与审美感知》[①]，是莫尔斯的一部代表作，也是为西方许多国家翻译出版，并被看作是最早的信息论美学专著之一。这部著作引用了大量音乐、文学、造型艺术、戏剧、电影、电视艺术资料，其中大部分都是作者多年实验的成果。在丰富的实际材料的基础上，莫尔斯尝试从理论上来概括和总结自己运用信息论研究艺术和美学的经验，并且把它们提高到哲学的水平而加以系统化，从而初步构建出信息论美学的框架和体

① Abraham Moles. *Théorie de L'informationet perception esthétique*, Flammarion, éditeur, Paris, 1958.

系。《信息论与审美感知》除“引言”外共分7章。第1章“信息论的物理基础的一般性概述”，主要是对信息论的一般原理，包括信息的本质、形态、分类、应用等作理论性介绍，并用实例指出信息方法应用于听觉艺术和视觉艺术的可能性。第2章为“形态概念与信息理论：周期性与基本结构”，“形态”在这里被看作是机制因素和通讯结构。照莫尔斯看来，已有的信息论直接运用到心理学等领域中最常见的缺点，是企图用原子论的观点将现实描绘成分割的最简单的元素；而把“形态”作为信息论的基本概念，就可以从动态上去理解周期性的偶然现象，以及它们相互间的内在联系。在这里，作者还分析了各种信号、信息对人的感知的影响和作用。第3章题为“感知的不可信性，借助记忆引入象征性结构”，作者进一步探讨了通讯中的干扰，其中包括噪音对有序信号的影响，这里对白色噪声给予了充分的注意。所谓白色噪声就是在等带宽的频带中具有相同能量的噪声，如电子设备中的热噪声；而在等比带宽的频带中具有相同能量的噪声则称为粉红色噪声或有色噪声。莫尔斯指出，如同利用统计学的数据可以将噪声和形态区分开来一样，应用实验美学的方法可以研究错觉是如何产生的，以及它们在知觉中的作用。第4章是“声音结构与音乐结构：发声的客体”，这是将上述信息论原理具体应用于音乐听觉艺术。作者指出，音响通讯是建立在声音的物质材料基础之上的，因而必须从微观上探讨声音的最小的结构元素，然后再从整体上去看待通讯的机制。这里便涉及口语和语言文学的若干问题。第5章“语义信息与审美信息”是本书的重点理论部分，作者正是在这里明确地提出了“审美信息”这个新的概念。他将心理学上的记忆分为两种：一种是长期储存信息的记忆，这就类似电子计算机的储存信息，然而这种记忆在艺术中并不常见，作用也不显著；另一种记忆是随机性的，如同我们对某个形象感知后留存的记忆，它储存的时间长短是随着感知的程度而变化的，这就是语义信息和审美信息相区别的原因。第6章的标题是“复杂的消息和结构美学”，简略地论述复杂消息，即多量消息的理论；这类消息是通过多种渠道、用多维方式感知的，它涉及信息论运用于综合性艺术，如歌剧、电影、电视、立体动画电影中的许多新问题。最后一章为“结论：信息论的哲学意义”。作者强调信息论可以被看作是起到基础科学理论作用的、具有方法论意义的学科，它带有综合科学的性质；这样，运用信息论来解释审美感知对世界的认识，便不能不上升到哲学的普遍意义上来了。莫尔斯还认为，黑格尔关于矛盾的辩证对立的方法，在信息论美学中也是非常适用的。

从以上对《信息论与审美感知》这部著作的概括介绍中便不难看出，莫尔斯在将信息论美学作为一门新兴的学科的创建中，无论是在理论上还是实践上都做出了巨大的贡献。他所作的一系列创造性的研究，不独开辟了美学科学的新领域，将古老传统的美学引入到现代新兴学科的行列，从而增添了新的活力和朝气，而且也为信息论与社会科学相结合打开了一条新的通道，使信息科学本身得到了极大的丰富和扩展。信息论美学的诞生以及随后出现的控制论美学、系统论美学，看来都绝非偶然。

信息论美学的另一位奠基人和倡导者是联邦德国哲学家和美学家马赫·本泽（Max Behse，1910— ）。从哲学的根本观点上来看，他的思想更多地倾向于存在主义，但同时又受到分析哲学、符号学、外观派的影响。差不多与莫尔斯同时，本泽也尝试应用信息论研究美学。与此相关的他的主要著作有：《审美信息》（1956）、《美学》（1957）、《统计美学提要》（1958）、《美的设计编制程序·普通文本理论与文本美学》（1960）、《文本论·新观念与新方法引论》（1962）、《新美学引论》（1965）、《理论美学知识导论》、《信息和信息论美学》、《信息论美学原理引论》（1969），等等。

本泽试图揭示审美对象的存在方式，提出美学是真正意义上的存在方式。他认为信息就是存在，也就是无序尺度熵的存在。艺术作品作为被形成的东西具有实在性、材料、空间和时间。但是形象和诗意又超出实际存在的东西并优于实在，这便是新的存在方式。从审美对象既需要实在性又超越实在性的意义上来说，这种存在方式便被规定为“共实在性”。本泽和莫尔斯一样主张将“审美信息”和“语义信息”区别开来。照他看来，为审美知觉所感知的东西不仅是实在的东西，而且还是“符号”，它可成为信息。这种符号不是各个时期存在者的符号，而是存在者的存在符号。在符号知觉里，可以遇到艺术作品中的共实在性存在。艺术创作过程是从实际存在的许多可能性中，选择一种单义的现实性使作品产生出来的过程。从实际存在的自然的混沌状态中，作品作为人为的秩序和创新的显示而产生出来；这种具体化的新的存在方式所具有的秩序和创新便被看作是信息，它就是艺术家从混沌自然的存在中由于自己的自由选择和决断而产生的独特性即个性的显示。因此，他认为，我们不仅从数学意义、数字意义可以反映物质状态的世界；而且按照统计美学、数学美学的现代技术，也可以从数字意义系统反映艺术世界、艺术创造和审美状态的世界。于是，信息论美学可以看作是一种“微观美学”，即将艺术作品分解为各种符号要素来计算它们负载的信息量的美学。他又进一步由此得出结论说，在现代艺术过程中，文化技术一体化过程越来越被提到首要地位；这个过程日益明显地成为文明的一个直接的精神运动。因此，艺术作品与消费品、艺术创作同成批产品的模压之间的界限正在逐渐消失，现代美学对艺术品和图案设计的产品不做原则性的区分。在这里，信息论美学与技术美学又结合和融合为一体了。

从60年代后期开始，苏联和东欧社会主义国家对于信息论美学逐渐关心和重视。1966年由苏联“世界”出版社翻译出版了莫尔斯的《信息论与审美感知》一书。在这部俄译本著作的前言中，勃·弗·比柳科夫（Б. В.Бирюков）和斯·恩·普洛特尼科夫（С. Н. Длотников）便坦率地承认，在此以前还未曾有过任何一部俄文的信息论美学专题学术著作。前言的作者们尽管并不完全同意莫尔斯的观点，指出了这部著作中的许多错误和缺点，但仍然表示，目前出版的这册关于信息论美学的专著，仍然是心理学和艺术学专家学者们研究这个问题的有益的导引，它会引起广大的读者对在心理学和美学中应用精密数学方法产生浓厚的兴趣。

到了70年代，苏联和东欧一些社会主义国家对于信息论美学的研究日趋活跃，并陆续出版了若干这方面的专题著作，其中比较有影响的论著有：苏联尤·阿·费里皮耶夫（Ю. А. Филипиев）的《审美信息符号》（1971）、捷克斯洛伐克伊尔日·列维（I. Levy）的《信息论与文学过程》（1971）、罗马尼亚弗·叶·马塞克（V. E. Masec）的《信息论美学导论》以及论文集《美学，信息论，程序》（1972）、苏联格鲁吉亚科学院学者乌·伊·里日拉什维里（У.И. Рижинашвили）的《审美信息——应用符号论和信息论分析某些美学问题的试验》（1975）以及弗·弗·特雷金（В. в. Трынкин）的《艺术和信息（评文艺学中的信息论）》（1979），等等。由苏联著名美学家姆·费·奥符相尼柯夫（М. ф. Овсянников）主编的《简明美学辞典》1984年的新编本中，也增补了"审美信息"等词条。

但是，对于作为一门新兴学科的信息论美学的认识和评价，在苏联和东欧社会主义国家学术界还很不一致。有些美学家已经充分肯定和高度评价信息论美学的意义和作用，有的则仍然还有若干保留，还有一些人是持坚决反对和严厉批判的态度的。例如，前面提到的勃·弗·比柳科夫和斯·恩·普洛特尼科夫在《信息论与审美感知》俄译本前言中就认为，数学、信息论、控制论等方法在美学和其他社会科学中的运用，不仅有利于这些社会科学的发展，而且还会使这些自然科学的方法变得更为充实和完美。数学科学和现代电子计算机技术的理论、观念、方法向社会科学知识领域不断地扩展，促使着对某些旧的课题要采用新的方法重新进行研究，对由多种学科交叉和结合产生的新领域必须用新的观点去审视，对一系列具体的社会现象要求用客观的量的标准去衡量。信息论在解决艺术和审美感知领域中某些复杂的问题时，便具有极为重要的意义。乌·伊·里日拉什维里也在自己的著作中写道："由于信息论和控制论已经取得了一些巨大成就，许多学者产生了一个自然愿望，要利用此类方法和思想去描述和分析各种符号学系统中的信息，其中包括艺术作品（如文学作品）中的信息。在这种试验中很容易看到一个合理的意图，那就是根据各种切实理解的信息分析的已有成果，来建立有关的整体数学数据。因而，毫不奇怪，运用信息论的观念和方法（这种信息依靠统计学观念，依靠能为上述思想和方法的运用提供极其广阔领域的高度的抽象化和理想化），便可以帮助研究者们揭示种种信息过程领域的特征。”[①]

又如，苏联美学家姆·斯·卡冈（M.C.Каган）在《美学中信息论方法的启发价值》一文中表示：“应当同意这一点：在美学中运用信息论方法的尝试；暂时具有相当微小的启发价值；然而，这仅仅是因为按照申农所制定的方式来运用这种方法，申农创立了数量信息论。而超越对信息的数量理解的尝试，则导致信息论方法融入符号学方法中。对信息论方法的这种解释，能够给某些局部的美学问题的解决带来一定的理论结果，但是，对于解决美学的基本问题，它们却无能为力——因为这些基本问题处在精神的、而不是物质的，内容—含义的、而不是符号—形式的，质量的、而不是数量的层次中。鉴于这一点，近年来顽强地进行着的、建立质量信息论的尝试不能不引起美学的注意。”并说，“以这种观点看来，考察美学运用信息论方法以理解它所研究的现象的可能和需要，是极其吸引人心的，归根到底，这有助于形成对信息的总的质量理解”[②]。可是，他还是认为，这并不意味着什么新的“信息论美学”的创立。

再如，捷克斯洛伐克美学家伊尔日·列维一方面把文学看作是向读者进行报道和传递信息（思想信息和审美信息）的特殊形式，从作者完成作品的创作开始，到作品由读者“具体化”为止的过程，也是一条信路（通信链）。文学或文学性质的语言报道，不论是在作者和读者之间、演员和观众之间或者两个剧中人物之间，都属于报道过程的范畴，因此都可以用一般信路模式说明。但同时又指出：“信息论目前还无法形成审美价值的可靠标准。它可以被用作确切分析作品内部组织的辅助方法（从这个角度来说，它有助于深化理解作品的某些要素），但暂时还不能成为一般文学理论的方法论基础，基本原因有二：1.它目前还没有

① У.И.Рижинащвили, Эстет ичесКая информация, Мецниереба, Тоилисш, 1975.

② 参阅《美学和系统方法》，中国文联出版公司1985年版，第236—237页。

注意到基本的意识形态问题；2. 美学范畴本质上是质的范畴，不可能以量的术语给以详尽无遗的说明。”[①]苏联美学家勒·恩·斯托洛维奇同样也把审美和艺术感知看作是传递信息的特殊过程。艺术品体现特殊的信息，旨在传达这种信息。艺术的交流功用正是在这里，由此便产生了以信息论观点考察审美现象的“吸引人的思想”。但与此同时，他又强调审美现象和艺术现象的复杂性，认为美学不能整个地、完全地依赖信息论和控制论。

1976年在民主德国莱比锡出版的《哲学辞典》中的“美学”条目，则仍然坚持对信息论美学的否定和批判的态度。在这本辞典中写道：“所谓‘信息论’美学是纯拜物教的，它否认与自然作品、自然现象的审美关系，它只承认有意识的审美创造。它把‘审美状态’理解为由物理‘材料’‘堆积’起来的状态，这些状态与物理状态的区分只能通过‘规定性的一种较小的尺度’进行。审美现实像物理世界一样被理解为一种或多或少经过分解或排列的物质因素的系统，不论它是一种物质粒子（气体）的系统，还是语言符号的系统（本文）或色彩痕迹（图画）都是一样。”苏联学者弗·恩·萨莫欣（Вал ерий Николаевич Самохин）在1985年出版的《审美感知》一书中，对信息论美学基本上也持否定态度。照他看来，信息论美学对审美感知和艺术欣赏的过程研究是排斥了内容的分析和社会观点的。这种借助于信息量来衡量艺术家和观众之间的联系程度的理论，最终便把审美感知和艺术的特点归结为某种结构因素，从而使它们抽象化。这是和马克思列宁主义美学必须考虑社会过程和各种语言系统的专门职能，将它们与内容的、含义的因素联系起来考察艺术的价值，在根本上是互相对立的。这里所批评的信息论美学的一些缺点，主要是指初期莫尔斯、本泽应用信息方法研究美学带来的问题。不能不承认这些问题或缺点的确是存在的，而且有的还相当严重，这与信息论美学最初创始人的基本哲学观点和美学观点有紧密的联系。如上所述，从根本上

① 参阅《美学文艺学方法论》下册，文化艺术出版社1985年版，第446页。

说来，在他们的哲学和美学思想中，是存在着相当显著的矛盾的，它们本来就与先进的现代科学方法相对立。然而，与此同时，不加分析地对信息论美学采取完全否定或不承认的态度，从整体上指责它是“纯拜物教的”或“机械唯物主义的”，也是片面和保守的。事实上，即使在苏联和民主德国，也有一些学者是不赞同这种全盘否定的观点的。

总之，作为一门现代的新兴学科，信息论美学目前仍处于发展和完善的阶段，许多问题还有待于进一步探讨。但是，从总体上来看，它已大致上形成了自己的科学体系构架，明确了自己特有的若干科学范畴和概念，并在实际的艺术创作和欣赏活动中显示出自己独特的作用。

二

信息论美学的主要和中心范畴，便是“审美信息”。正是围绕着将信息论应用于美学而产生了“审美信息”这个全新的概念，才有可能形成和建立作为现代美学分支的信息论美学学科。众所周知，在传统的美学中，无论是“自上而下的美学”还是“自下而上的美学”，都未曾使用和借用过“信息”的范畴。尽管在过去几千年的美学思想史上，对于美的性质的定量或定性的理论分析和探讨，从各个方面、各种角度进行着形形色色的试探和试验，但是只有在信息论已经为现代科学所接受并在实践中产生了巨大影响的20世纪，“审美信息”才有可能作为一门科学的范畴而出现。

“审美信息”作为美学科学的范畴最初是由莫尔斯和本泽差不多同时在50年代提出的。他们主要依据信息论创始人申农的通讯系统理论，将“信息”概念和信息原理延伸和扩大到美学和艺术领域，并创造性地提出“审美信息”的新概念，以区别于原有的几种信息，为美学科学开辟了一条新的实验方法和定量研究的途径。

莫尔斯认为，由申农描述的关于人们相互之间的通讯的图解，便能从哲学观点上将信息区分为两种：一种为语义信息，另一种便是审美信息。申农指出，信息是可以由外在的观察者来分解的，他并不参与传递信息（通讯）的过程。如下图所示：

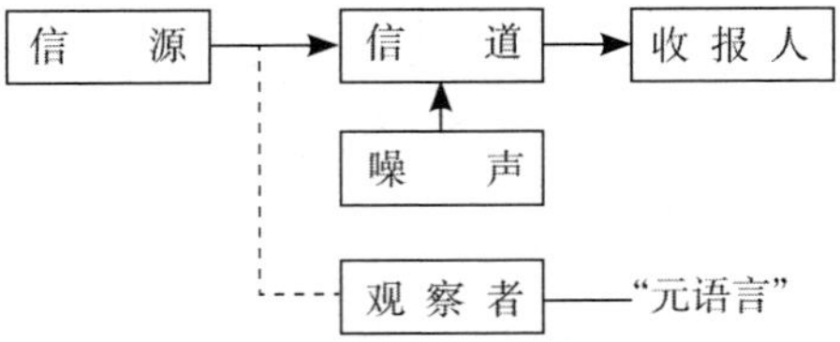

与一般的信道并列，在发报人与收报人之间这里还有一个辅助的信道，它包括正在研究由信源发出信号的观察者。如果假定信源并不存在噪声，那么它便是不连续的并能用通俗的元语言的术语来描述。在现代数理逻辑中，元语言便是用来研究另外的语言，即语言客体的语言。在莫尔斯看来，语义信息包括科学信息、军事信息、日常生活信息等等，它们服从普遍逻辑，具有容许准确了解、可以译为其他语言的结构，对体现它的符号来说是中性的。同一数量的语义信息可以通过不同的渠道（书面、口头、广播、图表等等）传送给别人，尽管这些渠道的传导能力往往是不同的。由于各种渠道传导能力不同而损失的信息，可以通过延长传导时间来补偿。然而，美学方法与语义学方法不同，它的目的不在于使收报人做出决定，确切地说，它根本没有目的，没有蓄意的性质，只规定着内心状态。于是，审美信息便同它所借以传递的信道不可分割地联系在一起；假若用另外的信道来代替，它就会发生本质的变化。因此，莫尔斯写道：“审美信息是不可翻译的，它不属于普遍性象征一类，只关系收报人和发报人共有的知识一类，原则上不能翻译为另一种‘语言’或逻辑符号（象征）系统，因为传达这种信息的另一种这样的语言根本就不存在。可以把审美信息看作是某种为个人特定的信息。”[①]审美信息的这种

① Самохин в.н.,Эстетическое Восприятие.М..Мыслъ,1956.

为个人特定的表现方式，是由信道赋予的；这种信息没有最高的内容单位，没有编码方式。例如，在戏剧演出中，内容、情节、故事叙述属于语义信息领域，还可以把编写剧本的语法结构和逻辑内涵包括在内。然而，演员的表演、嗓音气质、表情和美工的富丽堂皇便都属于审美信息了。

与莫尔斯相似，本泽也是依据申农的信息论将“审美信息”与“语义信息”区别开来。申农认为，按照信息是一种无序尺度的熵的观点，只要在适合于一定语言表现的统计概率中把字母做长久和准确的“安排”，其最终结果就会得到完全合理的表达措辞。本泽引用了申农的这个思想，指出审美信息的实质便在于它的极端微小的盖然性，在于由艺术作品及确定的新奇性所唤起的意外性的成就。在他看来，现实世界存在着完全相反的两种过程：物理过程和审美过程。前者是熵的增加，而后者则是熵的减少。审美过程是一种符号的过程，它的特点首先在于信息的过剩，如下式所示：

$$R=\frac{I_m-I_r}{I_m}$$

R：信息过剩量

I_m：最大信息量

I_r：正常信息量

信息的物理有序性具有现实的性质，而数学的有序性则是带有观念性的，艺术的有序性便在于所创造的现实性之中。因此，现代艺术如同现代物理学一样，是由审美过程的性质所决定，由对象性向无对象性转化和发展的。审美过程的信息过剩，无疑地将会减少艺术作品的社会功能性和社会价值。在他看来，艺术作品的唯一功能便是传递审美信息的功能，因而必须从艺术的物质结构上来解释艺术。他指出，用信息论的术语来说，“审美符号过程似乎属于这样一种过程，它们是在概率分配均匀的条件下，亦即（从数学上说是）纯随机地开始的，但是，在过程进行中，某些记号入选和产生的概率会增加，反之，某些记号的概率则会降低并终于完全消失”①。一件艺术作品对于欣赏者来说，其信息量取决于它的“新”的复杂程度的“最优化”，即创作者的独创性与欣赏者的可理解性之间关系。如果审美信息完全是独创的、新的，但复杂到超出了原有的可知的符号（代码）之外，那就会成为不可理解的；反之，如果一个“信息”完全不是新的、没有任何独创性，它也就不能成为审美的信息，而最多不过是平庸之作，不会引起欣赏者的情趣。这样，在审美信息中存在着一种已知和未知、预料到和未料到、旧的和新的互相作用的关系。

“审美信息”的术语目前已为许多学者所接受，而且大都以莫尔斯和本泽最初提出这个概念为依据。但是，在如何理解“审美信息”这一点上，却仍然是众说纷纭、莫衷一是。苏联美学家列·阿·泽列诺夫（Лев Александрович Зеленов）和格·伊·库利科夫（Генналий Иванович Куликов）明确地把“审美信息”理解为美的艺术作品的内容，即艺术家通过作品的结构用审美符号系统传达给欣赏者的感觉和情感、思想和情绪、形象和状态的总和。审美符号是审美信息载体。根据莫尔斯的语义信息和审美信息的划分，他们认为，审美信息是创造性地反映和改造现实的结果。并且，由此还揭示了这种信息的“单渠道性规律”：作品中包含的审美信息与传递这一信息的渠道、表达这一信息的语言紧密相联；因而，按另一渠道或用另一种语言来传递时，就不可能绝对等值。②

申农的信息理论是以通信系统模型为对象，以概率和数理统计为工具，从量的方面来描述信息的传输和提取的统计信息论。这是早期的一种狭义的信息论，它只是对信息作定量的描述而不考虑信息的其他方面，包括语义方面和有效性方面的问题。关于这些方面，申农假定对任何观察者只是一个常

① Asthetishe Information, *Asthetica III,* 1956.

② Методологические проблемы эстетики. *Высшая цкола*, М.,1982.

数，即是不变的，可以不加考虑的，这样也就不管信息的内容以及接受者的使用价值和重要性了。实际上，任何信息都包含统计信息、意义信息和有效信息的许多方面，审美信息则是比一般信息更要复杂得多的。因此，单从申农的局限于通信领域的信息理论来说明审美信息，便不能不暴露出种种的不足和缺陷。莫尔斯和本泽提出“审美信息”概念，并以这个概念为中心创立了信息论美学，这个贡献是为大家普遍公认的。然而，与此同时，由于他们是在申农的信息理论基础上确定语义信息与审美信息的异同，也就不能不引起各方面的异议和批评。

日本美学家川野洋在1979年出版的《艺术信息的理论》一书中就指出，信息具有双重含义，一方面是申农的作为无序尺度的熵来计量的信息，一方面还有维纳的作为有序尺度的负熵来计量的信息。前者讯息并不冗长，却显示着革新精神与创造力的丰富，它以无序为其信息特性；后者直至细部意义都很单纯、明确，以有序结构为其信息特性。申农的信息是关于讯息、讯息所产生的信源的信息，例如太阳辐射所产生的各种电磁波就是关于其发生源太阳自身的讯息。在这种情况下，电磁波（讯息）的异常比正常、不规则比规则显示出更高的信息。维纳的信息是关于自身之外的另一种事物的讯息，例如是关于明天天气状况这样一种另外事件的信息，而不是关于信源（中央气象台）自身的信息。就关于明天的天气预报来说，从关于信源的信息观点来看，与“明天晴”相比，“明天晴间阴，常常有雨”，其讯息本身变得冗长且暧昧；而“有雨”比“晴”出现的概率要小，当然信息量就高。在某些抽象画中，呈现出无序结构，不知道它要表现什么，其信息就低；而在古典主义作品中，对象的线、形、色直到细部都被明确地描绘出来，因而具有很高的信息。

川野洋认为，信息的这种有趣的二重性在音乐中便很突出。音乐首先是由某人作曲的作品，它以乐谱的形式存在着。这种以乐谱形式存在的音乐作品，遵循音符要素的一定的组合规则，表现自然和人生的感情性意象。它所呈现的是有关自身之外、与自身性质不同的感情世界的信息。乐谱的信息被演奏家所接收，与我们所欣赏到的东西并不完全相同。尽管如此，乐谱关于感情世界的信息仍成为作品的极其重要的部分；我们说“贝多芬伟大”时，就是针对其乐谱的这种信息而言的。与乐谱相比，演奏产生一种附加的冗余信息；演奏的声音显示着有关演奏家——乐器这一信源的信息。我们到音乐会上听演奏，不是要知道音符是怎样表现的，而是要知道那些音符作为声音是怎样鸣响的。在这里，可以说乐谱的信息就是维纳的信息，演奏的信息则是申农的信息。乐谱信息以秩序为原则，而演奏信息以无序为原则。

这种信息的二重性在语言中也很显著。语言作为内容的表现来说，含有维纳的信息；同时，语言还有由语音的音响、抑扬、强弱等产生的附加的申农的信息。由于信号是讯息的具体化，信号必然隐含着讯息的成分。但是，讯息却不一定全部被变换为信号。其中，只有被实现的讯息方可称为信号，而非信号的讯息在脑中以非实体的方式存在着。所谓语义信息包括信号中隐含的内在的部分；就其全体来说，它是讯息所具有的信息。所谓审美信息，是通过信号这种被具体化的讯息所拥有的信息。因此，虽然信号含有讯息的意义，但审美信息与语义信息具有一种矛盾的关系。因此，必须注意讯息与信号、语义信息与审美信息的整体关系。

对于莫尔斯和本泽关于“审美信息”的理解，捷克斯洛伐克学者伊尔日·列维表示了不同的看法。他对把意向性作为语义学信息和审美信息的特殊区别提出疑问；因为艺术报道也有自己审美的或思想的“蓄意性”，而非艺术性质的报道也可能只是对一定脉冲的反应。关于审美信息的不可译的论点，伊尔日·列维认为在语言领域里也许这是对的，它指的是信码的平均信息量与个人的平均信息量相对立。但是，这并不是为一般艺术都固有的。审美信道并非不可翻译，只不过必须按照新的信道要求准确地转换信码。当然，文学翻译是一条复杂信路，在这条信路中，报道结果成为进一步报道的来源；翻译剧本的舞台演出信路更为复杂。在文学信路中，某些环节要比技术通信复杂得多，往往也比普通语言报道更为复杂。首先，人的“发报机”和“收报机”更加复杂，因为记忆起着相当重要的作用。这里所说的“记忆”既包括在不同类似程度上产生各种联想因子和以此为基础的联想联系，也包括保存在意识中的全体具体表象。其次，与此相联系，在这里比在一般信道上往往可以看到更远更强烈的对信息的再思考和歪曲；因此，所谓语义学杂音这一范畴的意义便提高了。最后，为分析信息所建立的各种方法，在这里暂时还只能说明按照有限数量记号的信码原则编制的组合选择，而不是来自现实的具体意义的选择。不过，尽管文学信路要比语言报道复杂，但是仍然可以用一般信路模式来说明，它们都属于报道过程的范畴。因此，所谓审美信息的不可译是不正确的。

苏联格鲁吉亚科学院学者乌·伊·里日拉什维里在《审美信息》这部著作中，虽然也尝试着将信息论应用于美学和文艺领域，赞同“审美信息”概念的提出，但在某些基本问题上提出了与莫尔斯和本泽不同的观点。例如，他在自己的著作中一开始便指出，在莫尔斯那里，“审美信息”被理解得过于狭隘，它们仅仅被看作具有某种形式的、语法结构的意义；“审美信息”概念往往只具有实验性质和作业性质，是为了用来论证美在其成型的基础上，而且是在相应的抽象化和极端理想化的条件下，也可以用数学语言来描述。但是，当这个概念被外推到超出这个目的，当人们对“审美信息”的本质进行更加深入和广泛的研究时，就会发现莫尔斯的理解是相当狭窄的。从这样的观点出发，不可能解决内容与形式、形象与概念、审美理想与社会生活、构思及其反应、艺术与现实、美学与伦理学等一系列的问题。他还指出就是在莫尔斯所理解的范围内，有些解释也是不能令人满意的。例如，在莫尔斯看来，凡属个别的、人格性的、无法翻译的、同通讯渠道紧密相连的东西，都可以解释为审美的东西。然而，个人的笔迹的不同、印刷的不同版本、同一种书每册印刷的墨迹不同、不同的人开口“呵”一声时在音素和词态上的相异，等等，并非就都是什么审美信息。另外，由于审美信息对手段的变化反应得很敏感，而在艺术作品的结构强烈变形的情况下，便不可能具有完全准确的可译性；可是，这里说的不是绝对的不可译性，而指的仅仅是翻译的准确程度问题。从一种民族语言直接翻译成另一种民族语言，原作的内容和鲜明性并不一定减色。这里的问题在于要忠实于原作的“精神实质”还是“字面含意”，应当说，信达和忠实在两者都应当，也可以贯彻。艺术作品翻译的准确性是对审美信息的改造，它对原来的审美信息知觉产生的反应并不引起变化。

照里日拉什维里看来，在大多数艺术作品中，最简单、最基本的符号也并不仅仅是单纯的、毫无意义的形式，而总是要表示和表达一定的意义。即使在音乐、建筑和某些造型艺术中，艺术家在使用这些符号时也一定要考虑到自己的作品在欣赏者那里所引起的反应，同时也就不能不产生与审美感受相适应的对于作品的阐释。因此，“审美信息”的概念就应当不仅仅是符号结构的、形式的，而且还是再现和表现意义上的语义学的，在体现艺术的构思、心理、世界观和审美理想意义上的实用性的概念。所以，在这里应当考虑的除了技术—形式的信息外，还有具有意义的对象性信息和评价性信息。而且，在相互的关系中，后者具有决定性的意义。这样，“审美信息”一方面是由艺术作品中使用的各个方面的符号提供出来的，另一方面则是由形式的（符号的）和内容的（思想的）某种统一关系提供出来的。里日拉什维里认为，“这种信息之被信息接受者获得，或者是由于客观存在的实际对象和现象直接影响的结果，或者是由于艺术作品直接影响的结果”。

关于“审美信息”的概念，苏联列宁格勒大学教授卡冈则又认为应当从质量信息论的角度，从审美关系的观点去考察。审美关系这个概念意味着审美本身不为客体自身和主体自身所固有，它不是对象本身的性质或属性，而正是对象和人之间的关系，是它们相互作用的产物。审美关系既不是物质关系，又不是唯能论关系，而是信息关系。审美关系是特殊的信息形式——“审美信息”。审美信息作为一种反映而出现，但不是认识的反映，而是评价的反映，即其中所反映的不是客体本身的属性，而是它同主体的联系，是被具体可感地知觉的对象同无私地体验它的人的联系。审美信息能够在大自然观照者的意识中产生和消逝，能够在使自然所赋予的形式更为完善的劳动的产品中得到对象化。然而，它的这种对象化对于审美信息本身的存在不是必不可少的，也不一定非要赋予所创造的对象以符号的形式不可。例如，演戏不可能没有观众，而完美的体育运动竞赛就可以不以观众的知觉为目的。扼要地说，审美信息是在一定的条件下，具有某些属性、某种质量的规定性、结构、形式的某个客体，同具有某些能力、需求、定向、趣味、知觉习惯的某个主体的接触，导致在这之前并不存在的某种文化产品的出现，是主体在体验这个客体的过程中所获得的该客体对于他的特殊价值的信息。

由苏联著名美学家姆·费·奥符相尼柯夫主编的《简明美学辞典》，在1984年新版增补的“审美信息”词条，则是从“审美活动”的观点来解释说明的。书中明确地把审美信息作为“制约着审美活动的社会信息的一部分”，是用来描述审美活动结果的特点的概念。这部辞典指出，“审美信息”的概念适用于所有的审美活动，但并不局限于艺术领域。审美信息具有符号的性质，可是它是符号、语义和实用的统一。把审美信息与美感对象的结构特点完全等同，就只能得出片面的结论，不能正确地说明审美信息在特殊的活动体系中主体的积极作用。“审美信息”范畴是信息论美学研究的基础和出发点。然而，正如有的理论家已经指出的那样，目前要对“审美信息”下一个精确的定义却还面临着许多困难。这首先是由于作为美学科学中的“美”或“审美”范畴，以及作为信息科学中的“信息”范畴，都仍然还未有明确的公认的定义；而“审美信息”的内涵和外延的规定，又必须在理论上以它们的确定含义为前提，绝不可能与这些范畴远离和相左。而且“审美信息”作为一种特殊的信息，又广泛地存在于自然界和人类社会的众多领域，具有多种多样的复杂形态；即使运用现代科学方法和手段，要认识、掌握它的本质和规律，也并非轻而易举、一蹴而就。这样看来，关于“审美信息”的不同理解和各种争议，也就是自然而然、毫不奇怪的了。当然，在这里表现得更为突出和明显的是，这种众说纷纭往往最终总是会归结到哲学和美学上基本问题的分歧和对立。不难看出，正是由于哲学、美学观点上的不同，由此带来了在“审美信息”概念理解上的种种差异。另外，不可否认的是，“审美信息”范畴同时还与美学和信息科学中的其他许多范畴也是有紧密联系的，诸如它究竟是否包罗崇高、悲剧、滑稽、喜剧等审美范畴以及又如何从信息论的观点来看待这些范畴等问题，目前都有待于进一步深入探索。

（《文艺研究》1988年第6期；《复印报刊资料·美学》1989年第1期）

控制论美学的产生及其走向

控制论美学与信息论美学、系统论美学一样，都是20世纪中期相继出现的现代美学科学分支。控制论的创始人维纳在其著作《人有人的用处——控制论和社会》里，针对当时的艺术界的现状说："任何一个学派都不能垄断美。美，就像秩序一样，会在这个世界上的许多地方出现，但它只是局部的和暂时的战斗，用以反对熵增加的尼加拉。"这似乎是从控制论的观点对美所下的新的定义和断语，它又重新挑起了关于"美是什么？"这个历来争议不休的论题的激烈论战。

熵表示任何一种能量在空间分布的均匀程度。在热力学中，熵是系统的无序状态的量度，即系统的不确定性的量度。维纳是用信息论、控制论的观点来看待熵的概念的。他指出，美就像秩序一样，是"用以反对熵增加的尼加拉"。"尼加拉"是美国东北部一个大瀑布，它以伟大崇高的壮美而闻名于世。当熵增加时，瀑布的组织化程度必然降低，有序性和确定性便将减少；显然，瀑布将要由美变为不美了。反之，如果它始终"反对熵增加"，不断地进行维持着自身稳定性、有序性、确定性、组织化程度的"局部的和暂时的战斗"，那么就将保持着美的魅力，不会枯竭和消失。美的瀑布不过是大自然中许多具有代表性的美的事物和现象的一种。

从控制论的观点来看美的事物和现象，如同宇宙中的任何事物和现象一样，都具有它们自身的规律性和特殊性。熵的增加，如同生命将走向枯萎和死亡一样，将会冲击和破坏美的规律，使本来是美的事物和现象"趋于变质并且丧失掉它们的特殊性”，由美变为不美甚至丑。因此，在任何一种美的事物中，都存在一个维持和控制随时都在变动和变化的负熵的秩序问题。

维纳将熵的概念引进到美的定义中，既是从控制论的观点对美学观念的变革，又是直接针对现实而有的放矢的。他声明，在科学和艺术的领域里，积极的创造性的探索和变革，当然是合理的和应当肯定的。这本可以从信息本身的特点得到解释：一些信息要能够对社会的总信息有所贡献，就必须讲出某些同社会已储存的公共信息具有实质性差异的东西。不然，就出不了新的有价值的作品。比如有些画家总是把自己牢牢拴在抽象艺术的新手法上面，既不想使用这些新手法去表现某种新颖而有趣的形式美，也无意去进行艰苦的斗争以反对庸俗和陈腐的倾向；还有一些电影以一连串低级趣味的镜头来引诱中下层群众。这些都算不上是什么探索和革新，因为它们完全无视美和艺术本身的规律，根本没有创造出任何“信息价值”。

维纳还提出，信息和熵都不是守恒的，都同样地不适于作为商品。他指出：“通讯所传递的信息量是和一个叫作熵的非可加量有关，它和熵的差别是一个代数符号和一个可能的数值因子。正因为熵在闭合系统中有自发增加的趋势，所以信息也就有自发降低的趋势；正因为熵是无秩序的量度，所以信息是秩序的量度。”他以金首饰为例来说明这一点。首饰的价值由两部分组成：金子的价值和“款式”的即艺术加工的价值。在典当商或珠宝商看来，这副首饰的固定不变的价值仅仅是黄金的价值。至于款式即艺术加工方面的价值，那就是不固定的，需要取决于许多因素。这后一种指的便是美的价值。这就是说，当艺术品变成商品以后，它的价值并不仅仅由原有的审美信息价值所决定了。或者也可以说，随着艺术品变为商品，它自身原来存在的审美信息价值将会仅仅为个人占有而减少和丧失。

维纳在他的控制论著作中，同样注意到审美鉴赏力的培养和教育的问题。他认为人在接受和理解艺术信息时，如同传送线路的过滤器一样，必须具备“过滤”这些信息的能力，亦即需要对艺术信息“结构和组织”经过训练的“审美理解”能力和感受能力；而这样的水平也只有通过教育和培养才能达到。在控制论创立之初，美学和艺术问题就未被排除在它的创始人的视野之外。随着控制论作为一门科学的迅速发展和作为科学方法应用领域的扩展，控制论美学也便逐渐形成。

50年代中期和末期，欧美一些国家的学者们便已经在具体探索将控制论应用于美学上的途径。他们指出，控制论是对各种类型的机器进行研究的理论，这里就存在机器能否创作艺术作品的问题。如果按照“美学信息”的规律和特点，用控制论的方法去编制一定的程序，使电子计算机创作音乐、诗歌、绘画等作品，不是不可能的。

早在1955年，希腊作曲家和建筑师G. 克塞纳克斯便进行过控制论音乐创作的实验。这些实验为控制论美学的正式建立奠定了良好的基础，并推动人们在理论上进一步去探索电脑艺术的前景。英国学者乔治认为，艺术与人的生存有直接或间接关系，如果机器要创造艺术，就应当使它具有他所谓的“生存价值”。对人有价值的东西，由于联想能够扩展到原来无生命的事物上去，这就是被称之为“第二动机原则”。他举例说：“婴儿头部这个特殊的形象，会激发人类去保护它的反应，这种反应对生存是必不可少的，当类似形象在艺术作品中出现的时候，也会引起同样的反应。”①所有的艺术都是“第二动机”，因为，只要安排一部计算机，使它能按照同样的方式建立联系，也就会成为能创作艺术作品的机器了。不过，他同时又强调，这种安排还是外来的，机器仅仅执行了安排者的命令。安排机器的过程，不会使我们得到任何有关艺术的知识，就像小说家的打字机的机械结构，不会使我们在这方面有任何受益一样。

英国的另一位学者G.H.R.帕京逊尽管对乔治的某些基本观点，如“第二动机原则”等提出了异议，但对“机器能否创造艺术”的问题同样给予肯定

① 参见《美学文艺学方法论》下册，文化艺术出版社1985年版，第460、456页。

的答复。他在《控制论对美学的探索》[①]一文中，以音乐艺术为例，进一步详细论证了如何用计算机创作音乐作品，如怎样将标准的音乐记谱法全部用数字代替，怎样给机器添加节奏因素，怎样选择、确定“基础音列”，以及如何按照形式和结构的规律去作曲等。不过，帕京逊还是承认，就连最重视智力的作曲家的写作，机器也远不能与之相比。“例如，即使我们承认机器能创作音乐，我们仍然认为，除了纯粹由于凑巧，机器不会写出能够称得起是音乐作品的东西。‘音乐作品’这几个字在这里指的是连贯的音乐整体或统一体，它具有一般人所称做的‘曲式’。”[②]

差不多与此同时，苏联的一些学者们也在实践的方面和理论的方面进行了将控制论应用于美学和艺术的许多尝试。例如，苏联的一位物理学数学博士尔·赫·扎里波夫(Рулопъф Хафцэович Зарипов)，于1963年撰写的《控制论与音乐》一书，就以音乐为例，探讨了控制论与艺术创作的关系（此书于1971年增订补充后再版）。他同样肯定，多功能的电子计算机不仅可以进行高速的数学运算，而且也能完成某些具有艺术创作的性质的工作。书中详细介绍了作者通过一台被叫作“乌拉尔”的电子计算机进行作曲的成功实验。

电子计算机能够完成的仅仅是数学运算的任务，它们可以由数学公式和逻辑关系表现出来。这里要使用算法这个手段，即用有限的一组规则，来纯机械地解答某一类型的问题。用来记录算法的一组符号及编制和解释由这些符号组成的语言结构的规则系统，便是算法语言。算法解题的特点是大量性（原始数据可在一定范围内变化）、决定性（对原始数据应用特定规则的过程完全是单值的）以及有结果性（采用规则过程的每一步都已知这个过程的结果是什么）。这就是说，通过算法编制的程序输入电子计算机的记忆系统中，不再需要人的介入即可由机器自动解题。如果将音乐曲调转换成某种数学公式和逻辑关系，并用算法编制程序，电子

① 载英国《哲学》杂志1961年第1期。

② 参见《美学文艺学方法论》下册，文化艺术出版社1985年版，第460、456页。

计算机便能自动作曲。这里还要解决的是艺术作品的结构问题。扎里波夫是通过对大量音乐作品的分析，来表现它们的共同结构规则的。任何艺术作品的形式都不是偶然地、任意地拼凑起来的，而是具有一定的共同的规律，即使是最优秀的作曲家的作品也是如此。例如，奏鸣曲、赋格曲通常都分几个部分，每个部分都大致上有固定的调式，几个部分的有机组合便形成不同的乐曲。自然，在乐曲的某些部分中，有时还要运用“增值”、“减值”、“倒转”、“交叠”等手法做不同的处理，不过这并不影响这些不同种类的乐曲在结构中的规律。同时，音乐的节奏，即乐音的时间组织及其结合也是按照一定的规则来区分的。通过对不同作品的分析掌握了它们的规则后，也就可以用算法来解决作品的创作了。

自然，作曲家作曲不仅仅只是掌握一定的作曲规则就可以获得成功的，否则就只能是机械的拼凑。艺术创作是一种复杂的精神劳动，除了在技巧上掌握基本的规则外，主要是靠经验、修养、情感和灵感等来进行创造性的活动。因而，电子计算机要能“创作”出真正的艺术作品，就不能不在这些属于“技巧”的规则之外，还要增加某些“非机械”的创作规则，并使它们也能转换为数学和逻辑的语言以便于机器操作。这项工作远比前面的要复杂和困难得多，它也正是控制论应用于美学和艺术中目前要攻克的最艰巨的课题之一。这个问题已不仅仅限于控制论的范围，而是涉及更广泛的对于美和艺术规律的揭示，其中包括如何确定美与不美、艺术与非艺术的界限等。

60年代初期，关于控制论美学的理论专著逐渐问世。其中比较有影响的是德国科学家贡茨霍塞尔（R.Gunzenhǎuser）于1962年出版的《审美质量与审美信息》，以及于1965年撰写的《信息论与美学——控制论。各门科学之间的桥梁》。差不多与此同时，奥地利学者弗兰克（H.Frank）于1964年发表了《控制论与美学》等论文，并于1968年出版了《控制论美学概论》。苏联学者尤·阿·费里皮耶夫（Юрий Александровч филнлъев）1964年出版了《创作和控制论》，勒·勃·佩列韦尔泽夫（Л.В.перерэев）于1966年完成了《艺术与控制论》一书。随后，苏联技术科学博士伊·波·古特金（Иэраиль

Ворисович Гутчии）于1969年也撰写了《创作的控制论模拟》。到了70年代，有关控制论美学和控制论艺术学的专著和论文，更是大量增加，涉及的问题也更为广泛和深入。这样，和信息论美学、系统论美学一样，作为一门独立学科的控制论美学，便逐渐形成自己特有的理论体系。

至于在控制论美学理论基础之上运用电子计算机进行艺术创作，目前也远远超出了音乐作曲的范围。自1946年第一台名叫埃尼阿克（ENIAC）的电子计算机问世，到现在为止已制造出第五代超大规模集成电路计算机，即通常所说的人工智能机。这种计算机在一个半导体芯片上已能集成10万个元件，有的科学家还在研制能集积100万个元件的最新智能机。它的运算速度已达每秒6亿次，并在声音识别、图像信息处理、符号推理等功能上都大大超过过去的电子计算机。如今，不仅已经有“电脑音乐”，而且还出现了“电脑文学”、“电脑绘画”、“电脑摄影”、“电脑影片”等被称之为“21世纪的艺术”；而且还广泛地利用电子计算机来制作广告、进行产品艺术设计、为顾客挑选合适的时装，以及进行美容、化妆处理等等。总之，通过美学和艺术学的控制论研究，制定数学和逻辑模型来进行功能模拟，用电子计算机来进行美的产品和艺术作品的创造，目前已取得相当令人注目的多方面的成果。应当指出，我国的一些科技工作者近年来在电子计算机艺术研究中也做出了相当突出的成绩。1982年，浙江大学计算机系人工智能研究室便研制成功“计算机智能模拟彩色平面图案创作系统”，并为杭州印染厂进行花布图案设计。差不多与此同时，我国学者庞云阶同志在美国马萨诸塞大学进修期间，创造性地用电子计算机绘制传统的中国风景画获得成功，美国《发现》杂志曾以《使古典艺术放出新的光辉》为题介绍了这一成果。最近，他在吉林大学计算机系又完成了“计算机书法系统”和“计算机盆景造型设计系统”，并用自制的附加设备和专用毛笔，在宣纸上由计算机自动创作国画、书法等等。随着这种技术的进步和发展，控制论美学也正在迅速充实、丰富、完善。

不过，对于作为控制论美学的科学来说，到目前为止在许多问题上仍然存在着分歧和争论。例如，有的科学家至今对控制论美学的作用仍然表示怀疑，因为照他们看来，审美态度和审美评价与数学、逻辑演算完全是不同的两回事。日本控制论专家、图像识别研究的世界知名人士渡边慧便认为，“美的观点和一般规律的观点是完全不同的”。人们能够制成用电子计算机判定美还是不美的程序，按照黄金分割之类的规则让电子计算机进行设计，但是所有这些规则集中起来也不一定能完全穷尽审美的因素。而且，照渡边慧看来，第一，“人实际上也并不都希望美的东西。特别是所谓现代艺术，并不都是盯着美的东西，也会反过来制作丑的东西。音乐方面，原来都要求好的和声，现在却制作坏的和声。还有，出现了某种定律，就会立刻产生作出打破它的东西的念头”。其次，“并不是我们感觉可以，电子计算机也感觉可以，才去作。把我们作的规则教给电子计算机，很难说是电子计算机作的”。最后，“到底能不能用关于美的一般规律，来使所谓美一般化呢？是个很大的疑问。虽说有黄金分割之类的东西，通常说到喜爱某种东西，是不是因为实际上用了一般规律，满足了那个条件而成为美的呢？很值得怀疑。在艺术方面无论如何都不像是那么一回事。就一个一个的东西来说，喜爱这个，讨厌那个，都先存在于每个人的心目中，有时也可能有共同性，但不一定都有共同性。这样一来，我们所谓的一般概念是否抓住了美的本质，就大可怀疑了”①。

渡边慧在这里提出了美的规律的特殊性，即美的规律的复杂性以及它与一般规律的不同之处，其实这正是控制论美学向自己提出的中心课题。控制论美学在“美学信息”等概念的基础上，试图用现代科学方法来揭示美的特殊规律及其复杂性，并由此进一步尝试按照这样的规律通过电子计算机去创作艺术作品。如上所说，这样的任务自然是相当艰巨的。然而，我们无论如何不能由于美的规律的特殊性和复杂性，走向片面地认为这种规律是无法认识和掌握的不可知论的极端。另外，人的美感以及由此而来的审美态度和审

① 《外国自然科学哲学》1974年第2期，上海人民出版社，第41—42、61、64页。

美评价的差异，也不是没有缘由和无规律可循的，只不过影响它们的因素更为繁多和更加复杂罢了。“审美的因素”当然无法、也没有必要“全部穷尽”，但是，只要认识和掌握了美的事物和现象中固有的本质的、必然的因素和关系，也就会认识和掌握“美的规律”。至于有的人偏偏不喜爱美而一定要追求和制作丑的东西，如现代艺术等，那是另外的社会心态问题。自然，“美的规律”绝对不只是像黄金分割那样的形式美问题，而是形式与内容、现象与本质、个别与一般等高度完美结合和统一的整体，这就是它的特殊性和复杂性之所在。控制论作为一种现代科学方法应用于美学和艺术学领域，必须充分地认识和重视这个领域的独特对象，不能用简单化庸俗化的态度将“美的规律”与机械的物理的规律等同起来，这也许是渡边慧这样的科学家从一个方面给我们的重要启示。

在苏联和东欧等国，对于控制论美学的态度，勒·斯托洛维奇的观点有一定的代表性。他在1978年出版的《美的哲学》一书中认为，可以把社会的艺术生活也看作为特殊的自我调节系统，控制论就能研究这些系统的规律。因此，“控制论的观点有可能更准确地提出艺术生活的结构和艺术作品的功用。艺术创作的控制论研究，提供对电子计算机创作艺术品的某些特性进行模拟试验的可能性”。“艺术创作的控制研究和对艺术创作个别方面用电子计算机进行模拟试验，不仅对美学、而且对控制论本身也是重要的，这是电子计算机研究更复杂的程序以及创造新型自动装置的刺激剂。”不过，与此同时，斯托洛维奇又批评M.本泽等人的“所有传统概念能够被受控制的和方法上准确的数学概念代替”的观点，认为审美现象和艺术现象在本质上是多层次、多方面的，而控制论方法则只是在一种测定、一个截面中对它们进行考察。也就是说，将控制论应用于美学和艺术领域，以及对美和艺术进行模拟化，一方面是可能的和必要的，另一方面，也是有条件的和有限制的。

苏联科学院院士、苏共中央马克思列宁主义研究院院长阿·格·叶果洛夫（Анатолий Григоръевич Егоров）大致上也持这种观点，他一方面肯定美学与自然科学、技术科学的结合扩大了美学研究的范围，出现了它们的研究方式方法相互渗透的现象是积极的，认为“使用精密科学、计算机和那些能够迅速处理大量事实材料的强大工具，使美学家往往能提高自己的工作效率，缩短事实材料的选择和系统化的时间”，所有这一切自然都是有益的。另一方面，他又指出：“不过应当记住，美学在这些和其他一系列科学之中具有自己独特的对象和任务。”“如果想通过数学公式来表现美学范畴的全部丰富性则是幼稚可笑的。”①

与这类看法不同，苏联学术界也存在着把控制论艺术看作是最高级的艺术的观点。例如，苏联文艺理论家、莫斯科大学语文系教师维·恩·屠尔宾（В·Н·Турбин）在1961年出版的《时间同志和艺术同志》一书的结尾便写道：“或早或晚，控制论一定会与艺术发生关系。当然，在开始时，它们的极其独特的结合将具有纯粹是表面的、机械的性质。可是，这种结合将来总会成为有机的和不可分割的。乌兰尼亚②今天已经在打诨说笑，她的这种打诨说笑就是走向艺术世界的第一步。有人在试图使音乐和色彩结合起来。在有的游艺节目舞台上的机器人演员在踏步行走——它是真正演员的可笑复制品。被这些奇怪的东西迷惑住了的好看热闹的人正在呆呆地瞧着它们，——他们是那些好奇的快活人的子孙，这些人也曾经在戏剧的摇篮和第一批电影银幕里踏步行走过。这意味着，艺术中的新东西又从玩艺场开始。可是，到时候乌兰尼亚将认真地说起话来的。于是就会出现胆子大的人，浪漫主义者（导演、工程师、技术员和工人的整个集体），他们将招呼她来为艺术思维服务。我们还不可能知道，控制论的艺术将是什么样子的。可是它的对象一定是对思维过程本身的艺术分析。它将描绘思想和思想的逻辑，描绘创作。它将在永不重复的形象之中摹拟我们的思想进程本身。毫无疑问，这将是最高级的抒情艺术；这种

① 《美学问题》俄文版，1977年。

② 乌兰尼亚是希腊神话中缪斯神九女神中司天文的女神，屠尔宾借用作为一般的数学和自然科学的女神。

艺术，就其隐秘性来讲，既超过音乐，又超过电影。”[①]屠尔宾的著作虽然在苏联曾受到许多人的批评，但也有一些人赞扬。

在西方，还有一种观点认为，由控制论基础上发展起来的人工智能电子计算机，在未来将要进化、超越，甚至会控制人类，人反过来要受到机器的支配。美国逻辑学家和数学家克·哥德尔（Kurt Gōdel，1906—）便提出过设计思维机的方案。他指出，如果一个有智力的人通过提示或猜谜同机器进行通信，但他无法把收听器一端的有智力的人与另一端的计算机或机器区别开来，那么后者便可以说是能思维的。之后，有不少人便预言计算机正朝着活的、能思维、能繁殖、能改进的进化的超计算机方向发展。美国的两位数学家，普林斯顿大学教授维克多·萨帕尼柯夫和戴维·萨帕尼柯夫，在1972年发表的获奖论文《哥德尔以来数学中的结构和进化》中便断言：“目前有一种关于进化计算机的概念：它能学习、成长、繁殖并供应自己，能改进和变换自己的内部结构（硬设备）和外部结构（软设备）。计算机能适应外部刺激和内部刺激并作出反应，它是自我检验、自我改进和自动修复的装置，像遗传赌博那样引进随机变化以后，它会创造出机器原制造者所料想不到的形式。”照这两位数学家看来，“计算机思想家”没有人类的脆弱性，因而能比人类进化得更快更有效，也能创造出比人类更美更好的产品。他们问道：那时，“艺术、美、爱情以及人类的地位又会怎样呢？”然后又回答说：“或许也会保留下来，因为他们那么可爱，那么奇妙，那么使人愉快，那么美丽。或许计算机思想家会把人驯养起来，让人类娱乐，款待他们，——告诉他们单恋的痛苦、谈美好诗篇的愉快以及情欲的安慰。或许人将成为计算机思想家的玩物或害虫，成为它们低级发展形式的回忆，保存在将来的动物园里使他不至于受到他自己和他周围环境需求的侵犯，作为超机器对它的阴暗起源的一个提醒，对被遗忘

---

① Турбин.В.Товарищ время и Товариш искусство мискусство1961, 176—177.

了的‘它们脚上的露水’的一个提醒。”[1]

这不禁使我们立即想起几年前在我国上映的美国科学幻想故事片《未来世界》：一位名叫查克·布朗宁的新闻记者和另一位女电视评论员特蕾西·巴拉德，为了探索一座由机器人管理和工作的“未来世界”的秘密而深入到这个游乐场所的禁区。在修理工哈里的救助下，他们进入了神秘的“模拟人室”，原来那里正在制造和复制一些有思考和记忆能力的机器人，其中包括日本企业界的巨头和俄国的有权势的将军，而且还有复制的假查克和假特蕾西，形象上已完全达到以假乱真，使得他们相互之间都难辨真假了。查克突然意识到原来操纵“未来世界”的人正准备向我们这个世界输送完全由他们制造和听从他们指挥的机器人，这些机器人的形象和性格同现实生活中的具体人物丝毫不差。他们这么干是为了用受控制的机器人来替换人类世界的领袖人物，并妄想以此控制整个人类世界。当他们准备逃离这个神秘的世界而要向外界揭露这一难以置信的阴谋时，却被主管人员发现了。于是，查克和特蕾西同主管人以及假查克和假特蕾西展开了殊死的搏斗。结果，查克和特蕾西不仅战胜了假查克和假特蕾西，而且还击毙了这个“未来世界”的主管人。原来，统治着这个“未来世界”的主管人，也是一个智力与人无异的机器人。在《未来世界》这部影片中，运用了不少由电子计算机创造的特技镜头，产生了难以思议的瑰丽缤纷、瞬息多变的强烈艺术效果。据说，美国加利福尼亚州国家航空航天局、休斯敦约翰逊太空控制中心，以及曾为“阿波罗”号宇宙飞船宇航员登月做出过贡献的工程技术人员、控制论学者、电子计算机专家都参加、协助过这部影片的拍摄。可以说，这部影片是控制论和电子计算机应用于艺术创作的综合性的代表。不过，影片中的内容和故事，毕竟还是虚构的；而影片的主题还是说明，具有智慧和勇气、自觉性和主动性头脑的人，最终仍将战胜只是靠模拟人脑，并只能由人制造出来的机械的人。

---

① 《外国自然科学哲学》1974年第2期，上海人民出版社，第61、64页。

苏联学者彼·阿·拉契科夫（П·А·Рачков）在《科学学》的著作中正确地指出："控制论机器的确能够再现艺术中人类活动的某些方面，其中也包括'写'诗，即编写出保持节奏和韵律的诗文。机器能认真地帮助专家们分析诗句，揭示诗句在形式上和结构上的特点，研究诗、音乐和其他各种艺术创作的特征。然而，这还远非意味着控制论机器可以代替诗人、作曲家和演员。没有对于诗和其他艺术作品的需要，不具备亲身感受个人创作反作用的能力，任何机器，哪怕是最完善的自动调节的机器，也将不能获得真正的艺术创作所必需的这样一些属性，如灵感、鲜明的个性、深刻的审美鉴别力和纯朴的人类之心。每一位天才的艺术家都具有其独特的天赋、揭示和描绘新事物的特殊能力、特有的激情，以及当然是与众不同的社会经历。因此，无论机器怎样'聪明'，它们在同绘画、文学和音乐大师们的竞争中将是不可能得胜的；它们将永远不能创作出比拉斐尔、贝多芬、列夫·托尔斯泰的作品更优秀的作品。"①

照我们看来，对待控制论美学和艺术论，只有采取这样的实事求是的态度，才有可能得出正确的、全面的评价，也才有可能在理论研究和实际应用方面取得积极的成果。任何无限夸大和抬高控制论美学的社会作用的企图都是错误和徒劳的；一切全盘否定和全然漠视控制论美学的成就和贡献的态度，也是片面和不正确的。这样，在探讨、研究和应用控制论美学的过程中，用马克思主义的理论和方法，牢牢地把握住它的科学发展走向，就是至关重要的了。

（《文艺研究》1989年第5期；《报刊复印资料·美学》1989年第12期）

① 参见《美学论丛》第4辑，中国社会科学出版社1982年版，第325—326页。

现代系统概念和方法在美学和艺术学上的应用

一

一般系统论的创始人贝塔兰菲在系统的递阶结构主要层次中，是把艺术作为符号系统包容在社会文化系统之中的。照他看来，社会科学就是社会系统的科学，因此必须运用一般系统科学的方法。自然科学根据情况必须处理时间与空间上的物理实体、粒子、原子与分子，各种层次的生命系统；社会科学则要研究处在人类自己创造的文化世界中的人。文化世界实质上是一个符号世界，它是包围着人的世界。从作为文化的前提的语言开始，到人与同伴的符号关系、社会地位，法律、科学、道德、宗教、艺术，等等，都由符号的实体支配。这些文化价值从生物学角度看是无用的或者甚至是有害的，如“希腊的雕塑、文艺复兴的绘画、德国的音乐——文化的任何方面——都与效用，或与个人或国家的更好的生存无关”[①]，它们都是人类为自我实现与创造性而进行的经济、智力、信仰、美学等的追求，为自身目的完成的、从完成本身获得满足的人造世界的一部分。正是这些创造性的活动，能在某种程度上使人超过丛林里的野兽，又使人具有比生物学世界更多并超越物理界

① 贝塔兰菲：《一般系统论》，社会科学文献出版社1987年版，第160—161页。

的价值。因此，贝塔兰菲认为，区别出人类文化与动物社会的各种物质的、非物质的符号的宇宙是人类行为系统的一个部分，而且很可能是最重要的部分。艺术属于这种社会文化系统，同时自身又是一种特殊的语言符号系统。贝塔兰菲还指出，“系统”概念已愈来愈广泛地运用于各个社会科学领域，其中包括社会学、心理学、美学、艺术学等等。应当指出，贝塔兰菲关于艺术和美学的观点，在基本点上是不正确的，是违背科学的，从这里也暴露出他在社会历史观上的唯心主义。不过，他认为应当同样从现代系统论的角度去看待和研究艺术，却是为东方和西方的不少学者所接受并进一步充实和发展的。

日本学者增成隆士从一般系统论的基本概念和原则出发，便专门研究了“作为系统的艺术品和作为系统的美学”问题。他把艺术作品看作是某种人工系统，因为艺术品不是许多构成要素的简单的集合，而是根据一定的原理所谓立体性地统一起来的一个整体。一个严密的整体能够发挥出构成它的那些要素的能力之简单相加所不具备的能力。他说，亚里士多德曾经把艺术作品看作是根据作者的内心的原理而合乎目的地统一起来的，这从某一方面来说是带有根本性的真理的思想。但是，作品是否是合乎目的统一的整体这个问题，不仅必须在作品与它的制造者之主观的关系中，而且也必须在作品与观察者之主观的关系中去判断。构成艺术作品的各种要素和已经完成的完整的作品之间的关系，可以比作菜肴与它的各种材料之间的关系。就菜肴的各个材料来说不一定是美味的，有些东西还可能是避忌单独入口的。然而，当这些材料经过优秀的厨师之手有目的加工、融合成一个整体之后，就成了名副其实的菜肴了。艺术作品系统作为人工系统来说，其存在的意义也正在于，一个严密的系统的整体能够发挥出构成它的那些要素的能力之简单相加所不具备的能力。

不过，增成隆士同时又指出，艺术作品系统还具有与一般系统所不同的性质。因为一般的人工系统，总是由作者自觉地来确定该系统应完成的任务，并由作者有目的地把构成要素向着确定的任务系统化。艺术创作则不同，它的系统化的任务在创作者的意识中并不一定是明确地确定了的。优秀的艺术创作虽然也是为了一定的任务而建立了一定的计划的，然而却是由超越创作者的意识的某种东西所引导而达到了应该达到的高峰。因此，艺术作品系统是在超出包括创造者本身在内的一切人的意图的高度上创作出来的。它对人来说已作为一个新的客体而存在，即所谓的“第二自然”。系统的存在还有另一种意义，即不管它是否发挥了各构成要素个别具有的能力之间之简单相加所没有的能力，它本身都会给予我们很强的美的效果，这就是一般系统本身具有的美的效果。那些确实可以看作是系统的东西，如打字机的结构或者一只鸟的肢体，本身都可以是欣赏的对象。当人们接触到别具匠心的精巧的艺术作品的时候，甚至在对它是否具有真正存在的意义尚未弄清之前，也仍然还是留下了深刻的印象。

增成隆士还就系统的“脆性”和“艺术的娇嫩性”或“美的短暂性”论述了艺术系统的特点。他说，在系统中，某一个构成要素发生了预定之外的变动，则会引起与其构成要素有密切联系的下一个构成要素的变动，下一个要素又引起再下一个，依次影响，进而不可避免地出现妨碍整个系统的预期活动的状况。这就是一般系统的不可避免的脆性特点；系统的结构越严密，这个特性就越显著。就艺术作品来说，它的所有的构成要素对于整体来说，同样是组合在整体之中的必不可少的成分而在整体中确定地占有其位置的，整体存在于严密的立体性的关系中。因此，只有当以知性认识为支柱的感性认识能够把握艺术作品本身的精巧的系统结构时，也就是当它从普通的、可能还是通常的结构出发去把握艺术作品特有结构时，人们才建立真正艺术鉴赏的状态。当这种状态一结束，感性认识又立即复原为普通的系统。这就是艺术系统的“娇嫩性”或“美的短暂性”。可是，艺术作品系统又不一定像钟表的结构那样，某一部件的欠缺便给整体的机能以致命的打击。有的作品即使在历史的过程中某一部分出现了欠缺，或者被改变了形式，也还是可以作为第一流的来欣赏。因而，艺术作品系统又可以说是一个包藏着自动补偿机构的、具有柔软的坚韧性的系统。[①]

西方的系统论美学研究，最有影响的是所谓机体说。它的理论来源明显地是黑格尔美学中的有关论述。这种理论把有机整体作为审美的有机结构，认为任何一部伟大的艺术作品，都应当具有完整的、严密的有机结构，本身便是一个有机的整体，其中的每一个细节都缺少不了任何一个个别的细节，所有的细节都必须产生作用。在一件具备有机结构的艺术作品中，每个局部作为某种目的，同时又需要其他的局部的补充作用，它们都各自充当“补偿的伙伴”的角色。否则，就不可能使人得到名副其实的审美满足。因此，艺术家在创作过程中，必须使一切细节都能发挥它们各自完整的、内在的作用，把作品作为一个有机整体。审美欣赏可以看作是对艺术家的创作活动的一种再创作，也就是要发现作品的有机结构的意义，从而得到一种特殊的满足。而批评正是要看出和指出艺术家在实现细节的有机需要方面所达到的成就和不足。按照1977年版《大英百科全书》中“美学”条目的说法，随着时间的推移，美学中的这种研究已“不断获得越来越多的信徒”；在经过了一段充分的发展阶段之后，目前已成为“相对说来比较新的美学理论”。

联邦德国社会学家、哲学家、美学家西默尔（1858—1918），可以看作是在美学上运用这种“机体说”的代表。从哲学的基本观点来说，西默尔属于“生命哲学”的拥护者，但在他的一系列关于美和艺术的著作，如《歌德》（1913）、《伦勃朗》（1916）、《艺术哲学》（1922）、《遗稿集》（1923）等中，却始终可以看到他把美与艺术作为生命有机体的思想。照他看来，艺术和现实属于截然不同的范畴，这意味着两者有可能实现同一的存在内容或本质性。精神的基本功绩就在于它把大千世界的纷繁事物组成了一系列统一的形式。在精神里、在时空上彼此分离的事物聚合到一幅画面、一个概念、一个句子的整

① 增成隆士：《美学应该追求体系吗？》，日本《美学》杂志1979年第20卷第2号；参见《美学文艺学方法论》上册，文化艺术出版社1985年版，第143—157页。

体中。一个综合体中的部分的相互关系愈密切，它们的相互作用愈活跃，这一整体就愈弥漫着精神。艺术虽然把现实作为素材加以利用，但一旦纳入了艺术的素材却不能成为通向现实的桥梁。艺术品本身是个完美的机体，它具有自己固有的自律的“个性规律”。在一切艺术中，都有各种不同因素的统一性，这些因素就其本身来说根本不是什么美学因素；它们由简单的、偶然的，甚至相反的部分构成一个整体。而这便是整体自身的美与和谐，并且又是它之所以能优美悦人的所在；这些都使观赏者感到是一种“惠赠”，而且是一种“受之有愧的赐物”。真正的艺术所创造的是各个分离本原的综合体，例如在伦勃朗的肖像画中就表现出一个人身体与心灵活动的统一。这样，艺术便能适应人“在各个单一因素间建立和谐性”的基本要求，能适应在一种外在的创造活动中实现其自身，并形成一个总体的基本要求。

西默尔还以人的面孔的美为例，具体而又细致地阐述了各部分的有机整体对于美和艺术的意义。他认为，在人体的所有部分中，面孔是最高度的内在统一的代表。面部的任何要素的实际或表面的有限变化，如嘴唇上翘、鼻子抬高、一种目光、一次皱眉等都会立即改变整个面部的特点和表情。从审美的角度来看，身体的其他任何部分的整体，都不这样容易由于一个因素的变化而遭到破坏，这恰恰是源于多样并高于多样的统一的意义。手在身体的各部分中虽然就其有机特性而言最接近面孔，但仍不能与之匹敌。各个指头虽有惊人的相互关系和互相配合，却仍然使我们感到它们是各自分立的，虽然事实上一只手总使我们注意到另一只手，但只有两只手加在一起才完全体现出“手”的意义。统一包括了多样的综合，它与多样对比时才有其意义和意味。在可知觉的世界上的所有结构中，唯有人的面孔能将这样丰富的形状和表面融入意义的绝对统一。生命的基本定律就是完全个性化的要素形成最紧密的统一；它虽然由各种要素组成，却又高于任何一种要素，并完全通过诸要素的配合产生出来。至于所谓社会精神，则意味着超出了个人——而不是某些人——的那些互相作用的内容。这一内容虽然大于这些作品的总和，却仍然是它们的产物。精神虽然既隐藏在面部特征后面，又可在这些特征中发现，却是这些各自独立的特征的相互关系、相互作用。

西默尔还指出，人不仅仅是精神的载体，人的精神具有个性的形式。面孔使我们感到它不仅是精神的象征，而且是明确的个性的象征。当人们惯于赤身裸体时，躯体必定在表现个性上发挥作用，但面孔还同时解释这些个性差异。面孔的运动能变成可见的特征，从而清楚地、本质地揭示精神。我们称为优雅的“流动美”，必须不断地通过手的运动、躯干的弯曲、步态的放松得到重新塑造，也就是说，它不能留下任何集中体现个人运动的持久的形式。但是，仇恨或胆怯、微笑或对利益的觊觎等无数个人所有的情感，在面孔上都留下了持久的痕迹。另外，有些物体是可变的，或者是以许多相似的形式存在的，这种物体的形式关系所带来的审美意义和独特性，取决于为了造成全面印象的改变而对部分进行变动的必要程度。照西默尔看来，这正好体现了能量守恒的理想：原则上如果一件事物对其最小要素所产生的变化的反应愈敏感，那么它在美学上就愈引人注目，作用愈大。因为这显示了它的各部分的相互关系的敏感和力量，显示了它的内在逻辑，这种逻辑要求前提的任何变化都必然引起结论的变化。由于这些事物的要素互相牵制，“牵一发而动全身”，因此它们最适于审美处理。面孔比任何事物更能在一个细节的最小变化的基础上实现整个的最大变化，最适合艺术表现的目的。艺术的普遍问题是通过物的各形式要素相互联系起来从而揭示这些要素，即通过将可知觉的东西互相联系起来去解释它们。总之，通过对面孔的美进行各方面的剖析，便不难了解有机性对于美和艺术具有何等重要意义。①尽管西默尔的艺术观还未达到现代系统论的高度，但在论点上显然是与系统论美学原则基本吻合的。

贝塔兰菲曾经在《一般系统论》中写道：“最近几年‘系统’概念在心理学和精神病理学中有越来越大的影响。许多研究工作涉及一般系统论或者它

① 参阅《当代美学》，光明日报出版社1986年版，第359—364页。

的一个方面。”他在列举了各种形形色色的西方现代心理学派及其代表人物和著作之后，又说，“在各种现代潮流中，有一个共同的原理：不把人当作反应式的自动机械或机器人，而是当作主动的个性系统。因此，现在对一般系统论感兴趣的原因是希望它能为正常的心理学与病理心理学提供更全面的理论框架”①。贝塔兰菲在这里强调的是一般系统论对于理论心理学和应用心理学的广泛影响，其中不免有夸张之嫌。其实，就美学和文艺学说来，西方真正称得上是系统论美学和系统论文艺学的专著还属罕见。不过贝塔兰菲在著作中涉及的完形心理学以及在此基础上构建的美学理论，有许多方面确实是与现代系统思想相一致的。

完形心理学又译格式塔心理学，是欧美现代心理学的一个主要流派，最早由德国心理学家韦特墨（1880—1943）、柯勒（1887—1967）、考夫卡（1886—1941）等人创建，后来在美国广泛传播和继续发展。“格式塔”是德文“Gestalt”的音译，意思是组织结构或整体；奥地利心理学家埃伦菲尔斯早在1890年发表的《论格式塔性质》中，便指出音乐乐曲的音响总和具有两种新的所谓完形，即格式塔的性质。这个学派的代表人物认为，心理现象最基本的特征便是在意识经验中所显现的结构性或整体性，整体性原则是研究复杂心理现象的基础；知觉不是诸感觉相加的总和，而是对整体的感知，因而结构性和整体性显得特别重要，在韦特墨、柯勒、考夫卡等人的著作中，大都涉及艺术问题。例如，韦特墨在《关于运动知觉的实验研究》中，便通过实验得出结论说，整体不能用零碎的部分之和去理解，把整体还原于部分时就会看不到整体。他做过一种“似动实验”，即在暗室中两条光线先后出现的时间仅仅相隔1/10秒，便可看到一条运动着的线。也就是说，当两个静止的对象相继在不同的地方出现时，在某些条件下就会存在看似活动着的现象（如电影中所见到的动作）。他把这个原理应用于音乐等艺术领域，提出了完形审美心理观点。又

① 《一般系统论》，社会科学文献出版社1987年版，第173、175页。

如，柯勒在《价值在实际世界中的地位》中，也涉及审美效能问题，提出了包括审美价值在内的一系列价值原则，强调艺术的整体结构带来的审美意义。

在《格式塔心理学原理》、《艺术心理学问题》等著作中，考夫卡更是专门探讨了艺术的“格式塔”性质。照他看来，艺术品是作为一种结构才会感染人们的，这便意味着它不是各组成部分的简单的集合，而是各部分互相依存的统一整体。由于艺术品的魅力来自它的结构，因而对于艺术心理学来说，最重要的就不是艺术品的结构所唤起的情感，而是这结构本身。如果艺术作品使自己的各部分组成了一种层序统一，而且使这种统一具有自己的独特性质，这便是所谓优格式塔的特点。对一个优格式塔做任何改动势必改变它的性质，而如果这种变动属于次要的方面，这格式塔势必退化。比如，如果对一支乐曲的任何音符的变动，都有损于它的整体美，那么这曲子就是完美无瑕的；在一幅名画上改动任何线条、形状、颜色，也势必降低整个画的质量；等等。

将完形心理学系统地应用于美学和艺术领域，并撰写过大量著作的是德裔美国著名美学家、心理学家鲁道夫·阿恩海姆（1904—）。他早期从事电影理论研究，代表作有《电影》一书；1939年移居美国后，作为韦特墨的学生曾进行过由辨认笔迹来识别个性的实验研究。之后，便运用格式塔心理学理论和实验，撰写了《视觉思维》、《走向艺术心理学》、《艺术与视知觉》等美学著作，成为格式塔心理学美学流派的著名代表人物。他认为，那种类似于艺术家对现实的观看的视觉过程，越来越使科学家们认识到，对自然界的大多数现象的描述，仅仅通过对其局部进行个别分析的方法是无法完成的。

“整体不能通过各部分相加的和来达到”的思想，对于大多艺术家来说，已经不是新奇的了。多少世纪以来，科学家们就能通过那些排除了复杂的组织和相互作用的简单推理，而达到对现实做出极其有价值的分析。然而，无论在什么情况下，如果不能把握事物的整体或统一结构，就永远也不能创造和欣赏艺术品。某一整体式样中各个不同要素的表象看上去究竟是个什么样子，主要取决于这一要素在整体中所处的位置和所起的作用。视觉形象永远不是对感性材料的机械复制，而是对现实的一种创造性把握，它把握到的形象是含有丰富的想象性、创造性、敏锐性的美的形象。任何一个有头脑的人，都会对眼睛在观看一幅简单的线条画之类的简单行为中所表现出来的那种追求统一和秩序的积极倾向赞叹不已。“一个不可否认的事实是：那些赋予思想家和艺术家的行为以高贵的东西只能是心灵。心理学家们已经发现，这一事实实际上并不是一种偶然的和个别的现象，它不仅在视觉中存在着，而且在其它的心理能力中存在着。人的各种心理能力中差不多都有心灵在发挥作用。因为人的诸心理能力在任何时候都是作为一个整体活动着，一切知觉中都包含着思维，一切推理中都包含着直觉，一切观测中都包含着创造。用这种观点去解释艺术中的理论问题和实践问题，是再恰当不过的了。”阿恩海姆将这些原则具体应用于视觉艺术的分析，强调审美知觉的完整性，指出对于审美对象的欣赏具有同形同构的特性；艺术作品在观众心中引起的心理活动，不是分别领悟它的各种信息，而是以完形结构来作用于整个心理，从而产生一种完整的活跃的心理关系。当然，阿恩海姆的格式塔艺术分析原则还只涉及系统论美学的某些方面或某些层次，与系统论美学学科体系还是有区别。

美国芝加哥大学音乐教授迈耶尔则把格式塔心理学与信息论美学相结合，专门用来分析音乐作品。他的重要论著先后出版的有《音乐中的情感与意义》(1956)、《音乐，各种艺术的观念》(1967)、《音乐之解释：论文和研究集》(1973)等。他非常强调艺术作品的整体性特征和形式的心理作用，同时又指出信息理论对于加深这方面的理解具有重大意义。他认为，一个好的音乐作品必须有前后贯通的风格，即必须采用一个具有统一性的预期和可能的系统，应具备明确的基本意向，以及应当有多种变化和统一性，有依照实际情况很容易被发现的其他所有的范畴。不仅如此，音乐的可能发生的结果还是在风格可能性的领域中产生的。如果我们只听一个简单的乐音，那么许多不同的乐音就能以同样的可能性出现在它的后面。如果可以听到的是两个乐音的系列，那么由此而来的可能的乐音的数目就多少要依乐音和风格而减少，而且由此而来所包含的只能在二者取一的可能性便多少要增加。由于更多的乐音加在它的后面，结果是乐音间更多的关系被确定，出现一种特殊目标的可能性就会增加。这就与信息理论有密切的关系。也就是说，如果一个音乐情境是高度组织起来的，以致使可能出现的后果有高度的可能性，那么，以这种音乐讯息，即音乐的可能性结果方式所交流的信息是微弱的。另一方面，如果这种音乐情境不能肯定，而使前提和后果的关系没有高度的可能性，那么在音乐中所包含的信息就会加强。由于抵挡因素，或者说更为一般的种种偏离，它们会由于确定的障碍而处在一种音乐刺激的目标定位的趋向中，它们低的就不仅是特殊结果的可能性，而且是作为一个整体的音乐事件的可能性。这样，它们就创造或增加了信息。当然，无论是在语义的还是在音乐的交流中，一个完全是胡乱刺激的系列多半是没有交流什么的。因为语言和音乐依靠的是一种具备了有序可能性的系统，一种善于猜测的过程，它们用来造成种种与另一个人有相互关系的刺激或可能结果。因此，任何特殊的音乐的可能结果，在某种程度上依靠着所采用的风格的可能有的特性。选择的随意性是要受到音乐风格的实际情况的限制的。

迈耶尔还指出，必须在合意的不确定性与不合意的不确定性之间划定界限。前者是作为一种音乐风格的构造可能性而出现的，信息就具有这样一种不确定功能；而后者是在可能性未被知晓的时候出现的，这不是因为听众的习惯反应与这种风格（“文化的声音”）没有关系，就是因为外部干扰把正被讨论的境况，即听觉声音的结构遮掉了。这样，迈耶尔又从音乐信息系统的角度，对艺术价值和不确定性的关系做了进一步探讨。①

① 参阅蒋孔阳主编：《20世纪西方美学名著选》下册，复旦大学出版社1988年版，第352—367页。

二

如果说，明确标榜系统论美学和艺术学的专门学术论著，在西方还很难见到的话；那么，有关这方面的专著在苏联便种类繁多了。最近一二十年来，苏联美学界和文艺界对于系统分析方法的格外重视，在相当大的程度上是受到哲学社会科学普遍运用系统论的影响。从60年代开始，苏联便出版了若干关于一般系统论的有影响的著作，并有定期发行的《系统研究》年鉴。1963年在列宁格勒召开了全苏综合研究艺术创作学术讨论会，提出了综合运用社会科学和自然科学不同学科的手段，其中包括应用信息论、控制论、系统论方法研究“创作内在活动”的规划。1968年又召开了“艺术欣赏问题”综合研究学术讨论会，回顾了上述规划的进展，并于同年正式宣布成立属于苏联科学院世界文化史科学委员会的艺术创作综合研究委员会。这个机构的基本任务是：组织和协调艺术创作问题的研究；探讨艺术创作综合研究的方法；组织对文学艺术作品感受过程的研究。具体研究课题包括科学思维与艺术思维的相互关系、科学和艺术创作过程、作为动态系统的创作过程、科学技术革命和艺术创作、不同艺术种类的相互作用和它们的系统关系，以及艺术文化发展的一般过程的规律等。70年代初，在苏联莫斯科、列宁格勒、第比利斯、基辅和其他城市，先后召开了一系列有关的学术讨论会和代表会议，进一步明确提出要把艺术的综合考察和系统研究方法密切结合起来，使艺术创作综合研究委员会的工作进入一个更高的发展阶段。目前，参加这个委员会工作的哲学家、心理学家、美学家、艺术家、社会学家、历史学家、生理学家、物理学家、数学家、控制论和系统论专家等等，已达数百人之多。作为委员会集体研究的成果，已经出版的各种学术论文集有：《科学的联盟和创作的奥秘》(1968)、《艺术感受》(1971)、《艺术和科学的创造》(1972)、《文学和艺术中的节奏、空间和时间》(1974)、《创作过程和艺术感受》(1978)、《文艺创作过程心理学》(1980)、《文艺创作·综合研究方法和实践》(1982、1983)等等。至于个人在美学和文艺理论上应用系统方法的专著，出版的更是大量繁多而难于一一列举。

一般说来，在苏联学术界比起信息论和控制论的研究，对系统论更为重视。这是因为大多数学者认为，系统论近于较高的方法论层次，系统思想属于马克思主义哲学辩证法，可以看作是唯物辩证法的一个组成部分。经过马克思主义的哲学概括，它进一步补充和丰富了马克思主义的唯物辩证法，而且在马克思主义的经典著作中得到最好的表述。在有关系统论的著作和文章中，除了经常援引马克思的《资本论》作为最好的例证外，也认为系统方法与列宁所说的“社会学中的科学方法”原则相一致。列宁在《什么是“人民之友”以及他们如何攻击社会民主主义者？》这部著作中写道：“马克思和恩格斯称之为辩证方法（它与形而上学方法相反）的，不是别的，正是社会学中的科学方法，这个方法把社会看做处在经常发展中的活的机体（而不是机械地结合起来因而可以把各种社会要素随便配搭起来的一种什么东西），要研究这个机体就必须客观地分析组成该社会形态的生产关系，必须研究该社会形态的活动规律和发展规律。”又说：“经济生活是与生物界其他领域中的发展史相类似的现象。从前的经济学家不懂得经济规律的性质，把这些规律与物理规律和化学规律相提并论。更深刻的分析证明，各种社会机体和各种动植物机体一样，彼此根本不同。马克思力求根据这种观点来研究资本主义的经济组织，因而极科学地规定了对经济生活的任何确切研究所应追求的目的。这种研究的科学意义在于阐明这个社会机体的产生、存在、发展和死亡，以及这一机体由另一更高的机体来代替的特殊规律（历史规律）。”①苏联的许多学者都认为，按照列宁指示的原则，对于美学和艺术的系统分析和研究，一方面既要掌握“处在经常发展中的活的机体”这个基本观点，另一方面又要具体分析不同于物理规律和化学规律的艺术规律和美的规律的特点和本质。

泽列诺夫和库利科夫在合著的《美学的方法论课题》一书中指出，对社

① 《列宁选集》第1卷，第32、33页。

会美学活动的分析，可以而且应当在马克思列宁主义的辩证唯物主义方法论的基础上，通过各种各样的方法、手段、方式来进行，因为美学本身及其对象是错综复杂的。现代美学迅速建立许多跨学科联系的事实便证实了这一点，它从认识论和社会学、反映论和信息论、心理学和控制论、符号学和行为理论、一般系统论和价值哲学、模式理论和数学理论的观点去理解美学活动。这便使我们可以区分美学研究的相应方面，如价值哲学方面、系统论方面、符号学方面等等。作者认为，要建立真正的美学科学体系，就必须对美学科学所包含的内容即科学知识系统化，必须对美学基本范畴、概念进行系统化。建立美学的科学体系，如同要求许多其他科学的内容系统化一样，具有以下几个方面的意义。第一，当科学克服其内容的无定型性并建立起范畴体系，调整好自己的概念、原则、课题、理论，确定它们的隶属化和协调化时，科学就达到完善的境地。系统化的这个任务并不是价值本身，因为它从属于客观地反映该门科学的对象本身在概念体系中的诸成分和关系的系统这一任务。第二，科学的系统化可以使人懂得并明确地规定每个概念、原则、规律在整体的系统中，即在科学的全部内容的系统中的作用和地位（功能和结构）。这是从系统化的原则本身得出的结论，它一方面要求指出科学知识系统的构成，另一方面要求揭示系统的这一构成的结构，即指出系统的诸成分的配置规律。对系统的各个成分进行结构上的调整，便能揭示它们的相互联系和关系，使其精确化。这样，不仅可以发现这些成分的新属性、新方面，而且可以发现作为赋予这些成分的整体、体系以生命的意义。第三，科学系统化还具有启迪意义，因为它使我们发现尚嫌不足的概念、原则，补充科学范畴构成。科学知识体系的认识价值和启迪价值，取决于客体体系与知识体系的相符程度。可是，美学科学的内容系统化这个课题尽管非常重要，目前却未成为科学讨论的对象，也未纳入紧迫的研究课题之列，这种现状是不能令人满意的。①

① 参见《美学的方法论课题》，苏联高等学校出版社1982年版。

苏联著名文艺理论家阿·亚·齐西（1910— ）将系统方法看作是现代科学方法论中公认的最杰出的成果。他说，系统方法带有普遍性，从本性上来说，是根植于辩证法的基础之上的，从而可以应用于一切科学认识领域。然而，总的说来，西方的一些学者却往往用错误的世界观来解释系统研究方法；他们将“系统性”片面地理解为只是唯物主义自然科学的特性，并且将它与最重要的科学方法论原则——历史主义对立起来。像结构主义那样，违背历史主义原则而将系统方法搬用于社会科学和人文科学，便只能在局部的、专门的分析领域取得少量成果。如果不将历史主义的观点包括于系统方法之中，而只将它看作是关于复杂有机体的数学、控制论观念，那么，它对现代的马克思主义美学和艺术论便是无意义的。艺术可以成为各门不同学科的研究对象，但重要的是必须区别不同学科从艺术本质特征的角度和非本质特征的角度进行研究的界限。在艺术学中，系统方法是对艺术现象及其内部机制的整体性进行定向了解的研究方法；这个机制可以理解为有不同的层次，从个别艺术作品一直到整个时代的艺术生活，等等。在这里同样离不开历史主义。齐西说，恰恰在这样的意义上可以认为，正是系统—历史方法成为当前科学发展内部主要倾向之一的整体化的表现。而系统结构方法同样也可以作为特殊的艺术学研究方法，不过这不是简单地照搬系统结构方法的名词术语，而是要揭示艺术作为一种区别于其他社会意识形态的本质特征。[①]

苏联著名美学家、列宁格勒大学教授姆·卡冈曾经表示，应用系统论方法是他的美学思想从60年代向70年代转变的显著特色。他认为，由于把艺术活动始终看作是某种特殊信息的制造、存储和传递的过程来考察，就可以把这种活动确定为信息系统。这个系统一方面受到这类系统结构和功能的普遍规律的制约，另一方面又受到艺术活动中制造、储存和传递信息特性的制约。对这两个辩证结合的方面的研究，便能揭示艺术活动的特点。他认为，艺

① 《美学：意识形态与方法论》，苏联科学出版社1984年版，第7—14页。

术活动与一切信息系统一样，具有三个相互联系的内在结构。1．艺术家的创作，在创作中产生出必需的信息；为了储存，信息被固定下来（物质化）；为了将它传递给别人再被编成代码。2．创作活动的成果或艺术本身，在成果的物质化了的载体中某种精神信息可以保存；因为它变成了艺术作品，也就是变成了信号系统，这个信号系统将该信息译成接受者可以解释的译码。3．艺术感知，它把包含在艺术作品载体中的信息抽取出来，并使读者理解它；为此，信息的接受者——也就是观众、听众、读者——需要有为正确解释作品的信息译码所必需的能力。不过，这“三个部分”还不能包括作为信息系统的艺术活动的全部结构，因为信息系统的最后一个环节还延伸出两条重要和必不可少的“出路”：其一与艺术功能的范围有关，因为这正是人们对艺术作品感知结果的客观意义；其二，以反馈形式出现并与艺术创作的范围相关，艺术创作就是以某种形式（也就是直接或借助于艺术批评）从艺术感知范围获得它所需要的关于艺术家所提出的任务的解决的效果信息。这样，就形成整个艺术活动中的三个分系统或子系统，它们在结构上同形。与此同时，卡冈又认为，人类存在着五种潜能，即认识潜能、创造潜能、价值潜能、交际潜能和艺术潜能，它们决定着人类各种活动的结构，也决定着艺术家和欣赏者的个性结构。不仅如此，与此相适应，又产生出艺术的五种功能或作用，即认识或启蒙作用、创造或改造作用、价值或实用作用、交际或交往作用、艺术教育或享乐作用。照卡冈看来，把艺术安置在人类活动的这些主要类型的系统中来考察；不仅能揭示艺术活动整个过程的内部结构，而且还能将艺术的不同的社会功用作为一个统一的整体来看待。同样地，按照这样的系统原则，还可以把艺术活动归附于艺术文化，将它划分为艺术生产、艺术消费、艺术价值、艺术批评、艺术科学研究五个部分，并且又进一步归附于整个社会文化系统之中，从而揭示出艺术活动更加广泛和内在的社会文化起源和发展变化过程。①

① 参阅：《美学和系统方法》，中国文联出版公司1985年版。

列·斯托洛维奇是从60年代中期开始把价值说贯穿于自己的美学体系的苏联美学家，但是他同时主张用系统的结构方法来说明艺术价值。他认为，艺术价值总是人类活动的产物，因而在这里便存在着主体和客体的一般关系，以及作为这种关系在个人和社会的相互关系中的具体化。人的活动不仅能够从它的认识论“切面”在“主体—客体”系统中得到评定，而且也能够以社会心理学态度在“个人—社会”系统中得到评定。对艺术本质的理解，必须把认识艺术活动的“社会—心理学”态度同对主客体关系的认识论研究结合起来。于是，这两种系统的相互关系可以用两条相交的轴线来表示。垂直轴线表示认识论方面和“主体（上）—客体（下）”系统，而水平轴线表示社会—心理方面和“个人（左）—社会（右）”系统。在“主体—客体”这个系统中，又可以表现为反映—信息方面和创造—生产方面，它们不同地体现着主体和客体的相互作用及其统一。前者似乎更多地趋向客体的一极，而后者则似乎更多地趋向于另一极即主体。这两者的统一而形成的东西，可以称之为现实的艺术模拟，艺术反映现实中发生的过程，并使这些过程模拟化。在“个人—社会”系统中，存在着相互联系的心理方面和社会方面。因为在艺术作品中不仅反映外部世界和客观现实，而且既表现艺术家所描绘的角色的，又表现艺术家本人的内部世界的、主观的、心理的现实。每一个艺术家都具有自己个人的心理，但是这种心理同时又具有特定的社会意义，因为艺术作品只是以某种方式反映各种社会问题和社会需要，并体现出社会理想。“主体—客体”系统和“个人—社会”系统的相互“交织”的作用，又表现为符号方面、教育方面、评价方面和游戏方面。

斯托洛维奇又进一步指出，还应将艺术的各个方面同它的各种功用区分开来。“方面”的概念规定“艺术家—作品”的关系，并表明艺术作品本身的性质及其结构成分，而“功用”的概念表明“作品—观众”的关系。因此，甚至当“方面”和“功用”有同样的名称时，如评价方面和评价功用、教育方面和教育功用等等，所指的也是不同的概念。评价方面——这是作者表现在作品中的评价系统；而评价功用——这是艺术在读者、观众和听众意识中确证表现于艺术评价系统中的作用。教育方面——这是包含在作品中并在某种程度上为艺术家所预见到的教育可能性；而教育功用——这是评定感知作品的人们所受到的现实教育影响。这样，与此相适应，不仅整个系统的每个方面都有功用意义，还有几个方面联成整体的功用意义。于是，艺术的各种不同的功用可以有：启迪功用、交际功用，社会组织功用、使人社会化功用、教育功用、启蒙功用、认识功用、预测功用、评价功用、劝导功用、净化功用、补偿功用、享乐功用、娱乐功用等等。

不过，照斯托洛维奇的意见，在这些繁多的艺术功用中，只有四种是艺术的主要功用，即由反映—信息方面、评价方面和心理方面形成的认识—评价功用，由社会方面、教育方面和反映—信息方面形成的社会—教育功用；由社会方面、符号方面和创造—生产方面制约的社会—交际功用；以及由心理方面、游戏方面和创造方面决定的创造—心理功用。而社会—教育功用与创造—心理功用的统一，便是审美教育的实质。由此可见，艺术是各种成分、各个方面构成的完整的系统。由于具有这些方面，艺术便产生一系列的功用，这些功用的结构符合艺术活动的结构，而且这些功用既形成个人对于有社会意义的审美价值的定向，又发展了人的创造能力。不能把艺术的本质归结为某一个方面或某一种功用，正是艺术价值形成艺术的各个方面和各种功用的统一和整体。并非各种形式和体裁的艺术都具有相同的功用影响，如实用艺术尽管有时能预测产品的流行款式，但并不一定具有预测功用；而文学的认识功用显然便不同于音乐或建筑。

因此，在一定的程度上区分出对各种形式的艺术具有意义的一些主要功用，对于确定艺术既在人的社会生活中，又在他的个体生活中的作用是必要的。同时，各种形式和体裁的艺术也并非在同等程度上依靠艺术活动的各个方面。如可以看作是“再现艺术”的造型艺术、文学、戏剧、电影艺术等等，主要是主观通过客观得到表现；而在“非再现艺术”的建筑、实用装饰艺术、音乐、抒情等舞蹈艺术中，则主要是客观通过主观得到表现。可以把联结和形成艺术诸方面的线条设想成“动脉”，沿着这些“动脉”实现着各个方面的相互联系；它们强调的只是各种艺术形式对于艺术创作的客观因素和主观因素的定向，半圆线表示出被指出的艺术活动形式所有的“引力场”。最后，还应当把对创作基本类型的揭示与创作结构本身联系起来，即把这些类型也置于“主体—客体”和“个人—社会”的统一系统中。这样，艺术创造的客观型、主观—个人型和规范型（主观—社会型）与艺术结构的方面、艺术的主要功用以及再现和非再现形式的艺术相互之间的关系，就可以用下面的图形整体地表示出来[1]：

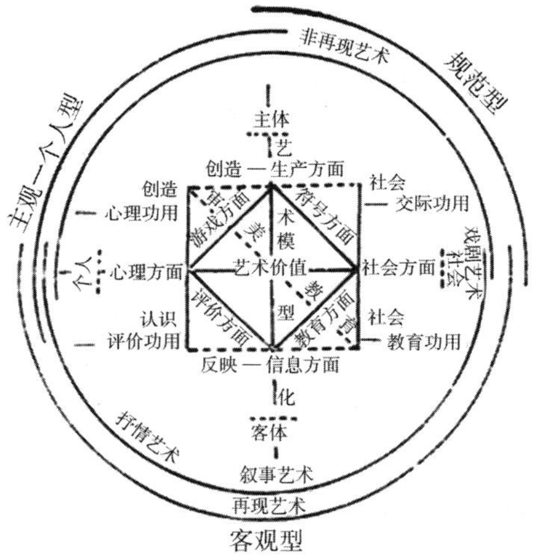

苏联著名美学家、莫斯科大学教授格·尼·波斯彼洛夫（1899— ）是同卡冈、斯托洛维奇等人在美学上持对立观点的，并与他们多次展开过激烈的论争，但在运用系统分析的方法上却持同样的肯定态度。按照他的意见，艺术的特性不是审美，而是作为社会意识形态所固有的内容特征。为了揭示艺术作品以及任何艺术现象的艺术结构系统，就必须科学地理解艺术的特性，即它在社会生活中的特殊功能和作用。艺术的特殊功能在于从一定社会的“世

① 参阅《审美价值的本质》，中国社会科学出版社1984年版。

界直观”中再现具有个性特征的社会生活和人的性格。这样，也就必须对艺术进行多方面的完整的系统分析。照他看来，从作品的内容上来说，这样的系统大致可以分为三个层次：首先，是对作家所再现的人物性格、艺术题材进行分析；其次，是对作家关于这些性格的理解，关于性格的某些方面、特征的强调，关于艺术主题的分析；最后，是对作者关于这些性格的思想情感评价、艺术的激情的分析。与此相对应，从作品的形式方面来说，在系统分析上也可以分为三个层次：首先，是对具体描写的分析；其次，是对语言体系的分析，最后，是对作品结构的分析。正是这些内容和形式上的不同层次的有机结合，才出现艺术的不同种类和体裁；也就产生了不同的思潮和流派。所以，对艺术作品完整的系统的分析，既有助于揭示各个艺术家创作发展的规律，也有助于揭示整个艺术流派以至各民族艺术的历史发展规律。

三

在苏联的文艺学研究中，系统分析方法已愈来愈受到重视，并且在许多方面都得到了具体运用。不过，如同在美学中一样，由于观点上的分歧和对立，在运用的范围和方式上往往并不完全相同。例如，苏联著名文艺理论家、苏联科学院院士、列宁奖金和苏联国家奖金获得者姆·别·赫拉普钦科（1904—）便认为，每一位有才华的作家的创作都是一个系统。这种系统的组成是以主题、思想、形象、艺术个性的独特印记为特征的；即使在创作发展过程中出现了最尖锐的矛盾，但通常也不会破坏大作家的创作活动的系统。过去文艺学研究的通病是对作品的分析往往突出其中一种成分而忽视其他成分，甚至用对其中的一种成分的分析来取代对整个作品的分析，如把作家的创作个性同文学发展过程割裂和对立起来。把作品的主题思想看得高于一切等，都是忽视文学艺术作品的系统性和整体性的。他说，文学过程不是直线式地发展的，而是各种流派和思潮互相交叉在一起的一种汇合；而在这些关系的系统中，语言艺术家们的个人的独特性构成了一个非常重要的环节。赫拉普钦科指出，音调范围、冲突和形象是艺术作品的内容层次。音调范围即音调系统是变动性最大的作品结构层次，因为作家在“附带音部”的背景上突出“基本音调”，就可以掌握整个作品的内容。这是系统的特征，它依据系统与环境的关系而显示出系统的内部动态性和变动性。艺术作品的一般情感格调不仅不压倒其他的声调，而且还为其他的声调的充分展开提供可能性。如同整个艺术作品一样，情感音调范围是不相同的，而且往往还是矛盾的因素的统一。

因此，这种统一具有较大的变动性，能够通过自己的不同的反映形式出现在广大读者感受中。音调的“重新调弦”，即在读者的感受中出现的新的审美主导成分的现实化，同样带有系统的性质。这种音调使文学作品的其他因素都从属于自己，成为一种吸引和联合各个不同组成部分的中心。冲突的内容和形象的内容之间的矛盾也可能成为作品发挥功能的基础，它们成为作品内容的另外的层次。艺术形象的内容并不限于它在作品冲突中的作用，鲜明的富有诗意的形象刻画了现实具体现象，人物性格、感受的典型特征。它们本身包含着它同生活的其他方面和现象的相互关系的可能性；同其他时代的生活现象的联系，也造成对艺术形象的不同理解，决定它们的多义性。总之，作品的主题思想、冲突和形象系统，都是在一定的音调和感情色彩中得到体现的，不研究这些方面就谈不上理解艺术地掌握世界的特点。风格一方面是艺术作品、作家的整个创作的一个组成因素，同时也是一个复杂的系统。要理解作品的风格系统，就必须首先把各种音调手段的总和区分出来，即必须把守使一部作品成为完整的统一体的基调。[①]

关于艺术作为系统的层次，在苏联美学界和文艺学界并没有完全一致的看法，既有人主张划分为三个层次，也有人认为是四个层次或更多的层次，还有人试图发现适用于任何艺术种类和体裁的结构通用不变量。苏联学者

① 参阅《艺术创作·现实·人》，苏联作家出版社1977年版。

尤·加·尼格马图林纳在《艺术创作综合研究方法论》一书中，则提出应当从横向层次和纵向层次的结合上来理解艺术作品的系统。横向层次包括：1．思想—主题层次；2．节律—音韵层次；3．情节—结构层次；4．符号层次（艺术语言层次）。这个层次的阶梯反映出对客体（被反映的现实）越来越间接的艺术—审美关系的不同程度。因此，结构的横向层次是相互排斥的，在性质上是各自独立的；每一个层次都由各自的要素所组成，而这些要素又可以按不同的层次和方面来进行考察。纵向层次的阶梯是按作家→读者这一关系中读者积极性越来越多地从一个层次到另一个层次的特征而构成的，它包括：1．普遍概念——时代感，因果联系和功能联系；2．富有诗意的联想；3．积极中心（横向层次的焦点的相互联系）。第一个纵向层次是哲学方面的普遍概念，它在很大的程度上表现了艺术创作的原则，艺术家对待所反映的现实的积极评价态度。第二个纵向层次是在艺术思维过程中产生的、艺术文本的各个要素的最细小的联系，它们构成完整的艺术形象和观点。而最后一个层次，则把最紧张、最矛盾的各类联系的交错点、“焦点”，即各个结构层次的最高点吸收进来。作品中积极中心的存在，是艺术性的最重要的标准之一；它是由各种不同的结构层次上的焦点按对位法原则互相关联、而不是彼此重复产生的。从一方面来说，积极中心层次证明作家的思想—艺术立场的明确和成熟，善于将解决问题的许多方案汇集在一起；从另一方面来说，它也证明对读者、对读者的创造可能性、对读者头脑和心灵的信任。它包含着作家和读者的对话关系，因而便处在不断形成的过程中。这样，纵向层次和横向层次的结合，便构成艺术作品的整体系统。

苏联科学院艺术创作综合研究委员会主席、列宁格勒大学教授别·斯·梅拉赫（1909—）在1985年出版的《创作过程与艺术感知》一书中，概括和总结了委员会20年来的工作，并且着重提出今后应当加强运用新的系统方法进行对文艺创作和艺术感知过程的研究。他指出，由于文艺创作综合研究委员会吸收了自然科学、社会科学以及各种不同种类的艺术活动家参加工作，这就使得他们在研究同一个目标上能够共同合作和紧密团结，从一开始就在辩证唯物主义这个统一的哲学方法论的基础上，从更为广泛和深入的角度去研究各种创作活动的共同本性和内在联系。这一点在科学技术革命的时代尤其显得迫切和重要。同时，它也为系统研究提供了可能。照梅拉赫看来，关于艺术的系统研究方法可以从总的方面划为几个不同的层次。第一个层次是把艺术作为整体，即在艺术文化历史的范围把艺术看作独特的“宏观体系”进行研究。文艺创作是从科学和艺术思维的相互关系、科学技术对艺术地掌握现实的影响、在不同历史阶段文化发展的一般过程的特殊表现等具体的历史的观点来探讨的。第二个层次是将艺术作为创造和感知过程中相互联系的环节，即从发生论和机能论的角度去看待。第三个层次还可以从不同的每一个环节、按照各个不同学科的特点去细致地分析艺术，如从认识、交际、审美感受等不同的方面去分别指出艺术的特点等等。

在与研究创作有关的学科中，心理学占有特殊的地位；它与文艺学、艺术学、美学通力合作，就能在更大的程度上去认识文艺创作复杂过程的规律性：控制论在艺术的综合研究中也是不可缺少的，特别是它与系统研究和结构研究方法相关的哲学基础问题，更是在文艺创作综合系统研究中最为重要的方法论问题。与此同时，在对艺术进行综合系统的研究工作中，要把传统的研究方法与最新的科学研究方法结合起来，其中包括将电子计算机作为这种研究的辅助手段。梅拉赫展望了艺术创作综合研究委员会的前景，提出了今后的研究工作的具体任务，然后指出：“对于美学和艺术学关于综合艺术世界全景的形成和进化问题的定向研究，将会开辟一条广阔的、集中的、有概括性的通途。这种定向不仅在理论上、而且在实践上都是对文学艺术史的研究方法的改革，因为理论、方法和实践在这里是紧密联系在一起并相互作为中介的。”①由此可见，随着将艺术的综合考察与系统方法相结合这个新的发展阶段的到来，苏联的系统论美学和艺术学的研究还会继续在横向和纵向的多方面展开和深化。

---

① 《创作过程与艺术感知》，苏联艺术出版社1985年版，第304页。

不难预料，在今后的一段时期内，也将会有更多的成果产生。

把“系统”概念和系统方法运用于美学和文艺领域，在一定的程度上能自觉地、有意识地将复杂多变、五光十色的艺术现象和美的现象，放在多元的、多层次的、多动能的有机系统之中去看待，这与辩证法的全面的、有联系的、运动变化的基本观点是相一致的。用系统的理论去分析美的事物和艺术作品，可以从多种角度和多方位去深入探究和考察现实美和艺术美的本质、特性、地位和作用，从而更科学也更准确地去把握和运用“美的规律”。尤其是现代系统方法与现代精密科学、自然科学有密切的联系，吸收了许多先进的现代科学成果，因而在较高的层次上将社会科学、技术科学、自然科学结合起来，这不仅大大开阔了美学和艺术学的视野，提出了不少新的现实问题，而且也在方法论上促使传统的美学科学进行变革和革新。尽管系统方法与信息论方法、控制论方法一样，都带有普遍性，都在一定的程度上适用于不同的科学领域，但系统方法显然更具有方法论的高层次的广泛意义，更趋于哲学辩证法。这样，对于作为美的哲学和艺术哲学的美学科学来说，在理论上的指导作用就更为直接和显著。随着现代系统科学的完善和发展，在所谓“老三论”(信息论、控制论、系统论)的基础上，又出现了所谓“新三论”(耗散结构论、协同论、突变论)，并且也有人尝试将它们运用于美学研究。不过，由于所谓“新三论”的兴起毕竟还是由20世纪70年代才开始，也由于它们更趋近或属于精密科学，要形成独立体系的美学科学分支，似乎为时尚早。从目前散见的一些零星文章来看，真正掌握和领会了这些方法的实质和精髓，又能在美学和艺术理论中运用自如，并有科学的说服力和论证性的，实在是极为罕见。也许，由于这样的尝试还仅仅处于起步和表层的阶段，我们还不能像对信息论美学、控制论美学和系统论美学那样去进行梳理和评介，这只能期待于它们今后的发展趋势和实际产生的影响了。

（《美学论丛》第11辑，文化艺术出版社1992年版）

论生态美学与生态美

一

生态文明是人类文明进步和发展到一定阶段的必然结果，是与物质文明和精神文明相互联系、互相配合，并驾齐驱、同步发展的新世纪的显著文明标志。它以尊重和遵循自然界、人类社会和人文（文化）创造的客观规律为基本准则，强调自然空间、社会环境和人文条件的相互依存、互相促进，生态平衡、协调发展。生态文明以新型的文明方式和更加自觉的积极态度来认识、调整和改造客观世界和人的主观世界。作为生态文明建设的重要组成部分，现代生态美学在维护、建设和发展“自然生态”、“社会生态”和“人文（文化）生态”的每一个领域，都具有重要的功能和作用。因为自然美、社会美和包括艺术美在内的人文（文化）美，是人类社会向前发展过程中不可缺少的因素和动力，是社会文明进步发展的重要标志。

党的十八大提出：“建设生态文明，是关系人民福祉、关乎民族未来的长远大计。面对资源约束趋紧、环境污染严重、生态系统退化的严峻形势，必须树立尊重自然、顺应自然、保护自然的生态文明理念，把生态文明建设放在突出地位，融入经济建设、政治建设、文化建设、社会建设各方面和全过程，努力建设美丽中国，实现中华民族永续发展。”生态文明建设，关系到人民福祉和人类未来，涉及当今生产方式和生活方式根本性变革的当务之急和长远大计，并已成为社会主义现代化建设“五位一体”总体布局的重要组成部分。社会主义生态文明建设，追求的目标和理想境界，无疑地应当包括生态美学探讨和研究的对象——生态美。

对“生态文明”的科学认识，必须首先明确“生态”概念的含义。按照通常的说法，“生态”是指“各种生物的生存、生活和发展状态”。“生态”（Eco-）一词源于古希腊文字，意思是指“家”（house）、“住所”、“栖息地”或“我们的环境”。这就使有人将“生态”理解成：“一切生物的生存状态，以及它们之间和它与环境之间环环相扣的关系。”根据目前掌握的资料，1866年，德国生物学家E.海克尔最早提出“生态学”的概念，认为它是“研究动植物及其环境间、动物与植物之间及其对生态系统的影响的一门学科”。而《辞海》中的“生态学”辞条解释是：“研究生物之间及生物与非生物环境之间相互关系的学科。”这就与“环境科学”（“研究人类在认识自然和改造自然中人和环境之间相互关系的科学”）密切关联。不过，目前的“生态”概念早已超越了以“动植物”、“生物”或“人类”为“绝对主体”的局限，而扩大到客观“一切存在物”或“事物”的“生存状态”与周围环境之间的关系。因为自然界、人类社会以及人类创造的物质产品和精神产品，在维护生态平衡中都是重要的、平等的。只有从它们相互的、“环环相扣的关系”中，才能保持稳定的“生存状态”。因此，“生态”的大理念理所当然应该广泛地被适用于自然、社会与人文（文化）的各个领域。

生态美学属于生态学和美学的交叉横向科学。作为一门独立的分支学科，生态美学既不是生态学和美学的简单的、机械的、数学的相加，更不是自然科学和人文学科的人为主观地对接和拼凑。它是人类社会发展和科学进步中，自然而然、应运而生的众多新兴横向交叉科学之一。一般认为，1949年利奥波德（Aldo Leopold）的《沙郡年记》一书的出版，标志着生态美学作为独立学科的诞生。在这本书中，作者首次提出了“环保美学”的概念，它包含了“生态美学”的基本内涵和主要观念。从20世纪80年代开始，生态美学在世界许多国家已为学术界所重视。1983年由苏联莫斯科高等学校出版社出版的奥符相尼科夫主编的《大学美学教程》中的第5编第2章的第3节：《自然的审美价值及其保护问题》，已经多次明确地提出了“生态美学”的概念。实际上，在这本书的这一章里，已经简略、概括地论述了生态美学思想史、生态美学的主要内容、生态美学的发展前景等等。

由生态学和美学相互嫁接、融通和结合的生态美学，既要从宏观生态系统的高度和全局俯瞰和看待美的事物和现象；同时，又以美学的视野和观点来审视、判断和研究各类生态物质和状态。这既是生态学原理在美学中的运用，又是美学思维方式和能量渗透和融合于生态领域，使生态意识和美学意识结合和统一，“美的规律”和“生态规律”交融和对接。生态美学研究的对象既包括自然生态的自然美、社会生态中的社会美，还有人文（文化）生态中的文化艺术美。“真的、善的、美的东西总是在同假的、恶的、丑的东西相比较而存在，相斗争而发展的。”（毛泽东）美与丑是处于相互矛盾对立的统一转化中的，生态美学的重点任务，就是探讨、研究和创造美丑转化的最适宜的条件，从不断的运动、变化、发展中，认识、掌握和运用生态美的客观规律。

生态美学是生态文明建设大系统工程中的重要组成部分，是由生态学和美学的结合和嫁接而产生的新兴现代前沿科学。它一方面是从美学的视野对生态规律的科学认识、把握和运用；另一方面，又是将美的规律与生态规律作为统一体进行互通、互补进行探讨和研究。恩格斯早就指出：“我们必须时时记住：我们统治自然界，决不像征服者统治异民族一样……相反地，我们连我们的肉、血和头脑都是属于自然界，存在于自然界的；我们对自然界的整个统治，是在于我们比其他一切动物强，能够认识和正确运用自然规律。”[①]从目前对“生态”的广泛理解来看，应当分清几类不同领域和层面的“生态”，即“自然生态”、“社会生态”和“人文（文化）生态”。生态美学的研究对象，涵盖以上所有的方面，由此又形成许许多多生态美学分支学科。

生态美学与环境美学、景观美学、仿生美学、旅游美学、园林美学、生活美学、生理学美学、工业美学、劳动美学、生产美学、技术美学、设计美

① 《马克思恩格斯全集》第20卷，第519—520页。

学、医疗美学、建筑美学、文艺美学等美学分支学科，可以看作是同一家族和谱系的姊妹学科；相互之间有着紧密的联系，在某些方面甚至是交叉和重叠的。因为它们都是在不同的领域和层面以不同的视角和方法来认识、把握和运用“美的规律”。生态哲学的世界观、自然观、社会观和历史观，从根本上影响和制约着生态美学观。生态政治学、生态伦理学、生态经济学、生态教育学、生态心理学，以及人类生态学、生态人类学、医学生态学等等，则与生态美学同属于另一科学家族的成员。生态美学还同时属于生态文化学中的一个组成部分，包括生态文艺学、生态艺术学，等等。

二

生态美学研究的重点对象和核心范畴是生态美。围拢着生态美这一特殊形态，进行多层面的探讨和研究，构成生态美学思想发展史、理论系统原则和实践应用的框架系统。目前，公认的、整体的、科学的生态美学独立学科，仍处于形成的过程中。而关于生态美学中的基本范畴——生态美的理解，学术界也是众说纷纭、各抒己见。这对于理解这门新兴学科的研究对象、性质、体系结构和使命，都是至关重要的。就我个人的理解，生态美是一种独特的美的类型，它特指以生态的观点和维度来审视和剖析自然美、社会美和艺术美中的事物和现象；它除了符合普遍的、共同的“美的规律”，还具有自己独特的个性。一般说来，这种独特性至少可以概括为系统性、综合性、动态性和平衡性。

首先，生态美学对各种形态的美的探讨和研究，是一种系统的认识和把握，是用网络系统和整体性的观点将各种不同类型和样式的事物和现象，放在相互联系和依赖的一定系统结构中去分辨、看待和判断美与丑。一般系统论或普通系统论的创始人贝塔兰菲早就主张，应当把有机体当作一个整体或系统进行研究，强调生物学的主要任务是发现生物系统中一切层次上的组织原理。在某种意义上，生态美便是一种由多个元素组合而成的具有一定结构整体的关系美，是符合生态系统结构普遍联系、相互作用的原理和规律，达到和谐一致的美的事物和现象。这种“关系美”并不是所谓的“主客观结合”的“审美关系”，更不是“自然的人化”或“人化的自然”的关系；而是生态自身内在的本质关系，是客观存在于自然界、人类社会和文化艺术中的现实美和人文（文化）美。

苏联著名美学家奥符相尼柯夫在他主编的《大学美学教程》中早就提出：“自然界的审美资源还由于环境的许多组成部分之间产生的各种联系、由于这些组成部分的自然组合而得到丰富。例如，各种风景——在种种生态系统的基础上产生的综合体——就是这样的。它们由许多具有审美表现力的部分（丘陵与山谷，高山与平原，海洋与湖泊，大江与小河，小溪与沼泽，以及各种阔叶林、针叶林和混生林）组成，这些部分由于各有独自的丽质，而形成新颖别致、千姿百态的组合体。同时，每一景观的面貌还随着一年四季的变化和一早一晚的变化，随着气候条件、太阳位置、云彩形状、池塘倒影等的变化而变化万千。”[①]其实，社会生态美和人文生态美，同样都是“在种种生态系统的基础上产生的综合体”。“人的本质并不是单个人所固有的抽象物。在其现实性上，它是一切社会关系的总和。”[②]而人文（文化）生态系统，既包括对自然生态系统的认知、驾驭和利用，又必然要在社会的、历史的生态运行中去掌握和维护生态调节和保持生态稳定。

其次，与此相联系，作为生态美学主要分析和研究的范畴——生态美，一般表现为综合美。“自然界万事万物的普遍联系和相互作用，是自然美的综合形态形成的客观基础。又由于自然界事物的普遍联系和相互作用集中表现为生态系统，所以自然界的生态系统往往成为自然美综合形态的基础，直接

① [苏联]奥符相尼柯夫主编：《大学美学教程》，莫斯科高等学校出版社1983版，第451页。

② 《马克思恩格斯选集》第1卷，第56页。

决定着自然美综合形态的面貌。”[1]这种生态美的普遍联系和关联性，不仅集中和显著地表现在自然生态中，同样也普遍地存在于社会生态美和人文（文化）生态美。古代罗马美学家朗吉弩斯早就在《论崇高》中写道：“文章要靠布局才能达到高度的雄伟，正如人体要靠四肢五官的配合才能显得美，整体中任何一部分如果割裂开来孤立看待，是没有什么引人注意的；但是所有各部分综合在一起，就形成一个完美的整体。”[2]这也许是人类最早从理论高度对生态美的综合性和整体性的敏锐观察和概括，不过还未上升到系统性和辩证法的自觉认识。

黑格尔在《美学讲演录》中进一步发挥和论证了美的综合性和整体性思想，他认为，与动物不同：“人的身体属于较高的一级，因为人体到处都显出人是一种受到生气灌注的能感觉的整体。他的皮肤不像植物那样被一层无生命的外壳遮盖住，血脉流行在全部皮肤表面都可以看出，跳动的生命的心好像无处不在，显现为人所特有的生气活跃，生命的扩张。就连皮肤也到处显得是敏感的，现出温柔细腻的肉与血脉的色泽，使画家束手无策。”他又说：“心灵的个体本身是一种借心灵性作为中心点而结合起来的整体。在它的直接现实中，它只是零碎地显现于生活，行动，不行动，愿望和冲动，但是它的性格还是要从它的一系列的行动和经验才可以认识出。”[3]1989年由苏联莫斯科政治读物出版社出版的《美学辞典》（由阿·阿·别利亚耶夫、列·伊·诺维科夫、柏·伊·托尔斯特赫主编）曾经解说道：“人是生物圈不可分割的一部分，也是对生物圈进行历史改造、并同生物圈一起对自身进行改造的一支力量。”[4]黑格尔从辩证思维的角度深刻地指出了美的整体性和系列性，美的内在本质和外部现象的统一性；不过，所有这一切在他那里都是从客观唯心主义的“思想的自

① 严昭柱：《自然美论》，湖南人民出版社1988年版，第257页。

② 《西方美学家论美和美感》，商务印书馆1981年版，第48页。

③ 《美学》第1卷，人民文学出版社1959年版，第184页。

④ [苏联]阿·阿·别利亚耶夫等主编：《美学辞典》（1989），东方出版社1993年版，第337页。

我发展”，以及“美是绝对理念的显现”这个定义出发的，是头脚倒置的，必须把它再颠倒过来。

再次，生态美又是动态的，因为无论是自然界还是人类社会，都“不是坚实的结晶体，而是一个能够变化并且经常处于变化过程中的机体”。恩格斯写道：“当我们深思熟虑地考察自然界或人类历史或我们自己的精神活动的时候，首先呈现在我们眼前的，是一幅由种种联系和相互作用无穷无尽地交织起来的画面，其中没有任何东西是不动的和不变的，而是一切都在运动、变化、生成和消逝。”[①]生态系统中的物质和现象，都是处在不断循环和转化的过程，美与不美同样也是如此。“生态”既然是指一种“生存状态”，它便永远处于运动和发展的过程中，处于不断地动态的进化过程中。从产生到成长、发展再到消亡，周而复始、绵延不断。生态平衡的动态性，正是通过个体生命的有生有灭而达到生命系统生生不息的上升、发展历程。

生态系统是一个由生物群落及其生存环境共同组成的动态的平衡系统，各个组成部分之间不断地进行着物质变换和能量流动，处于相互依赖、互相制约的动态变化之中；一般来说，当这种相对的稳定达到成熟状态和能够正常维持时，便是符合“美的规律”的。而当外部环境或内部机能遭到污染和破坏，失去了系统稳定和平衡，就会危及人类、生物或无机体的生存、生长和发展，丧失美的客观存在的基础。生态智慧的扩展、深入和提升，全在于对客观规律的不断地认知和把握。原始社会的自然界，与人处于对立的矛盾状态，在人的意识中是可怕和恐怖的，没有美感可言。进入到人类社会的文明阶段，人类认识和掌握了自然规律，其中包括“美的规律”，才能分辨美、喜爱美和创造美。而一旦破坏了人与周围环境的整体性、依存性、互容性，美便可能转化为丑。如上所说，生态美便是经常处于这种美丑的矛盾的对立和统一之中，并且在一定的条件下相互转化的。

---

① 《马克思恩格斯选集》第3卷，第359页。

最后，动与静是互相对立统一的，生态美还必须具备平衡性；从这样的视野来看，生态美也可以称之为和谐美。生态系统在一定的时间内，结构和功能、包括生物种类组成、各个种群的数量比例，以及能量和物质输入、输出等等，在外来的干扰下，通过自身的调节和控制，能够处于相对稳定或静止的状态，这就是“生态平衡”。依存性便是保持生态平衡的重要性能，它指的是生态系统中的各个组成部分，能够在统一性中互相包容、相互配合，维护系统的平衡性和稳定性。而生态危机则破坏了这种状态，它超越了生态系统的自我控制和调节能力，造成平衡被破坏即生态失调，无法恢复到生态应有的正常状态。

环境和机体受到污染后，通常会有一定的自我调节和自净的能力，由生态平衡遭到破坏，到逐渐恢复正常状态，这便是生态的自然净化功能。因此，合理地发挥和利用环境的自净作用，对于保护环境、恢复生态平衡和再造生态机能，具有重要的意义。然而，在相对静止和稳定的表面现象背后，却掩盖着不停的流动和变化。环境的自净作用是有限的，由量变到质变往往有一个过程；超出了自净能力的极限，便会爆发不同程度的生态公害，这也是生态危机通常都有一个潜伏期的原因。针对这种状况和现象，在维护生态平衡的过程中，应当有科学的预见性、前瞻性，时时处处密切关注生态的微妙变化。

生态美具有的系统性、综合性、动态性和平衡性，使它显著地区别于其他美的形态。在全球化的新的21世纪，人类面临的重大挑战之一，便是地球的局部地区甚至整个生态系统结构和功能的严重破坏，从而威胁人类社会的生存和发展。社会主义生态文明建设提出了建设以资源环境承载力为基础，以客观的自然生态规律、社会生态规律和人文生态规律为准则，以可持续发展为目标的资源节约型、环境保护型、生态文明型的和谐社会。这就是说，人类社会的生存、进步和发展，首先要有可持续发展的环境，要保护和维持最基本的动态平衡。只有良好的生态环境，才能提供人类良好的生存（生活）条件、社会物质生产条件、社会人文（文化）发展条件。

1985年由苏联经济出版社出版的卡扎里诺娃的《美·趣味·经济》一书的第1章“物质环境与经济”中写道：“当前，创造一个理想的外部环境，已成为人类世界的重要的迫切问题。环绕着人的物质空间，对于人类生活有着巨大的影响，其中包括对人的美感和审美趣味的培养起着潜移默化的作用。这是一个与社会物质基础有着不可分割的联系的社会问题，同时也反映着社会的文化水平、艺术的审美趋向和理想。”[①]系统性、综合性、动态性和平衡性一般都是混合、交叉、渗透于生态美的整体之中，只不过随着内外条件的不同和变换，显现的程度和强度时有不同。这里要再次强调，生态美学的研究对象和内容，不仅仅是自然美，而应包括社会美和人文（文化）美，是三者的结合和统一。创造理想的外部大环境，必须从提高对生态美的认识，建立科学的、宏观的、全面的“审美趋向和理想”出发，这已成为新世纪全人类的“共识”，同时，也赋予生态美学更加神圣的责任。

三

全球化、多极化时代的生态文明建设，是一个广泛而又复杂的长时期的宏伟项目。如上所说，“生态文明”的概念，应当涵盖相互依存和互相影响的“自然生态”、“社会生态”和“人文（文化）生态”；它关注的重点是“自然生态”、“社会生态”和“人文生态”的互通、互动、互补的关系，同时，还涉及“文化生态学”（“关注人类社会或某个族群对其生存环境的适应问题，强调人对自然世界的体验通过文化的媒介形成技艺配置以及经济、社会组织这些载体。”）覆盖地球每一个角落而“牵一发而动全身”的生态保护和可持续发展，是全人类的共同职责，也是造福子孙万代的永无休止的神圣事业。生态美学同其他相关的分支学科一样，承载着建设全人类理想生态文明的社会职责和重大使命。

① 《世界哲学年鉴1987年》，第236页。

生态美学属于现代交叉科学的第三代——新兴的横向学科；它在“调整空间结构，促进生产空间集约高效、生活空间宜居适度、生态空间山清水秀”等方面，都可起到积极的促进作用。不仅如此，“生态学美学注意现代人对周围环境的影响的全球性质，并确定美与丑观念、审美规范与审美趣味观念的变化，以地理条件、地区条件及文化历史条件为转移。生态学美学对日常的实物形式与艺术形式也表现出兴趣，这些形式是人们的生活方式与感受世界的方式的物质基础”。它将各种生态学原理和方法论吸收和应用于美学研究和实践，让人们的精神生态、思想生态、文化生态，以及审美观念、生产方式和生活方式，都覆盖和描绘上浓浓的、生机勃勃的、鲜艳夺目的绿色。生态美学的丰富、完善和发展，还有相当大的广阔空间。

社会主义生态文明建设，将生态学因素列为塑造未来环境的中心地位，并使它与其他各种因素融为一体。这样，生态文明建设理应既有应对当前严重生态危机的、急迫的、需要解决的整治措施，还要有根本的、长远的、科学的未来预测和规划。无论是“人类中心主义”还是“自然中心主义”，都是片面的、形而上学的观点。因此，除了尊重自然、顺应自然、保护自然，按客观规律认识自然、利用自然、改造自然，更要注重社会生态和人文（文化）生态的建设和发展，这样才能从源头上扭转各类生态环境恶化，创造出持续地改善和发展的自然环境、社会环境和人文环境，使理想的、和谐的社会人人幸福，那样才能建成人类真正的、共同的美丽家园。

生态美学与环境美学（环保美学）的关系是非常密切和复杂的，但在两者之间并不能完全画上全等号。从学科的发生史上看，环境美学无疑要早于生态美学；后者是前者的延伸和拓展。按照当前一般的看法，自然环境包括人类生活的一定的生态环境、生物环境和地下资源环境。各种天然因素的总体都可以说是自然环境，但严格地说只有具有一定生态关系构成的系统整体，才能称为生态环境。因此，生态美与环境美并非是完全等同的范畴；生态环境仅是自然环境的一种，并非全部等同于自然环境。仅有非生物因素组成的整体，虽然可以称为自然环境，但并不能叫作生态环境。同样地，社会环境中既有包括自然环境在内的自然生态环境，还有更重要的“一切关系的总和”的社会生态环境，以及由历史和传统形成的各类人文（文化）生态环境。

生态美学只是美学的一个分支学科，它的研究范围和视角既具有独特性、优越性、现实性，同时又有一定的时限性、侧重性、局限性。生态美学的研究范围和方法论，都与科学的美学有不同程度和不同层次的区别。生态观并不能代替和超越科学的宇宙观、世界观、美学观，生态学更不是包罗万象的、统领一切领域的所谓“科学的科学”。如同生态哲学并不能完全替代科学的哲学一样，生态美学也不能等同和取代传统的、科学的美学。从整体上来看，生态美学不能最终地解答美学的基本问题、本质问题；相反地，由于对生态本质和观念问题的回答和解释不同，便可能会在美的本质和美的规律等根本性、原则性的问题上，得出不同的、甚至是对立的答案。实事求是地、严肃地看待和思考生态美学的前景，才是正确的、科学的态度。

恩格斯说：“经过长期的、往往是痛苦的经验，经过对历史材料的比较和研究，我们也渐渐学会了认清我们的生产活动的间接的、较远的社会影响，因而我们也就有可能去控制和调节这些影响。但是要实行这种调节，仅仅有认识还是不够的。为此需要对我们的直到目前为止的生产方式，以及同这种生产方式一起对我们的现今的整个社会制度实行完全的变革。”①资本全球化加快了生态危机的转移和扩散，生态殖民主义造成愈来愈严重地对生态美的摧残和破坏。社会主义生态文明建设与物质文明建设和精神文明建设是紧密联系、相互配合、相互促进的；生态文明是社会主义文明体系的重要组成部分，是社会主义基本原则的体现，在社会主义制度下才会高度自觉地承担起改善与保护全球生态环境的责任。“绿色革命”不可能超越和替代“制度革命”、“红色革命”，否则便可能走向另一种类型的“乌托邦”。只有从根本上变革不合理的生产方式和社会制度，改变资本、金钱和利润的统治地位，改造

① 《马克思恩格斯选集》第4卷，第385页。

"无所不能"、"无所不可"、"无所不做"的"绝对资本主体意识"，才能在全球层面上彻底地解决环境公平问题，也才能达到全人类未来的、科学的、理想的自然生态、社会生态和人文（文化）生态，高度协调一致、和谐发展的生态美境界。

（《太湖文化论坛第三届（杭州）年会中外专家论文提要集》；《文艺理论与批评》2013年第5期）

第三辑　文化探寻

中国特色社会主义文化与和谐社会

中国共产党迎来了90岁生日的大庆，回顾近一个世纪的历程，我们不能不为伟大的党和中华民族翻天覆地的巨变和进步感到无比的骄傲和自豪。在我国社会主义革命和建设事业取得举世瞩目、全球关注的胜利和成就的同时，有中国特色的社会主义文化和文艺也在不断地蓬勃发展。通常我们所说的“文化”，有广义和狭义之分。广义的“文化”或“大文化”，是指“人类创造的物质财富和精神财富的总和”，而其中与“物质文化”相对应的“精神文化”，既是观念形态或意识形态的文化，也是一般社会意识的文化。作为观念形态的文化属于上层建筑领域，包括伦理道德、政治、法律、宗教、文学艺术、哲学等等，它们都是一定的观念形态或社会意识体系，是人类文化的高级形态和核心内容，也就是通常所指的狭义的文化或“小文化”。文学艺术是“精神文化”中的重要组成部分和类别，是构建社会主义和谐社会的强大动力。“文艺”既是“文学艺术”的简称，也可以作为广泛的“文化艺术”的特称。

当前，我们正处在全球大变革、大调整、大发展的新的历史阶段，社会主义文化同样面临着新的机遇、新的任务和新的挑战。建设劳动人民理想的和谐社会与和谐世界，向有中国特色的社会主义文化提出了一系列新的理论和实践的新课题。在21世纪的第二个十年到来之际，随着文化越来越成为民族凝聚力和创造力的重要源泉、越来越成为“软实力”和综合国力竞争的重要因素，文化和文艺对于社会发展的促进作用及其潜移默化、陶冶情操、丰富人民的精神文化生活的功效也越来越突出和显著。我们应当面对现实中出现的种种问题，顺应时代的要求和人民的期望，努力以马克思主义的基本原理为指导思想，积极地、创造性地去认真思考和研究文化建设中的重大理论问题，并且尽可能地给予科学的、符合实际的判断和回答。这里，仅就“中国特色社会主义文化与和谐社会”这个中心课题对相关的几个问题初步谈谈自己的学习体会。

一 什么是社会主义和谐社会

“和谐”这个概念，通常的解释是“配合得适当和匀称”，它具有不同层次的含义。例如，数学层次中的“偶数”，即可以为“2”整除的整数，被称为“和谐的数”；黄金分割率是人们公认的典型的“和谐数”。现代西方心理学中的所谓“和谐理论”，与“平衡理论”相似，提出的是“一致性原则支配所有人的思想”。审美层次中的“和谐”，是“美”的范畴的重要因素，包括形式美的对称、平衡、均等，以及内容与形式的协调统一、和顺一致、均衡匀称等等。艺术层次中绘画的色彩、线条、构图的协调，音乐的“和声”、“和弦”，文学中结构、语言、风格的统一，建筑群中有代表性的巴黎“和谐广场”等等，都是“和谐”的不同表现。在哲学层次中，“和谐”指的是不同事物和现象的多样联系中形成有机配合、相互依存的各个比例关系恰到好处的整体。社会层次的“和谐”范畴，则是人类社会追求的理想境界，社会中各个不同性别、年龄、民族、种族、阶层、职业的人，都能和睦相处、和衷共济、互爱互助、和平共处、同舟共济、共同进步等等；同时，“人类的尺度”还与“自然的尺度”相适应和协调发展。社会主义和谐社会，是向人类社会最高发展阶段过渡的时期。在中外历史发展的漫漫长河中，“和谐”这个词语是随着社会的变革和进步而不断地变化和延伸的。

“和”与“同”是中国古代哲学的重要范畴。在先秦的《国语·郑语》中，记载了西周太史史伯对郑桓公的谈话，其中说道：“夫和实生物，同则不继。以他平他谓之和，故能丰长而物归之；若以同裨同，尽乃弃矣。”这里的

“和”，即“以他平他”，是指不同事物或不同因素的结合和协调，构成为差异性的统一。“同”，即“以同裨同”，则是指完全等同的事物或等同因素的重合，是排斥差异性的直接同一。“和实生物，同则不继”，是事物存在和发展的条件和形态；“同则不继”，就是说从完全相同的事物中，不可能产生新的东西，而只有不同事物的相互协调、和谐统一，才有可能“和实生物”。这里包含着朴素辩证法的思想。

随后，《周易》中的“泰”：“乾下”、“坤上”，表示宇宙中的两极，如阴阳、天地、明暗、男女、灵肉等等，由对立转化为“和谐”，化凶为吉，国泰民安。《中庸》中的“喜怒哀乐之未发，谓之中；发而皆中节，谓之和。中也者，天下之大本也；和也者，天下之达道也。致中和，天地位焉，万物育焉”，以及儒家的“天人合一”、“君子和而不同，小人同而不和”，道家的“无欲”、“无为”、“无争”等等，都是与提倡和谐思想相联系的。

西方从古希腊罗马时代开始，在众多思想家、哲学家那里，也一直不断地宣扬和谐观念。从毕达哥拉斯学派的“把杂多导致统一，把不协调导致协调”、“对立方面的统一就是和谐”；到赫拉克利特的“从对立的东西中产生和谐”、“自然是由联合对立物造成最初的和谐”；再到柏拉图的“谐和者，无形无体，灿烂庄严，寓于所以谐和之琴瑟之中”，以及他宣扬的《理想国》中的和谐理念；直到19世纪的空想社会主义者和俄国革命民主主义者，都曾不同地用各自的观念，描绘过心目中各式各样人类理想的和谐社会。

然而，只有在马克思主义诞生后，人类长期幻想的和谐社会和和谐世界，才有可能变为现实，才使和谐社会的乌托邦由假想成为科学，才使建构和谐社会成为工人阶级的自我认识和自我意识。马克思在总结巴黎公社的经验时曾经写道：“工人阶级并没有期望公社做出奇迹。他们并没有想靠人民的法令来实现现成的乌托邦。他们知道，为了谋得自己的解放，同时达到现代社会由于本身经济发展而不可遏制地趋向着的更高形式，他们必须经过长期的斗争，必须经过一系列将把环境和人都完全改变的历史过程。工人阶级不是要实现什么理想，而只是要解放那些在旧的正在崩溃的资产阶级社会里孕育着的新的社会因素。”[①]社会主义和谐社会，不是什么乌托邦，不是某些人的主观空想，而是人类社会历史发展的必然结果，是由资本主义社会孕育的新的人类最高阶段的合理的、理想的、大同的社会。

按照我的理解，我们所要建设的社会主义和谐社会，是中国特色社会主义所预定的未来社会的蓝图，是中华民族走向强大、繁荣、富强、昌盛的最终目的。这样的社会，应当是公平正义、充满活力、安定有序、诚信友爱、安居乐业、人与自然和谐相处的社会；是能够不断地解放生产力、发展生产力，消灭剥削、压迫、两极分化，消灭城乡对立、脑力劳动和体力劳动对立，“各尽所能，各取所需”、“以各个人自由发展为一切人自由发展的条件”的社会；是不需要国家、军队、监狱以及专政机构的社会。构建这样的人类理想的最高阶段和最高层次的和谐社会，是马克思主义通过对社会历史发展规律必然趋势的正确认识和掌握后，所作的关于未来社会的科学构想，以及描绘的人类社会的美好前景。

也就是说，社会主义和谐社会，不是仍然存在着剥削阶级和压迫阶级的社会；不是贫富差距越来越大、“朱门酒肉臭，路有冻死骨”的不公正的社会；不是尔虞我诈、“一切向钱看”、“人不为己，天诛地灭”的社会；不是以权谋私、权钱交易，荣辱不分、美丑不辨的社会；更不是独霸世界、穷兵黩武，以强凌弱、颐指气使的霸权主义社会。当然，也不是贫穷落后、国贫民困，财匮力乏，任人欺凌和宰割的社会。

中国特色的社会主义和谐社会，也不是民主社会主义鼓吹的“新资本主义社会”。科学社会主义与民主社会主义是两种在本质上根本不同的思想体系和意识形态。将西方社会党的民主社会主义，吹捧为“马克思主义的最高成果”，宣扬“中国走民主社会主义道路，就会开辟世界历史发展的新航道”、“只有民主社会主义才能救中国”，如同某些别有用心的人一样，将希特勒的

---

① 《马克思恩格斯选集》第3卷，人民出版社1995年版，第60页。

国家社会主义与科学社会主义完全混为一谈，这完全是故意制造混乱、混淆视听，是非不分、危言耸听。按照民主社会主义的纲领可以看出，实际上走的是一条资本主义的道路，是资产阶级自由化所鼓吹的道路，它不仅与中国特色社会主义所要建设的社会主义和谐社会宏伟目标风马牛不相及，而且无论在理论上还是实践上都是背道而驰的。建设有中国特色的社会主义文艺，必须以马克思主义为指导思想，按照科学社会主义的原则和要求，与种种似是而非的错误观点和言论划清界限。

二 强化生态文明意识，创造优化的精神生态系统

要建设社会主义和谐社会，不仅要在经济建设和社会建设中“保护生态环境”、“建设生态文明”、改善“生态质量”、树立“生态文明观念”，同时在精神文明建设和文化建设中，更应当注重和强化生态文明意识，创造和提供优化的精神生态系统环境，爱护和珍惜文化资源（包括人才资源以及物质文化和非物质文化资源），营造有利于出人才、出精品、出效益的良性循环的氛围，使中国特色的社会主义文化艺术，不断地、持续地、稳定地繁荣和发展，尽快地达到同全面建设小康社会的要求相适应、同人民日益增长的精神文化需求相适应、同我国的国际地位相适应。

要使有中国特色社会主义文化艺术为建设和谐社会做出应有的贡献，向着大发展、大繁荣的目标前进，就一定“要巩固马克思主义指导地位，坚持不懈地用马克思主义中国化最新成果武装全党、教育人民，用中国特色社会主义共同理想凝聚力量，用以爱国主义为核心的民族精神和以改革创新为核心的时代精神鼓舞斗志，用社会主义荣辱观引领风尚，巩固全党全国各族人民团结奋斗的共同思想基础”。这就是说，我们要建设的社会主义和谐社会，是应当体现社会主义本质的社会，是与其他社会历史时期和社会阶段出现的“和谐社会”在性质上有着根本区别的特定的社会；我们要建设的和谐文化，是以社会主义核心价值体系为吸引力和凝聚力的人民大众的先进文化，是属

于列宁所说的那种不“依赖钱袋、依赖收买和依赖豢养”的精品文化，是不断推动社会主义精神文明建设向前发展的最优秀的文化，当然，也是不愧为人类社会宝贵精神财富的最鼓舞人心的尖端文化。

马克思主义文艺学（包括文艺理论、文艺发展史和文艺批评），在建设社会主义和谐社会和和谐文化的整个过程中，自始至终起着重要的特殊作用。在中国特色社会主义社会的建设中，要创造精神生活和文化生活的生气勃勃的良性循环的生态系统，必须坚持为人民服务、为社会主义服务的方向和百花齐放、百家争鸣的方针；必须把握正确的导航思想，明确社会主义核心价值体系是社会主义意识形态的本质体现；必须增强社会主义意识形态的吸引力和凝聚力，大力弘扬爱国主义、集体主义、社会主义思想。这是社会主义文化艺术保持生命力和活力的根基和土壤，也是创建社会主义和谐文化生态系统首要的必备的条件。

与此同时，还要根据精神文化生产的规律和特点，尽最大可能给予良好的、优化的、可持续发展的社会建设和生态建设的环境和空间。文学艺术作为一种精神生产，是一种特殊的、个体的复杂、精细的脑力劳动，带有创作者强烈的个性和创新性特征；同时，艺术生产的客观对象，又是无限丰富的现实生活，其服务的主要对象是广大的不同层次的人民大众。消费者的多样化，必然导致艺术生产品种的多样化，艺术风格和流派的千姿百态、千差万别。这样，文化艺术品的生产就必须与物质生产中通常的、普遍的批量生产和重复生产相区别，遵循个性与共性的辩证统一，鼓励开拓和创新精神，发挥个体的主动性、能动性和创造性，让百花齐放、万紫千红。

文学艺术的种类、体裁多种多样，文艺作品的内容、形式、题材、风格和手法的丰富多彩，这是个性、多样性的体现。但是，多种多样的文学艺术，不论就其包含的思想内容，赖以存在的社会基础，还是就其社会功能来说，都是个性与共性的对立和统一。中国特色社会主义文艺的发展方向是坚持为人民服务、为社会主义服务，这就是它们的共性。这个共性又必须通过丰富多彩的个性表现出来，即通过有各自具有鲜明特色的、有独具一格的不同种类、体裁、风格、流派、主题、形式等充分地展示出来。因此，就像列宁所指出的那样，在这个领域，是“不能作机械平均、划一、少数服从多数”，而要“绝对必须保证有个人创造性和个人爱好的广阔天地，有思想和幻想、形式和内容的广阔天地”。从根本上来说，这是包括文学艺术在内的文化“软实力”，与政治、经济、法律等上层建筑和意识形态的重要区别。我们应当充分调动和发挥“软实力”的特殊魅力和强大的威力，形成可持续发展的精神生态环境，为建设中华民族共有精神家园和社会主义和谐社会做出更大的贡献。

三 正确认识处理“和谐论”和“矛盾论”的辩证关系

正确地认识和处理科学的“和谐论”和科学的“矛盾论”的辩证关系，是建设社会主义和谐社会和和谐文化中应当明确的重要理论问题之一。如上所说，“和谐”这个概念，是与矛盾、对立、不和谐等概念并存的。将“和谐论”与“矛盾论”有意无意地绝对对立起来，是严重的理论误区和误导。黑格尔这位唯心主义的辩证法大师，在他的《美学讲演录》中谈到“和谐”时便说：“比单纯的符合规律更高一级的是和谐。和谐是从质上见出的差异面的一种关系，而且是这些差异面的一种整体，它是在事物本质中找到它的根据的。和谐关系已越出了符合规律的范围，正如符合规律虽包含整齐一律那一方面而同时却超出了一致和重复。但是同时这些质的差异面却不只是现为差异面及其对立和矛盾，而是现为协商一致的统一。”[①]这里反复强调的，正是和谐与差异性、矛盾等的对立统一。

世界上的一切事物和现象，都是矛盾的对立和统一。矛盾的对立统一规律是一种客观存在，任何人都无法否认和回避。用形而上学、玄学的眼光去

---

① 黑格尔：《美学》第1卷，人民文学出版社1959年版，第176页。

观察世界，不承认矛盾的普遍性和特殊性，不努力去处理和解决矛盾，不管动机如何，效果总是与良好的期盼和愿望背道而驰。在矛盾对立统一中，对立和斗争是普遍的，主导的，决定着事物的性质，而“我们在日常生活中所看见的统一、团结、联合、调和、均势、相持、僵局、静止、有常、平衡、凝聚、吸引等等，都是事物处在量变状态中所显现的面貌”[①]。因此，只有适时地抓准、抓对、抓好主要的矛盾和矛盾的主要方面，并通过正确的、有效的方法加以处理和解决，才能向和谐、统一、团结方面转化，社会才能持续地进步和向前发展。解决矛盾需要通过斗争，斗争的形态和方式则各有不同。对敌对势力和犯罪分子，是镇压和管制；对人民内部矛盾，通过教育、说服、争鸣、辩论、竞争和竞赛解决。但归根到底，无论如何都需要一定的、恰当的斗争，没有不同形式、不同程度的斗争是达不到和谐的。

毛泽东说：“文艺界的主要的斗争方法之一，是文艺批评。”和谐社会并非无差别、无矛盾的纯粹的空想的“乌有之乡”；在未来的人类理想社会中，仍然还会有人与自然界的矛盾，先进与落后的矛盾、男女性别的矛盾，以及年龄差别带来的种种矛盾。和谐文化并非永远是无原则的一团和气，互不沟通、交流、交锋的“和平共处”的文化。何其芳曾经出版过一本书，书名便是借用斯大林的话：《没有批评就不能前进》。科学的文艺批评是马克思主义艺术学的重要组成部分，是推动文学艺术繁荣发展的主要手段和力量。没有科学的文艺批评，文艺学无法成为真正的、完整的科学。文艺批评既是创作和欣赏、作者和读者之间的桥梁，又是理论的运用和检验。早在19世纪30年代，俄罗斯伟大的诗人普希金便说：“批评是一门科学。批评是揭示文艺作品的美和缺点的科学。它是建立在彻底理解艺术家或作家在其作品中所遵循的规则、深入研究典范作品和积极观察当代的突出现象的基础上的。”[②]所以，

① 毛泽东：《矛盾论》，《毛泽东选集》第1卷，人民出版社1955年版，第799页。

② 《普希金论文学》，漓江出版社1983年版，第150页。

别林斯基将它称之为“运动的美学”。

马克思主义的文艺批评，是以唯物辩证法和历史唯物论的世界观和方法论来观察、分析、研究文学艺术的各种现象，并加以总结和提升为科学的系统的理论和方法。通过正常的、平等的、有说服力的、科学的评论与辩论、批评与自我批评，才能消除不协调、不一致、不和谐的因素，取得共识或求同存异。正视矛盾并善于区别、处理、化解和解决矛盾，才会达到“协调一致的统一”，即“高一级”的和谐，这才是真正的、有效的、名副其实的“尊重差异、包容多样”。社会主义文艺不但应当并善于反映和表现社会生活中的矛盾和斗争，而且还要通过批评与自我批评，使自身在矛盾和斗争中前进和发展。“历史的辩证法就是这样。”

四 建设一支既能改造客观世界又能改造主观世界的文艺工作者队伍

与此相联系，还有一个为许多人忌讳的话题：“客观世界和主观世界的改造”。社会主义文艺队伍的建设和人才的教育培养，应当是以出精品和出效益为前提和目的的；没有德才兼备、德艺双馨的作家、艺术家，即优秀精神产品的创作者和生产者，是不可能创造出真正受到广大人民群众喜闻乐见的优秀作品的。

毛泽东曾经将“批评与自我批评的作风”作为与“理论和实践相结合”、“和人民群众紧密地联系在一起”并列的党的“新的工作作风”之一。他经常引用“流水不腐，户枢不蠹”的成语，勉励全党“放下包袱”、“开动机器”，不要“陷入盲目性，缺乏自觉性”。他在一次陕甘宁边区劳动英雄大会上，面对劳动英雄模范们语重心长地说：“我们脸上有灰尘，就要天天洗脸，地上有灰尘，就要天天扫地。”“我们应该抑制自满，时时批评自己的缺点，好像我们为了清洁，为了去掉灰尘，天天要洗脸，天天要扫地一样。”文艺工作者被誉为人类灵魂的工程师，如果自身没有高尚的情操、不断进取的精神和敏锐的感受力，站不高、看不远，故步自封、自以为是，鼠目寸光、虚舟飘瓦，又怎么可能创作出与社会、时代同步，与人民大众同呼吸、共命运，引领先进文化思潮、具有永久魅力、经得起时间检验的优秀精神文化产品呢?

周扬在1944年编辑《马克思主义与文艺》一书后撰写的《序言》中，写过这样一段话："中国革命文学运动是在大革命失败之后旺盛起来的，这个运动在中国文学史上是破天荒的伟大运动，对革命事业的贡献有它一定的地位，这是谁也不能否认的。但是这个运动也有它严重的缺点。革命文学的许多作者都是'被从实际工作排出'的青年，在他们身上，对于实际的疲惫情绪和革命的狂热幻想结合在一起，他们没有放弃斗争，却离开了群众斗争的漩涡的中心，而在文学事业上找着了他们的斗争的门路。他们各方面都表现出小资产阶级的思想情感，但却错误地把这些思想情感认做了无产阶级的思想情感。因此文艺工作者的思想意识的改造就没有提到日程上。这就形成了革命文艺运动的最大的最根本的缺点。"①我想，这段话的作者周扬是将自己也包括在"有它严重的缺点"之内的，因为当时已是延安整风后期了。他概括和指出的"文艺工作者的思想意识的改造"问题，其实对于马克思主义艺术理论的建设和发展是至关重要的。半个多世纪的风风雨雨已经过去了，这个问题却似乎变得更加显露和突出。

马克思主义文艺学是科学的理论，中国特色的社会主义文艺是先进文化的结晶和精神食粮；它不是像某些人描绘和渲染的那样，是可以"恶炒"出来的。有人说："在中国要想成为一个作家很容易。"的确，仅中国作家协会会员目前即达7690位；如果再加上各省、市、区分会的会员，早已远远超过5位数了，而且每年还在递增着。由此可以推断，"在中国要想成为一个文艺理论家也很容易"，因为作家、艺术家需要吹嘘和捧场总是源源不断、供不应求。据"汉语盘点2006——用一个字和一个词描述2006年的中国和世界"活动网

① 周扬编:《马克思主义与文艺》，解放社1949年版，第10页。

上票选，语言学家们运用高科技的精确统计，选出中国和世界的4个关键字词。“炒”字已是我国媒体上出现的频率最高的占领首位的词汇了。它超过“和谐”、“乱”、“石油”等等。不仅相当一部分作家、艺术家以“恶炒”换取名利双收，有的文学艺术评论和理论家竟然也以“炒作”职业为荣。

几年前，英国广播公司发布过一篇题为《中国伪娱乐新闻的“恶炒”》的报道。文章概括地说：“当下中国，每每歌星发专辑，演唱会启幕，作家出新书，影视片开播，选秀节目造势，总有‘猛料’假新闻神秘出街。唯有‘出位’，才成话题。”报道列举了近年来在我国媒体上出现的许多“恶炒”，最后一段举的例证是：“今春某位作家复出，先是在一份文学杂志上‘对话’，但未见波澜；后在两家颇具影响力的媒体上，对精心挑选的名人‘骂街’，被骂者深知对付炒作的最好办法就是不予理睬，开骂最终打水漂；他急了，又跑到一家电视台自曝吸毒和嫖娼经历，这才引起些许反响，不过与他预想的还差一大截。他一再闹腾人们觉得他精神出现问题，他又主动去心理访谈节目看所谓的心理医生。他表面疯狂的背后，隐藏着精明的算计：他的一部新书出版。据出版方披露，如果仅仅依靠图书发行，许诺给他的高额版税至少要发行70万册才能达到，但目前发货仅20万册，各地又纷纷退货，最终估计发行10万册。自我标榜‘我是流氓我怕谁’的这位作家如此炒作，看来真是山穷水尽了。”报道评论说：“伪娱乐新闻成灾，但在中国却没有法律来管，真让百姓头疼。”如今，这类国外报道在我的印象中已不止一两篇，列举的事例也绝非独一无二、极其个别。可对这类现象听之任之、不闻不问，甚至不以为耻，反以为荣，难道果真是发展和繁荣中国特色社会主义文艺的必经之地和必由之路吗？难道我们的社会主义和谐社会和和谐文化建设，是通过千方百计、不择手段地“炒作”就可以实现的吗？

“教育者必须首先受教育”，改造客观世界必须以改造主观世界为前提，在对客观世界的改造过程中同时改造主观世界。否定的否定是唯物辩证法的规律，没有对过去的不足、缺陷以及失误、失策、失败的反思、反省，从中总结经验、吸取教训，就不能提升和前进。美学观和艺术观是价值观和人生观、世界观的一部分，树立正确的价值观必须端正人生观和世界观。总结以往成败得失，不断地学习和提高，不断地创新和发展，就是一个自我否定、自我改造和自我提高的过程。我仍然坚信，“活到老，学到老，改造到老！”是颠扑不破的有益的真谛，它应当成为每一个马克思主义文艺工作者的座右铭。

（《武陵学刊》2011年第4期；《当下视野中的毛泽东文艺思想》，吉林大学出版社2012年3月版）

论文化的自觉、自信、自立和自强

新的21世纪迎来了一个全球化、多极化、市场化的世界，从“生产国际化”、“经济一体化”、“贸易全球化”开始，人类社会已进入到所谓“全球意识”的新时代。扮演“软实力”角色的人类社会的文化，在社会发展中的地位和作用越来越重要和突出，与政治、经济、科技的相互渗透和互相结合，日益明显和紧密。“文化力”作为与“硬权力”相对应的“软实力”，越来越受到各国的重视。“软实力”固然不能完全等同和替代“硬权力”，但在一定的时间和条件下，可以发挥和展现其特殊的、极其重要的影响和作用。它在无声无息、潜移默化之中，“随风潜入夜，润物细无声”（杜甫：《春夜喜雨》）。其魅力和威力，有时难于预料和估量。民族的独立和复兴，离不开文化的自觉、自信、自立和自强。

一 文化的自觉需要对文化的科学认识

全球化的新的21世纪，给人类社会带来的既有种种难解的新课题和意想不到、变化莫测的困境，同时又存在着巨大的挑战和机遇。庞大的世界性的联系，包括自然联系、经济联系、人口流动联系、技术联系、服务传递联系、管理和组织联系、社会联系，直到政治、军事、文化的联系，越来越显得复杂化和多样化。文化具有广泛的普遍性，同时还带有部分的强烈的社会意识形态性，处理好“大文化”与“小文化”之间对立、矛盾和统一的关系，是带有原则性的根本问题。因此，文化在和谐世界的建设中，是与政治、经济、科技等因素并驾齐驱的。全球化格局下文化的经济属性和功能，显著地变得更加突出和加强。文化的经济效益，更为人们所重视；文化产业在国民经济中的比重，越来越提高，并成为新的增长点；工业经济“一体化”和“全球化”带来的生态破坏和自然资源的无穷消耗，提醒人们要以文化产业和文化输出作为替代。文化的科技含量和科技的文化内涵越来越成为双向互补、互助的推动力。要建设屹立于世界大国、强国之林，没有必要和足够的文化“软实力”决不可能。全球性的金融和经济危机的爆发和蔓延，更加速和扩大了对提升文化自觉性的共识。

树立高度的文化自觉，首先就是要对文化的本质有科学的认识。一要有唯物的头脑，二要有辩证的思维。所谓“唯物论”，就是“从客观的真实的情况出发，而不是从主观的愿望出发”，实事求是，按客观规律办事。所谓“辩证法”，就是全面地、系统地、动态地看问题，不能片面地、静止地、僵化地对待包括文化在内的一切事物和现象。关于人类文化的解说和定义，先后已有数百种之多。它们虽然各有千秋然而又各有所失，都未能从根本上找到揭示文化之谜的钥匙。唯物论和辩证法是人类文明几千年积累的最先进的智慧结晶，马克思主义的哲学基础确定为辩证唯物主义和历史唯物主义，绝非偶然，而是经过了无数的坎坷曲折、风驰电掣。正如列宁所说：“马克思的全部天才正在于他回答了人类先进思想已经提出的种种问题。”[①]马克思主义的伟大贡献之一，就是明确地指出了“政治、法、哲学、宗教、文学、艺术等等的发展是以经济发展为基础的。但是，它们又都互相作用并对经济基础发生影响作用”[②]。“一定的文化（当作观念形态的文化）是一定社会的政治和经济的反映，又给予伟大影响和作用于一定社会的政治和经济。”这样，就为科学地认

① 《列宁选集》第2卷，人民出版社1972年版，第441页。

② 《马克思恩格斯选集》第4卷，人民出版社1995年版，第732页。

识和解释文化，以及如何看待和处理文化与经济、政治、科技等的关系，打下了牢实可靠的根基。

“自觉”是一种主体的能动功能，是对自己的正确认识，是认识客观规律性的前提和动力。《老子》中说：“知人者智，自知者明。”知人知世必先知己，有自知之明；没有对自我主体高度的、清醒的、透彻的认识和评价，谈不上有所前进、有所提高。反之，对于客观对象的认识越来越多、越广越深，又会不断增强自己的自信心、自尊心、自豪感。有无自知之明关系到个人前程、理想境界，甚至影响到身家安危、邦国存亡。文化自觉的重要性之所以不言自明、不可估量，正是在这里。当然，这里所说的“自知之明”，是对自己正确地、实事求是地认知和评价，而不是主观地自以为是、孤芳自赏，自我陶醉、自负才华。

“自觉”同时是修身养性的根本，是道德行为规范，是自我意识的深层表现。在对自我科学认识和判断的基础上，才能调节和规范自我，进行自我教育、自我改造，达到自我发展、自我完善的目的。佛典《大乘义章》告诫：“既能自觉，复能觉他，觉行圆满，故名为佛。”“自觉”是“觉他”的前提，“教育者必先受教育”。只有对佛道的“自觉”，自己觉悟，以身作则，见诸行动，才能感染对方，开导旁人，打动别人，达到“觉行圆满”的目的。从文化意识的演进角度来看，自觉的驱动力更为突出和重要。

无论是作为“人类创造的物质财富和精神财富的总和”的广义的“大文化”，还是作为“当作观念形态的”狭义的“小文化”，它们都是有特殊的含义和界定的，不能泛化和滥用。例如，人类在物质生产中创造出的实物或实体产品，如粮食、衣服、桌椅、机器等等，只是显露的外在材料或物化形态，本身不能看作是什么文化；只有人在这种物质生产中凝聚和沉淀的创造性精神成果，包括技能技艺、风俗习惯、知识结构，以及语言符号等等，才有可能构成物质文化。而作为社会文化的核心部分和高级形态的精神文化，既有一般的社会意识的文化，更有观念形态或意识形态的文化。“文化是个筐，什么都往里装”并非文化的自觉，而恰恰是文化的迷失和缺失。人类社会进步需要的是能够推动发展的、有益的、科学的先进文化，而并非伪文化、泛文化、反文化、滞后文化，以及庸俗、低俗、媚俗文化。

自觉是人类特殊的、有目的的、有远见的意识活动；树立高度的文化自觉，应当对文化在社会发展中的地位和作用有清醒的认识。一个国家、一个民族的持续发展，不能仅仅只是一时的物质的、经济的强大和繁荣；物质生产的最重要的要素是善于掌握生产工具和科学技术的生产者，即有高度文明和先进知识的人。物质生产最终制约和决定着人口生产和精神生产，可精神生产（包括文化生产）反过来又对人口生产和物质生产产生积极的、能动的、强大的反作用和影响力。人类社会的发展，离不开人的文化素质的提升和优化。1998年联合国教科文组织在斯德哥尔摩召开文化政策促进会，发布《文化政策促进发展行动计划》，其中强调提出："文化政策是发展政策的最基本组成部分。""发展，最终要以文化概念来定义。文化的繁荣，是发展的最高目标。"只有深刻地认识到"文化是民族的血脉，是人民的精神家园"，才是完整的科学发展观，才会以文化概念定义"发展"。

树立高度的文化自觉，就是要充分地运用和发挥文化的功能和价值，让文化与政治、经济、科技保持协调地、持续地、稳定地互相配合和相互促进的关系，最终推动社会合理地、有序地不断发展。经济、科技和军事实力，是强国影响力的重要根基，文化的实力则是经济社会发展的重要支撑，而且涵盖着社会领域的方方面面，更具渗透性、更有持续性和更为无形无声无息而威力无敌。这种看不见的"软实力"和"竞争力"，对于全民族精神力量的充分发挥，对于现代化的国家繁荣兴盛，具有积极的引领作用，是任何时候都不能轻视和忽视的。"物质贫乏不是社会主义，精神空虚也不是社会主义。没有社会主义文化繁荣发展，就没有社会主义现代化。"有了这样高度的文化自觉，社会主义现代化建设和中华民族的伟大复兴，必然会在科学预见和科学发展的将来实现。

二 文化的自信源于对本民族文化的认定和传承

有了文化的“自觉”，才有对民族文化的自信心、自立感、自主意识，才能建设名不虚传的社会主义文化强国。正如毛泽东在新中国成立前夕所说的那样：“自从中国人学会了马克思列宁主义以后，中国人在精神上就由被动转入主动。从这时起，近代世界历史上那种看不起中国人，看不起中国文化的时代应当完结了。伟大的胜利的中国人民解放战争和人民大革命，已经复兴了并正在复兴着伟大的中国人民的文化。这种中国人民的文化，就其精神方面来说，已经超过整个资本主义的世界。”[①]中华民族具有五千年历史的丰富多彩、极具魅力的优秀文化传统，是世界上唯一的维系绵延不断的最古老的文明国家，也是最善于吸收一切外来文化精华的民族。中国共产党从它诞生的第一天开始，就一直具有高度的理论自觉和文化自觉意识，并且身体力行、始终不渝地从事着复兴“伟大的中国人民的文化”事业。“伟大的中国人民的文化”的坚定信念，鼓舞着一代又一代的中国共产党人与全国各民族人民一道，藐视困难，战胜邪恶，勇挑重担，不断前行。

在改革开放的大浪冲击转变时期，前些年曾经严重泛滥过历史虚无主义和民族虚无主义的极端错误思潮。例如，有个相当知名的“民族文化精英”，就一再声嘶力竭地公开叫嚣说：“对传统文化我全面否定，我认为中国传统文化早该后继无人。”“我无所谓爱国、叛国，你要说我叛国，我就叛国！就承认自己是挖祖坟的不肖子孙，且以此为荣。”可悲的是，当时与他一唱一和的还大有人在，有的宣扬要“针对中国的消极文化进行口诛笔伐”，有的则鼓吹“没有必要保存中国特色或中国传统”。这种赤裸裸的不加分析的怀疑一切、否定一切、打倒一切的恶性膨胀和恶语中伤，是对中华民族传统文化的彻底背叛。

① 《毛泽东选集》第4卷，人民出版社1991年版，第1520页。

在现代社会中，文化因素越来越凸现出重要的地位，与政治、经济的互补、互动、互通的作用更加明显。人类文明社会发展到一定的阶段，文化和政治制度、经济增长以及社会生活的关系日益密切。一个国家、一个民族的地位和影响力，往往与文化发展的形象、层次、水平和规模相联系。中国已经在经济方面取得了举世瞩目的成绩，成为世界的第二大经济体。在“硬实力”逐渐增强的同时，提升“软实力”的重要性正日益凸显。现代化社会的可持续发展和稳步前进，必须有强大的文化力的支撑。在党的十八大即将隆重召开的前夕，党中央向全国人民及时地发出号召：建设一个新世纪的文化强国，掀起文化大繁荣、大发展的新高潮。这既适时地把握了新世纪出现的世界大发展、大变革、大调整的新形势、新机遇，又符合广大人民群众对越来越要求提高和丰富精神文化生活的热切愿望。“文化是民族的血脉，是人民的精神家园。没有文化的积极引领，没有人民精神世界的极大丰富，没有全民族精神力量的充分发挥，一个国家、一个民族不可能屹立于世界民族之林。”无论从全面建设小康社会、文化在综合国力竞争中的地位和作用，还是从提升中华文化的国际影响力，维护国家文化安全来看，都更加紧迫地需要文化的自觉、自信、自立和自强。

“笃行信道，自强不息。”自觉与自信是一对孪生兄弟，有了对自我的恰如其分、恰到好处的符合实际的认识和觉悟，才会相信自己的能量和能动性而具有自信心。信念带来自信，自信才能信心倍增；文化的自信源于对本民族优秀文化传统的认定和传承。毛泽东早在抗日战争的初期，在中华民族解放战争的最艰难的阶段，就向全党发出号召：“学习我们的历史遗产，用马克思主义的方法给以批判的总结，是我们学习的另一任务。我们这个民族有数千年的历史，有它的特点，有它的许多珍贵品质。对于这些，我们还是小学生。今天的中国，是历史中国的一个发展；我们是马克思主义的历史主义者，我们不应当割断历史。从孔子到孙中山，我们应当给以总结，继承这一份珍贵的遗产。这对于指导当前的伟大运动，是有重要的帮助的。”[①]后来，在《新民主主义论》中，他更明确地指出：“中国的长期封建社会中，创造了灿烂的古代文化。清理古代文化的发展过程，剔除其封建性的糟粕，吸收其民主性的精华，是发展民族新文化提高民族自信心的必要条件。”[②]毛泽东不但强调了我国古代优秀文化对于“发展民族新文化提高民族自信心”的重要性，而且还对如何正确地对待和处理遗产作出了科学的分析。

文化的自信不是复古，不是倒退到以往的旧社会、旧时代，也不是“厚古薄今”、“颂古非今”，照猫画虎，猎奇搞怪，让现代人脱离现实，逃避现实，生活和沉醉于“穿越时代”、“虚拟世界”。无论是儒家文化、道家文化，还是法家文化，都属于中国封建社会的思想体系，都是为封建制度的经济基础和上层建筑服务的，都深深地烙印着旧的历史文化背景和局限。提高民族文化的自信心，首先必须分清文化的先进与落后，精华与糟粕，切忌生吞活剥、囫囵吞枣，更不能停留在形式主义的摹仿。如果像某些提倡“国学复兴”的人那样，热衷的只是办私塾、读古文，整日顶礼膜拜、摇头晃脑，诵读四书五经，死记硬背“人之初，性本善”；或者像个别人宣扬的“退回到八股文”时代，社会主义现代化强国怎能建成？社会主义先进文化建设又从何谈起？

前一段时间，人们还特别关注和质疑，“戏说历史”的宫廷剧、穿越剧泛滥成灾，“后宫”、“秘史”、“惊悚”、“迷幻”剧充斥荧屏、影院。从年初的《美人心计》、《宫锁心玉》到《步步惊心》、《武则天秘史》，再到《唐宫美人天下》、《后宫甄嬛传》、《凰图腾》，一年四季，春、夏、秋、冬不断。尽管这些剧的作者、编导一再地在媒体上声称，他们“尊重历史，不搞戏说”，“不仅是对封建社会的批判，对当代社会也是一种警示”；加上这些作品确实在

① 《毛泽东选集》第2卷，人民出版社1991年版，第533—534页。

② 同上，第707—708页。

某些故事的悬疑、情节的曲折、台词的细腻、演员的技巧和拍摄的创新上，都有不同程度的看点和显示出某些方面的亮点，吸引着部分观众的眼球，迎合现代社会某些人的心理需求，于是创下了一个又一个新的收视率和票房价值。然而，从整体上通观这些影视作品，无不贯穿着王朝后宫、府里府外，上下左右、男男女女的钩心斗角、争风吃醋，阳奉阴违、争名夺利，口蜜腹剑、口是心非，心狠手辣；在雷人囧照引人入胜的惊悚感中，很难看出什么正面的、积极的批判意识和警示作用。恰恰相反，观众被强烈吸引和打动的，正是这些被宣扬和美化的负面处世哲学和人生感悟，是那些陈旧的甚至腐朽的价值观念和消极因素。它们与弘扬优秀文化传统，提高民族尊严和文化自信，恐怕只能说是瞒天过海、迷惑视听，貌合神离、自欺欺人。

文化的自觉和自信，建立在对本民族的优秀传统文化历史地、辩证地、科学地、实事求是地自我认识和继往开来、推陈出新上。“我们必须尊重自己的历史，绝不能割断历史。”（毛泽东）源远流长、博大精深的中华文化，是全人类的宝贵财富，是中华儿女、龙的传人的骄傲。自信决非自负，更非痴妄，自信建筑在充实和自强不息的基础之上才有意义。要学会去伪存真、去粗取精，消化吸收、扬长避短，这样才有助于形成自己独特的文化自信心。社会主义文化建设是一项复杂的、长期的、系统的巨大工程，非一日一时即可大放异彩、大功告成，而更加需要坚持不懈、勇往直前、百折不挠、坚定不移的胆识和毅力。我们应当切记“文化大跃进”的经验教训，不能一哄而起、一步登天、急功近利、一蹴而就。据不久前的媒体报道，全国已建有上万家所谓“文化园区”，而九成以上名不副实或名存实亡；有的甚至沦落成为官员谋取政绩和利益，以及企业圈地牟利的手段。这与当前的文化工程建设不仅风马牛不相及，而且恰恰是背道而驰。毛泽东在《西行漫记》中回忆青年时期的经历说：“那时初学，盛夏水涨，几死者数。一群人终于坚持，直到隆冬，犹在江中。当时有一篇诗，都忘记了，只记得两句：自信人生二百年，会当水击三千里。”一个人、一个党、一个民族，只有具备这样的品性和特质，才能负载创造和建设人类优秀文化的重任。

三 文化的自立着眼于文化的自力更生

《吕氏春秋·自知》篇中说："存亡安危，勿求于外，务在自知。"唯有自立自强，才能赢得自尊和主动权；一个有所作为的个人、一个团结互助的家庭如此，一个独立的、有理想的国家如此，一个自强不息、发愤图强的民族也是如此。自强必须建立于自主、自立的基地之上，"自力更生，奋发图强"。社会主义文化自立的基本思想，照我看来，应当是"立足本土，面向八方"，"以我为主，兼收并蓄"，"古为今用，洋为中用"。费孝通说："生活在一定文化中的人对其文化有'自知之明'，明白它的来历、形成过程、所具有的特点和它的发展趋向，自知之明是为了加强对文化转型的自主能力，取得决定适应新的环境、新时代文化选择的自主地位。"这是对文化自觉、自信、自主相互关系的恰当的、有远见的认知和理解。

原生态的本土民族优秀文化，是社会主义现代文化建设的根基和立足点；它面向东南西北、上下左右，眼明心亮、心胸开阔，勇于和善于吸收和消化一切健体强身的营养。文化的本土性、区域性和多样性，同时也就是文化的差异性或区别、矛盾。不同民族、不同地区、不同历史条件、不同体制、不同生活方式和不同价值观的文化，在相互交流交融更加频繁，交往和沟通更为广泛和便捷的形势下，带来的碰撞、交锋和误解，甚至产生分歧和对立是必然的。"不怕有不同，就怕不沟通。"中国有古诗："它山之石，可以为错"，或如成语所说："它山之石，可以攻玉。"关键在于相互的理解和尊重，学会交往和对话、沟通和认同。各种不同类型的文化，通过多种多样、多层次和多渠道的联系，相互学习、借鉴，吸收精华，取长补短，就有可能将碰撞的火花化解、提炼成新的能源和人类社会发展的新动力。塞缪尔·亨廷顿在《文明的冲突与重建世界秩序》一书中，以自己的视角和观点说："现代社会有很多共同点，但它们并不一定就会趋向同一。""中国人为自己的目的和需要吸收印度的佛教，这并没有使中国'印度化'，相反倒造成了'佛教的中国化'。"不同文化相互之间的了解和沟通，最重要的是彼此之间的体谅、认同和换位思维、取长补短，承认、理解和尊重对方文化传统中的核心利益和核心价值观，达到“立足本土，面向八方”，促使“文化民族化”的目标。

“以我为主，兼收并蓄”便是批判地吸收和借鉴一切外国优秀的文化成果，分析鉴别，消化吸收，取其精华，剔除糟粕。一切优秀文化成果都属于全人类，它们具有共处、共享、共用的特性。有利于加强我国社会主义文化建设的有益经验、有利于丰富我国人民文化生活的积极成果、有利于发展我国文化事业和文化产业的经营管理理念和机制，都能兼收并蓄、为我所用。我们所理解的文化意识的自觉、自信、自立和自强，并非闭关自守、目中无人，更非“独霸”和垄断资源；而在于善于对外来文化的吸收，借鉴和融合一切有益有用、有利无害的多种多样、各具特色的文化。鲁迅曾经针对当时社会上泛滥的国粹主义和闭关锁国，大力倡导“拿来主义”。他告诉国人：“没有拿来的，人不能自成为新人，没有拿来的，文艺不能自成为新文艺。”同时，又大张旗鼓、大声疾呼要“有辨别”；“我们要或使用，或存放，或毁灭”。著名科学家袁隆平说：超级杂交稻不会改变水稻原有的结构，不会引起水稻的病变。“所谓形态改良，就是要一个像姚明一样好的体型；所谓杂种优势，就是不能虚胖，要体力充沛。”兼收并蓄的最终目的是既要保持“原有的结构”，严防病变；又要仔细挑选良种，达到强身健体、良性循环的目的。

“古为今用，洋为中用”，是毛泽东将马克思列宁主义的普遍真理与中国具体的实际相结合的思想，是在文化领域中创造性的运用和发展。按照毛泽东的解说：“向古人学习是为了现在的活人，向外国人学习是为了今天的中国人。”他以鲁迅为例，号召向他学习，纵贯古今、横通中外。他说：“鲁迅的小说《狂人日记》显然受到俄国作家果戈里同名小说的影响，但却是创造性地加以改造，融合了我国民族文化的优良传统，反映和揭露了几千年来黑暗‘吃人’的中国封建社会的真实生活。他勉励新中国的文学艺术工作者，外国有用的东西，都要学到，用来改进和发扬中国的东西，创造中国独特的新东西。搬要搬一些，但要以自己的东西为主。要《死魂灵》，也要《阿Q正传》。鲁迅翻译了《死魂灵》、《毁灭》等等，但是他的光彩主要不在这方面，是在创作。”[①]人类的精神文化生活是丰富多彩、千姿百态的，美的世界总是五彩缤纷、千变万化，在这个特殊的天地里，绝不能“作机械平均、划一，少数服从多数”，而要求“在这个事业中，绝对必须保证有个人创造性和个人爱好的广阔天地，有思想和幻想、形式和内容的广阔天地”。[②]这是文化的自身特性所决定的内在规律，社会主义文化的繁荣昌盛，必须紧紧把握“为人民服务、为社会主义服务”的大方向和“百花齐放、百家争鸣”的方针。弘扬“主旋律”作为社会主义文学艺术的主流，并非与“提倡多样化”对立和隔绝；一首交响乐既要以“主题旋律”再现或变奏贯穿始终，同时又有相配合和协调的其他音型和乐句。

文化是不断流动、变化、发展的动态现象，需要不断更新、提高和完善对客观规律性的认识，与时代和社会同步前进，才能充满自信心地来完成建设伟大强国的目标，创造前人未有过的宏伟事业。世界在发展，时代在进步，不同社会文化发展的目标也在时时发生变化。正确地、实事求是地发掘和估价自己的文化资源宝藏，并将它们合理地利用和转化为新的人类精神财富，才能使自己立于持续发展和不败之地。毛泽东在1963年写下的《杂言诗·八连颂》中曾经赞颂：“解放军，要学习。全军民，要自立。不怕压，不怕迫。不怕刀，不怕戟。不怕鬼，不怕魅。不怕帝，不怕贼。奇儿女，如松柏。上参天，傲霜雪。”这种自觉、自信、自立、自强的中华民族精神，今天更有意义，也更加重要！[③]

总之，文化的自主性在于推陈出新，建立民族的科学的大众的有中国特色的社会主义文化。它是世界先进文化的组成部分，是人类社会共同的优秀

① 《毛泽东论文艺》，人民文学出版社1992年版，第96页。

② 《列宁选集》第2卷，人民出版社1991年版，第648页。

③ 《马克思恩格斯选集》第1卷，人民出版社1995年版，第276页。

精神财富和结晶。一个半世纪前，马克思和恩格斯便在《共产党宣言》中指出："过去那种地方的和民族的自给自足和闭关自守状态，被各民族的各方面的互相往来和各方面的互相依赖所代替了。物质的生产是如此，精神的生产也是如此。各民族的精神产品成了公共的财产。民族的片面性和局限性日益成为不可能，于是由许多民族的和地方的文学形成了一种世界的文学。"① 人类面临着各种各样的困难和挑战，同时，在越来越多、越来越广泛和深入的交往中，又会迎来相互的文化精神邂逅和营养补充。善于从全球化的理念和视野，用全方位和多视野的思维方式，回顾历史，面向未来，以对方能够和易于接受的手段和媒介，细心去探究对方文化的深层内涵和底蕴，取长补短、消化吸收，便会迎来一个全新的"世界文化"新纪元。

四 文化的自强就是要走自己独特的发展之路

社会主义文化建设是与经济建设、政治建设、社会建设以及生态文明建设同步协调发展的，它们相互之间是紧密联系又互相配合、互相促进的关系。在坚持以经济建设为中心的同时，必须自觉地把文化繁荣发展作为党执政兴国第一要务的重要内容，把建设伟大的文化强国作为社会主义现代化建设的重要组成部分。文化的自强就是立足于自身的实际，主要依靠自己的力量，发挥民族传统文化艺术优势，突出中国特色、中国气派和中国风范，走自己独特的文化发展之路。21世纪走向了一个多变的"市场化社会"，人类处于挑战性极强的竞争机制环境中。应当看到，"软实力"和"硬实力"、"巧实力"是紧密联系、互相促进、相互依赖和配合默契的；没有雄厚的经济实力基础，没有稳固的政治实力的配合，没有强大的军事实力的后盾，单一地、孤立地强调建设伟大的文化强国，只不过是空中楼阁、海市蜃楼。尽管新中

① 《鲁迅全集》第6卷，人民文学出版社1959年版，第33页。

国成立以来，社会主义文化事业有了巨大的进步和发展，但是从整体上来看，我国的文化软实力与经济发展的张力和国际影响力，还未完全处于相互协调和适应的状态。正确认识和处理文化建设和经济建设、政治建设、国防建设、社会建设、党的建设以及生态文明建设的关系，使文化建设与各项建设事业有序地、持续地发展，才能达到建设有中国特色的社会主义强国的目的。

“自强不息”与“厚德载物”通常是并提的。这是一种积极奋进、刚健不屈的精神。社会主义文化自强的优势认定，是科学的宇宙观和发展观，以及与此密切相关的社会主义核心价值体系。文化在树立社会价值观中具有特殊的作用和影响力，作为先进文化精髓的社会主义核心价值观体系，尽管有不同的层面和范围，但它的“核心”应当是“社会主义”。围绕“社会主义”这个中心“关键词”，可以延伸和包容爱国主义、集体主义、革命的人道主义等一系列最基本的职业道德、社会公德、道德准则、民俗民风以及生活方式追求方方面面的所谓“普遍价值”。“人有气有生有知而有义，故最为天下贵”是封建社会的价值观；现代资本主义的价值理念，提倡的主要是独立自主的人格，人具有绝对的自由意志，崇尚自由、平等、博爱。概括地说，社会主义核心价值观可以有不同的层次和区间，可最终还是由辩证唯物主义和历史唯物主义的宇宙观、世界观、人生观和发展观决定的；因为如何看待所谓的人的存在和价值，是由宇宙观、世界观、人生观和历史观制约和最终决定着取向和目的的。

忽视和放弃社会主义核心价值体系的“核心”，就会偏离正确、先进的文化建设导向，模糊、混淆不同价值定向的原则界限和性质。有人曾经公开宣称：所谓“全球化”实际上就是“全球美国化”，“这句话说得好，但还不够，应当说美国就是好，‘全球美国化好’。因为美国的社会制度好，是人类文明发展的最高水平。它应该向全球扩展它的文明！我们应该顺应这个大趋势。”虽然这只是一种极端的个别的言论，可不能不承认它坦白地代表着一种错误思潮、糊涂观念。实际上，这类宣扬“普世价值”、“全盘西化”等的“新蒙昧主义”的观点，正是与西方新保守主义推崇的“文化中心主义”、“文化霸权主义”、“文化帝国主义”内外相通、相互呼应的。文化界的某些人之所以长期地、无以复加地迷恋和钟情所谓“诺贝尔情结”、“奥斯卡情结”等等，恐怕多多少少也与这样的思维模式相连、相关。

面对国际敌对势力的价值观的新挑战和意识形态的新解构，我们应当有清醒的认识和判断，坚定不移地维护国家文化安全，勇于针锋相对、善于防范，坚持原则、讲究策略，警钟长鸣、未雨绸缪，主动灵活、机动应对，有理、有利、有节，确保国家的稳定和人民的安宁，使包括文化在内的各项建设事业，稳步地、可持续性地发展。“和平演变”、“没有硝烟的战争”等等，就是通过发挥这类对立的文化观的“软实力”、价值观的“巧实力”，来潜移默化、不知不觉地实现的。落入“全球美国化好”以及“告别革命、践踏崇高、贬损理想、消解主流意识形态”这样的陷阱，无疑将使中华民族全面建设小康社会的目标落空，倒退到上个世纪初的贫穷、落后、令人宰割的旧时代。

社会主义核心价值体系属于精神文明建设的重中之重，它贯穿于社会主义文化建设的始终，应当体现在精神文化产品的创作、生产、传播等的各个领域。建设有中国特色的社会主义伟大强国，就必须坚持用社会主义核心价值体系引领社会思潮，大力推进和发展社会主义先进文化，统一全体人民尤其是青少年的指导思想，形成全党全社会的共同理想信念。我们不能闭目塞听、掩耳盗铃，忽视和轻视在商品社会条件下，现实生活中出现的新问题、新挑战。安徽师范大学文学院的一位研究生，对于当前高等学校的某些现状反省说：“许多人浑浑噩噩地混过了四年的本科毕业论文，大都是网上拼贴而成的，大家关注的似乎不再是有没有学到知识，而是有没有学会生存。许多人已不再关心传道授业解惑，越来越多的学者开始守不住寂寞，削尖了脑袋进入大众媒体，以各种各样的抛头露面为自己赢取所谓的声望，学术创造力急速下滑，学术腐败却如雨后春笋。在经济利益强大驱动力的支配下，几乎所有的传媒工作者都是在为吸引更多的眼球而努力，丑闻、绯闻、暴力、攻击性、恶俗性等成了媒体的普遍追求，‘文学乃至文化生产正在朝向娱乐化的美丽新世界一路裸奔'。"[①]也许，这种感受只是个例，却在一定的程度上代表了青年研究生群体的先进文化自觉意识和强烈的正义的呼唤，应当引起全社会高度的重视和反省。要实现我国社会主义文化事业的大繁荣、大发展，真正达到建设有中国特色的社会主义文化强国的宏伟目标，我个人认为，至少应当把握和处理好以下几个方面的辩证关系。

（一）文化事业和文化产业的辩证关系

作为精神生产的文化生产，无论在生产的性质、目的、作用上，还是在流通和消费的方式、手段上，都是既有共同的、普遍的规律，又有特殊的、不同的法则。总的说来，文化产品通常由于自身的特性和功能而具有双重属性，即事业性和产业性。也就是说，在推进文化建设和发展的过程中，应当将文化事业和文化产业区分开来，分别对待，不能一刀切。不过，文化的事业性与文化的产业性在某些方面、某些领域又是交叉和混杂在一起而难于严格地划清界限。例如，有些专业性特别强的演出团体和学术性相当突出的出版社、报纸杂志等等，既带有经营性又难于做到自负盈亏的，就属于此类。因此，文化事业不能全盘市场化、商品化、产业化，不能笼统地要求所有文化机构和单位全部转为文化企业，自主经营、自负盈亏。文化建设是中国特色社会主义事业总体布局的重要组成部分，保障人民的基本文化权益和满足人民的基本文化需求，是社会主义文化建设的首要任务。因此，要把发展公益性文化事业、加强文化基础设施建设、加快构建公共文化服务体系、推进重点文化惠民工程、加强公共文化基础设施建设、促进基本公共文化服务均等化等等，作为社会主义文化建设和发展的重中之重。对一般的文化馆、博物馆、图书馆、科技馆、纪念馆、工人文化宫、青少年宫等公共文化服务设施和爱国主义教育示范基地等，要由政府有关部门和单位负责建设和扶持，并向社会免费开放。这样，才能体现社会主义文化的公益性、基本性、均等

① 于珊珊：《文艺是为了什么》，《美与时代》2011年第10期。

性和便利性。同时，在当前世界全球化和我国现阶段社会主义市场经济条件下，加快现代文化产业发展，推进文化产业结构调整，推动文化产业成为国民经济支柱性产业，已成为关系我国经济社会发展全局的重大战略因素。大力发展现代化文化产业体系，是社会主义市场经济条件下满足人民多样化精神文化需求的重要途径。而要使我国文化产业进一步提高规模化、集约化、专业化水平，推动文化产业成为国民经济的支柱产业，那么，深化文化体制改革，继续扩大和加快经营性文化单位转企改制便势在必行。深入探讨和研究文化事业和文化产业的辩证关系，解决和处理好转制改企中的尺度和问题，是当前认识和把握社会主义文化建设特殊规律的重大课题。

（二）文化生产的社会效益和经济效益的辩证关系

精神生产、文化生产与物质生产一样，目的都是为了满足消费者的需要，同样具有“生产—交换—消费”的过程，同样可以产生社会效益和经济效益。但是，物质产品与文化产品，物质商品和文化商品，却具有各自不同的属性和特点，不能简单化地等同。邓小平早就指出：“思想文化教育卫生部门，都要以社会效益为一切活动的唯一准则，它们所属的企业也要以社会效益为最高准则。”社会主义文化生产的性质和目的，决定着提高经济效益的最终目的，是为了满足全体社会成员不断增长的精神和文化生活的需要。文化生产、文化产品的两重性、特殊性，要求把社会效益放在首位、社会效益和经济效益相统一。在建设社会主义文化强国的过程中，倡导和鼓吹所谓“抬头向前看，低头向钱看；没有向钱看，不能向前看”的观点，是不符合社会主义先进文化的根本目的和特殊发展规律的。不少影视制作人表示，收视率和市场效果是硬道理，片面追求和强调票房价值和利润成为作品优劣成败的唯一标准；于是，一些以猎奇、低俗、噱头、血腥、暴力、情色、凶杀等感官刺激的作品，层出不穷地出现于影视屏幕。这种不顾社会效益、只是单纯追求最大金钱暴利的行为，其毒害作用甚至超过那些假冒伪劣的食品、用品。还有一些地方，仍然以“文化搭桥，经济唱戏”等错误的口号，作为文化大发展大繁荣的指导思想，将文化看作是经济的附庸和工具，以为文化建设和发展，就是冒用“文化工程”之名，“挣大钱”、“大捞钱”；在他们的眼里，文化的“软实力”变成了经济的“软广告”。这类对建设文化强国的模糊的、错误的认识、理解和做法，应当在理论和实践上及时地从根本上澄清和纠正。

（三）“阳春白雪”和“下里巴人”的辩证关系

这是一个老问题，同时又是一个大问题。它是与社会主义文化艺术为什么人服务和如何服务紧密相关的重要问题，也是涉及人民群众基本文化需要与多样化、多层次、多方面精神需求的关系问题。“阳春白雪”和“下里巴人”，“高级的文艺”和“初级的文艺”，“提高的文艺”和“普及的文艺”，用今天的话说就是“雅”与“俗”的文艺。前些年在媒体上出现过这样的公开论调：“宁可创作为一个人所理解的阳春白雪，也不愿为八亿下里巴人去创作。”这当然也是个人的“创作自由”，不过“为一个人理解”和“为八亿人”欣赏的创作，其社会效益和功能却有天壤之别。毛泽东在70年前发表的《在延安文艺座谈会上的讲话》中，专门提出过解决文学艺术的普及和提高的问题。他说：“普及的东西比较简单浅显，因此也比较容易为目前广大人民群众所迅速接受。高级的作品比较细致，因此也比较难于生产，并且往往比较难于在目前广大人民群众中迅速流传。”从接收美学的观点来看，不同文化程度和层次的接受者，对作品的要求和欣赏能力是不同的，应当有所区别。社会主义的文化生产和文化产业，既要照顾“国中属而和者几十人”的“阳春白雪”，更要面对“国中属而和者数千人”的“下里巴人”；要像毛泽东所说的那样，使“阳春白雪”和“下里巴人”统一，使普及和提高统一，尽最大努力创造出大量不同的“雅俗共赏”、“老少皆宜”的优秀作品，满足广大人民群众不同层次、不断提高的精神文化需求。

（四）文化产品的质量和数量的辩证关系

任何事物都是质和数的统一，质量和数量是一个矛盾的统一体，是相互依存而在一定条件下可以转化的对立的两个方面。“数量”是指“事物的多少和长短”，“质量”则是指产品或工作的优劣程度。“数量和质量”两者是相辅相成的，质量只有通过数量才能表现出来，没有一定的数量的积累就没有质量；而量的变化超出了一定的限度，就会发生质变。对文化产品和艺术作品的生产，不能仅仅追求数量的指标，而要符合我国的国情，以及不同地区、不同门类的实际情况，根据实际的需要，严格按照文化发展的特殊规律办事。文化产品的特殊性质和功能，要求更加强调以质量取胜、质量第一，不能过分追求数量而严重影响质量。我们不应该要求一般精神生产创造的成果，像日常生活用品那样，大量地、成批地、流水线似的在各个领域涌现。当前，如果说文化产品的数量过少，不能满足广大人民群众日益增长的精神需要、文化需求和审美需求，主要指的还是那些真正思想性与艺术性完美结合、适合于广大人民群众欣赏水平的高、精、尖作品太少。市场上大量生产、泛滥成灾的闭门造车、思想贫乏，脱离生活、胡编乱造，虚情假意、空洞无物的所谓“文艺作品”，其实不过是成堆的文化残品、废品、毒品。这类低级的、庸俗的、情色的、毒害人们心灵的腐朽文化垃圾，以及有害无益的文化艺术生产，既是对社会资源的巨大浪费，又是对文化生态环境的极大破坏。在解决文化生产力相对落后与人民群众日益增长的精神文化需求之间的矛盾、文化产品和服务的需求与供给之间的矛盾时，应该牢牢记住和把握精神食粮一定要以质量第一、宁缺毋滥，万万不可粗制滥造、滥竽充数。在一定的意义上可以说，这个问题关系到社会主义文化的发展方向和前景。

新的21世纪已进入到第二个10年，我们正在经历一个空前变革和创新的“以他平他”、“和实生物”的时代；这是人类社会发展的新起点和新机遇，也是社会主义文化大发展的新契机。《礼记 · 大学》中曰：“物格而后知至，知至而后意诚，意诚而后心正，心正而后身修，身修而后家齐，家齐而后国治，国治而后天下平。”重温这段古训，也许可以在一定程度上加深我们对文化的巨大推动力，以及文化自觉、自信、自立、自强的理解。牢牢把握社会主义核心价值观，真正做到社会主义精神文明和物质文明“两手抓”、“两手硬”，切实贯彻落实“为人民服务、为社会主义服务”和“百花齐放、百家争鸣”方针，不断拓宽文化艺术可持续发展的生态环境，创作出一大批无愧于历史、无愧于时代、无愧于人民的优秀精神产品，中华民族一定会在不远的将来，以新世纪文化强国的雄姿，屹立于世界！1949年，当中华人民共和国即将成立时，毛泽东便满怀信心地预言："随着经济建设的高潮的到来，不可避免地将要出现一个文化建设的高潮。中国人被认为不文明的时代已经过去了，我们将以一个具有高度文化的民族出现于世界。"半个多世纪已经过去，21世纪的今天，进一步掀起我国社会主义文化建设新高潮，迎接社会主义文化大发展大繁荣，夺取全面建设小康社会新胜利，实现中华民族伟大复兴，是中华民族儿女的共同美好愿景和神圣职责。我们要高度自觉，充满自信，再振雄风，自立自强，奋斗不息，以思想文化新觉醒、理论创造新成果、文化建设新成就，迎接世界瞩目的中国共产党的第十八次党代会的召开！

（原载《武陵学刊》2012年第3期）

一项紧迫的重大研究课题：“人口文化”

在马克思主义的经典著作中，到目前为止我们还未发现使用过“人口文化”的术语。即使是在中外大量用马克思主义观点来研究探讨人口、人类和文化的学术论著中，长期以来也未确定过“人口文化”的概念。然而，如果不囿于和停留在表面现象而是深入探究到实质内容中去看，情况就大有不同。可以说，马克思主义从它诞生的时候开始，就已经涉及“人口文化”思想的问题。在整个马克思主义组成部分的哲学、政治经济学和科学社会主义理论中，“人口文化”思想也占据着相当重要的地位。因为人类自进入文明社会后，对于自身的生存、繁衍和发展问题，长期以来便不断地进行着思考、探索和研究，并提出过种种不同的看法和观点。马克思主义批判地继承和吸收了人类思维理论的优秀文化遗产，以科学的观点和崭新的视野来看待和审视人类自身的本质特性和发展规律，其中包括从文化的高度、深度和广度来处理和解决人口的生产和再生产的问题。可以毫不夸张地说，马克思主义是“人口文化”研究最牢固的理论基础，同时也是迄今为止最科学的指导思想。

一

在我们的一些辞典和有关的论著中，通常都把“文化”解释为“人类创造的物质财富和精神财富的总和，特指精神财富，文学、艺术、教育、科学等等"（见《现代汉语词典》）。因而，由此又有物质文化和精神文化之分，却从未有过"人口文化"的说法。关于"文化"的种种类似的广义和狭义的定义，不能认为是完全错误的，可是将"人口文化"全然排斥于大文化的范围之外，这至少是不全面、不完整的。"文化"一词在西语中源自拉丁文"Cultura"，原有对土地的耕作、对植物的栽培、对动物的驯养以及对神明的拜祭等多种含义，后来又引申为对人的身体和精神两方面的培养。到了20世纪50年代，美国文化学家克罗伯和克拉克洪发表的《文化·概念和定义的批评考察》一书，对当时西方已有的160多种关于文化的定义分别进行了评析。半个世纪又将过去，想必对文化的定义早已有数百种之多了。在所有这些定义中，我国著名民间文艺学家和民俗学家钟敬文老先生的看法值得注意。他在《关于文化建设问题的一点意见》中写道：

> 凡人类（具体点说，是各民族、各部落乃至各种族）在经营社会生活过程中，为了生存或发展的需要，人为地创造、传承和享用的东西，大都属于文化范围。它既有物质的东西（如衣、食、住、工具及一切器物），也有精神的东西（如语言、文学、艺术、道德、哲学、宗教、风俗等），当然还有那些为取得生活物资的活动（如打猎、农耕、匠作等）和为延续人种而存在的家庭结构以及其它各种社会组织。①

这个定义之所以引起我们的重视，是因为作者从特定的视野将物质生产、精神生产和人口生产三者的成果都纳入"大文化"的外延之中。尽管这里还没有明确地提出"人口文化"的概念，但是在与物质文化和精神文化的并列中，"为延续人种而存在的家族结构以及其它各种社会组织"作为"文化"所不可缺少的内容，显然指的就是"人口文化"。正像与物质生产和精

① 《话说民间文化》，人民日报出版社1990年版，第35页。

神生产相对应而存在的物质文化和精神文化一样，与人口生产相对应的理应存在着“人口文化”。也就是说，从“三大生产”中应当创造和产生出三大类文化而不仅仅是两种文化。这三种文化的关系，如同“三种生产”一样，也是相互联系、相互影响和相互作用的。人类社会离不开三种生产，人类社会也需要三种文化；既需要物质文化和精神文化，同时还需要人口文化。同样地，我们可以用下图来表示这三种文化的相互的关系：

从上面的圆形示意图中可以看出，人类社会存在着相互联系、交叉、渗透的几种文化，即人口文化、物质文化和精神文化，人口文化与物质文化都是精神文化的基础。按照马克思主义的观点，人口是社会生活的主体，同时也应当是文化的主体。无论是物质文化还是精神文化，都是由具有一定的文化素养的人所创造出来的成果。人口生产如同物质生产和精神生产一样，是一种社会的、历史的现象，不是单单由自然的、本能的、生理的属性所决定，而是与一定社会和时代的文化紧密联系的。在人类发展的初期，即旧石器时代结束前，由于尚未开化和生产力的低下，据估计全球仅有300万人。到公元初年，即两千年以前，全世界人口大约是2.5—3亿；如从公元前六七千年开始计算，每千年增长2%左右。1830年全世界的人口为10亿，到1930年达到20亿，100年间已增加了1倍。随后，人口增长速度随着文明的发达和生产力的发展，不断迅速加快。20世纪50年代达到30亿，1974年已为40亿，1985年已接近50亿；1999年10月12日在科索沃诞生了第60亿位世界公民。半个世纪

全球人口便翻了一番。根据联合国人口基金会的预测，到2010年世界人口将增加到85亿，到2050将达到94亿。

二

20世纪全球人口的快速增长，是与人类社会在这100年间发生的巨大的社会革命和科学技术革命息息相关的。尽管在这个世纪相继爆发了第一次世界大战和第二次世界大战，直接造成人员的大量死亡和对生产的破坏，使全世界的人口数量几度骤减。然而，由于1917年俄国十月社会主义革命的胜利，1949年中华人民共和国的成立，以及一大批社会主义国家在第二次世界大战后的崛起，从根本上改变了这些国家的人口状况。同时，在战后相对稳定的环境中，现代科学技术的飞速发展，医学和医疗卫生事业的进步，导致人口死亡率明显下降，出生率上升，人口增长速度空前迅猛，人口数量已达到19世纪的6倍。以中国为例，从公元2年至1947年的约两千年间，净增人口仅4亿，年平均人口自然增长率为1.1‰；1840年至1949年的109年中，共增人口1.3亿，年平均人口自然增长率为2.5‰。而在新中国诞生后，我国人口的发展明显地由高出生率、高死亡率、低自然增长率的类型，转向高出生率、低死亡率、高自然增长率的阶段。50年来，我国人口死亡率由2%迅速下降到0.66%；平均预期寿命由30多岁提高到70多岁，超过世界上中等收入国家的平均水平。我们应当实事求是地看到，我国人口的增长，正是社会稳定和不断发展的重要表现，是马克思所预言的“整个社会制度实行完全的变革”所带来的重要成果之一。至于有段时间我国人口政策上产生了某些失误和偏差，那是另外属于总结经验教训的问题。

既然人口的再生产具有自然的和社会的两个相互联系的方面，那么就不能不考虑到社会文化的影响。以育龄妇女的生育率为例，显然不仅仅只是由生物和生理的自然规律所支配，同时还要受一定社会的上层建筑和意识形态所制约的婚姻家庭制度和生育观念的影响，其中包括文化教育的重要影响。

一般说来，文化教育水平与生育率的高低存在着反比例的关系。人们的文化教育水平不高，缺乏科学的生育知识，不能自觉地控制生育行为，生育率相对比较高。而人们的科学知识和文化教育水平的提高，对婚姻和家庭观念有正确的认识，对控制生育行为抱有科学的看法，加上保健卫生事业的发展和先进的节育措施的普及，便必然会使生育率相对地降低。同时，像道德、宗教、哲学、文学艺术等社会意识形态，也直接或间接地影响着生育率的变动。

从大文化的视野来看，人类在社会历史实践过程中所获得的能力、所从事的活动以及所创造的成果，都属于文化这一范畴之中。其中，包括某一特定社会或民族所特有的一切内隐和外显的行为、行为方式、行为观念以及行为的结果。这就是说，从广义上来理解，除开非人类创造的自然界，一切与人类实践相关的能力、活动、方式、成果，都可纳入不同的文化概念之中。与人类社会的三大生产即人口生产、物质生产、精神生产相对应，形成了三个不同层面的文化，即人口文化、物质文化和精神文化。人类在自身的生产和再生产过程中的能力、活动、方式和结果，以及在维持和发展这种生产的过程中所创造出来的思维方式、风俗习惯、遗传因子、社会心理和意识形态等等，都成为人口文化的内容。

人口文化对于人口生产的作用不仅表现在人口数量的变化上，更重要的还在于人口质量的提高。如上所说，人口质量具有社会和生物的两重属性，但最基本的是社会素质。数量和质量相互存在着辩证统一的关系。人口数量的增长必然要求人口素质的提高；而一旦人口质量提高，人们便会更加自觉地控制人口数量；而当控制人口数量有效时，又有利于提高全民族的科学文化水平和健康水平。据联合国人口基金的《世界人口现状》1998年的年度报告显示，目前几乎所有增加的人口都在不发达国家，约占增加人口的97%；其中非洲人口增长最快，为2.36%，而欧洲最慢，为0.03%。

通常，一个国家的人口增长率由于出生率高而超过国内生产总值的增长率，这个国家就会变穷；而贫困目前仍然是刺激生育的重要因素。这就是说，在未来的一段时间里，现在富有的国家将更富，穷国将更穷，这是一个无休止的恶性循环。中华人民共和国成立以来，我国的人口素质虽然有了显著提高，特别是接受不同程度教育的人数大幅度地增长，但同人口数量的增长和现代化建设的需要相比，仍然远远不相适应。从70年代初开始全面开展计划生育工作以来，我们已经有效地控制了人口的快速增长，目前已经或正在实现向低出生、低死亡和低自然增长的人口再生产的方式转变。但是我国人口数量增长的形势仍然十分严峻，不容盲目乐观。更为重要的是，中国在传统上是一个提倡早婚、早育和多生、多育的国家。尤其是在广大的农村地区，早婚、早育、多生、多育的传统观念仍然没有从根本上改变。而正是这一部分人，文化教育水平普遍低下。因此，我们必须从大力提倡"人口文化"入手，将控制人口数量和提高人口质量两者结合和统一起来，从根本上克服和消除人口素质低下而人口数量急剧增长的恶性循环趋向。

正是因为在"文化"概念上存在着歧义，对如何理解物质文化和精神文化必然也就有不同的看法。不过，按照马克思主义的"三种生产"和相应的"三种文化"理论，我们可以大致依据不同生产的划分来区别三种不同的文化。物质文化是与人类的物质生产和物质需要紧密联系的文化；或者说，是人类在物质生产和消费中创造的文化。从文化学的观点来看，人类在物质生产中创造和生产的实物或实体形态产品，如粮食、衣服、桌椅、机器等等，本身不能看作是文化；因这些实物或实体形态，最终总会消失，不具有文化的传承性、延续性。我们所指的物质文化，主要是指凝聚与体现于物质生产产品中，人在利用和改造自然界，同时又改造自己主观世界中的能力、活动、方式和成果。人在物质生产中创造出来的实物或实体，只是物质文化构成的显露的外在的材料或物化形态；而人在这种生产中凝聚和沉淀的创造性成果，包括技能技艺、活动方式、风俗习惯、知识结构以及语言符号等等，才形成一定社会、一定时代，一定民族的饮食文化、服饰文化、居住文化、交通文化等等。

人口文化与物质文化的关系是非常密切的，在某些方面甚至是交叉重叠的。因为人口的生产和再生产无论如何要以资料的生产和再生产为基础，无论如何离不开衣、食、住、行等基本物质生活的保障。反之，物质资料的再生产又是以人口的再生产为前提的，人口数量的适度和质量的优化，就会带来物质资料再生产的进步和发展。人口的出生、成长、衰老、死亡的过程，总是与一定的物质文化的影响和作用相关；而物质文化的发达和提高，必然带来人口文化的变革和发展。当然，物质文化并不能等同和取代人口文化，因为后者的许多内容都不能纳入和归并到前者的范畴或范围。例如，性文化、婚姻文化、家庭文化、生殖文化、生育文化等等，均属人口文化的组成部分或子系统，并成为这一文化的独特内容。从科学的高度系统地探讨和研究这类文化形态，不仅能优化人口生产，同时还能对物质生产和物质文化起到推动和促进的作用。

精神文化是指人类精神生产中的文化因素，是社会文化的核心部分和高级形态。在精神文化中，既有作为观念形态或意识形态的文化，也有一般社会意识的文化。前者属于上层建筑领域，包括伦理道德、政治、法律、宗教、文学艺术、哲学等等，它们都是一定的观念形态或社会意识体系，也是通常狭义所指的文化。而一定社会、时代和民族的人们的共同愿望、要求、感知、情绪、风尚、心态和精神状态等等，则构成以社会心理为主的一般社会意识的精神文化。物质文化与精神文化显然是有区别的，它们既是人类在物质生产和精神生产中的结晶，同时又是与物质文明和精神文明相关、相近和相似的范畴。尽管物质文化与精神文化是不同的两类文化，但又不能截然将两者隔离和对立起来。在一切物质性的创造性劳动中，均包含着人的精神活动，体现着或多或少、或隐或显的精神文化因素。同时，各种不同形态的精神文化，又必然要通过一定的物质载体来表现、延承和传播。这就是物质文化的精神化和精神文化的物质化的对立统一和在一定条件下的转化关系。

人口文化与精神文化的关系更为显著和密切。毛泽东在《新民主主义论》中指出："一定的文化（观念形态的文化）是一定社会的政治和经济的反映，又给予伟大影响和作用于一定的政治和经济。"在《矛盾论》中，他还进一步写道："当着政治文化等等上层建筑阻碍着经济基础的发展的时候，对于政治上和文化上的革新就成为主要的决定的东西了。"这里所说的主要是狭义的精神文化（社会意识形态或观念形态的文化）与政治和经济基础的关系，但在一定的意义上，即在大文化的范围内，也基本上勾勒了人口文化、物质文化与精神文化的关系。从根本上来说，人口文化和物质文化应当是精神文化基础；没有高素质的人口，没有高水平的物质文化，不可能建设高度的精神文化。同样地，精神文化的层次低，便会影响和制约着人口的质量和数量，干扰和破坏物质文化的建设。在有中国特色的社会主义文化建设中，应当是人口文化建设、物质文化建设和精神文化建设三者协调统一、相互促进、同步互利地向着共同的目标发展。

《中共中央关于加强社会主义精神文明建设若干重要问题的决议》指出："今后十五年，我国社会主义精神文明建设的主要目标是：在全民族牢固树立建设有中国特色社会主义的共同理想，牢固树立坚持党的基本路线不动摇的坚定信念；实现以思想道德修养、科学教育水平、民主法制观念为主要内容的公民素质的显著提高，实现以积极健康、丰富多彩、服务人民为主要要求的文化生活质量的显著提高，实现以社会风气、公共秩序、生活环境为主要标志的城乡文明程度的显著提高；在全国范围形成物质文明建设和精神文明建设协调发展的良好局面。"实际上，这也是人口文化建设在今后相当一段时期内应当努力实现的总体目标。有中国特色的人口文化，必须首先在促使"公民素质的显著提高"、"文化生活质量的显著提高"和"城乡文明程度的显著提高"几个方面，做出自己应有的积极的贡献。

三

当前，我国仍面临着人口众多、资源相对不足、环境污染严重的一系列问题，它们成为影响和妨碍经济和社会发展的重要因素。因此，人口文化事业的首要任务，是以提高人口素质为核心，控制人口数量快速增长，提高人们的生活质量，协调人与自然的关系，从文化的高度、广度和深度，处理好人口、资源、环境、经济各方面的关系，促进我国社会全面、稳步、协调和可持续发展。虽然在过去的一段时间内，由于计划生育的开展，我们在控制人口数量快速增长上，取得了明显的成绩（据国家计划生育委员会估计，从1971年到1990年的20年间，中国至少少生了2亿人）；然而，因为人口基数庞大，人口增长的绝对数仍然相当可观。在人口自然增长率实现零增长以前，我国还将至少再增加3.5亿人口。这将会形成强大的人口就业压力、造成流动人口继续增长、人力资本匮乏以及人口迅速老龄化等一系列严峻的问题。因此，为了促进我国社会各方面的良性协调发展，在今后相当的一段时间内，继续贯彻执行符合我国国情的计划生育政策，仍然是我们的一项基本国策。但是，从实行计划生育政策几十年来的经验教训看，我们的视野又必须更加广阔和深远，不能仅仅集中于控制人口数量的指标上。

用马克思主义的观点来审视，既然人口是“全部社会生产行为的基础和主体”，那么一定的人口的数量和密度便是社会发展的前提。因此，人口生产根本上是一个人类社会发展的问题；要使人口的数量适度和质量提高，不能不宏观地从社会发展全局上来着眼，不能不与社会的全面进步联系起来去解决。《中央关于社会主义精神文明建设指导方针的决议》指出：“人的素质是历史的产物，又给历史以巨大影响。在社会主义条件下，努力改善全体公民的素质，必将使社会劳动生产率不断提高，使人和人之间在公有制基础上的新型关系不断发展，使整个社会的面貌发生深刻的变化。这是我国社会主义现代化事业获得成功的必不可少的条件。”无论从过去的历史还是从当前的现状上来看，影响人口数量快速增长的直接因素和主要原因，仍然是人口素质问题。这里既有人口身体健康素质的因素，更重要的还在于科学文化教育素质和思想道德素质的高低。人口文化当然要关注和涉及人的生理健康素质，但研究的重点和探讨的重心，应当是如何提高人的教育科学文化素质，特别是如何提高人的思想道德素质。

首先，我们要大力宣传马克思主义的人口理论，使广大人民群众树立起科学的、健康的、正确的婚育观。婚育观是世界观、人生观在婚姻生育问题上的表现，在某种程度上也反映着人的价值观、幸福观。要改变人们的不合理的生育行为，最根本的是要改变旧的、传统的、封建主义的生育观念，如"重男轻女"、"多子多福"、"不孝有三，无后为大"、"传宗接代，多子多孙"，等等。这些旧的落后的婚姻生育观念，不单使人口数量得不到合理控制，还使人口素质水平大大下降。广泛进行爱国主义、集体主义、社会主义教育，处理好大家与小家的关系，扭转将子女作为家庭的私有财产的偏见，破除男尊女卑的陈腐看法，使广大群众自觉自愿地参与到控制和调节人口生产的活动中，自觉自愿地拥护和执行党和国家的人口政策。

其次，作为有中国特色社会主义文化的重要组成部分，人口文化要在加强社会主义精神文明建设中发挥自己独特的作用。人口文化工作者是人类灵魂的工程师，呼唤真善美、抨击假恶丑是自己义不容辞的神圣职责。我们在社会主义精神文明建设的工作中，虽然已经取得了巨大的成绩，可"一手比较硬、一手比较软"的问题并没有切实解决。正如党中央多次指出的那样，在社会精神生活方面依然存在着不少问题，有的还相当严重。一些领域道德失范，拜金主义、享乐主义、个人主义滋长；封建迷信活动和黄赌毒等丑恶现象沉渣泛起，屡禁不止，愈演愈烈；假冒伪劣、欺诈拐骗活动成为社会公害，侵蚀和破坏着全社会的肌体；文化教育事业受到消极因素的严重冲击，危害青少年身心健康的东西泛滥成灾，妇女儿童的合法权益遭到肆意侵害；腐败现象在一些地方蔓延，贪赃枉法、以权谋私、钱权交易、买官卖官、挥金如土、花天酒地等恶劣风气时有所闻，不胜枚举。这是社会主义建设之大敌，中华民族兴旺之大敌，也是人口文化事业之大敌，理应全民共讨、全社会共诛。

再次，人口文化是一项正在发展的新兴事业，它关注着人类社会进程，承担着时代的重任，要密切结合人口发展的趋势，总结经验教训，按照我国的具体国情，研究新情况，抓住新问题，提出新措施，解决新难题。人类正在迎接21世纪的到来，在跨向新世纪的途程中，既为我们带来社会全面发展的良好机遇，又面临着许许多多的严峻挑战。随着对外开放和交流的扩大，一些资本主义的腐朽思想和糜烂生活方式如同苍蝇、疟蚊般飞进国门，传染和蔓延着侵害人的肌体和心灵的形形色色顽症。

马克思和恩格斯早在《共产党宣言》中就揭露说："资产阶级撕下了罩在家庭关系上的温情脉脉的面纱，把这种关系变成了纯粹的金钱关系"，"它使人和人之间除了赤裸裸的利害关系，除了冷酷无情的'现金交易'，就再也没有任何别的联系了。""资产者是把自己的妻子看作单纯的生产工具的。""我们的资产者不以他们无产者的妻子和女儿受他们支配为满足，正式的卖淫更不必说了，他们还以互相诱奸妻子为最大的享乐。"[①]资本主义的情欲肉体买卖关系和性放纵、性解放思潮，近年来在我国如病毒般传播开来，引发出越来越多的家庭和社会问题。我们应当以马克思主义、毛泽东思想、邓小平理论为指导，高瞻远瞩、高屋建瓴地从理论上去说明和分析这些新现象，在实践上探索和寻求妥善解决的新措施、新办法、新决策，而不能只是被动地穷于应付，头疼医头、脚痛医脚，甚至听之任之，束手无策。应当说，人口文化在这些方面可以发挥自己的优势和长处，起到独特的不可替代的作用。

最后，要积极地与社会各方面配合，大力倡导人口文化，宣传人口文化，推进和发展人口文化事业。人口文化是一门交叉综合的新兴学科，跨越和连接着人口与文化两大领域，与人的科学、人学、人口学、人类学、社会学、心理学、伦理学、统计学、教育学、环境学、生态学、文化学、美学、哲学以及诸多有关的分支学科都有不同的亲族和姻缘关系。这就要求我们群策群力、通力合作，充分利用各门学科的特性和功能，共同建立和完善这门现代科学。

作为人口文化工作者，我们的视野要宽广，我们的眼光要长远，我们的心胸要开阔，我们的态度要谦虚，我们的学风要扎实。一门科学的创建，固然少不了开拓的精神和独创的勇气，但首要的基本条件是科学的作风和实事

① 《马克思恩格斯选集》第1卷，人民出版社1995年版，第290页。

求是的态度。人类社会已经历了一个漫长的发展过程，人们在改造客观世界的同时，也改造着自己的主观世界；作为社会历史活动主体的人，总是在不断地优化和完善物质生产和精神生产，创造着丰富和优秀的物质文化和精神文化；与此同时，它也一定会不断地优化和完善自身的生产，创造出丰富和优秀的人口文化!

（原载《山西师范大学学报（社会科学版）》2000年第1期）

（本文以及《马克思主义关注的重要领域——人口生产和人口文化》、《论马克思主义的"三种生产"和"三种文化"学说》，均由刊载于《人口文化论集》（中国人口出版社，1999年版）中的《马克思主义与"人口文化"思想》一文改写。中国艺术研究院科研办公室编《科研动态》2000年专刊，曾全文收录《马克思主义与"人口文化"思想》。）

“人口文化”面面观

一

我在《山西师范大学学报》2000年第1期上曾经发表过一篇文章，题目是《一项紧迫的重大研究课题：人口文化》。这篇拙文刊登后，在学术界引起了一些反响。不久前，黑龙江教育出版社出版了佛山大学教授肖君和撰写的《论人口文化与人口文艺》一书，这是我所知道的第一部关于人口文化和人口文艺的个人专著。在这本书中，他从多方面论述了人口文化和人口文艺的品性、内容和地位，并且呼唤建立人口文化学和人口文艺学。同时，他在书中还强调：“作为‘人类在社会实践过程所获得的生产能力和创造的财富的总和’的文化，就是由与人类生产三大基本形式（物质生产、物质性人口生产、精神生产）紧相关联的三大部分构成的，即：（1）作为物质生产能力和创造的物质财富的总和的物质文化；（2）作为物质性人口生产能力和创造的人口财富的总和的物质性人口文化；（3）作为精神生产力和创造的精神财富的总和的精神文化（含精神性人口文化）。”[①]这同我概括的马克思主义的“三种生产”和“三种文化”理论，也基本一致。不过，关于人口文化的定义，目前仍然存在着多种

① 肖君和：《论人口文化与人口文艺》，黑龙江教育出版社2004年版，第4页。

多样的看法，而对于人口文化包含的内容以及它的系统理论构架，则具有明显的不同的观点。经过一段时间的再思考和探究，我想对这些问题作进一步地研究和补充。

我个人认为，按照马克思主义的“三种生产”和“三种文化”理论，可以直接地简明地将“人口文化”定义为“人口生产创造的精神结晶”。更具体一点来说，就是“关于人类生存、繁衍、发展、进化和升华的文化”。在这个定义中，“人口”的概念既与“人”和“人类”相区别，同时又保持着与它们紧密的固有的同义的联系。这就是说，在一般情况下，“人口”是指在一定社会生产方式、一定时间、一定地域内，由一定数量和质量的有生命的个人所组成的社会群体；它与单个的“人”和区别于其他动物类别的“人的总称”的“人类”有所不同，可又不是截然分开和对立的，有时甚至可以在相同的意义上使用。正因为如此，马克思才认定“人口是一个具有许多规定和关系的丰富的总体”。人口作为有生命的个人总体，一方面具有生物属性，另一方面又具有社会属性，是两者的结合和统一。人口生产以生物属性为自然基础，同时又必须通过社会属性来实现，这是人类与其他动物的本质区别。任何动物的生产都是一种生物性的本能的生产，而人的生产则是自觉的、有意识的、有目的的活动，因此才创造出独特的、灿烂的人口文化以及相互依存的物质文化和精神文化。这样，我们所说的“人口文化”，是指特定的与“人口生产”过程直接相联系的文化，而并非人类创造的一切物质财富和精神财富。人口文化作为一门学科，既不等同于宽泛的“人学”、“人类学”，也不完全属于“人口学”，这类相近相邻学科之间是一种互补互通、互相交叉、部分重叠的关系。按照这样的界定和区分，“人口文化”便具有特殊的对象范畴和研究领域。

如果说，人口文化与物质文化、精神文化联姻嫁接而产生出一系列的旁支和旁系，那么，它还具有另外一系列独立的直系和直属。这些直系和直属是人口文化要探讨和研究的更直接更亲密的对象，也是人口文化的核心内容。按照我个人的看法，它们大体上有以下几种类型：性文化、婚姻文化、生育文化、家庭文化、老龄文化、人口变迁文化和丧葬文化。一句话，包揽了所有“作为有生命的个人的群体”，从出生、结婚、生育，一直到与衰老、死亡相联系的人的整个生命过程的文化。这些文化因素，从多方面长期影响和制约着整个人类自身的生存、繁衍、发展、进化和升华，与物质文化和精神文化相互协调、互补互辅，共同推动和促进人类社会的进步和发展。这些人口文化的“直属”和“直系”，在人口文化理论体系中处于主导的地位，起着主导的作用，它们是狭义的、直接由人口生产创造出的精神财富，是本体本位的人口文化。而广义的人口文化，范围应当扩大到物质文化、精神文化与人口文化的嫁接和联姻的分支和子系统，它们包括人口文化传统、人口文化载体、人口文化制度、人口文化典仪、人口文化机构、人口文化设施、人口文化产业，以及人口伦理道德文化、人口政治文化、人口法律文化、人口宗教文化、人口哲学文化以及人口文艺。另外，还有人口哲学文化与人口文艺相结合而产生的人口美学文化。这里，分别对狭义的，即直属直系的各种人口文化进行初步的探讨。

二

（一）性文化

性文化是“人口文化”的起点和基础。因为在“三大生产”中，只有人口生产独具非两性结合不可的特性。无论是物质生产还是精神生产，仅有单性或两性分工分管均可顺利进行和完成，唯独人类自身的生产和再生产，必须通过男女两性双方的结合才能实现。可这种两性的结合，又不是单纯生理生物性的雌雄本能交配，而是在生理机能自然属性的基础上所产生的一种特殊的具有社会属性的相互关系，从而也是一种特殊的社会生产。由这种特殊的社会生产所创造的人口文化形态，其前提必然是性文化、性别文化或两性文化。

关于人类自身对两性的认识和思考，可以说是由来已久。我国古代的典籍《易经》相传最早由6000年前的伏羲氏始创，经过周文王推演整理而形成的。可这本书的出发点和基本原则却是：“易有太极，是生两仪。太极者，道也。两仪者，阴阳也。阴阳一道也，太极无极也。万物之生，负阴而抱阳；莫不有两极，莫不有两仪。姻媪交感，变化不穷。”按照一阳一阴的“两仪”原理，不仅雄雌、男女是对立的统一，而由此及彼推论天地、日月、水火、上下、黑白等世上万事万物，无不皆可归结到阴阳“两仪”之中。这本书的《咸卦》进一步写道：“咸，利贞，取女吉。彖曰：咸，感也。柔上而刚下，二气感应以相与。止而悦，男下女，是以亨，利贞，取女吉也。”尽管研究者对这些卦辞的理解众说纷纭、各持己见，但相当一部分人都从古到今断言，它描述的正是男女两性的交欢。有学者认为，《咸卦》爻辞（筮辞）本来就是源于古老的“房事歌诀”，从而推论这是中国性文化、性科学的开端。不管学术界有多少分歧，有一点却是无法否定的事实：性文化是人类最古老的文化之一。

在英语中，性（Sex）是指生物范畴中同一种系的个体呈相对现象的生殖特征的总和，而性别（Gender）则是指把男人和女人区别开来的一系列躯体的、生殖的、社会文化的和行为的特征复合体，属于社会范畴。因此，属于人口文化的性文化，既不同于一般的性学、性别学、性科学、性医学，也区别于性心理学。虽然，这类学科都是以男女两性为研究对象，但出发点、角度、目的和作用均有不同。作为人口文化的重要组成部分的性文化、性别文化或两性文化，主要是从文化的层面和高度来审视、探讨和研究人类社会的性特征和性现象，以及它们在各类文化活动（包括物质文化和精神文化）中的表现形态、品性和影响。它既不专门地、具体地去探究男女两性之间属于生理范围内的性关系过程，也不泛泛地将所有非文化领域中的有关性方面的问题一概统包统揽于自己的研究对象之中。目前值得我们注意的一个现象或一种倾向，简单扼要地说，就是文化、文艺领域里的性泛化和性异化。不少作品充斥着露骨的、直接的、肉麻的性行为过程情节，甚至于发展到所谓“用身体写作”。还有作家提倡并实际上以自己的创作实践大搞色情文学、淫秽小说与政治文学、政治小说的结合，这当然是与我们所说的性文化风马牛不相及。

（二）婚姻文化

婚姻是指一定历史时期和地区为社会制度、道德、文化和风俗习惯所认可的男女两性结合的形式，是建立家庭实现人类自身生产的前提。《礼记·哀公问》写道："大婚，万世之嗣也。""男大当婚，女大当嫁。"由于婚姻的缔结，男女双方才形成法律保护和社会认同的夫妻关系。人口生产区别于其他动物的自然繁殖的根本特点，就在于人类从早期的不受任何限制的性关系，发展到用一定的婚姻形式来制约两性关系和自身的繁衍。男女两性的生理特点和性本能，是婚姻关系建立的生理基础。然而，从本质上来看，婚姻则是男女两性的一种特殊的社会关系，最终总是与一定的生产关系相适应，并受到其他多种形式的社会因素，包括政治、经济、文化等因素的影响。

恩格斯在《家庭、私有制和国家的起源》一书中，详尽地叙述了人类社会的"三种主要的婚姻形式"，"这三种婚姻形式大体上与人类发展的三个主要阶段相适应。群婚制是与蒙昧时代适应的，对偶婚制是与野蛮时代相适应的，以通奸和卖淫为补充的专偶制是与文明时代相适应的。在野蛮时代高级阶段，在对偶婚制和专偶婚制之间，插入了男子对女奴隶的统治和多妻制"[①]。不同形态的以私有制为基础的社会中，婚姻关系具有不平等、不自由的特征。而剥削阶级与被剥削阶级的婚姻关系，形式上尽管是一夫一妻，事实上则存在着根本区别。前者受到政治权力和经济实力的重重影响，通奸和卖淫成为司空见惯的社会现象；后者通常为自然规律如延续后代或生活贫困所驱使，只作为执行某些社会义务的一种形式。

正如美国人类学家、佛蒙特大学教授威廉·哈维兰所说："在家庭成为对个人施加社会控制的最强有力机构的社会中，婚姻总是按有利于该家庭单位的经济和政治利益而安排的。""在这些社会中，婚姻在本质上往往是经济

---

① 《马克思恩格斯选集》第1卷，人民出版社1995年版，第73页。

性，是出于发财、增强家庭的力量以及政治的目的。即使在我们自己的社会中，富人和权势之家的孩子都被专门隔离到私人学校中，细致指导他们今后配个‘合适的’婚姻。只要仔细阅读《纽约时报》社会专栏里发表的婚约，就可给这种家族联姻提供清楚的证据。”①只有在私有制消除的未来的没有剥削和压迫的人人平等的社会里，才有可能出现如恩格斯所说的“这一代男子一生中将永远不会用金钱或其他社会权力手段去买得妇女的献身；而这一代妇女除了真正的爱情以外，也永远不会再出于其他某种考虑而委身于男子，或者由于担心经济后果而拒绝委身于她所爱的男子”②。因此，在不同的历史时期和不同制度的社会里，也就存在着不同的婚姻文化。

（三）生育文化

生育包括生殖（繁殖）即孳生后代、产生新生命（这是生命的基本特征之一）和抚育、养育下一代两个方面。我国古代诗歌集《诗经》中即有“既生既育”的名句。而《淮南子·原道训》中则写道：“是故春风至则甘雨降，生育万物。”这是指大自然中的一切有生命之物，都需要适宜的气候和条件才能生长发育。人类的繁衍和发展，如同一切生物一样，也有一个从依赖到独立的过程。在幼儿出生后的十余年间，无论在生理上还是感情上均存在着依赖性，一定要由父母（成人）养育。人类社会的存在和发展，必须保持和维护适当的、合理的、健康的与物质生产和精神生产协调发展的人口生产，即不断地生儿育女和繁衍后代。因此，就要尽心尽力地创造一切优化的条件，让新生的后代得到应有的物质生活保障，并受到良好的培养教育，以利于健康成长。

提倡优生、优育、优教是生育文化的核心内容。优生是指生育身心健康的婴儿，促进人类在体力和智力各方面优秀个体的增长。人口素质的高低，是由先天和后天两方面决定的。优生既有遗传因素，也有环境因素。随着现

① 威廉·阿·哈维兰：《当代人类学》，上海人民出版社1987年版，第378页。

② 《马克思恩格斯选集》第4卷，人民出版社1995年版，第81页。

代科学技术的进步，借助于遗传因素和环境影响力来控制人口数量和提高人口质量，已经取得明显的效果。这里有消极优生和积极优生之分。前者禁止有严重遗传性和先天不足缺陷以及某些传染病患者，还有近亲者结婚、生育，或者以避孕、堕胎等人工手段，预防和限制不正常的畸形胎儿的出生；而后者则以生殖工程技术，如冷冻精子库和卵子库、人工授精、体外受精、人胚宫外发育、核移植、单性繁殖、基因工程等人工操作方法，培育健康、优质胎儿，使出生婴儿优质化。

优育是运用科学的、合理的、卫生的方法，使婴幼儿在德、智、体、美各个方面全面发展，健康成长。优教不单是指对婴幼儿进行有计划、有目的的教育，其中包括生活卫生习惯、体育活动、思想品德、语言文字、计算、音乐、美术、常识等内容，为他们今后的全面发展打好基础。同时，还要考虑到一个人的终生教育。因此，优教要从父母和老一辈带头做起，不断地学习，不断地受教育，掌握先进科学技术文化和专业技能，进行知识扩充更新，以便对下一代进行更切合实际、效果显著的教育。无论是优生、优育还是优教，都与社会和家庭的文化水准和文化素质息息相关，更与树立正确的生育观念和有效的合理的人口政策、生育制度密切联系。作为人口文化组成部分的生育文化，应当通过一切宣传教育手段，推动和促进人们树立科学的生育观。

（四）家庭文化

家庭是人口生产的基本单位，被喻为社会的细胞。它是以婚姻关系、血缘关系或收养关系而形成的社会生活共同体。婚姻是家庭的起点、基础和依据。以婚姻和血统关系为基础，包括父母、子女和其他共同生活的亲属在内组成的社会单位，就是社会所认可的普通的家庭。由婚姻结成的夫妻关系是家庭中最主要的关系，是家庭的核心和维系家庭的第一纽带；而以父母子女、兄弟姐妹关系为主要内容的血缘关系或收养关系，则是家庭的从属和派生关系，是维系家庭的第二纽带。家庭还可以是婚姻和血缘关系的合理延伸，可以包括父母子女以外的其他直系旁系亲属。人类的再生产和繁衍，就是在一定的婚姻家庭形式中实现的。马克思说：“在生产、交换和消费发展的一定阶段上，就会有一定的社会制度、一定的家庭、等级或阶级组织，一句话，就会有一定的市民社会。”[①]作为社会基本单位的家庭，具有复杂丰富的社会关系的内涵，其中既有物质的、血缘的、经济的关系，也有感情的、伦理的、法律的、文化的关系。社会经济基础的性质，对家庭起着决定性的作用，不同的历史时期和社会制度，有着不同的家庭形式。但是，上层建筑以及社会意识形态，包括不同的家庭制度和与其相联系的伦理观念和法制观念等，也对家庭有制约作用和影响。家庭的性质、职能、形式和结构，在人类社会历史中不断地发生变化和进步，家庭的文化形态在各个不同时期同样具有不同的性质和特征。

由于家庭的规模和内部结构的不同，从而出现了多种多样的家庭类型。例如，以一夫一妻制为例，就可分为：小家庭和大家庭；核心家庭和扩展家庭；直系家庭和复合家庭；完整家庭和缺损家庭；双亲家庭和单亲家庭等等。而以时代特征来区分，又有传统家庭和现代家庭。再如，按家庭成员传袭系统来划分，可以有父系家庭、母系家庭、平系家庭以及双方家庭等等。形形色色的家庭类型，自然而然地构成了一幅千姿百态的家庭文化景观。恩格斯在《共产主义原理》一书中写道：“共产主义社会制度将使两性关系成为仅仅和当事人有关而社会无须干预的纯粹私人关系。共产主义社会制度之所以能实现这一点，是由于这种社会制度将废除私有制并将由社会教育儿童，从而将消灭现代婚姻的两种基础，即私有制所产生的妻子依赖丈夫、孩子依赖父母。”[②]恩格斯在这里为我们描绘了人类社会未来的两性关系、婚姻和家庭的美好远景，同时，也预示着未来的人类理想社会，将会出现全新的性文化、婚姻文化和家庭文化。

---

① 《马克思恩格斯全集》第27卷，人民出版社1974年版，第477页。

② 《马克思恩格斯选集》第1卷，人民出版社1972年版，第244页。

（五）老龄文化

21世纪是一个老龄化的世纪，是“银发浪潮”席卷全球的世纪。按照国际上的通例，一般把60岁以上的人口占总人口的10%，或65岁以上的人口占总人口的7%的国家或地区称为“老龄社会”。目前，全世界的老龄人口已有6亿左右。1999年10月1日，当人类历史上第一个国际老人年由联合国秘书长宣布拉开帷幕时，全球便进入到“建立一个不分年龄、人人共享的社会”。据估计，到2015年，全世界老龄人口将达到8.5亿；到2020年，则增加到14亿。届时，许多国家60岁以上的老年人将超过18岁以下的人口；有的国家和地区，老年人口将占总人口的三分之一以上。老龄社会的到来，不仅体现着社会经济、科技、医疗卫生事业的进步、发展，以及人们生活水平的普遍提高，同时还意味着世界人口类型的转变。伴随着人口老化，人类社会面临着一系列政治、经济、文化各方面的新课题。

20世纪末，我国由于社会的稳定和经济的快速发展，加上控制人口增长正确国策的实施，人口发展进入到高出生率、低死亡率、高自然增长率的新阶段，并步入到“老龄社会”。据统计，我国老龄人口目前已超过1.36亿，占全国总人口的10.2%，位居世界老龄人口数量的首位。1996年正式发布的《中华人民共和国老年人权益保障法》，明确具体地规定了老年人在家庭生活和社会生活中的权益保障。在《中国老龄工作发展纲要》中，又提出了“老有所养、老有所医、老有所为、老有所学、老有所乐”的工作目标。安老养老，在新世纪成为与国家长治久安和建设社会主义和谐社会息息相关的重大问题。老年文化在国家实施“健康老龄化”的战略目标中，显得日益重要和突出。

“老有所养、老有所医”是“健康老龄化”的物质保障和前提；而“老有所为、老有所学、老有所乐”则面对“老龄化社会”的挑战向人类社会提出了新的更高的人口质量要求及发展战略，其中的每一项都具有丰富的文化内涵。不少学者指出，人类的生命之树迎来的有两个春天：第一个是从诞生到60岁，这是播种和耕耘的春天；第二个是从60岁到120岁，这是金光闪闪的收获的春天。年老者阅历深，经验丰富，理智和感情充实、成熟，老成持重、老而弥坚、老骥伏枥、老当益壮。黑格尔在《美学》中早就写过一段话：“通常的看法是炽热的青年时期是诗创作的黄金时代，我们却要提出一个相反的意见，老年时期只要还能保持住观照和感受的活力，正是诗创作的最成熟的炉火纯青的时期。以荷马的名字留传下来的那些美妙的诗篇正是他的晚年失明时期的作品。我们对于歌德也可以说这样的话，只有到了晚年，到了他摆脱了一切束缚他的特殊事务以后，歌德才达到他的诗创作的高峰。”[①]人的老年期同样是另一个人生的进取季节。无数的事实表明，许多杰出的思想家、科学家、作家、艺术家在晚年仍保持着极高的能动创造精神和工作效率，在人口文化的宝库中增添了非常重要和突出的贡献。老龄文化能使老年人将主动权掌握在自己的手中，适应社会环境急剧变化，自觉地、积极地调节身体和心理健康状况，保持生命活力，愉快地、有所作为地度过“夕阳红”时期。

（六）人口变迁文化

人口的迁移变动是指一定数量的人口从一个地区向另一个地区的转移，即地理位置上的变化，或称人口机械变动。一定的人口为了某种目的和动机，以及由于外部环境和条件的改变，自觉自愿地或者被迫无奈地离开原来的居住区，无论时间长短，距离远近，均属人口迁移变动范围。狭义的人口变迁，只指改变常住地点的人口移动；而广义的人口变迁，既包括改变常住地点的人口移动，也包括不改变常住地点的临时性移动。人口迁移的形式多种多样，主要有：游牧民族的迁徙活动，国家内部的移民垦殖活动，农村和城市的人口交流活动，国际间的政治移民和经济移民，外籍工人迁移活动以及国际难民，等等。社会生产力的发展，社会政治、经济条件的变动以及国家移民政策的推出和实施，都能引发大量人口变动迁徙。人口变迁是一个重要的社会现象，它扩大了人类的活动场所，延伸了人们的交往范围，促进了

① 黑格尔：《美学》第3卷，商务印书馆1981年版，第54页。

不同文化的传播和交流，为不同民族和种族文化的相互了解、相互促进、取长补短、相互融合创造了良好条件和土壤。

新时期以来，随着我国社会经济的迅猛发展，打破了原有城乡之间分割的经济布局和结构，农村向城市流动的人口不断扩大。据国家统计局的统计，2002年我国流动人口总数已超过1.2亿人。其中，从乡村流出的人口占73%，流入城镇人口占74%。而在这些流动人口中，跨省流动的为4242万人，占35%。仅首都北京，全市常住人口为1100万人，而外地流动人口则有230万人左右，其中农民占82%。目前，我国流动人口的趋势正在逐渐由分散的、个体的流动方式向群体的、家庭型的形式转变。他们不再以单独个人的方式外出，而是采取“举家迁移”，甚至以村乡为单位成群结队地到城镇打工。因此，流动人口中的儿童人数越来越多，比例越来越高。这些流动人口进入大中城市，不但有利于繁荣市场，推动了城市建设的发展，还解决了一大批人的就业和生活问题。同时，也不可忽视，他们在一定程度上在包括维护社会安定、控制人口数量、未成年人的学习教育、提高城市居民生活水平和文化素质、塑造城市形象等方方面面，带来了负面影响和一系列新的问题。

现代化社会的特点之一，是人口的迅速增长和流动人口的剧增，人口流动的规模日益扩大，方式愈来愈多，次数显著频繁。在政治多极化、经济全球化、科技信息化、文化多样化的世界格局中，人口变迁造成的文化冲击波和影响力是非常强大和深远的。世界各国的人口交流和移居，达到了前所未有的规模，从而出现了多种多样的“移民文化”、“外来文化”、“杂交文化”。这些新型文化的特征，便是外部多民族的文化与本国、本地区的传统文化的对接、磨合、包容和融合。马克思、恩格斯早在《共产党宣言》中便天才地预言：“过去那种地方的和民族的自给自足和闭关自守状态，被各民族的各方面的互相往来和各方面的互相依赖所代替了。物质的生产如此，精神的生产也是如此。各民族的精神产品成了公共的财产。民族的片面性和局限性日益成为不可能，于是由许多民族的和地方的文学形成了一种世界的文学。”[①]随着人口的迁移变动，必然会带来文化上的变革和变异。在新的形势背景下，我们不能不同时注意到，这种文化变迁也混杂着浓厚的消极因素。在新世纪来临之际，一股所谓的“强势文化”，千方百计地利用人口变迁和“全球化”之机，进行有意识、有目的的思想文化渗透和扩张，企图吞并、消解和扫荡“弱势文化”、“民族文化”，以便推销“文化扩张主义”、“文化殖民主义”、“文化霸权主义”和“文化帝国主义”等等。实现全盘“西化”的“一体化”，成为“人口文化”领域中独特的值得注意的新课题。

（七）丧葬文化

“人总是要死的，但死的意义有不同。中国古时候有个文学家叫作司马迁的说过：‘人固有一死，或重于泰山，或轻于鸿毛。’为人民利益而死，就比泰山还重；替法西斯卖力，替剥削人民和压迫人民的人去死，就比鸿毛还轻。张思德同志是为人民利益而死的，他的死是比泰山还要重的。”这段著名的话，是毛泽东在1944年中共中央直属机关追悼因公牺牲的警卫团战士张思德的集会上发表的《为人民服务》的演讲中说的。它是对一位普普通通的人民子弟兵一生的崇高品质的评价，也是一位人民领袖自己从内心吐露出的对生死的科学认识和唯物主义的态度。从出生到死亡是一个人的整个生命运动过程，是不可避免和抗拒的自然规律。“物之有成必有坏，譬如人之有生必有死。”彻底的唯物主义者能够正确地看待和正视个人的生死存亡，理智地面对现实和生命的终结，因为人类的延续正是一代又一代人的生死交替。“人生自古谁无死，留取丹心照汗青。”这就是中华民族先进的、优秀的传统生死观。

人的死亡可根据死因的不同而分为许多类型：因生理衰竭而发生的生理死亡或自然死亡；因各种疾病无法治疗，而使重要生命器官发生不可恢复的损坏的病理死亡；因机体受机械的、化学的、物理的或其他因素造成的破坏

① 《马克思恩格斯选集》第1卷，人民出版社1972年版，第255页。

性的意外死亡。前两类也称非暴力死亡，而后一类中则包括自杀、他杀和灾难性的暴力死亡。各国民事法律规定，自然人的权利始于出生，止于死亡。死亡可以导致继承、合同、婚姻等许多民事法律关系的产生和终止。关于什么是死亡，如何判定死亡的标准和精确时间，以及是否承认“安乐死”的合法性等，不仅成为医学上专业研究的课题，同时还引起社会学、伦理学、法学以及文化界的争议。尤其是有关“安乐死”的性质和实施，各国的法律条文存在着很大的差异，舆论界的看法也截然不同，它已成为人口文化中的突出问题之一。

人的生命终结终究是一件非同小可的特等大事，因而对于死者遗体的安葬方式从古到今都存在着不同的仪式，形成了各种各样、变化万千的丧葬风俗习惯和礼仪。按照对遗体的处理方式，通常有土葬、火葬、海葬、天葬等不同的形式。无论哪一种丧葬方式，都伴随着一整套传统的风俗、习惯、仪式和禁忌。法国人类学家列维·布留尔在《原始思维》一书中认为：“有关死亡和死人的风俗也许是一切风俗中最持久的。因此，当社会环境、制度和信仰改变了，这些风俗只是很慢地跟着改变。就是在它们的意义逐渐模糊起来甚至丧失时，它们也继续被遵守着。人们根据新的观念和情感来解释它们，亦即往往以相反的意义来解释它们，因而常常有这样的情形：它们和从前保留下来的部分混在一起，就变成了一种自相矛盾的东西。这样一来，在大多数社会集体中（即使不是在一切社会集体中），葬仪都表现出是一种不规则的层积物，在它里面，从远方传下来的与极原始的思维联系着的风俗，与那些为较晚时期的概念所决定的并与这种思维相矛盾的风俗混杂在一起。最后，在极多的社会集体中，葬礼和葬仪的形式得视死亡的性质和原因，是‘善’终还是‘凶’死而有所不同。”[①]这位学者的分析和判断，是以大量的事实为根据的，不能说没有一定的道理。按照我们的看法，对待无论什么样的丧葬文

① 列维·布留尔：《原始思维》，商务印书馆1981年版，第298—299页。

化，同样要像对待过去的文化遗产一样，必须遵循“取其精华、弃其糟粕”的原则，用科学的、民族的、大众的观点去移风易俗，推陈出新，创造出利国利民、符合时代精神的丧葬文化。

三

人口文化事业和理论研究，是一个宏伟的巨大的系统工程。人类的生存、繁衍、发展、进化和升华，在新的21世纪将会为更多的人所关注，也必将迈向一个史无前例的新台阶。人口文化在这全新的时代里，日益显示出它前所未有的特殊的社会地位和作用。任何一门学科的诞生和成长，都离不开人类的社会需求和实践。人口文化在我国的提出和经过十余年的成长壮大，逐渐步入到实践和理论趋向成熟的新的更高的发展阶段。我们应当抓住这个大好的时机，牢牢把握马克思列宁主义、毛泽东思想、邓小平理论和“三个代表”思想，用以人为本的科学发展观，将人口文化的理论创新和人口文化的学科建设，在原有的基础上再向前大大推进一步，迎接全面建设小康社会和社会主义和谐社会的到来。

文化是一种独特的人类创造性的劳动生产成果结晶，而人口文化更是与人的一生紧紧伴随、息息相关的特殊品性的精神财富，它在控制人口数量，提高人口素质，优化人口结构和促进人的全面发展等方面，都能发挥积极的、特有的功能和作用。在亿万人民为全面建设小康社会而奋斗的伟大进程中，人的因素是极为重要的条件，人才资源是第一资源，而人口文化紧紧围绕人口生产这个中心，在文化的大背景和坐标上，从与此相关的各个方面、各个层次、各个角度，宏观地研究、调控和处理人类在繁衍、生存、发展中面临的问题，全面提高人的生理和精神素质，提高生育、生命、生活质量，改善人类社会生态环境，这就为全面建设小康社会和社会主义和谐社会提供优质人才资源、实施人才强国战略创造了良好的优化的条件。因此，人口文化作为“三大文化”的组成部分，在新世纪里不仅不是可有可无、无足轻重，而是前景广阔、日益重要、大显神通、大放异彩的全社会的伟大事业。

人口文化的创建和兴起，既不是某些人一时的随意的心血来潮，也不是脱离时代而虚构的空中楼阁。它既是人口生产符合规律性的“顺理成章”，也是人类文化历史发展趋势的“顺天应人”。马克思在《路易·波拿巴的雾月十八日》一书中写道：“人们自己创造自己的历史，但是他们并不是随心所欲地创造，并不是在他们自己选定的条件下创造，而是在直接碰到的、既定的从过去承继下来的条件下创造。”[①]人口文化的产生和人口文化学的创建，同样也是如此。马克思主义如同任何一种科学的学说一样，坚决摒弃割断历史的虚无主义观点，主张积极地吸收和改造人类思想和文化遗产中一切有价值的成果。古为今用、洋为中用，批判继承、推陈出新，这是有中国特色的社会主义文化应当坚持的原则，同样也是人口文化在对待古今中外优秀文化传统和知识体系时应有的态度。

新兴学科的创立和建造，是一项艰巨复杂的高级思维活动，它要求学人具有广博的知识功底、创造性的思维能力和坚韧不拔的意志。人口文化科学体系的构建，更是一项集体协作的宏大社会伟业和造福千家万户、千秋万代的恒久工程项目，需要各个方面、各行各业的专门人才通力合作、相互配合、群策群力、齐心协力。2005年1月6日0点2分，我国大陆的第13亿位公民来到人间，他向人类的第一声呼唤，又翻开了人口和人口文化事业的新篇章！

（《山西师范大学学报》2005年第3期；《坚持科学发展观，构建和谐社会——党政干部理论学习文选》，红旗出版社2007年版）

① 列维·布留尔：《原始思维》，商务印书馆1981年版，第298—299页。

全球化格局下文化的碰撞和交融

新的21世纪已进入到人类社会全球化的新阶段。从“经济一体化”、“生产国际化”、“贸易全球化”开始，形成了庞大的世界性的包括自然联系、经济联系、人口流动联系、技术联系、服务传递联系、管理和组织联系、社会联系，直到政治、军事、文化的联系。全球化难免会遇到各种各样、意想不到的困难和障碍，可前景和趋势是一往无前的。

文化的本土性和多样性，同时也就是文化的差异性或区别、矛盾。不同民族、不同地区、不同历史条件、不同体制、不同生活方式和不同价值观的文化，相互带来的误解、碰撞，甚至产生分歧和对立是必然的，但并非绝对地不可避免。“不怕有不同，就怕不沟通。”中国有古诗：“它山之石，可以为错”，或者如成语所说：“它山之石，可以攻玉。”关键在于相互的理解和尊重，学会交往和对话、沟通和认同。各种不同类型的文化，通过多种多样、多层次和多渠道的联系，相互学习、借鉴，吸收精华，取长补短，就有可能将碰撞的火花化解、提炼成新的能源和人类社会发展的动力。

在政治多极化和世界格局朝着全球化发展进程中，文化与政治、经济的相互渗透和相互结合日益明显和紧密。与“硬权力”相对应的“软实力”，越来越受到各国的重视。“软实力”固然不能完全等同和替代“硬权力”，可在一定的时间和条件下，可以发挥和展现其特殊的、极其重要的影响和作用。它在无声无息、潜移默化之中，“随风潜入夜，润物细无声”（杜甫：《春夜喜雨》）。其魅力和威力，有时难以预料和估量。

全球化格局下文化的经济属性和功能，显著地变得突出和加强。文化的经济效益，更为人们所重视；文化产业在国民经济中的比重，越来越提高，并成为新的增长点；工业经济“一体化”和“全球化”带来的生态破坏和自然资源的无穷消耗，提醒人们要以文化产业和文化输出作为替代。全球性的金融和经济危机的爆发和蔓延，更加速和扩大了对文化责任感和功能感提升的共识。

因此，文化在和谐世界的建设中，是与政治、经济、科技等因素并驾齐驱的。文化具有普遍性，同时还带有部分的强烈的社会意识形态性，处理好“大文化”与“小文化”之间对立、矛盾和统一的关系，是带有原则性的根本问题。塞缪尔·亨廷顿在《文明的冲突与重建世界秩序》一书中说：“现代社会有很多共同点，但它们并不一定就会趋向同一。”“中国人为自己的目的和需要吸收印度的佛教，这并没有使中国‘印度化’，相反倒造成了‘佛教的中国化’。”不同文化相互之间的了解和沟通，当然最重要的是彼此之间的体谅、认同和换位思维、取长补短；要承认、理解和尊重对方文化传统中的核心利益和核心价值观。

与此同时，也要重视交流的方式、方法，逻辑和语言。双方或多方都不要自认为是“文明核心”，以我为“中心”或独霸“话语权”，而要善于从全球化的理念和视野，用全方位和多维的思维方式，回顾历史，面向未来，以对方能够和易于接受的手段和媒介，细心去探究对方文化的深层内涵和底蕴。这样，就有可能逐步摆脱单性思维、单方思维，特别是冷战思维带来的后遗症。奥运会和世博会轮流在五大洲召开，以及包括太湖文化论坛在内的各种国际会议，已充分显示文化交流多样化的大平台，越来越为新世纪的新世界所接受。

在全球化的格局下，多创造和使用一些“世界语言”、“人类共同语言”，对穿越文化边境“隔离墙”，并走向“免签”是大有好处的。例如，大家都说或多说“功夫”、“太极”、“咖啡”、“茶”，乃至“迪斯科”、“卡拉OK”、“因特网”等等，相互的理解和交融也许就会更快些。人类面临着各种各样的困难和挑战，同时，在越来越多、越来越广泛和深入的交往中，又会迎来相互的文化精神邂逅和营养补充。

“和谐”这个概念，通常的解释是“配合得适当和匀称”，它具有不同层次的含义，如数学层次、审美层次、艺术层次、哲学层次、社会层次等等。早在公元前6世纪末，古希腊思想家毕达哥拉斯就提出了“和谐”的范畴，认为“和谐是杂多的统一，不协调因素的协调”，而且还说“美就是和谐”。包括宇宙在内的外部世界的和谐，能够引起和改善人的内在的和谐。而差不多与此同时，中国古代的哲人说：“夫和实生物，同则不继。以他平他谓之和，故能丰长而物归之；若以同裨同，尽乃弃矣。”这里的“和”，即“以他平他”，是指不同事物或不同因素的结合和协调，构成为差异性的统一。“同”即“以同裨同”，则是指完全等同的事物或等同因素的重合，是排斥差异性的直接同一。“和实生物，同则不继”，是事物存在和发展的条件和形态；也就是说，“同则不继”，从完全相同的事物中，不可能产生新的东西，而只有不同事物的相互协调、和谐统一，才有可能“和实生物”。

新的21世纪已进入到第二个10年，我们来自五洲四海、天南地北，相聚于苏州的太湖文化论坛，面向新的开端和未来，通过热烈而又坦诚的交流、沟通、对话、互鉴，大家共同探讨着创建世界文明和谐的主题，“以他平他”、“和实生物”有了初步的理解、共识和合作；沿着这个良好的起点和途径，再经过几代人的努力，相信一定会达到一个世界持久和平、共同繁荣昌盛的、理想的新境界！

（《世界和谐的通途》，新华出版社2013年版）

第四辑　它山之石

坎坷曲折历艰辛

——关于《艺术对现实的审美关系》[①] 的若干史实

一

《艺术对现实的审美关系》是19世纪伟大的俄国革命民主主义者尼·加·车尔尼雪夫斯基青年时期所写的第一篇美学论文。它是较早地介绍到我国的一部完整的西方美学著作，在我国的美学界曾经产生过重要的影响。围绕着这部著作提出的“美是生活”的定义以及其他美学问题，我国的许多美学工作者进行过探讨和研究，同时也展开过有益的、热烈的争论。

然而，直到目前为止，关于《艺术对现实的审美关系》的若干重要史料，在我国还很少加以系统地介绍。这样，在一些有关车尔尼雪夫斯基的研究著作和论文中，不免常常出现某些主要史实上的错误或不确切之处。长此以往，以讹传讹，或多或少地有碍于对车尔尼雪夫斯基美学的正确理解。因此，适当地介绍一点有关的史料，未必没有必要。

早在大学学习期间，车尔尼雪夫斯基对美学问题产生浓厚的兴趣。当时，这个年仅20岁左右的俄国彼得堡大学文史系的学生，就已经相当热衷

① 车尔尼雪夫斯基的这篇美学硕士论文1942年由周扬同志翻译出版时，按英译本题名为《生活与美学》，以后重印各版均未作改动；1979年该书由人民文学出版社重排再版时，将书名改为原题《艺术与现实的审美关系》。本文则按俄文名直译一律作《艺术对现实的审美关系》。

于多方面的学术研究。他在课余阅读了大量哲学、历史、经济、美学和文艺书刊，对俄国革命民主主义者的先驱赫尔岑、别林斯基怀着深厚的敬重和爱戴。而德国唯物主义哲学家费尔巴哈的著作，则在他的思想上产生了尤其重要的影响。如何用唯物主义的思想来阐明和解决美学和文艺的基本问题，曾经在年轻的车尔尼雪夫斯基的脑海中不断徘徊。1848年秋，车尔尼雪夫斯基的老师、彼得堡大学文史系教授亚·瓦·尼基田科①，就曾建议车尔尼雪夫斯基为校刊写一篇题为《论诗和现实的关系》的论文。但是，这时的车尔尼雪夫斯基，正密切注视着西欧各国相继爆发的资产阶级革命，同时还在积极参加进步学生组织的反对沙皇政府的秘密活动，无暇专心从事学术研究，文章因而未能写成。然而，从标题上不难看出，这篇打算要写的论文，和后来作者完成的《艺术对现实的审美关系》，无疑地存在着某种联系。

大学毕业后，车尔尼雪夫斯基回到了他的故乡萨拉托夫，在一所中学里当了两年多的语文教员。教学之余，他继续潜心于费尔巴哈的哲学研究，阅读和搜集了大量有关美学的材料，做了许多笔记，长期孕育着他的美学论文。这时，他进入了社会，已经具有完全成熟的革命思想，并且决心要从运用唯物主义哲学解决美学基本问题入手，继承俄国文学艺术中的现实主义的传统，积极地投身到思想战线上的激烈斗争中去。

1853年5月，车尔尼雪夫斯基重返彼得堡。他立即向母校彼得堡大学申请报考硕士学位，确定撰写《艺术对现实的审美关系》的论文。同年7月20日，车尔尼雪夫斯基通知他的父亲说，近日内他就动手写他的美学硕士论文。经过夜以继日的紧张的劳动，仅仅过了一个多月，即同年的9月7日，他在写给父亲的又一封书信中，高兴地告诉说论文已经完成了五分之三的篇幅。这封信写道："它（按，指《艺术对现实的审美关系》）并不庞大，总共不过80页到100页；其

① 亚历山大·瓦西里耶维奇·尼基田科(1805—1877)，俄国自由主义派文学活动家、记者、批评家、彼得堡大学教授。

实是很容易、也非常需要把它的规模大大扩充的。我在论文中只是论述了一般的思想特点，结论和附录几乎都没有写出来，因为那样就得写成35印张的两部著作了。可是，我没有钱把它们拿去印刷。”[①]这是因为硕士论文的印刷和出版，当时都要由作者自筹经费刊印。车尔尼雪夫斯基由于经济上的拮据而节省开支，不得不尽量设法压缩自己的论文。这可能是他论文中的某些论点，没有充分展开阐释的原因之一。

又过了大约一星期，车尔尼雪夫斯基便将自己论文中写好的一部分，即关于批判黑格尔美学的那一部分，事先送交给尼基田科教授，请他审阅并提出意见。这样，在论文还未全部完成之前，可以预先听听反应，试探一下是否可以顺利地得到出版。果然，事情一开始就不那么顺利。作为俄国自由主义派文学活动家的尼基田科，是德国唯心主义美学的崇拜者。他于1853年9月11日看过车尔尼雪夫斯基的美学论文后，断然提出要删去公开批判“黑格尔主义”的部分，并且还对关于“命运”的唯物主义解释表示异议，认为这样就会掩盖“上帝”的概念。文中有关爱情和女人的议论，尼基田科则视为有失体统。另外，对这篇论文运用的通俗语言形式和文中引用许多民间成语、俗语，教授也觉得不太合适，指责它们与“抽象的”学术性论文所要求的所谓“应有的形式”很不相称等等。

对于年轻的车尔尼雪夫斯基来说，这自然是当头泼下的一瓢凉水。不过，这并未使他气馁，而且在某种程度上是他早就有所预料的。这从他对尼基田科的看法中完全可以得到解释。就在尼基田科审阅过论文的一部分并提出了严厉的批评之后的两天，即1853年9月14日，车尔尼雪夫斯基在写给父亲的长信中，详细地阐述了他对自己的美学论文的看法：

尼基田科说，论文用不着再去改写了。我写的是一篇关于美学的论

① 《文学遗产》（俄文版）第2卷，苏联国家出版社1923年版，第197页。

> 文。如果这篇学位论文能按目前的样子在学校里得到通过，那我还是要让它保持原样。顺便说说，我的论文里没有任何的引证，总共才只有一句引文。假如这一点被人们认为够不上具有学术性，那么我可以在三天内增添几百处引文。我还可以秘密地告诉您，这里教语文的教授先生们对于我在论文中所探讨的对象完全没有研究。因此，他们未必能看出我的思想与目前关于美学问题的那种人所共知的概念方式有什么关系。也许，如果我不明白地把这一点讲清楚的话，甚至还要把我当作是与那些不同观点展开辩论的哲学家的信徒。所以，我不得不被迫把这一点直接解释清楚，否则，就别指望他们能理解我所研究的问题有着何等重要的意义。一般地说，自从理解哲学和注重哲学的人们死去或沉默以后，我们这里关于哲学的概念就变得非常模糊不清了。[①]

这里所说的所谓“理解哲学和注重哲学的人们”，显然是暗指别林斯基和赫尔岑等19世纪俄国革命民主主义者的先驱。别林斯基于1848年5月26日在疾病、贫困和迫害的共同侵袭下溘然长逝。而赫尔岑则于1847年就已离开俄国而长期侨居国外，直到1855年在伦敦出版《北极星》文集，1857年创办《钟声》报，才如列宁所说的“打破了”“奴隶般的沉默”[②]。因此，当车尔尼雪夫斯基撰写学位论文的时候，支配着俄国文学艺术界“人所共知的概念”，仍然还是唯心主义的哲学思想，特别是黑格尔的美学理论。年轻的车尔尼雪夫斯基对俄国思想界的停滞和落后极为不满。为了向黑格尔的唯心主义哲学公开地提出挑战，他首先选择了一个不太为人注重的领域——美学来进行论辩。按照他自己后来的说法，就是要“应用费尔巴哈的基本思想来解决知识领域内某些未经他的宗师探讨的问题”；或者说，《艺术对现实的审美关系》这篇

---

① 《文学遗产》（俄文版）第2卷，苏联国家出版社1928年版，第197页。

② 《纪念赫尔岑》，《列宁选集》第2卷，人民出版社1972年版，第419页。

论文，“就是一个应用费尔巴哈的思想来解决美学的基本问题的尝试”。[①]然而，反动的沙皇政府出版机构，在当时却禁止在书刊中公开地提到费尔巴哈的名字，也不允许指责黑格尔，这就迫使作者不得不用较为隐晦的语言。这样，那些本来就对美学“完全没有研究”的大学“教授”和“专家”，当然不可能对这篇论文的“重要的意义”有着真实的、透彻的理解。车尔尼雪夫斯基在写给父亲的信中，明确地表示出对某些不学无术的“学者”们的轻蔑和不满，嘲讽他们只是以引文的多少为标准的所谓“学术性”，充分地说明他决定写作自己的美学论文，就是要大胆地冲破旧传统的羁绊。他仅仅用了10余天的功夫，便将论文的剩余部分一鼓作气地全部写完。这大约在1853年的9月底，作者时年25岁。[②]

《艺术对现实的审美关系》全稿完成以后，车尔尼雪夫斯基再次把它送给尼基田科审阅。这一次，尼基田科把论文束之高阁，长期不闻不问。而车尔尼雪夫斯基这时已忙于写作另外的几篇通俗性的美学文章《当代美学概念批判》、《论崇高与滑稽》等等，无暇再去催问。在过了将近一年的时间以后，即1854年9月，车尔尼雪夫斯基才从尼基田科那里得到回音。尼基田科把论文交给了缮写员，以便转送其他委员传看后呈报校委会。随后，系主任乌斯特里亚洛夫亲自决定，论文经其他委员传阅后再交回到尼基田科手里，最后再作出正式的评语。这就又拖延了将近3个月。直到1854年12月21日，车尔尼雪夫斯基才被告知，他的美学论文可以拿去出版。为此他写信告诉父亲说：“我的论文竟躺了这么长的时间，如同我一样它也经受了不同程度的考验，——也就是说，世界上的事口头说的总比做的要多，——如今我才从系

① 《艺术对现实的审美关系》，人民文学出版社1979年版，第4页。

② 有一本著作说：“1853年，27岁的车尔尼雪夫斯基就发表了他的著名的美学论文《艺术与现实的审美关系》”；同一本著作的另一处又写道：“1855年，车尔尼雪夫斯基完成了他的学位论文《艺术与现实的审美关系》。”（《文艺问题论稿》，上海文艺出版社1979年版，第98、250页。）这里把“发表”论文放在“完成”之前，显然相互矛盾和有误，应将两处颠倒过来。

主任乌斯特里亚洛夫那里得知，论文快要拿去出版了。”[①]

不过，车尔尼雪夫斯基的估计还是过于乐观了一些，《艺术对现实的审美关系》尽管被系里通过并被正式送交校委会，但送去后又长期不得音讯。极有涵养和耐心的车尔尼雪夫斯基，这时也忍不住在信中向父亲吐露怨言。1855年4月4日，他在信中写道："我希望快一点排印我那不幸的论文，它已经搁置了好长的时间，并且已经盖满了灰尘。这个不幸的事件竟拖得如此之长，真使我感到好笑而又苦恼。我原来以为所有这一切只不过是个形式，现在看来也仍然还是形式，可是，应当在两个月内就该结束的形式，竟然拖了已经一年半。"[②]也就是说，从1853年9月底《艺术对现实的审美关系》脱稿，到1855年4月初，这部著作仍然未能被批准排印出版。[③]到了1855年4月11日，彼德堡大学校委会才正式批准车尔尼雪夫斯基的硕士论文可以付印。4月19日左右，车尔尼雪夫斯基从系主任那里得知论文已被同意送去出版，并且收到了退回的原稿。他立即将论文赶送到印刷厂去排印；在边排边校中，只花费了一个星期的时间，即4月26日，这部著作便全部排校完毕。又过了一周，1855年5月3日，《艺术对现实的审美关系》初版终于问世了！这部在美学史上发生过深远影响的美学专著的作者，当时才只有27岁。从开始写作这部著作到最后的出版，前后相隔了大约两年的岁月。

硕士论文的出版，给车尔尼雪夫斯基带来的兴奋和欢快是难以用笔墨来表达的。他迫不及待地在当天就把这个喜讯告诉了自己的父亲：

---

① 《文学遗产》（俄文版）第2卷，苏联国家出版社1928年版，第239页。

② 同上，第251页。

③ 《美学论文选》（人民文学出版社，1957年版）"注释"中认为《艺术对现实审美关系》"写于1853年" 这是正确的；但是在另一处却又认为这部著作"发表"于"1854年秋"以前，却与史实不符（见该书第160页）。还有一篇专门介绍《艺术对现实的审美关系》的文章说："此书最初出版于1853年"（《美是生活》，《艺术世界》1980年第4期），看来是误认为这篇论文写完后就立即出版了。

学位论文印好了……为了节省时间和开支，我用大开本和非常密的字来印它；此外，出于同样的打算，在手稿已被同意付印的时候，我又大大地缩减了它（虽然学校的审查机构并没有删除一个字）。因此，最后只剩下6个半印张，而如果不被删节和按照通常的排印方法，那是会达到20个印张的。小册子的外表非常漂亮，字体和纸张都很好。我是把它送到被认为是最好的布拉兹印刷厂去印刷的。一共才印了400份，为了满足大学的需要（100份）和分送给许多熟人，我自己就只剩下了250份，——我不知道，书店是否能顺利地把它销售出去；实际上，我对这一点并不抱有什么指望。这本书从外表上看有个特点，就是里面没有旁征博引——这是违背那种以廉价的博学来进行招摇撞骗的普遍风气的。它还有一个特点，就是我自己亲自把它抄写得整整齐齐，用不着再去誊清，——这恐怕也是少见的情况。我做这一切就是想借此和那些（不能）这么做的人开开心，使自己达到内心的满足。至于这篇论文的内容，我暂时就不写了，——等到下次写信时再谈。论文的题目您是知道的：《艺术对现实的审美关系》。①

这封亲切感人的家书，字里行间渗透着作者对饱尝艰辛而终于取得丰硕成果的激动和欢欣！

二

坎坷崎岖的征途并未就此终结。《艺术对现实的审美关系》尽管已经出版，但在准备举行答辩会的前夕，意外地又遇到了无理的干涉和阻拦。原来，当时担任沙皇政府教育部部长的阿·斯·诺罗夫，在看过车尔尼雪夫斯

① 《文学遗产》（俄文版）第2卷，第254页。

基的硕士论文后，表示了极为强烈的不满；他要求彼得堡大学撤销原定举行的论文答辩会。下面是系主任乌斯特里亚洛夫的儿子关于这件事的经过的回忆：

> 大约在答辩的前夕，教育部长阿·斯·诺罗夫从巴甫诺夫斯卡乘车前往彼得堡，在车上他遇到了我的父亲。看到我的父亲后他立即喊了起来：您干出了什么事情啊！您怎么能够允许举行车尔尼雪夫斯基的论文答辩会呢？昨天我在睡觉的时候翻阅了这篇论文，这简直是一篇不可思议的东西，它把艺术和文学整个儿都给否定了……得啦吧！……西斯廷的圣母像和佛洛伦萨[①]——意大利的裸体女人像，全都被否定了，那还有什么艺术？不可能，不可能！我的父亲解释说，论文是委员会通过的，审查合格，它已经印了出来，答辩的日子也确定了。诺罗夫说：要改变！都得停下来！我不答应！不管你怎么想的，反正这样的论文是不可思议的，这件事应该到此结束。[②]

这个武断专横、不学无术的学霸，就是如此粗暴地下令企图扼杀一个刚刚呱呱落地的美学婴儿。幸运的是，由于答辩会的一切准备工作都已就绪，而车尔尼雪夫斯基的论文刚刚一出版，就立即在社会上引起了强烈的反响；彼得堡大学校委会无法临时改变已经通过的决定，答辩会只得按期举行。《艺术对现实的审美关系》作为硕士论文的答辩，于1855年5月10日在彼得堡大学的一间教室里举行。[③]

---

① 西斯廷的圣母像是文艺复兴时期意大利著名画家拉斐尔(1483—1520)的一幅杰作；佛洛伦萨是意大利城市，文艺复兴时期曾在这里出现过许多优秀的艺术家，并形成了佛洛伦萨画派。

② 《历史通报》（俄文版），1884年第6期，第588—589页。

③ 《车尔尼雪夫斯基的经济思想》（上海人民出版社1957年版）一书中说："1854年，车尔尼雪夫斯基胜利地通过了他的硕士学位考试。"（见该书第16页）这是史实上的错误，因为1854年硕士论文既未付印，更未能举行答辩会。

这天下午两点钟，大学里这间普通的教室座无虚席、济济一堂。主持这次公开答辩会的是彼得堡大学校长彼·亚·普列特涅夫[①]，尼基田科和另一名教授苏霍姆利诺夫两人被指定为评审员。出席答辩会的人们之中，有不少学术界的知名之士，如巴·瓦·安年柯夫[②]、伊·伊·帕纳也夫[③]、尼·瓦·舍尔古诺夫[④]、西·谢拉科夫斯基[⑤]、叶·费·柯尔什[⑥]、亚·尼·贝平[⑦]以及车尔尼雪夫斯基的妻子等。

车尔尼雪夫斯基本来就对这次答辩会并不抱有很大的希望，但是结果却是比他预料的还要糟糕。提出的问题许多都属于文不对题、不屑置辩，还有些则只是类似于尼基田科和诺罗夫的那种旧调重弹。车尔尼雪夫斯基对这次答辩会的不满是不难想象得到的，下面就是他在几天以后（5月16日）给父亲的信中所叙述的答辩经过和自己的感想：

> 5月10日，星期二，举行了论文答辩。我在当天早上已经写信告诉过您了。答辩是像通常的那样，以向我表示祝贺而宣告结束的，因为这纯粹是形式。尼基田科向我提出不同的意见是非常机灵的，而另外一些人，其中包括校长普列特涅夫，则十分笨拙。其实，尼基田科也只是重复了我在论文中已经列举过和批驳过的那些观点。我的论文并不坏，它本来就是建立在熟悉的对象之上的，可是这对象在我们这儿却不为任何

---

① 彼得·亚历山大诺维奇·普列特涅夫（1792—1862），俄国文学家、批评家，彼德堡大学校长。

② 巴维尔·瓦西里也维奇·安年柯夫（1812—1887），俄国批评家和回忆录作家。

③ 伊万·伊万诺维奇·帕纳也夫（1812—1862），俄国作家和新闻记者，1847年起和涅克拉索夫同时是《现代人》杂志的编辑和出版者。

④ 尼古拉·瓦西里也维奇·舍尔古诺夫（1824—1891），俄国著名的政论家，革命民主主义者。

⑤ 西吉兹蒙特-谢拉科夫斯基（1827—1863），波兰革命民主主义者，《现代人》杂志工作人员，1863年立陶宛起义的领导者。

⑥ 叶甫根尼·费多罗维奇·柯尔什（1811—1897），俄国新闻记者和翻译家。

⑦ 亚历山大·尼古拉也维奇·贝平（1833—1904），俄国自由派文学史家，车尔尼雪夫斯基的表弟。

人所知。因此，我的论文不可能遇到严肃认真的论敌；也许，只有两三个不属于我认识的人是例外。答辩会进行得非常短促，总共才一个半小时，因为慕辛–普希金督学在场。他是一个善良的人，但是在态度上并不很有礼貌；因此，他的出席使答辩自始至终都受到拘束。

本来，我想，我将被迫不得不讲一点道理来回答某些异议，或者至少为了它们的提出也得多少讲一点，——可是，它们却离开实质性的东西扯得那么远，以至于使得我的回答也只能涉及琐碎的东西。总之，答辩会在某些人看来似乎显得还活跃；其实，如同我预料的那样，却是空空洞洞。只不过它空洞到如此程度，倒是出乎我的预料。①

同时代人的一些回忆，证实了车尔尼雪夫斯基的叙述。据说，在答辩会上尼基田科曾打算向车尔尼雪夫斯基提出关于“理念的绝对意义”这个问题，可是因为遭到直接而激烈的反驳便避而不谈了。尼基田科认为，这篇论文在哲学上提出的论据不够充分，因为已经为人公认的美学理论是牢固地建立在艺术的“理念”基础之上的。照他看来，由于精神高于物质，所以艺术应当比现实优越。“车尔尼雪夫斯基开始还是沉着的，但随后愈来愈激动。他承认自己的论文论据不足，但是认为这种不足并不是出于他的过错。他说，在我们这个社会里，占统治地位的是只知盲目崇拜一些陈旧的、早已过时的观点，把这些旧观点奉为绝对正确的权威。”车尔尼雪夫斯基在答辩会上明确而尖锐地指出，压制批评对于学术研究是完全有害的，而“在我们这里，过分地害怕自由探讨和自由批评的精神；这种精神从本性上就不知道有什么东西能阻碍自己的所作所为。自由的批评在俄罗斯碰到的却是一连串要用沉默去绕过的对象；尽管这些对象只是偏见和谬误，根本谈不上是什么真理”。

车尔尼雪夫斯基继续指出：“这种现状已经足够说明，在我们这个所谓有

① 《文学遗产》（俄文版）第2卷，第256页。

教养和有学问的社交界，为什么目前还要坚持那些陈旧的、早已过时的、不科学的美学概念；而与此同时，在西方的另外地方广泛传播的则是另一种和我们直接对立的思想方式。”他针对尼基田科未提出的关于‘理念的绝对意义”这个问题，坚定地表示：“关于艺术的理念概念的意义，在我们这里应宣布已经过时，应当把它扔掉，用关于对象的另外的概念和思想来取代它。”[①]这就是初次登上学术论坛的车尔尼雪夫斯基，对当时在俄国占据着统治地位的唯心主义思想提出的挑战，对维护这种陈旧观点的“权威”们的驳斥。读着这段不长的回忆录，他那从容不迫、镇定自若的形象，至今栩栩如生、历历在目。面对着这个初露锋芒、才华横溢的思想战线上的年轻勇士，难怪在场的众多大学教授和学术“权威”，也只得偃旗息鼓、默不做声了。

参加过这次论文答辩会的舍尔古诺夫同样回忆说，车尔尼雪夫斯基在答辩中自始至终保持着平常的谦虚，但却具有坚定的、不可动摇的信念。关于举行论文答辩会的过程，他写的回忆录更为生动而有趣。舍尔古诺夫写道：在离论文答辩还有好长一段时间，与车尔尼雪夫斯基熟悉和比较接近的人，就都在谈论着要举行答辩的事。“佩卡尔斯基[②]本来是个任何时候都藏不住秘密的人，他最先用某种神秘的、颤抖的声音把这个消息告诉了我，并且焦急地盼望着这个有意义的日子到来。”接着，舍尔古诺夫描述说：“答辩会在一间不大的教室里举行，听众挤得满满的。有大学生，但似乎更多的是从校外来的人，其中许多是军官和文职青年。由于非常拥挤，有的听众便站到了窗台上。我就是站在窗台上的，站在我旁边的是谢拉科夫斯基（他是参谋本部的一名军官，后来参加了波兰的起义，并被穆拉维诺夫[③]绞死）。他是一个热情的、容易激动的人，

① 阿·里雅茨基：《尼·加·车尔尼雪夫斯基和他的关于艺术的论文》，《过去之声》（俄文版）1816年第1期，第27—28页。

② 彼·彼·佩卡尔斯基（1828—1872），俄罗斯历史学家和文艺理论家。

③ 米·尼·穆拉维诺夫（1796—1866），沙皇俄国的大臣，农奴制拥护者，镇压1863年波兰起义的刽子手；车尔尼雪夫斯基在《序幕的序幕》小说中借用恰普林伯爵的形象描绘了他。

在整个答辩的过程中，完全被吸引住了，自始至终是最兴奋、也最吵闹的一个。”舍尔古诺夫还说：“《艺术对现实的审美关系》这篇论文，对于当时的许多听众来说，感到是格外的新鲜和被吸引，因为它‘既有崭新的思想和论据，又有简明和清晰的文笔’。它不能不引起听众欢欣鼓舞的情绪，甚至还激起某些人的狂热。可是，形成鲜明的对比的是，主持会议的校长普列特涅夫和尼基田科等人，对所有这一切都感到大不快。”在答辩结束后，主持会议的普列特涅夫对车尔尼雪夫斯基训斥说：“好象我在课堂上给你讲的并不是这些东西啊！”[①]

这样，尽管论文答辩会如期举行，并且受到了在场听众的热烈欢迎，但是车尔尼雪夫斯基却未被立即授予学位。

三

《艺术对现实的审美关系》作为硕士论文经过答辩以后，还遇到了不少波折和刁难。经过反复的讨论和研究，车尔尼雪夫斯基提交的美学论文勉强得到通过。1855年5月26日，系主任乌斯特里亚洛夫向彼得堡大学校委会写出了正式报告，说明对论文的书面材料和口头答辩经过评定，最后确认的成绩为及格。不久，1855年6月9日，彼得堡大学校委会便向彼得堡区教育部督学呈报，申请批准授予车尔尼雪夫斯基以硕士学位。督学随即将报告转送给教育部。可是，当时担任教育部部长的诺罗夫，由于对车尔尼雪夫斯基的论文早就抱有成见，有意迟迟不作批复。于是，关于授予车尔尼雪夫斯基硕士的事，便长期如石沉大海，杳无音信。在此期间，尽管有不少人曾劝说车尔尼雪夫斯基向教育部提出询问，但这时他正忙于《现代人》杂志的工作，无意再去关心这件对他来说已成为不足轻重的区区私事。

---

① 舍尔古诺夫：《回忆录》（俄文版），1923年版，第163—164页。

直到1858年10月29日，也就是又过了三年多漫长的时间，原教育部部长诺罗夫去世以后，新任教育部长才批准了车尔尼雪夫斯基的硕士申请。同年11月24日，彼得堡大学校委会收到批复决定后，通知有关部门按照规定授予车尔尼雪夫斯基硕士证书。1859年1月12日，车尔尼雪夫斯基被告知已批准授予硕士学位证书。同年2月11日，他领到了彼得堡大学颁发的文史系硕士学位证书。

从《艺术对现实的审美关系》写出初稿（1853年9月底），到这部著作的出版（1855年5月3日），再到被正式批准领取硕士学位证书，前后相隔长达6年半的漫长岁月。

难怪连普列汉诺夫都误认为，由于“大学当局不喜欢他的著作中所表现出来的思想倾向”，因此车尔尼雪夫斯基“没有获得硕士学位”[①]。

车尔尼雪夫斯基对于授予他硕士学位，反应冷淡而平静。但是，他还是为自己的胜利而感到高兴。从他当时写给父亲的一封家书中，我们可以真切地看出他的心情：

昨天我得到了一个意外的消息，谅必您对这件事很感兴趣，但也许已经把它忘却了。我去应考硕士学位，几乎已过去了4年。当一切形式都履行完毕的时候，学校的校委会像通常那样作出了决定，并且呈报给教育部长批准。那时当部长的是诺罗夫，我不知道他为什么不愿意听见我的名字；而我甚至连他的影子都未曾见过，这只有天知道。然而，我有许多善良的好朋友，他们为这件事倒是费了不少心血。（诺罗夫）他并没有做出决定推翻学校的申请，因为这是违反惯例的；但是他却把此事束

① 见《尼·加·车尔尼雪夫斯基》，《普列汉诺夫哲学著作选》第4卷，三联书店1974年版，第186页。普列汉诺夫由于没能看到当时未发表的许多关于车尔尼雪夫斯基的重要史料，因此产生了这样的误解。我国的有些论著，可能就是依据了普列汉诺夫的这一推测，而断言“车尔尼雪夫斯基的论文事实上没有得到通过”（《尊重现实生活·不信先验假设》，《读书》1980年第1期）。这是以讹传讹，不符合原来的事实，应予澄清。

之高阁。学校的人为此非常抱怨，并且还把我纠缠了近两年，试图让我先向学校提出关于自己论文的问题，然后就可以有形式上的借口来处理这件事。我却回答说，我对此事并不关心；如果他们不满意的话，那就随意去处理，我甚至对部长的拒绝批准还感到高兴呢。说实在的，我是高兴的；因为，感谢上帝，我现在也有了某些名声，并不需要部长的肯定。而且那样做反而会给我的名声带来更大的影响。后来，诺罗夫辞职了，学校里的人仍然缠着我要交一张他们需要的纸片；我还是回答说，没有这个必要。最后，昨天，我还不明白是怎么回事，却得到了部长的批复。我微笑起来了……①

《艺术对现实的审美关系》问世以后，在俄国的思想界立即引起了不同寻常的强烈反响；并且在以后相当的一段时间里，围绕着它不断地展开过思想上、政治上和学术上的尖锐、复杂的斗争。

许多俄国革命民主主义者和思想界的先进人士，尽管对这部著作的理解各有不同，甚至产生了严重的分歧，但都充分地肯定了它在美学史上的重要意义。涅克拉索夫对车尔尼雪夫斯基的渊博学识和横溢才华极为赞赏。不久就把《现代人》杂志的主要编辑工作交付给他。正是在这个刊物上，车尔尼雪夫斯基自己化名“尼·普”写了一篇对他的美学论文的述评，补充和说明了原来在论文中未曾展开和论证的某些观点。②同时，他还为这个杂志写了大量有关政治、经济、历史和文艺的论文和评介。杜勃罗留波夫读过《艺术对现实的审美关系》后，在日记中表示：“我很喜欢车尔尼雪夫斯基的学位论文，这是一篇非常出色的著作。”也许可以认为，在《现代人》杂志上后来发

① 《文学遗产》（俄文版）第2卷，苏联国家出版社1928年版，第281页。

② 《艺术对现实的审美关系（作者自评）》初次发表于1855年6月号《现代人》杂志（第59卷第6期）；中译本见《美学论文选》，人民文学出版社1957年版。《车尔尼雪夫斯基选集》上卷，（三联书店1958年版）的注释中，两处都将此文发表时间误为“1885年”，疑为排印上的错误。

表的车尔尼雪夫斯基、杜勃罗留波夫等人的许多论文，在某种程度上实际上都是《艺术对现实的审美关系》所阐述的基本美学思想的具体发挥和运用。

另一方面，沙皇反动当局加紧了对车尔尼雪夫斯基的迫害。他们先是雇用御用文人在报刊上对《艺术对现实的审美关系》进行围剿，大肆谩骂和诽谤。有的说这篇论文提出了“含有杀机的理论”；有的又说这部著作“除了它那错误的结论，没有丝毫新鲜的东西”。继而，沙皇政府更进一步采取了赤裸裸的武力镇压。1862年6月，车尔尼雪夫斯基主管的《现代人》杂志被勒令停刊8个月。同年7月7日，沙皇军警利用卑鄙无耻的陷害和诬告，以伪造的证据罗织罪名，搜查了车尔尼雪夫斯基的寓所并将他逮捕。从此，这位伟大的俄国学者、作家和革命民主主义者，便在牢房、要塞和流放地度过了长达21年的艰苦岁月。一直到1889年10月17日逝世，他仍然还在受到沙皇政府警察的监视。

《艺术对现实的审美关系》，不用说也遭到严重的厄运。初版发行后过了将近10年，车尔尼雪夫斯基的表弟贝平决定将《艺术对现实的审美关系》再版。这时，作者已被流放到西伯利亚一个寒冷的偏僻小村，而这部美学著作在遭到查禁以后残存的为数极少，濒于灭绝的边缘。贝平经过多方的努力，于1864年11月4日获得批准，可以将《艺术对现实的审美关系》再版。但是，检查机关仍然强制下令，不准在书上署有车尔尼雪夫斯基的名字。这样，读者看到的这部著作的第二版，封面上只印有“‘艺术对现实的审美关系’。亚·尼·贝平印第二版，圣彼得堡，1865年”等字样，却找不到作者。

尽管如此，这部美学论著的再版，在当时的俄国思想界仍然成为引人注目的大事，甚至还产生了比初版问世时更为广泛和深远的影响。安东诺维奇[①]，皮萨列夫[②]等著名的哲学家、批评家、革命民主主义者，立即为此书的

---

① 马·阿·安东诺维奇（1836—1918），俄国唯物主义哲学家和文学批评家，《现代人》杂志的撰稿者。

② 德·伊·皮萨列夫(1840—1868)，俄国唯物主义哲学家，革命民主主义者。

再版写了长篇评论，向读者推荐这部著作。19世纪俄国杰出的现实主义艺术家列宾[①]、斯塔索夫[②]等人，都成为车尔尼雪夫斯基美学思想的热烈拥护者和宣传者。“《艺术对现实的审美关系》的作者”，成了车尔尼雪夫斯基本人的代称，被尊敬地在俄国进步思想界广泛传诵。1865年第9期《图书通报》在刊登《艺术对现实的审美关系》再版的消息时，向读者明确地介绍说：“这本小册子奠定了现实主义的美学批评的基础，决定了新的时代精神，不管旧的学派中那些老朽的美学家施加什么样的压力，它还是坚定不移地从生活中突破出来，想要摆脱它是不可能的。”[③]另外的一本刊物《图书》在报导这部著作再版的简要说明中，则指出书中关于艺术的目的就是为了说明生活和消灭生活中不合理的东西，是正确的、革命的、唯物主义的原理，应当为所有进步的文学艺术流派所接受。[④]

特别值得一书的是《艺术对现实的审美关系》第三版的出版经过。1883年，经受21个寒冬折磨的车尔尼雪夫斯基，被允许离开流放地移住到俄罗斯。这时，他已年过半百，体弱多病，但却难以忘怀自己青年时代所写的美学论文。他不顾重重压力和困难，仍然决定亲自动手修订再版这本论著，并为它写一篇总结性的序言。1887年11月2日，车尔尼雪夫斯基写信给幼子米·尼·车尔尼雪夫斯基，要他寄送一本再版的《艺术对现实的审美关系》，以便进行修改，并且设法找到愿意出版这部书的发行商。同年12月12日，车尔尼雪夫斯基收到了儿子寄来的书，立即开始了修订的工作。在此期间，他的儿子通过贝平的关系与出版发行人潘德列也夫商妥，答应刊印《艺术对现实的审美关系》第三版。1888年4月20日，车尔尼雪夫斯基将自己修改过的原书和为此书新版写的一篇序言，一并寄给了幼子，要他立即转交给潘德列也

① 伊·叶·列宾（1844—1930），俄国著名画家，巡回展览画派代表人物之一。

② 伊·瓦·斯塔索夫（1824—1906），俄国艺术评论家。

③ 《图书通报》（俄文版）1886年第9期，第183—184页。

④ 《图书》（俄文版）1885年第7期，第178页。

夫发行新版。但是，在这部美学著作问世35年之后，沙皇反动政府仍未撤销对它的禁令。1888年5月，沙皇出版机构正式下达命令，不准潘德列也夫出版发行此书。当潘德列也夫亲自把禁止这部著作刊印第三版的决定转告给车尔尼雪夫斯基时，后者一直默默无言地听着，最后，他才终于按捺不住自己内心的激怒而愤愤地说："我原来所想到的却是，这部著作中的一切都不过是些旧东西，它们不应再引起审查机构的注意；是的，即使是费尔巴哈，现在也应当不是什么新鲜的时髦。"[①]车尔尼雪夫斯基终究在生前未能看到他所珍爱的并亲自修订的美学论文的第三版，次年便遗恨离开了人间。只是在他逝世后过了17年，也就是1906年，由他的幼子编辑出版的车尔尼雪夫斯基全集第10卷，收进了这部经过作者亲自修订的著作，才得以使《艺术对现实的审美关系》第三版以及作者为此写的序言与读者见面。

列宁在写完《唯物主义和经验批判主义》一书后，专门又写了《车尔尼雪夫斯基是从哪一边批判康德主义的》，作为对该书一节的补充。列宁在文中特别注重车尔尼雪夫斯基晚年为《艺术对现实的审美关系》所写的第三版序言。他指出，早在19世纪的50年代，车尔尼雪夫斯基就作为费尔巴哈的信徒出现在俄国的文坛上，可是俄国的书报检查机关甚至连费尔巴哈的名字也不许他提到。1888年，车尔尼雪夫斯基在美学论文的第三版序言中，再次试图直接提出费尔巴哈，可是仍然遭到了禁止。列宁认为，在这篇序言中，车尔尼雪夫斯基用了不少篇幅来批判唯心主义的哲学家以及追随这种哲学家的自然科学家。列宁以车尔尼雪夫斯基的这一著作作为例证，说明俄国在差不多半个世纪中所进行的哲学、政治、思想、文化的尖锐复杂的阶级斗争，高度评价车尔尼雪夫斯基在这场斗争中的历史功绩。同时，列宁又深刻地指出："车尔尼雪夫斯基没有上升到，更确切些说，由于俄国生活的落后，不能够

---

① 《往事回忆》（俄文版）第2卷，1914年版，第190页。

上升到马克思和恩格斯的辩证唯物主义。”[1]应该说，列宁的这些话不仅是对车尔尼雪夫斯基的哲学思想以及他的整个一生的全面评价，而且也是我们研究他的美学思想及其著作的正确指针。

（《文学评论丛刊》第14辑，中国社会科学出版社1982年版）

① 《列宁选集》第2卷，1972年版，第366—368页。

从美学的“改革”到美学的“毁灭”

——评皮萨列夫对车尔尼雪夫斯基美学的论述

19世纪60年代初期，在别林斯基和杜勃罗留波夫已经去世，车尔尼雪夫斯基被沙皇反动当局监禁流放，而赫尔岑又长期流亡国外的那些日子里，俄国文坛上差不多是独树一帜地活跃着一个热情的、有才能的20余岁的青年。他坚定地捍卫和宣传革命民主主义思想，继承着自己先辈和战友的事业，在思想战线上勇敢地猛烈地向反动、腐朽的封建专制主义开火。他的政论、哲学、教育、历史著作以及关于美学和文艺批评的论文，很快就风行一时，为俄国思想界、理论界所重视。许许多多的俄国先进青年，受到这些作品的影响和教育，为这些著作中所宣传的革命思想鼓舞，为作者献身于进步事业的热情而感动。他们集聚在这位被誉称为新的“思想权威”的周围，积极投入到推翻沙皇专制制度的革命斗争。这位才华出众、热情乐观的青年是谁呢？他就是曾经为伟大的革命导师列宁所称道过的德·伊·皮萨列夫。

皮萨列夫（1840—1868）光辉而短暂的一生只经历了28个春秋。在他从大学毕业后投入俄国的思想文化战线，到因一次意外事故而不幸早夭，前后还不到十年。他在短短九年多从事社会活动的时间内，还有几乎五年是被沙皇反动政府关押在彼得堡要塞的一间单人牢房里。1865年，《艺术对现实的审美关系》[①]一书冲破重重阻挠，由作者的亲友再版了。这时，皮萨列夫尽管身陷囹圄，但却以极大的热情写了一篇关于这部美学著作的评论。这就是那篇长期引起争议的《美学的毁灭》。

车尔尼雪夫斯基最初写作关于美学的硕士论文，是打算在美学科学中进行一番“改革”的。在关于《艺术对现实的审美关系》的《作者自评》中，他曾经毫不讳言地宣称，美学应该随着哲学概念的改变而有所“改革”。在《现代美学概念批判》这篇文章的最后，他又强调指出：“美学中的改革是会发生的，一部分已经发生了，可是作者并不以为他所强要叙述的概念就是他的发明。”[②]这里，他固然谦逊地不自认是“改革”美学的创始者，而是暗指别林斯基、赫尔岑等人已经为这一“改革”开辟了通路，但是，无疑地他把自己也划进了这个美学“改革”的行列。他满怀信心地预言，这个“改革”必将获得成效。车尔尼雪夫斯基所说的在美学中进行的所谓“改革”，指的是对当时统治俄国文化界的黑格尔的哲学进行必要的、彻底的批判，用唯物主义的观点来指导美学理论。用他自己的话来说，也就是“应用费尔巴哈的思想来解决美学的基本问题”的一个“尝试”。[③]只不过由于沙皇反动当局的限制，作者始终不能公开地提到费尔巴哈的名字。

然而，按照皮萨列夫的解释，车尔尼雪夫斯基在美学论文中所提出的美学的“改革”，并不是作者的真实目的。他认为，《艺术对现实的审美关系》引导读者所应当得出的最终结论，是要完全消灭美学。作者在论文中之所以没有十分坦白地说出这一点，并且表面上仍然以美学为讨论的内容，只不过

① 车尔尼雪夫斯基关于美学的硕士论文，在我国最初由周扬同志翻译出版时，按英译为《生活与美学》，1979年译者重新校订再版时，书名改为《艺术与现实的审美关系》。本文按俄文直译为《艺术对现实的审美关系》。

② 《车尔尼雪夫斯基论文学》中卷，人民文学出版社1965年版，第46页。

③ 《艺术对现实的审美关系·第三版序言》，《车尔尼雪夫斯基选集》上卷，三联书店1958年版，第135页。

是为了照顾读者的习惯，被迫在开始时“用庸夫俗子的语言去同庸夫俗子交谈”，“用敌人的武器去反对敌人”。[①]等到整个美学被分割成许多小块，这些小块又分别化为粉末，这些最细微的粉末最终被扔撒得无影无踪时，读者才恍然大悟，不知不觉地已经与美学诀别。于是，作者研究美学的诡谲目的也就达到了。这样一来，车尔尼雪夫斯基的美学的“改革”，就像皮萨列夫评论文章的标题所言，竟被理解成美学的“毁灭”了，或者说，皮萨列夫从前驱者的美学“改革”，直接走到了美学的“毁灭”。乍看起来，这似乎只不过是近乎浅薄而又荒唐。但是，仔细追究，却不免会遇到这样一个值得思索的问题，这就是把车尔尼雪夫斯基作为自己的导师和战友，本人又不失为俄国的一位杰出思想家的皮萨列夫，为什么偏偏从车尔尼雪夫斯基那里得出了“毁灭”美学的结论呢？

如果说，这仅仅是由于皮萨列夫对车尔尼雪夫斯基美学著作的误解，或者说，这只是因为皮萨列夫个人的偏激所造成，那是不足以令人完全信服的。固然，把车尔尼雪夫斯基写作美学论文的最初动机，笼统地看成是他主观上要消灭任何美学，这确是一种误解，然而，也要看到这误解的造成，从根源上说还是事出有因。同样地，皮萨列夫的许多立论，特别是他的关于美学的“毁灭”的结论，无可置疑地是失之偏颇，但他对车尔尼雪夫斯基美学的引申，也不能完全简单地看作是无中生有。问题在于，《美学的毁灭》这篇评论不仅比较突出地反映了皮萨列夫思想上的正确方面和缺陷，同时还显著地暴露了车尔尼雪夫斯基美学理论的自相矛盾，尽管皮萨列夫所犯的错误只能由他个人负责，并不由此把责任完全推诿到车尔尼雪夫斯基的身上。因此，要回答皮萨列夫为什么走向了美学的“毁灭”的道路这个问题，除了从他个人思想中的主观主义和片面性的因素去找原因，还不可避免地要追溯到车尔尼雪夫斯基美学观点的根底。他们两人作为革命民主主义者，在思想上也是有某种联系的。

---

① 《美学的毁灭》，《皮萨列夫全集》（俄文版）第8卷，苏联国家文艺出版社1956年版，第418页。

一

《美学的毁灭》是专门论述《艺术对现实的审美关系》的。它的内容侧重于介绍和推荐车尔尼雪夫斯基的美学著作，其中当然包含着皮萨列夫对这篇论文的解说。不管他的解释是否贴切和妥当，但从主观上来讲，他是始终站在车尔尼雪夫斯基的立场上，极力维护和推崇《艺术对现实的审美关系》。这充分地表现出皮萨列夫在唯物主义的哲学观和革命民主主义的社会观点上，坚定地与他的先驱者站在一起。从《美学的毁灭》中不难看出，他是车尔尼雪夫斯基美学理论的一个真诚的信奉者和热情的拥护者。这篇不大的评介文章，之所以在相当一段时期内“引起所有的俄国唯心主义和折衷主义的庸人们的愤怒”[①]，原因恐怕也就在此。应当肯定，皮萨列夫在宣传和捍卫车尔尼雪夫斯基美学思想中的战斗的唯物主义精神上，有着不可磨灭的功绩，同时显示了他的独到之处。

《美学的毁灭》首先指出了《艺术对现实的审美关系》这篇论文在俄国思想战线上破旧立新的历史地位。照皮萨列夫看来，经历了10年厄运而重新再版的这部著作，仍然受到社会的关注和重视，主要是作者在这里一开始就表现出他不愧为新思想、新观点的开拓者和代表。（附带说明：《艺术对现实的审美关系》再版时，车尔尼雪夫斯基已被流放西伯利亚罚受苦役。由于沙皇反动当局的禁止，书的封面上不能署上作者的姓名。皮萨列夫当时也被监禁，他在狱中只得用“《审美关系》的作者”这样的代语来暗指车尔尼雪夫斯基。）怀着对作者的爱戴和崇敬，皮萨列夫说，像车尔尼雪夫斯基这样杰出的活动家，“并不是没有才能去写更永久的著作”；但是，为了“要在人们的头脑里中去开辟一条新的途径”[②]，他就不得不先清除这条道路上的障碍，并向一切旧的观念宣战。这些准备性的、清扫通途的工作，有时就会占去这些杰出

① 普列汉诺夫：《车尔尼雪夫斯基的美学理论》，《文艺理论译丛》1958年第1期，第100页。

② 《美学的毁灭》，《皮萨列夫全集》（俄文版）第8卷，第418页。

活动家的一生。《艺术对现实的审美关系》这部著作，就属于这种开创性的、有重大历史意义的俄国文献。

皮萨列夫敏锐地理解到车尔尼雪夫斯基关于美学的论文，并不是以纯粹的美学问题为内容；它的意义远远超出了对于美学本身的学术讨论。在皮萨列夫看来，作者老早就明白，谈论美学的价值并不在于美学自身，而是要"使那些被研究哲学的、不劳而食的庸人所愚弄的人永远清醒过来"。[①]也就是说，车尔尼雪夫斯基研究美学的真实目的，是要把那些受唯心主义哲学迷误的人们，从泥坑中救出来。美学只是作为哲学的一部分，作为哲学学说的运用，才在车尔尼雪夫斯基那里具有特殊的、不寻常的意义。从这点来说，《艺术对现实的审美关系》所起的作用是不容忽视的。它从美学的研究开始，或者照皮萨列夫的说法，以美学来"笼络"住读者的心，取得他们的信任，借以宣传和贯彻唯物主义的哲学思想，以期最后推翻旧的迷误的有害体系。

的确，作为科学的美学是不可能脱离哲学的，它必须建立在哲学的基础之上，以某种哲学体系为自己的指导思想。美学上的唯物主义和唯心主义两条路线斗争，归根结底要由哲学上的两种对立的观点决定，车尔尼雪夫斯基正是这样来看待美学和哲学的紧密关系。他曾写道："美学观念上的不同，只是整个思想方式的哲学基础不同的结果，——这一部分也说明了斗争的残酷性——只为了一种纯粹的美学见解的分歧，就不可能变得这样残酷，何况，在本质上，敌我双方与其说是关心纯美学的问题，毋宁主要是关心社会发展的问题，在这方面，文学对他们就特别显得重要，他们把文学了解为一种影响我们社会生活发展的强大力量。美学的问题在双方看来，主要不过是一个战场，而斗争的对象却是对智的生活的一般影响。"[②]因此，他多次谈到，在

① 《美学的毁灭》，《皮萨列夫全集》（俄文版）第8卷，第420页。

② 《果戈里时期俄国文学概观》，《车尔尼雪夫斯基选集》上卷，三联书店1958年版，第167页。

《艺术对现实的审美关系》中，美学只是作为哲学的一部分来处理，亦即运用哲学的普遍观点来解决美学的基本问题。

从车尔尼雪夫斯基的论文中，的确不难看出，作者是在自觉地、有意识地贯彻这个原则。不过，这并不意味着在他那里美学本身是无关紧要的；相反地，上面引述的那段话就非常清楚地表明，车尔尼雪夫斯基非常重视美学对社会生活的重要影响。正因为如此，他才下决心在这门具体的科学中，大胆地进行唯物主义的“改革”。像皮萨列夫那样仅仅把美学看作是“笼络”人心的一个手段，自然是一种过于简单化的误解。

车尔尼雪夫斯基在《艺术对现实的审美关系》中，针对黑格尔客观唯心主义的美学，把“尊重现实生活”作为出发点，强调客观现实的作用，坚决反对先验的假设和空洞的想象，这是把唯物主义的基本原理具体地运用于解决美学的根本问题。皮萨列夫特别重视贯穿于这篇美学论文中的这个精神。他指出，以生活的原则代替理念的原则，就把为唯心主义所颠倒了的客观与主观、物质与精神的关系再颠倒过来。这和黑格尔美学中由绝对精神决定一切，美只不过是理念发展过程中的一个阶段正好针锋相对。皮萨列夫表示完全赞同车尔尼雪夫斯基关于现实美是真正的美、彻底的美的意见，反对贬低和否定现实生活中的美。照他看来，只有这样才能正确处理生活美和艺术美的关系，并从这里自然而然地得出只有“在生活之中和为了生活才会产生艺术”①的结论，从而，艺术的来源和本质也就可以得到确切的解说。曾经明确地表示过自己是唯物主义路线的继承者的皮萨列夫，在这里同样旗帜鲜明地肯定了车尔尼雪夫斯基美学学说中的唯物主义的基本精神。

对于“美是生活”这个定义的提出，皮萨列夫给予极大的重视。他认为，从这个定义就表明“《审美关系》的作者”是“善于思索”的人。只有勇敢地从流行的美学体系的束缚中解脱出来，大胆地将传统的、陈旧的关于

① 《皮萨列夫全集》（俄文版）第8卷，第433页。

美的概念“弃置不顾”，才会这样明确地把这个崭新的定义提出来。“按照这个定义，任何没有不同程度残缺的东西便是美的，任何一个完全健康和正常发展的人都是美的。”[①]这样，美就不能说是人的主观的、精神的产物；它从虚无缥缈的天上，降到了立足于客观现实的人间。不仅如此，肯定了“美是生活”，就可以进一步说明：“艺术的目的不在于去创造什么自然中没有的和不可能有的美的奇迹”，[②]从而在理论上给唯美主义和纯艺术论的无稽之谈以沉重的打击。

皮萨列夫和车尔尼雪夫斯基一样，把“美是生活”的唯物主义命题作为现实主义文学艺术的理论基础。照他看来，既然真正的美只存在于活的现实之中，那么，艺术的职责也就是再现现实中存在的东西，它不能凭空创造出什么现实生活中并不存在的对象，更不能以追求纯粹的美作为自己的目的。他坚持车尔尼雪夫斯基在美学论文中作出的结论：艺术的作用是“再现生活”、"说明生活”、“对生活下判断”。对于那些唯美主义的崇拜者和“为艺术而艺术”的拥护者，皮萨列夫发出了轻蔑的嘲笑并给予有力的痛斥。他说，这些人把小小的温室的一角当作伟大的、丰富多彩的世界，似乎在这个世界里一切高级的人类需要都会得到完全的、多方面的满足。他称这种人为“侏儒”，他们或者是不知道世界上宽广的现实生活的重大问题，或者是装聋作哑，视而不见，为的是在自己的私心里可以证明他们的金丝雀般的生活和活动是正当的。皮萨列夫认为，车尔尼雪夫斯基把艺术誉为“生活的教科书”，赋予艺术以这样崇高而美丽的造福于人类的使命，“集中地表现了《艺术对现实的审美关系》的全部思想和整个倾向”[③]。

这样，从车尔尼雪夫斯基的著作中，皮萨列夫得出了坚决与封建专制制

① 《皮萨列夫全集》（俄文版）第8卷，第422页。

② 同上，第423页。

③ 《美学的毁灭》，《皮萨列夫全集》（俄文版）第8卷，第433页。

度做斗争的结论。艺术不能离开现实，脱离生活，它有权对社会中的迫切问题作出判决，促使陈旧的、过时的社会制度的革命改造。照他看来，“美是生活”这个定义包含着对现实生活的不满和暗示人们要为理想的生活而奋斗。美的生活是指健康的、正常的、美好的生活，它与那种病态的、虚假的、不合理的生活势不两立。他认为，在车尔尼雪夫斯基的长篇小说《怎么办？》中，就集中地用艺术形象体现了作者这种进步的美学理想。这部作品向人们指示：光明、幸福、美满的社会定将来到。追求这个美好的未来的实现，为了这个理想社会的早日诞生，成了俄国革命民主主义者们为之终生奋斗的共同事业。

然而，我们也不能不看到，皮萨列夫在宣传和维护车尔尼雪夫斯基的美学思想中的积极方面时，也自觉不自觉地去袒护了它的缺陷，甚至将其中的某些不足和错误，再加以扩大并导致极端，最终得出要彻底“毁灭”美学的偏论，这当然是不足为训的。单从这一点就可看出，和别林斯基、车尔尼雪夫斯基、杜勃罗留波夫等人比较起来，皮萨列夫的思想要远为逊色。当然，他所作的美学的“毁灭”的论断，是从车尔尼雪夫斯基的美学思想中包含的消极方面引申、发挥出来的，有其社会思潮和历史基础上的原因，不能仅仅看作是他个人的错误。况且，就皮萨列夫本人来说，这些过激的言论，大都是在与论敌的激烈辩论中，他的思想和感情的自然流露，以致不免矫枉过正。就在他理直气壮地为此争辩不休之时，主观上他还自以为是在捍卫车尔尼雪夫斯基的正确观点，是为了坚定地、不妥协地保卫革命民主主义路线。因此，车尔尼雪夫斯基谅必不会为此对他有过多的责怪。问题在于，我们当前的美学研究应当从这个历史事实中去吸取经验教训，不要再去重犯前人已有过的、如今应该避免的那些错误。以车尔尼雪夫斯基的美学来说，在充分肯定它的正确方面的同时，也有必要实事求是地对待它的不足和局限；切不能像皮萨列夫那样，不作分析，不加区别，任凭主观片面的理解，夸大车尔尼雪夫斯基美学思想的消极倾向，甚至以谬误为真理。

二

在美学发展史上，正如皮萨列夫所述，车尔尼雪夫斯基首次明确地提出了“美是生活”的命题，肯定了美的客观性，强调美存在于现实生活，这是他在美学“改革”中的突出贡献。然而，“美是生活”作为定义来说还显得过于空泛和笼统。尽管它指出了美的根源在于客观现实，却并未深入地揭示出美的本质，并未透彻地说明美是什么。如果说，“美是生活”这一命题表明车尔尼雪夫斯基在用唯物主义观点解释美的问题上迈出了重要的一步；那么，进一步如何解释“生活”就成为关键之点。只有在正确地、科学地理解“生活”的牢固基础之上，才能使“美是生活”这个一般的命题真正成为正确的、科学的命题。而车尔尼雪夫斯基恰好没有、也不可能做到这一点；人本主义世界观的局限，使他不得不在此停顿徘徊，尽管他个人主观上似乎也曾打算超越这个局限。

《艺术对现实的审美关系》这部著作，诚如车尔尼雪夫斯基自己所说，是应用费尔巴哈的哲学思想来解决美学的基本问题的一个“尝试”。在这篇论文中，总的说来，作为车尔尼雪夫斯基美学思想的基础的哲学观，仍然是费尔巴哈的人本主义。所谓人本主义，就是离开具体的、历史的社会关系而把人主要看作是生物学上的特定“族类”的哲学原则。费尔巴哈第一个用“人本主义”来称呼自己的唯物主义哲学。在《基督教的本质》这篇著名的论著中，他把对宗教的批判和对黑格尔的唯心主义哲学的批判结合了起来，提出了现实的、感性的人与抽象思维的、理念的人相对立。他认为，人是一种有形的、物质的实体，他本身就是自然界的产物，而思维和意识只不过是在这种物质的基础上发展起来的人的一种复杂的、高级的功能。因此，“新哲学将人，连同作为人的基础的自然，当作哲学唯一的，普遍的，最高的对象——

因而也将人本主义连同生理学当作普遍的科学”[①]。

这就是说，在人本主义那里，人的本质便归结为单纯自然的、肉体的东西，而自然界不过是人把它们作为非人的东西而与自己区别开来。人被看作为抽象的、一般的、生物学上的人；从哲学观点来看人和自然的关系，实质上和生理学等自然科学所看到的人与自然的关系是一样的。车尔尼雪夫斯基始终是费尔巴哈哲学的忠实信徒，他的题为《哲学中的人本主义原理》这篇著作，就系统地简述和发挥了这种人本主义的哲学思想。

车尔尼雪夫斯基的美学原则，也是从人本主义的世界观导引而来。在费尔巴哈那里，已经把“生活”提到相当重要的地位，并且基本上是从“生命”的角度来理解生活。不过，费尔巴哈主要还是在伦理学说上把“生活”和“幸福”联系在一起，或者将两者等同。他在回答什么是属于幸福的东西这个问题时就说：“所有一切属于生活的东西都属于幸福，因为生活（自然是无匮乏的生活、健康的和正常的生活）和幸福原来就是一个东西。”[②]车尔尼雪夫斯基则由此再进一步，他把“生活”的原则扩大到美学的领域，明确地提出“美是生活”。

“美是生活”中的“生活”，在车尔尼雪夫斯基的学说中，有时就是“生命”的同义语。他写道：“对人什么最可爱？生活；因为我们的所有欢乐、我们所有的幸福、我们的所有希望都只跟生活相联系；有生之物自然害怕死，厌恶一切死亡的东西，厌恶一切对生命有害的东西。凡是我们可以找到使人想起生活的一切，尤其是我们可以看到生命表现的一切，都使我们感到惊叹，把我们引入一种欢乐的、充满无私享受的精神境界，这种境界我们就叫作审美享受。”[③]把这段话和费尔巴哈上述的那个意思对比一下，不难看出，他们两人所理解的“生活”，含义基本上相同，都是从生理学的基础上来看待

---

① 《未来哲学原理》，《费尔巴哈哲学著作选》上卷，三联书店1959年版，第184页。

② 《幸福论》，《费尔巴哈著作选》，三联书店1959年版，第544页。

③ 《现代美学概念批判》，《车尔尼雪夫斯基论文学》中卷，人民文学出版社1965年版，第23页。

生活，也都认为人的幸福与这种生活有必然的联系。

在俄语中，“生活”与“生命”原本是同一个词。车尔尼雪夫斯基美学中使用的“生活”一词，固然常常有广义和狭义的双重内容，但它更加明显地包含着“生命”这个基本的意思却是无可置疑的。不仅如此，在车尔尼雪夫斯基看来，生命不过是人的有机体中一种非复杂的化学组合的过程。而研究一切生物，包括人在内的这种机体的生命过程的科学就是生理学。因此，美学最终也只能建立于生理学的基础之上。从人本主义基本原则出发提出的“美是生活”的定义，就是依照这样的解释和逻辑的推理，被皮萨列夫理解为最终一定得出“美学消失在生理学和卫生学”[①]的论断。这个显得十分荒唐和滑稽的论断，料想未必会为车尔尼雪夫斯基所预料吧！

列宁曾经指出，人本主义哲学无论在费尔巴哈那里还是在车尔尼雪夫斯基那里，“都只是关于唯物主义的不确切的肤浅的表达”[②]。不难看出，尽管在解决物质和意识这个哲学的基本问题上，人本主义坚持了唯物主义的路线，但它还只是一种直观的、形而上学的唯物主义。从生理学、医学、化学等自然科学的观点来看社会的人，把人作为感性的、现实的人，这个基本的出发点固然是唯物主义的，不过这种说明还只是停留在表面的直观上，只限于一种狭隘的、肤浅的解释，决不能把它看作是真正的科学的论述。它的形而上学的、机械论的性质是这般的显而易见，可以说是不言而喻了。因此，要进一步深入地解决人和自然的关系，说明人类社会生活和美的现象的关系，人本主义便不能不陷入困境，并且往往走向唯心主义的迷津。

“美是生活”指出了美存在于现实生活之中，它是客观的存在；然而，并非任何生活都是美，也并非任何客观存在的事物都是美的事物，生活本身还有美丑之分。因此，对“美是生活”的定义还必须作进一步地补充解说，

---

① 《美学的毁灭》，《皮萨列夫全集》（俄文版）第8卷，第423页。

② 《哲学笔记》，人民出版社1956年版，第57页。

否则，它就有可能只是一个空洞、含糊和模棱两可的表述而已。车尔尼雪夫斯基本人就已经觉察到这个定义过于一般和抽象的弱点，他企图使这个命题进一步明确和具体化。这样，在“美是生活”的定义之后，紧接着他又作了两点补充的说明，这就是：“任何事物，凡是我们在那里面看得见依照我们的理解应当如此的生活，那就是美的；任何东西，凡是显示出生活或使我们想起生活的，那就是美的。”[1]照车尔尼雪夫斯基看来，前者用以说明社会美，后者便于解释自然美；那么，能够在人们的心中唤起美的情感的一切事例，似乎都可以得到圆满的解说。

然而，事与愿违。这样的两个补充命题不仅未能使“美是生活”的内容更加充实和确定，反而偏离了原来定义的唯物主义出发点，甚至与原来的基本命题互相矛盾和对立。

例如，第一个补充命题在车尔尼雪夫斯基那里是作为对生活中美的说明。可是，这个定义并没有正确地解释社会美的本质，没有阐明社会事物之所以美的真正缘由，没有从决定社会事物和现象的社会性上去揭示美的规律。总之，在社会领域内，在涉及人类的社会生活时，车尔尼雪夫斯基往往就自觉或不自觉地脱离了他自己原先坚持的唯物主义路线，转入到它的对立面——唯心主义。在这个命题内，他用人们所“理解”“应当如此”的生活，代替了基本命题中原来所指的客观现实的生活。实际上，就是将理想替换现实，变客观为主观，化美而为美感。这显然与他打算把美学“改革”成建立于唯物主义基础之上的原意相违背。

诚然，在这个补充的定义中，也包含有某些合理的进步的成分。因为，正是在这里，车尔尼雪夫斯基试图从人本主义再跨出一步，用不同的经济地位所决定的不同等级的生活，来说明人们之所以产生不同的美感和审美理想的原因。他把“劳动”的概念和“生活”的概念联系了起来，认为普通农民

---

① 《艺术对现实的审美关系》，《车尔尼雪夫斯基选集》上卷，第6页。

和“上流社会”的人在美的观念和标准上的差别和对立，恰恰是由于前者经常劳动而后者无所事事的生活方式长期形成的结果。他认为，只有像普通的农民那样勤奋劳动而不致精疲力尽的生活，才是正常的、健康的生活，才是人们所理解、喜欢和希望的生活，才是他所说的美的生活。他号召人们为促使这个将不再有贫穷、痛苦和黑暗的美的生活的社会早日到来进行斗争。在这里，车尔尼雪夫斯把空想社会主义的学说融合到他的美学理论中，使美学与反对农奴制的解放斗争紧密地联系在一起，从而具有了强烈的革命民主主义的战斗精神。

但是，正如车尔尼雪夫斯基的社会主义从根本上说还是历史唯心论的乌托邦一样，他的美学理想也只能是脱离现实的唯心主义的幻想。俄国社会生活的落后和沙皇反动当局的残酷迫害，使他不能上升到辩证唯物主义和历史唯物主义的水平。车尔尼雪夫斯基没有理解社会存在和社会意识的辩证关系，没有理解最终决定社会性质和发展的基础和规律到底是什么。他不可能正确地剖析社会的经济结构，也就不可能正确地了解产生不同社会意识的物质基础。在他那里，所谓社会的理想生活是由一批“进步”的知识分子，即具有高度文明和知识的有教养的“新人”来实现的。他们通过宣传和教育来改变人们的观念和习惯，并且逐步地扩大那种示范性的改革，启发人们与旧的社会制度进行斗争。照车尔尼雪夫斯基看来，决定社会历史发展的主要因素便取决于知识和理论的传播。美学中的理想，如同他的社会学说中的理想，由此同样不能不提到首要的地位。正如历史上的一切启蒙主义者一样，车尔尼雪夫斯基在这里也掉进了历史唯心主义的陷坑，从而导致了他对社会美的理解，与原来关于美的基本见解背道而驰。

对于社会事物的美（包括人的美），车尔尼雪夫斯基还不能最终地从它们的社会性上去解释，因而也就不能真正揭示社会美的本质。马克思说：“物质生活的生产方式制约着整个社会生活、政治生活和精神生活的过程。不是人们的意识决定人们的存在，相反，是人们的社会存在决定人们的意识。”[①]如上所述，在车尔尼雪夫斯基那里，美就是生活；而决定生活的恰恰不是社会的生产方式，而是人们的意见、愿望和理想，一句话，也就是人们的意识。因为从人本主义的哲学出发，只能从人性上去理解生活。这样抽象的普遍的人的本性既然是作为社会的人的本质，整个人的生活便为它所制约。皮萨列夫不仅无法看出车尔尼雪夫斯基社会历史观上唯心主义的致命弱点，相反地，他在这个方面的唯心主义暴露得还要突出和明显。试看他在《19世纪的经院哲学》这部著作中曾经说过的一段话：“我们的批评如果不以旷野里的呼声去作关于人民性和国民生活问题的说教，而去更多地注意全人类的问题、个人道德和日常关系问题，也许会做得更好一些。任何人都需要把这些问题弄清楚，各种陈旧的废物却把它们弄得模糊和混乱，不妨把这些废物推到一边去，以便使所有人和每一个人都可以用没有成见的眼光去看神的世界和善良的人。”[②]这段话清楚地表明，皮萨列夫把人性和道德问题放在社会问题之上，并且走向宗教神秘主义之路。所以，尽管他也强调“美是生活”的唯物主义基础，但一转向社会领域就不由自主地以唯心主义作为理论的根源。这和他在自然观上的唯物论和解放运动中的革命民主主义立场显然大相径庭。

人本主义的哲学思想，也妨碍车尔尼雪夫斯基在对待自然美的问题上把唯物主义贯彻到底。从他对“美是生活”的第二个补充命题上来看，并不能说明他与自己批判的黑格尔派的斐希尔完全划清了界限。所谓“任何东西，凡是显示出生活或使我们想起生活的，那就是美的”是什么意思呢？按照车尔尼雪夫斯基自己的回答，就是自然界的一切美的事物，只有作为对人的一种暗示才有美的意义。也就是说，自然界的事物之所以美，并非由它们自身的本质和规律所决定，而是按照它们是否“显示”或“暗示”出人的生活，

---

① 《〈政治经济学批判〉序言》，《马克思恩格斯选集》第2卷，第82页。

② 《皮萨列夫全集》（俄文版）第1卷，第110页。

或者用黑格尔的话来说，是否“预示人格”为转移。例如，美的动物就是人们所喜欢的身体适度丰满和形态端正的动物，如马、猫等等；而人的正常健康生活也表现在身体的丰满和形态的匀称上。又如，美的植物就是指那些色彩新鲜、生长茂盛和形状多样的植物，因为它们显示出力量横溢的蓬勃的生命；而缺少生命力的、枯萎的植物则是不美的。此外，动物的声音和动作，树枝的摇荡和摆动，由于会使人们想起人类生活的声音和动作，因此也有可能成为美的动植物。而没有生命的无机界，在车尔尼雪夫斯基看来，就不可能是美的了；它们只给美丽的画景提供一个适当的环境，主要是只作为衬托生物的画框。太阳和日光之所以美只是因为是自然界一切生命的源泉，同时也因为日光直接有益于人的生命机能，增进他体内器官的活动，从而有益于人的精神状态。总之，自然界事物的美与丑，决定于它们是否符合于人关于正常生活的概念。

在这里，车尔尼雪夫斯基又一次把美和美感、客观现实的美和人对美的事物的感受、认识混淆等同起来。

这样，尽管车尔尼雪夫斯基反复强调美的客观性和现实生活本身之中就存在着美；可是，最后他还是得出了与自己的基本命题相违背的立论：“一方面我把不依存于人类想象力的独立性赋予‘美’和‘伟大’，但另一方面我却把人认为美与伟大的东西对人本身以及对其理解的关系提到第一位。如果我们在一个东西中看到生活，看到恰如我们所认识、所想望的那样的生活，恰如我们所喜闻乐见的那样的生活，这个东西便是美的……”[①]在对美学论文的《作者自评》中，他还强调指出：“美与崇高在现实中的客观存在也要配合人的主观看法。”[②]把作为认识主体的人对客观事物的主观理解，作为判断自然界事物是否美丑的标准，并且还把这种关系放在首位，这很难使人同意还

① 《论崇高与滑稽》，《美学论文选》，人民文学出版社1957年版，第95页。

② 《车尔尼雪夫斯基选集》上卷，三联书店1958年版，第128页。

是在坚持唯物主义的美学观。因为按照这样的看法，自然界事物本身无所谓美与不美，一切都要依赖于人的认识和理解了。如同普列汉诺夫所指出的那样，这只能说明车尔尼雪夫斯基违背了他的不够完善的唯物主义，“并且他自己不知不觉地转到了唯心主义观点”。[①]

三

皮萨列夫并不是完全没有看到车尔尼雪夫斯基美学中暴露出的若干矛盾。相反地，他机警地觉察出车尔尼雪夫斯基在美学论文中关于美的定义的相互矛盾，很可能被人认为是奇谈怪论。为了替他的先驱者辩护，皮萨列夫解释说，这个矛盾是车尔尼雪夫斯基有意为读者布下的圈套。照他的理解，《艺术对现实的审美关系》的作者在一开始写作这篇美学论文时，就已隐藏着要毁灭任何美学的目的。为了批判旧的唯心主义的美学理论，他不得不假装着也去研究美学，其实，这种批判和研究都是为了要把读者从美学这个领域引开，让他们的注意力转移到社会生活实际的领域，使他们关心社会中的迫切问题，成为一个“有思想的”、“有教养的人”。因为美学尽管是一门非常令人尊敬的科学，可是在解决社会问题上，它却完全无能为力。“《审美关系》学说的卓越正是在于它既粉碎了旧的美学理论的束缚，又完全不用什么新的桎梏来代替它们。”[②]这个被皮萨列夫推演出的结论，表面看来似乎是更加强调和突出了车尔尼雪夫斯基美学思想的革命性和革命民主主义的精神，实际上却导致了对他的美学理论的全部否定。

其次，皮萨列夫不仅没有和不可能正确地说明车尔尼雪夫斯基为什么在这里犯了唯心主义的错误，反而从他错误最多的方面又做了更进一步的错误

---

① 《尼·加·车尔尼雪夫斯基》，《普列汉诺夫哲学著作选集》第4卷，三联书店1974年版，第407页。

② 《美学的毁灭》，《皮萨列夫全集》（俄文版）第8卷，第434页。

推断。照他看来，关于“美是生活”的三个命题相互之间所出现的显著的矛盾，似乎并不是车尔尼雪夫斯基在美学观上的重大转变和倒退，反而是为了要毁灭美学所必需的、完全合乎情理的必然前提。在《美学的毁灭》中，他写道：“假如美只是我们所喜爱的东西，并由此得出关于美的极其多种多样的概念都是同样合理的，那么，美学就会化为灰烬了。每一个人都建立他独自的美学。因此，要使种种个人的趣味强制地归于一个统一的共同的美学之中，便是不可能的。《审美关系》的作者虽然没有完全坦白公开地这样宣称，但他引导着自己的读者使其得出的正是这样的结论。”诚然，车尔尼雪夫斯基在开始写他的美学论文的时候，未必早已怀着要消灭美学的目的。《艺术对现实的审美关系》就是以美学的基本问题为主要内容，何况他还打算用通俗的形式写一系列关于美学的文章。只是由于遭到各方面的阻挠而中断罢了。从《现代美学概念批判》中还知道，他已在准备写一篇专门关于自然美的论文。这些事实说明，车尔尼雪夫斯基的原意并非完全如皮萨列夫所说的那样，最初就是要“彻底消灭美学”，使美学“化为灰烬”。

然而，皮萨列夫从车尔尼雪夫斯基美学的基本论述中演绎出最终不可能有任何美学的存在的观点，也并不是毫无根据的臆造，它的主要依据就在车尔尼雪夫斯基美学的自相矛盾，或者说，在于这个新的美学理论的唯心主义的方面。按照上述车尔尼雪夫斯基的意见，自然界各个领域的美“只是因为当作人和人的生活中的美的一致意见暗示，这才在人看来是美的”，“才有美的意义”，才是“美的事物”；而不同的人对于生活的理解又不尽相同甚至对立，那么，美的概念归根到底仅仅以个人趣味为转移了。这从根本上来说是建立于人的主观感受上的美学，必然要丧失其客观的标准和基础，只能走向唯心主义的相对主义，只能是沙漠中的海市蜃楼，怎么还有可能建立真正的科学的美学呢？！难怪皮萨列夫在回答某些人责难他是美学上的虚无主义者的时候，理直气壮地说：毁灭美学的不是他皮萨列夫，他只不过非常详细地论证了车尔尼雪夫斯基在美学论文中已经把美学毁灭掉罢了！[①]

还应该指出的是，车尔尼雪夫斯基对“美是生活”这个定义的补充命题，不仅与他自己企图“改革”旧的唯心主义美学的出发点相背离，甚至还是费尔巴哈人本主义哲学的某种程度的倒退。在承认自然界的客观性上，费尔巴哈是坚持了彻底的唯物主义路线的。他反对把自然界作为人的理性的一部分，而坚持把人的理性看作自然界的一小部分。在《宗教的本质》中，他写道：自然界是唯一的这样一种存在物，对于它“是不应当也不能够使用任何‘人的尺度’的，虽然为了使自然为我们所理解，我们也拿类似的人类现象来比拟和表述自然现象，一般地把一些人类的用语和概念，如秩序、目的、规律等应用到自然上面，而且按照我们的性质来说，也非把它用到自然上去不可，因为我们的语言只是以事物的主观外表为根据的”[②]。

在这里，费尔巴哈把属于自然界的东西同人的主观的认识从根本上严格区分开来。用他的话来说，就是“自然是只应当通过自然本身去了解”，不应当也不能够使用任何“人的尺度”。车尔尼雪夫斯基对于美的补充说明，恰好脱离了这个原则。而在费尔巴哈著作中某些关于美的片断言论，却仍然可以看出在坚持这一唯物主义的观点。例如，在《基督教的本质》这部名著中，对于美他就有过一段精辟的论述：“如果我的灵魂在审美方面低劣不堪，那我怎么能够欣赏一张绝美的绘画呢？即使我并不是一个画家，没有力量由自身产生出美来，但是，既然我能够知觉到自身以外的美，那就说明我还是具有审美的感情和理智。”[③]这段话虽然主要是谈人的审美能力，可是它却清楚地表明，费尔巴哈并不混淆客观存在的美和人的审美“感情和理智”。“自身以外的美”，照他看来，无论是自然界的美的事物还是美的艺术品，都是客观现

① 参看《我们瞧着吧》，《皮萨列夫全集》（俄文版）第8卷，第463页。

② 《费尔巴哈著作选集》下卷，三联书店1962年版，第485页。

③ 同上，第54页。

实的存在，并不依赖于审美的主体的有无，尽管在这两者之间他也看出有着必然的、一定的联系和关系。显然，这和车尔尼雪夫斯基把人作为决定自然事物美丑的尺度，把人对自然的某种理解的关系提到第一位是有所不同的。因此，如果说车尔尼雪夫斯基把自己对唯心主义美学进行的“改革”看作是应用费尔巴哈的思想来解决美学基本问题的一种“尝试”，试图从根本上摧毁黑格尔美学的理论基础这个起点是正确的话，那么，在某些个别的补充论说上，他多少偏离了原来的方向，甚至还有从费尔巴哈唯物主义局部后退的地方，这也是事实俱在的。当然，这些个别论点上的局部倒退，并非与车尔尼雪夫斯基“改革”美学的良好愿望相符，也不能因此就对他所欲建立的唯物主义美学思想全盘否定。从整个思想体系来说，他仍然还是费尔巴哈哲学的坚定不移的追随者。

普列汉诺夫在《车尔尼雪夫斯基的美学理论》一文中，还曾指出皮萨列夫由车尔尼雪夫斯基的美学理论中得出了“毁灭”美学的结论，还有一个原因，就是他们对“美学”这门科学的本身有不同的理解。皮萨列夫“所说的美学这个名词，跟车尔尼雪夫斯基所说的有不同的意思。他认为美学是‘关于美的科学’，而车尔尼雪夫斯基认为——‘是艺术理论，一般的艺术、特别是诗的共同的原则的体系’”。[①]诚然，在皮萨列夫的文章中（包括《美学的毁灭》在内），“美学”这个词的含义与车尔尼雪夫斯基的理解不尽相同。它不仅如普列汉诺夫所指出的是“关于美的科学”，甚至有时就直接指的是唯美主义，或者还泛指统治阶级的腐朽文化。因此，总的说来，在皮萨列夫那里，“美学”这个词是以被否定的意思来使用的。车尔尼雪夫斯基虽然没有笼统地反对美学，也就是说，没有反对作为一般的艺术或诗的理论的美学；可是，从他反对把美作为艺术的唯一内容、反对唯美主义的艺术观、反对以艺术为自身目的的这些观点上来看，却是皮萨列夫的先导。问题仍然在于，皮萨列夫在与

① 《文艺理论译丛》1958年第1期，第105页。

唯心主义和反动思想意识的斗争中，片面地把某些正确的原则发挥成为极端错误的结论了。

单就美学对象问题本身而言，并不能划分唯物主义和唯心主义美学的界限。从历史上来看，无论是把美学作为关于美的科学，还是把它理解为艺术哲学或艺术论，都既有唯物主义的美学家，也有唯心主义的美学家。车尔尼雪夫斯基反对唯心主义美学把追求形式的美作为艺术的唯一目的、批判那种排斥或否定艺术的社会内容的错误倾向，这是完全正确的。但是，他把美的内容和形式割裂开来，认为“美是生活”这种客观的美或本质上的美，应该只是指内容的美。而一般所说的艺术美，似乎就是唯心主义的“观念与形式的一致”，就是应当在原则上摈弃的“纯技巧”、“纯形式”的“纯艺术”，这就未免失之偏颇。把艺术美看作只是脱离内容的纯形式的技巧，是导致车尔尼雪夫斯基贬低艺术的重要原因之一。在这些地方，明显地暴露出车尔尼雪夫斯基思想中的形而上学。

皮萨列夫则更进了一步。在他看来，车尔尼雪夫斯基根本不承认什么真正的美、甚至真正的艺术（除了诗）的存在。所谓严格意义上的美，无论在自然界、社会或艺术中都只是一种外表的形式，它和内容相比较就似乎毫无意义。所谓关于美的科学的美学，照皮萨列夫看来，本来就是唯心主义者的臆造。重要的只是内容，内容就是一切。“把美学作为科学，就如同关于爱情也要有一门科学那样可笑。”[①]每个人都有自己的爱好，都可以随着自己的意愿从外表上去挑选爱人，根本没有必要去研究什么学术著作，去请教什么科学。因此，在皮萨列夫那里，问题不仅仅是否认了“美学是关于美的科学”，而是如他自己所说，反对的是“任何美学”；即使是作为艺术理论的美学，他也并未明确地承认过它的合法存在。从反对唯美派艺术走向否定任何艺术的美，甚至把普希金、莱蒙托夫、彭斯等优秀的诗人也当作唯美诗人的代表；

① 《美学的毁灭》，《皮萨列夫全集》（俄文版）第8卷，第422页。

从反对唯心主义的美学走到否定和“毁灭”整个美学，根本不承认美学作为科学有存在的权利，这就是皮萨列夫从车尔尼雪夫斯基的美学观中发展出的极端错误的论断。

如同任何事物一样，作为客观现实的美，既有它的内容，也有它的形式。无论是自然美、社会美还是艺术美，作为美来说它们都应该是内容和形式的完美统一。自然，在内容和形式这一对矛盾统一体中，内容是决定性的因素，它是事物内在的要素的总和，是事物的本质方面。但是，内容是不能脱离形式的，它必须表现于一定的形式之中。因此，在注重内容的同时，决不能忽视形式，不能把内容与形式割裂和分离开来。而且，在内容与形式这一对矛盾对立的统一中，尽管内容决定着形式，但形式并不是在任何时候都只能是消极的、被动的因素；在一定的条件下，它也可能起着主要的、决定的作用。当形式适合于内容时，它就能对内容起到积极的促进作用；只有在形式和内容不相适应的情况下，它才起着消极的影响。把美只看作是完全脱离形式的某种空洞的内容，如同把它仅仅作为纯粹的形式一样，都是片面的错误的。任何美的事物，既要有美的内容，又要有适应它的充实的内容的形式。也就是说，某种事物之所以成为美的事物，原本是它那鲜明、生动、具体的形式，充分地表现了它突出的内容。形式主义不讲内容，单纯地追求所谓线条、色彩、图案等的美；这种抽象的纯形式的所谓“美”，没有任何内容和毫无意义的“美”，实际上是不可能存在的。但是，另一方面，如果只强调内容的决定作用，完全否定美的形式方面，甚至由此而把形式美、艺术美的研究统统排斥于科学的领域之外，这就又走向了另一个极端。这个极端对于美学和文艺发展所带来的危害，同样是相当严重的，也切切不可视若无睹。车尔尼雪夫斯基、特别是皮萨列夫在这个问题上的主观、片面，再次表露出他们的美学观点存在着显著的缺憾。总之，美学应该研究自然界、社会和艺术中美的本质和规律，其中也包括美的形式的方面，无论是从历史的发展还是从理论上看，把美作为研究对象的美学科学，绝不会随个人的意志而“毁灭”，也不会因抹煞而消失。

19世纪俄国革命民主主义者的美学理论，是一笔丰富和宝贵的文化遗产。车尔尼雪夫斯基作为“唯一真正伟大的俄国著作家”(列宁语)，用唯物主义的哲学观点对美学进行的大胆的“改革”，影响是深远的。皮萨列夫怀着极大的革命热情，维护车尔尼雪夫斯基的学说，历史上起过进步的作用。这是不容抹煞的事实。但是，要科学地、全面地评价他们的美学理论，却是一项非常复杂而又艰巨的工作，不少问题还有待于研究。在这里，决定的是用科学态度，对这些美学思想进行具体的分析和细致的探讨，批判地加以继承和革新，达到“古为今用”、“洋为中用”的目的。在充分肯定车尔尼雪夫斯基美学的历史功绩的同时，还应该看到它的某些不足和缺陷。皮萨列夫的《美学的毁灭》，正好为我们提供了一个鉴戒。它正确地指出了车尔尼雪夫斯基美学理论中积极的一面；同时，又大大地发展了它的消极的方面。如果说，车尔尼雪夫斯基的《艺术对现实的审美关系》在批判黑格尔的唯心主义美学、试图对美学科学进行唯物主义的“改革”上起过重大的进步的作用，那么，皮萨列夫尽管在宣传车尔尼雪夫斯基的美学思想时表现出了他那独特的机智和热情，但是却由此得出的要“毁灭”美学的观点，对美学的发展长期带来的则是非常不利的影响。从这个意义上来说，剖析一下《美学的毁灭》这篇评论，再回过头去揭示车尔尼雪夫斯基美学思想中的某些片面性和错误，就更为清楚和明白。这对于马克思主义美学的研究，也会带来某些好处吧！

1979年11月5日初稿

1980年元旦修改

（《美学论丛》第3辑，中国社会科学出版社1983年版）

苏联美学界关于美的本质问题的争论

关于美的本质以及“美是什么”的问题，是美学中直到现在还众说纷纭、莫衷一是的重要问题之一。苏联美学界关于这个问题的讨论也由来已久。早在20年代中期和30年代，苏联美学界围绕着“是否需要以及如何建立马克思主义美学”的问题，就曾经出现过对美的本质和“什么是美”的不同理解。第二次世界大战后的恢复时期，美学问题的研究如同其他理论问题的研究一样，又重新提到日程上来。50年代初，报刊上便陆续地发表了各种不同观点的美学文章，高等学校也逐渐开设美学课程。1954年，苏联高等教育部出版了第一部《马克思列宁主义美学基础教程大纲》(由夏波瓦洛夫、古赛夫、斯卡契尔西科夫主编)，比较全面地涉及美学的基本问题。到了1956年，苏联国家政治书籍出版社在《马克思恩格斯早期著作选》一书中，初次用俄文全部发表了马克思的早期著作《1844年经济学哲学手稿》，它立即引起了美学问题讨论明显的变化。这一年，同时出版了数部重要的美学著作，如苏联艺术科学院编写的《马克思列宁主义美学概论》(苏联“艺术”出版社出版)，苏联科学院哲学研究所编辑的《马克思列宁主义美学问题》论文集（苏联国家政治书籍出版社出版）以及尼·阿·德米特里耶娃的《审美教育问题》、瓦·瓦·万斯洛夫的《艺术的内容和形式》和阿·伊·布罗夫的《艺术的审美本质》(以上均为苏联“艺术”出版社出版）。这几部著作都比较系统地阐述了各自的美学观点，而且相互表现出明显的、尖锐的意见分歧。特别是布罗夫的那本美学专著，对于过去在苏联广泛流行的许多美学观点猛烈地进行了抨击，又以马克思的早期著作《手稿》

中的某些论点作为自己美学理论的基础，挑起了苏联美学界在差不多所有的美学基本问题上的全面论战。

1957年，苏共中央社会科学院专门召开会议讨论这部论著，最后得出结论说："与会者都认为布罗夫的这本书有不可否认的价值。作者在书中力图创造性地独立地解决作为社会意识形态的艺术、艺术的审美本质、形式和内容、思想性和艺术性等许多有关美学的迫切问题。但有许多人反对书中的基本观念，认为作者对于苏联过去的美学表现了虚无主义的态度；在反对教条、反对仓促的，证据不足的结论和定义时，也犯了同样的毛病。"①接着，万斯洛夫又出版了一部个人美学著作《美的问题》；另一位崭露头角的年轻的美学家勒·恩·斯托洛维奇将自己于1955年就已写出的候补博士论文《艺术审美本质的若干问题》加以整理、补充、修订，撰写出版了《现实中和艺术中的审美》一书。于是，在苏联美学界就形成了互相对峙的几个主要的美学流派。这就是：主张美的本质在于客观对象的自然属性的所谓"自然说"派，提出美的客观性就是它的社会性的"社会说"派；坚持美是主观的又是客观的"综合说"派或主客观"统一说"派。这几派观点互相之间进行了长达10余年之久的激烈的、广泛的论战。直到70年代才逐渐平息下来，但始终未取得一致的意见。

当然，在苏联美学界关于美的本质问题还有许多不同的看法，或者超然于三派观点之外，或者折衷于三种意见之间，但是他们的人数和著作都不多，影响也不很大。另外，在以上所说的三派的内部，观点有时也并非完全一致，甚至相互之间在许多问题上也经常进行尖锐的批评，只不过在总的、主要的看法上是相同的。由于时间和其他条件的限制，下面，我们仅就苏联美学界目前仍然还存在着的以上三个主要的派别，对美的本质问题的代表性

---

① 《苏共中央社会科学院讨论布罗夫的〈艺术的审美本质〉》，苏联《哲学问题》杂志1957年第6期。

的观点，作一些粗略的介绍。

需要说明的是，所谓“美的本质”问题实际上指的也就是“美是什么？”的问题。“本质”这个哲学范畴，是与“现象”相对而言的，它是决定某一事物是这种事物而区别于其他事物的内在的、普遍的特性或关系。美的本质要说明的是什么样的事物才是美的事物，这种事物与不美的事物的区别究竟在哪里？但是，要解决“美是什么？”的问题，却又是和“美在何处”这个问题密切相联系，甚至是不能截然分开的。解决美的本质问题必须明确美在哪里？（美存在于客观的现实中？还是存在于人的主观意识中？抑或存在于主客观的统一中？）

正是根据对“美在哪里？”这个问题的不同回答，才确定美的性质（美是客观的，还是主观的，或者是主客观的统一）。因此，我们这里所说的美的本质的问题，虽然主要指的是“美是什么”的问题，同时却又包括与此紧密相联系的“美在何处？”和“美的性质是什么？”这类问题。苏联美学界三大重要派别的分歧，实际上就是围绕以上这几方面的问题形成和展开的。

一 “自然说”派对美的本质的理解

在苏联，主张“自然说”的一派，以尼·阿·德米特里耶娃、格·尼·波斯彼洛夫和阿·阿·卡兰塔尔等为主要代表。他们认为，美的客观性是现实的对象和现象本身所固有，美具有自然的属性，并不依赖于人和社会而存在。

苏联文艺理论家、文学语言博士、《文学问题》杂志编委尼·阿·德米特里耶娃，早在50年代初就提出了美在于客观对象的自然属性的观点。她在一篇文章中写道：“美不是先验的意识形态。美是客观地存在着的，也就是说，客观世界中存在的某种与我们对于美的理解相符合的东西。”同时，她又说：我们不应该把美拿来应用到某种物理现象上。例如，被我们的听觉器官作为声音接受的空气的震动，或者被视网膜所接受的光的配合等直接的感觉，仅仅是对美的感受的第一步。“美的观念在我们这里是以从认识现实所得到的整个概念为基础的，是社会的人的意识复杂而长期的工作的产物。美是一个概括的概念，这一概念从很多自然现象中选择和抽象出规律性、和谐、匀称、各个组成部分的配置的一般属性。这些属性可能是声音（音调的和谐）和颜色（色调的和谐）所固有的，但它们可以被人的意识在整个复杂的自然力和人的特殊活动中发现。”人了解现象的这些规律性，不是借助于某一种感觉器官，而是依靠人的全部感官和他的整个思想器官的高度组织。

因此，“美的表现是多种多样的——从最普通、最简单的和谐配合（例如在图案中）开始，直到在劳动、思想和人的集体的内部关系的范围内的最高级的、最复杂的现象。那种能使我们把美的概念应用到似乎是不能比较的东西上去的共同的东西，就是对合理性结构的理解。这种合理结构永远是生活和繁荣的保证”。这样，在植物和动物形态的有机界的进化过程中，最富有生命力的也就是结构最合理的东西；也就是说，在这种结构中，所有的机构无论是自己之间或与周围环境之间，都是协调的。德米特里耶娃拿机器发明的过程做例子，由此而指出，它们就是从最初的粗笨状态发展到最适用的完备程度，从而愈益成为精美的机械的。倒如，汽车和飞机的最新式样与从前的式样比较起来，在技术上便改善了许多，因它们的形式也“优美”多了。“共产主义是世界上人类生活的最高级的，最和谐的，最适宜的形式，共产主义思想是人类对美的理解的最高峰。”①

1956年，她在《审美教育问题》和《马克思列宁主义美学概论》两部著作中，又将这一观点大大丰富和系统化，进一步指出：“物质世界的什么样的属性和规律性使人类社会产生了美的概念？现实世界的事物和现象的普遍联系、相互影响和相互适应，是美的概念的产生的客观基础。”她说，希腊语的“宇宙”一词也就是表示“美”，“混乱”则是与此相对立的概念。混乱的、畸形的、无联系的东西，被看成是美的否定，被看成是丑的表现。实际上，

① 《美的美学范畴》，苏联《艺术》杂志1952年第1期。

再没有比支离破碎，破坏合乎规律的、适当的联系等现象更损害人的审美感情了。同时，她又声明："不可以把美的概念只归结为适当的相互影响这个原则及与此相联系的'多样统一'。但这个原则似乎具有美感的初始的'种子仁'的意义，是美感的已经包含在物质规律本身中的客观基础。人按照美的规律进行创造，但美不单纯是人感受、反映现实的方法，——它也是这种反映的客体，因为美、和谐的最初的基本原则，存在于自然本身，不以人的意识为转移。"①因此，按照德米特里耶娃的看法，解决美的本质问题的正确途径是把狄德罗的"关系原则"和车尔尼雪夫斯基的"美是生活"的原理结合在一起，把多样化的统一与和谐作为人的美的观念的客观基础，"当生活达到真正的和谐时也就是达到了美"②。苏联莫斯科大学教授、语文学博士，曾任莫斯科大学文学理论研究室主任的格·尼·波斯彼洛夫，是"自然说"派的另一个主要代表人物。但是，他反对别人把他说成是"自然说"派的拥护者，认为这个名称不符合自己学说的实际；他声明说自己并非是什么"自然论者"，而是唯物主义者。波斯彼洛夫于1945年即以《18至19世纪的俄罗斯文学史》这一著作而获得博士学位；以后，又写过《现代艺术学的理论抉择》、《论文学的倾向》、《争议的问题》、《论艺术的本性》等美学和文艺理论论著。1965年由莫斯科大学出版社出版的《审美和艺术》一书，是作者在过去所写的有关论著的基础上，再加以修订、充实和发展的一部重要的美学专著，可以看作是作者的代表之作。在这部著作中，作者认为，现实生活的审美属性不是由人的意识创造出来的，而是人的意识感受了这些属性。对生活现象的审美感知、认识和评价的能力之所以能够在人类社会中历史地产生和发展起来，完全是由于始终都有同它们相应的对象存在。因此，他建议在研究和建立美学概念体系时，

① 《马克思列宁主义美学概论》，苏联"艺术"出版社1956年版，第206、214页。

② 《论美》，苏联"艺术"出版社1960年版，第23页。

出发点应该是：承认对生活的审美认识的客观方面具有优先性，其主观方面具有派生性；这主观方面不仅受到认识对象的制约，而且还受到认识主体所处的社会这一历史条件的制约。

照他看来，在现实的一切领域里，任何单独的物质存在和任何对象的审美属性，不是它的本质性属性，不是它的本质本身的属性，而是对象在其全部完整性中和全部被直接感知的具体性中的外在表现，而对象的审美属性的特性则是由它的本质特性决定的。例如，美的无生物现象属于物理性本质现象；美的植物和动物，则属于生物性的本质现象；人的美则是社会性的本质现象。所有这些美的现象，其本质都是表露得特别完满或得到最优越的展现的。波斯彼洛夫引用了车尔尼雪夫斯基对黑格尔派美学家关于美的评论："'一件事物如果能够完全表现出该事物的观念来，它就是美的'——翻译成普通话，就是说，'凡是出类拔萃的东西，在同类中无与伦比的东西，就是美的'。一件东西必须出类拔萃，方才称得上美。这是千真万确的。"①

他认为，现代美学思想对车尔尼雪夫斯基在这里所肯定的关于美的定义，是不能弃而不顾的。但是，为了适合它所表示的概念的内容，与之相应的名词不是"出类拔萃性"，而是"优越性"。因此，"当生活中某一具体现象十分清晰、有力而充分地在本身——在整个结构、外形和动作中——体现了自己的本质性的、美的特点之时，这种现象就是'同类中的优越'者。在生活中，各种现象的绝对的优越性当然是没有的，它总是或多或少相对的。这里说的正是类的一般属性在某种可以由人从旁直接感知认识和评价的存在的现象特别清晰、有力、完整的外在表现。这正是某一现象的审美价值。因而，一种现象不论在其他本质性优点方面如何优异，只有当这些优点能够获得相对优越的、完整的外在表现时，才能成为审美的价值"。不过，波斯彼洛夫又

① 车尔尼雪夫斯基：《艺术与现实的审美关系》，人民文学出版社1979年版，第4页。

补充说，在认识现象的客观审美价值中，公认的肯定的审美范畴，即“美”的范畴，只对于生命发展三个阶段中的第一个阶段即无机物阶段才是够用的。对于两个更高级的阶段，——对于有机生命现象，特别是社会生活现象，这个范畴显然是不够用的了。所以，要把无机自然界的美、有机生命的美以及人类社会中的人的美区别开来对待；他们的每一个更高级的形态和表现，都是前者以特有的方式被改造和扬弃。

苏联美学界绝大多数人认为，“自然说”派主张：现实世界中存在着美，美是客观的，审美属性带有客观的性质，并不以人的意识为转移等论点，是应该肯定的。这些观点坚持和继承了唯物主义美学的传统，马克思主义的美学必须建立在这样的哲学理论基础之上。只有站在这样的唯物主义的立场上，才能正确地理解美和美感、现实美和艺术美之间的关系，也才能最终与形形色色的唯心主义划清界限。但是，究竟怎样理解“客观性”呢？它指的是自然界的自然属性还是人类社会的客观存在的社会关系呢？这就开始产生了意见分歧。与此相联系的是，到底是以哲学上的物质第一性和意识第二性的根本原则来解决美的本质问题，还是以社会存在第一性和社会意识第二性的基本前提来解决这一问题，这又是与“自然说”派有不同看法的。因此，接着而来的疑问便是：在人类社会以前是否存在美？至于“美是什么？”的问题，即使“自然说”派的内部，也没有取得完全一致的意见。而所有这些问题又都是或多或少地与对马克思的早期著作《1844年经济学哲学手稿》的评价和理解有关。50年代在苏联崛起的美学的“社会说”派或“新的审美学派”，就是围绕着这些问题与“自然说”派发生论辩和尖锐对立的。

二 “社会说”派对美的本质问题的看法

如上所述，“社会说”派与“自然说”派一样，也是承认美的客观性的。但是，他们认为这种客观性存在于社会性之中；美的客观属性虽然不依人的意志和意识为转移，然而却不能不依人和人类社会为转移。既然如此，在人类社会以前，也就谈不上有什么美的存在。自然美虽然是在人的意识之外存在着，但却是人的实践活动、人的劳动创造出来的，因而也具有社会性。这一派的主要代表人物有瓦·瓦·万斯洛夫、勒·恩·斯托洛维奇、尤·勃·鲍列夫、勒·恩·巴尔特诺夫等。他们都认为马克思的早期未完成的著作《1844年经济学哲学手稿》是马克思主义美学研究的基础和依据，对于建立科学的美学具有最基本的意义。从这部《手稿》中所提出的"人化了的自然"、"异化劳动"等范畴出发，"社会说"派建造了自己的美学学说。由于他们认为艺术所具有的不是意识形态的本质，而是"审美的"本质，艺术的对象是现实的"审美属性"或"素质"，因之又有人称他们为"新审美学派"。

最早比较系统地提出这一理论的代表人物是瓦·瓦·万斯洛夫。他是苏联著名的美学家、教授、文艺学博士、苏联艺术科学院艺术理论和历史研究所所长。早在1955年2月，他在苏联《哲学问题》杂志上发表了《客观上存在着美吗？》一文，首先提出了"社会说"派的纲领性主张。正是在这篇论文中，他明确地指出了美的客观性在于社会性，以及后来所概括的所谓"实践观点的美学理论"。他说，美不是意识或绝对理念的产物，像唯心主义者所说的那样。但美也不只是自然物的自然属性，像直观唯物主义者所说的那样。现实现象的美为其本身所固有。但是只有始终受到社会制约的人的意识，才能感到美和评价美。"在这个意义上，美虽然也是客观上存在的，即存在于人的意识之外的，但美只对于人才存在，因为感受、理解和评价美的能力，是只有人才有的能力，这种能力是在人们的社会历史实践中发生和发展的。因此，在对美的看法中，始终是不仅反映出现实现象的客观属性，而且还表现出人的本质，表现出人的受社会制度制约的需要、意愿、理想。"因此，"美的范畴一方面反映现实现象本身所固有的客观特征，另一方面也包含对生活的审美要求和对生活价值的一定理解。这些要求和理解是某个历史时期的民族、阶级、社会集团的人们所特有的，并且是在他们社会实践的基础上成长起来的”[①]。

稍后，万斯洛夫在自己的美学著作《艺术的内容和形式》以及《美的问题》中，更为系统和详尽地发挥了这个观点，并且进一步明确地提出“人化了的自然”才是审美对象的看法。他在自己的著作中写道：最初，自然界对于人是不美的，更多的是恐惧和与自然力量的完全敌对。只有当自然界成为人的生存活动的条件和处于一定的地位，只有当它成为人所掌握了的世界的环境，才有可能对它做出肯定的审美评价。“（在实践中现实地达到了的）对对象中人的本质的肯定，永远是对对象的审美享受的基础，是（常常被掩盖了的）为它所引起的情感（联想、思想）的底蕴，是美的评价的原因。”在美的对象和它们的感性外壳之中，表现了社会的人对于他的周围世界、他的发展和自由的统治。这就是任何美的现象的审美本质。“人类的感觉按其本性来说是一律的，这就是‘人化了的’（有人的意义的）对象所赋予的感觉。在实践的过程中，客观地在进行着自然界的‘人化’和人的‘对象化’。人的本质的特点和属性在对象世界里打上了自己的‘烙印’之后，便使对象世界成为有审美表现力的对象了。”[②]

万斯洛夫还特别指出这种“人化了的自然”有三类不同的形式：第一类是“经过实践改造、直接改变了的物质对象，它们具有社会的人的烙印”；第二类是“把未经改造过的现象引入社会关系的系列，从而使自然界的素质获得社会的意义，这就是人类本质‘对象化了的’存在”；第三类是“在想象中给现实中的各类现象灌注人类的内容（神人同性说、神话等等），它们是以前两类形式作为自己实现的可能性的”。总之，按照万斯洛夫的看法，“美仅仅属于在实践过程中被‘人化了的’现象，也就是仅仅表现于经过实践改造过的或尚未改造的形态范围。审美属性按其自身的存在来说是自然的，因为它们乃是物

① 万斯洛夫：《客观上存在着美吗？》，《美学与文艺问题文集》，学习杂志社1957年版，第4—5页。

② 《美的问题》，苏联国家政治书籍出版社1957年版，第51、52页。

质的、感性的、依赖于自然界的物质、特性和规律。然而，按其本质来说，审美属性又是社会的，因为它们体现的是人以及由社会形成的人的特点和属性，客观上适应于人的生命活动的某一方面”[1]。例如；白桦树的“人化”在于通过自身自然界的生命形式，表现了人的内容；这是由于白桦树的自然属性客观上类似于人的特点，也是由于人的审美感在实践过程中所发展的结果。

勒·恩·斯托洛维奇是与万斯洛夫的观点基本上一致的“社会说”的另一个主要代表。他是苏联爱沙尼亚加盟共和国塔尔图大学的一位比较年轻的教授，50年代初毕业于列宁格勒大学哲学系，并于60年代中又回到母校获博士学位。1967年，他被晋升为教授，年仅38岁。当1955年万斯洛夫发表《客观上存在着美吗？》一文时，斯托洛维奇正致力于自己的副博士（硕士）论文《艺术的审美本质的若干问题》的写作。他认为，万斯洛夫的论文基本上正确地提出和解决了美的客观性问题；但是，在解决这一问题时，可惜论证得还不够。

因此，必须进一步系统地、充分地阐述美的本质问题。1956年，他在苏联《哲学问题》上发表了《论现实的审美特性》一文，这实质上是他的硕士论文的概要。在这篇文章中，他把关于现实的审美特性的客观性问题，作为美学的根本问题提出；可是，同时又指出，绝不能把事物的审美特性只归结为它们的机械的、物理的和生物学的性质。他同意万斯洛夫关于美的客观性在于社会性的看法，并且强调说：现实的审美特性和审美关系，从来就是社会的东西；审美特性和对现实的审美关系只是在人类社会发展的一定阶段上才产生；在人类出现以前，自然界并不具有审美特性。所谓事物的审美特性，就是具体感性事物由于它们在具体社会关系中所起的作用而引起人对它们的一定思想感情关系的能力；它的客观性在于，这些特性并不依赖于审美感受和意识而形成和存在。

---

① 《美的问题》，苏联国家政治书籍出版社1957年版，第59页。

1959年，斯托洛维奇出版了在自己的论文基础上经过扩充、改写的第一部著作《现实和艺术中的审美》。波斯彼洛夫认为，“社会说”派的基本观点在这本书中得到了最彻底的系统化，无论是就问题的提法还是就研究本身来说，作者都是得风气之先。斯托洛维奇在自己的美学论著中，也大量地引用了马克思的《1844年经济学哲学手稿》，认为这是一部具有马克思主义内容的著作。他在解释马克思的“美的规律”这一论点时，与万斯洛夫一样是从“人化了的自然”出发的。他说：“人类的劳动发掘出自然界的规律，同时也发掘出美的规律。当人把自然界的规律作为手段在现实中肯定了自我时，自然界的规律便成了美的规律。由于人的劳动活动在事物和对象中得到了有规律的具体表现——节奏、匀称、和谐、对称、‘多样’，完美等等——从而便具有了审美的意义。因此，它们的审美特性也不是自然的、而是社会—人类的内容了。”①

斯托洛维奇提出用“审美特性”来代替万斯洛夫的“审美属性”，正如万斯洛夫所说，实际上这两个概念并无本质上的不同。按照斯托洛维奇的看法，事物和现象的自然性质是它们的审美特性的形式，而这些事物和现象在社会历史实践过程中客观地形成的社会意义，则是审美特性的内容。因此，按照他的说法，“审美特性就是自然事物的形式和社会的人的内容的辩证统一。任何现象，只有当它们在社会历史实践的过程中‘充实了’内容，体现出人的社会关系，显现于具体—感性的形式之中时，才开始具有审美的意义”②。斯托洛维奇的这一看法，遭到了不少人的批评，指出他把自然事物和社会关系、形式和内容分离和割裂开来，这既在理论上不符合唯物辩证法的原则，又是在实际上根本说不通的。1961年，作者在《现实和艺术中的审美》一书的捷克文译本序言和《审美关系的客体问题》等文中，承认把审美

① 《现实和艺术中的审美》，苏联国家政治书籍出版社1959年版，第130页。

② 同上，第102页。

属性的自然方面和社会的人的方面分为形式的和内容的两个不同方面的观点是错误的。但是，他仍然坚持自己的基本观点。他说：“实际上，审美属性的内容，例如自然客体的审美属性的内容，就是处于对社会的具体历史关系中的这个自然客体本身。这就是说，内容既包括构成这个自然客体本身，也包括构成它这个客体的社会成分。从另一方面看，社会现象、劳动产品的审美属性的形式——这并不是纯粹自然的形式。”因此，审美客体就其构成来说，“是物体和现象的实物的——物质的方面与它们对社会的客观关系的统一。天然的自然成分与社会的人的成分——这就是审美客体的‘成分’”[①]。

斯托洛维奇在1972年又出版了《审美价值的本性》一书，他在书中再次明确地声明自己仍属于“社会说”一派，重申了以上的主要论点。不过，他又提出要用“审美价值”来代替”审美属性”，认为“审美关系的客体本身具有价值性”；同时，还补充说，在社会历史实践过程中，也包含着个人的实践活动。[②]这种看法，实际上是把苏联“社会说”派另一个著名代表人物、列宁格勒大学哲学系伦理学和美学教研室教授姆·斯·卡冈等人的意见吸收到自己的学说中并加以改造和丰富。不过，他们互相之间又在一系列问题上产生分歧并至今还在展开论辩。

“社会说”派的观点在50年代为万斯洛夫、斯托洛维奇等人提出后，立即就受到尖锐的批评和反对。苏联美学界的某些权威人物甚至从根本上否定了这个学派的观点是马克思主义的观点。例如，苏联莫斯科大学教授、哲学系美学和伦理学教研室主任、《哲学问题》杂志编辑部美学组组长、苏联科学院哲学研究所美学研究室主任姆·费·奥符相尼柯夫，针对“社会说”派就曾表示，要把“异化”、“掌握”这类术语从美学中排除出去，并且一定要对它们进行澄清，“这类术语在分析美学问题时，抹杀了社会的、阶级的观点，

① 《审美关系的客体问题》，苏联《哲学科学》杂志1961年第4期。

② 《审美价值的本性》，苏联国家政治书籍出版社1972年版，第33、43页。

同时，在相当大的程度上使得列宁知识论的基本原理弄得含糊不清”[①]。又如，苏联艺术科学院高尔基世界文学研究所研究员、莫斯科大学哲学系教授伊·维·阿斯塔霍夫曾指责“社会说”派是把事物的本末倒置，它的出发点带有主观主义的性质。当然，他同时也批评了“自然说”论者受到庸俗社会学的影响。1960年，苏联《文学问题》杂志从11月号开始开辟了《美学与生活》专栏，开展了近两年的关于美学问题的讨论，其中发表的不少文章是与“社会说”派商榷的。至于“自然说”派的代表人物，如上面已经提到过的德米特里耶娃、波斯彼洛夫等，更是针锋相对地、全面地、系统地反对“社会说”派的观点。

三 主客观“统一说”派或“综合说”派的意见

与上述两种观点都不相同的关于美的本质的第三种意见，在苏联的代表人物是布罗夫。如上所述，他在1956年出版的《艺术的审美本质》一书，曾经引起苏联美学界的巨大反响。在这部书中，他主张美是主观的又是客观的。他说，美是主观的是因为它不存在于人的感觉之外；美是客观的是因为它的基础仍然在人之外和人的感觉之外，“美以客观的特性为基础，但是这种特性没有主体，便不能实现为美”。他一方面认为“反映在意识中的一定质的规律性，我们称之为美”，另一方面又断言，“人在对自然的审美认识中，并不能揭示自然本身的本质，而是通过它来揭示和表现人的生活的本质”，因此，“在人的任何实际活动中，对象之臻于美的程度，要依人能够在多大程度上从中看到自身、自己的创造能力和自己的人的本质的丰富性而定”[②]。这种美是主观的又是客观的观点，受到了“自然说”派和“社会说”派两方面的批

① 见《关于“审美本性”问题的讨论》，苏联《哲学科学》杂志1962年第1期。

② 《艺术的审美本质》，苏联“艺术”出版社1956年版，第185、222、243页。

评。于是，作者在1975年出版的《美学：问题和争论》这部新著中，对《艺术的审美本质》一书中的若干意见作了自我批评。布罗夫说，《艺术的审美本质》主要有两个实质性的错误。第一，是把所谓“绝对的审美对象”作为唯一的美学对象，而“任何的绝对化在原则上说都是不正确的”。因此，作者认为，他虽然在这部著作中提出了美的主客观的关系问题，可是却对正确地理解审美关系无能为力；因为他提出的绝对对象需要排除审美关系，而审美客体和审美主体正是在审美关系中融合为一体。

第二，布罗夫说，《艺术的审美本质》是从艺术和现实的理论认识的类比上来研究艺术的。作者错误地认为，如果艺术是对现实的认识，那么，它就应当有自己的认识对象，并且要得出任何其他科学都不能赋予的理论性的结论。这种“认识就是科学”的提法本身就是错误的。它使得作者仍然停留在传统的圈子里去研究作为艺术的特殊本质的审美问题，“这还是从认识论的原则出发的形式主义的研究方法”[①]。布罗夫在回顾了将近20年来苏联美学研究的状况后，提出了希望在无可争议的哲学基础上，如人是自然和社会的统一等基础上，“调和”关于美的本质问题上的“自然说”和“社会说”的观点。他不完全同意把一切美的问题都说成是受社会的（历史的、生产的）因素制约，因为这样就完全抹煞了客观的、自然的因素。因此，他认为，把注意力集中于人对现实的审美关系，不应否定审美对象和现象的客观存在，它们才是审美关系的客观基础。他得出结论说：“辩证法在于，‘纯粹的’审美客体在自然界中并不存在。客体——这还不是对象。任何客体表现为对象都只是人在其中寻求和发现的结果。”[②]因此，尽管有不少批评者把布罗夫也放在“社会说”派之内，但是无论是他自己还是“社会说”派的主要代表，都认为这并不符合实际。

① 《美学：问题和争论》，苏联“艺术”出版社1975年版，第8页。

② 同上，第174页。

苏联美学界的观点，对我国美学研究产生过巨大影响。特别是50年代的美学讨论中，许多意见和看法都或多或少受到苏联美学论辩中的启发，有的甚至是直接地援用某种观点。直到现在，这种影响还在某些方面可以明显地看到。从以上对苏联美学界关于美的本质问题的争论的简略介绍中不难看出，在这个问题上目前我国存在的所谓几大派的意见，有不少和他们相似或相同。因此，进一步深入地、细致地研究苏联美学界几十年来围绕美的本质问题讨论的得失、经验教训，对于我国美学的发展想必还是有一定的意义的。

（《美学专题选讲汇编》，中央广播电视大学出版社1983年版）

夸美纽斯教育学中的美育因素

夸美纽斯是捷克的著名教育家。著有《语学入门》、《大教学论》、《母育学校》、《世界图解》和《泛智学校》等教育专论。而《大教学论》是他的代表作，也是近代第一部比较系统的教育学著作，在教育发展史上有很大的影响。

《大教学论·致意读者》开篇便指出："教学论的意思是指教学的艺术"，这是"一种把一切事物教给一切人类的全部艺术，这是一种教得准有把握的艺术"，"并且它又是一种教来使人感到愉快的艺术，这就是说，它不会使得教员感到烦扰，或使学生发生厌恶的心情，它能使得教员与学生全都得到最大的快乐"；此外，"它又是一种教得彻底，不肤浅，不铺张，却能使人获得真实的知识、高尚的行谊和最深刻的虔信的艺术"。把教育作为一种愉快的艺术，并且从科学的意义上提出一整套比较完整的体系，极大地提高了教育学的社会地位，从理论和实践上都充实和丰富了这门"艺术中的艺术"的内容，这是夸美纽斯在世界教育史上做出的前无古人的贡献。难怪后世有人不免夸大地说："倘若各时代的关于教育学的著作全给丢了，只要留得《大教学论》在，后代的人便仍可以把它作为基础，重新建立教育的科学。"的确，夸美纽斯不愧被誉为近代的"教育之父"。

在夸美纽斯的著作中，虽然还没有使用"美育"这一术语，严格地说，甚至也见不到专门从理论上来论述美感教育的性质和作用的篇章。然而，美育在夸美纽斯的整个教育体系中，却占据了重要的地位。夸美纽斯不仅较早地从教育理论的角度把美育思想渗透和融合于作为科学的教育学的每个重要的组成部分，无论是博学（智育）、德行或合适的道德（德育）方面，还是宗教或虔信（宗教教育）方面，都包含着某些美育的内容，并且在一定的程度上与美育相结合，而且在论述具体的教学方式和过程，以及在他个人的教学实践中，更是经常强调美育对人的发展的意义，强调运用美育手段在教育工作中的特殊作用。从哲学观点来看，他的自然适应性的教育理论，明显地受到古代摹仿论的影响，其中有不少是关系到对美学问题的认识。而由他系统地提出的泛智主义教育和直观教学的学说，更是大量地涉及美育的一系列基本问题，如美育的认识论基础、美育的性质和作用、审美教育的内容和方法等等。在夸美纽斯亲自为儿童编写的一些教科书中，还或多或少地可以看出他在教学实践中运用形象教育和艺术教育的可贵的尝试。总之，夸美纽斯的美育思想是相当丰富的。作为资产阶级教育理论的奠基人之一的夸美纽斯不但没有忽视美育，而且还站在教育是“艺术中的艺术”这样的高度来审视和评价美感教育的社会功能，把它列入总的教育体系之中，并且在理论和实践两个方面大大丰富了美育的内容。

一

夸美纽斯的教育体系贯串着“自然适应性”原则。这个原则虽然还没有摆脱宗教神学的影响，但是它对自然的崇尚，把人作为自然的一部分，要求人服从自然的普遍法则，却是与中世纪的神权思想轻视自然、违背自然规律相对立的。按照夸美纽斯的看法，世界是“上帝的创作”，“人是造物中最崇高、最完善，最美好的”。[①]所有的事物按照自己的基础来说，既然都是由上帝创造的，那么彼此便是相同的，只是形式上有所不同。在宇宙万物和人的活动中，存在着普遍的规律和秩序，它维系着世界的结构；人必须遵循自然

① 夸美纽斯：《大教学论》，人民教育出版社1984年版，第3页。

的规律，他也能在自然的领导下获得关于一切事物的知识。“万物，甚至时间本身，都是为人才存在。”[1]人要成为一个理性的动物，他便要能唤出万物的名字，推考世间一切的事物；如果他能知道万物的性质，他就可以取得“理性的动物”的称呼而无愧。同时，人又要具有管束万物与自己的能力，并使自己与万物均归于万有之源的上帝。这就是为什么需要教育的根源。而按照这个遵循自然规律的原则，夸美纽斯便认为，凡是需要知道的事物，都要通过事物本身来教学。应当尽可能地把事物本身或代替它的图像放在面前，让受教育者亲自去看、摸、听、闻。也正是根据这样的原则，夸美纽斯提出了他的泛智主义的教育思想，即主张“把一切知识教给一切人”，让所有的人都知道一切必须熟悉的东西，理解一切事物的原因，懂得一切事物的真正有益的运用。

从基督教的教义出发，同时又受到文艺复兴初期人文主义、人本主义思想深刻影响的自然适应性原则，在夸美纽斯的美学观中也得到不同程度的表现。对于美的本质问题，夸美纽斯似乎并没有找到明确的答案。他把美看作是和善、利益、秩序、生活、感觉等一样的“形式”或“理念”，这是使物体成为它那个样子的某种可能性；但是，他又指出，当还没有找到这种普遍的、纯粹的“形式”或“理念”以前，就应当在各种美的、善的等具体的事物中去寻找它们，这样才能把美的、善的东西与其他事物区分开来，才能发现美和善的本质。与此同时，夸美纽斯又一再强调，和谐便是完美。照他看来，整个世界如同一座大钟，它有许多巧妙地排列着的转轮和零件，使全钟的结构相互紧密地联系在一起，互相配合和带动，这样才能永恒运转，达到和谐。人也是这样，他像一个精巧的工匠所制的一座钟，或者像一件乐器，“人的本身不是别的，只是一种和谐而已”。因此，人人喜爱和谐，贪求和谐。“谁不喜欢一个长得美好的人，一匹精致的马，一张美丽的相片，或者一张

① 夸美纽斯：《大教学论》，人民教育出版社1984年版，第15、22页。

媚人的图画呢。这原因若不是因为部分与颜色的比例令人喜悦又是什么呢？这种眼的快感是很自然的。并且谁不喜欢音乐呢？这又是什么缘故呢？是因为和谐的声音生出了一种悦耳的调和。”[①]人的身体如果破坏了这种和谐，就会产生种种疾病；人的心性丧失了这种和谐，就会沾染各种恶习，干出坏事。教育便是医治心性方面错误的最好方法，它使人的天性中过多或过少的东西变得适宜和中和，达到和谐和美满。由此可见，夸美纽斯的教育思想在这里是与他接受西方传统的和谐的美学观直接相联系的。

夸美纽斯虽然不否认外表的美，但是更重视内在的美，特别是人的智慧的美和道德的美。按照他的看法，美貌和健康、力量、财富、荣誉、幸运等一样，如果上帝给了某人，那也只能是人生的一种附带的好处；倘若有人贪恋它们，过于追求它们，因为它们感到沉溺，以致忽略了更为重要的方面，它们便会成为“多余的浮华”，“有害的障碍”。他举例说，这正如钟表一样，它们是一种精巧的量时的必备工具，主要的好处在于它的各个部分的精密的配合。至于外加的匣子以及雕镂、刻画、镀金之类的附属品，固然可以增进外观，但是对于效用却并不起什么作用。假如有人只要好看的钟，却不想要一座准时的钟，人们一定会由于他不了解钟表的好处而感到可笑。同样地，“富人没有智慧岂不等于吃饱了的猪仔？贫人不懂事岂不等于负重的驴子？美貌无知的人岂不是一只具有羽毛之美的鹦鹉，或一把藏着钝刀的金鞘？”[②]而只有学问并没有德性的人，正像一句箴言所说：“妇女美貌而无见识，如同金环带在猪鼻上。”夸美纽斯由此又得出结论说，如果宝石不镶在铅上而只镶在金子上，这种配合便会使得两者都更美。因此知识不应当和不道德相结合，而只应和德行相结合，这样两者便都可以彼此增加美观。在这里，不难看出，夸美纽斯之所以极为重视智育和德育，也不是不与他的美学

① 夸美纽斯：《大教学论》，人民教育出版社1984年版，第34页。

② 同上，第42页。

思想相关的。

与自然适应的原则相联系，艺术摹仿自然的观点在夸美纽斯的教育理论中也占了相当重要的地位。他在自己的著作中多次强调："艺术是模仿自然的"，"艺术若不模仿自然：它就什么都作不了。"人模仿鱼学会在水中游泳，模仿乌鸦在空中飞翔，按照动物的发声器官发明制造出笛子、哨子以及别的管乐器。建筑、绘画、雕塑、音乐都要模仿自然，步自然的后尘，按照与自然相同的法则进行创作。显然，夸美纽斯的这一思想，是与古代希腊哲学家德谟克利特的"摹仿论"相类似的。德谟克利特曾说："在许多重要的事情上，我们是摹仿禽兽，作禽兽的小学生的。从蜘蛛我们学会了织布和缝补，从燕子学会了造房子，从天鹅和黄莺等歌唱的鸟学会了唱歌。"①夸美纽斯把这种观点应用到系统的教育理论上，认为教学的艺术也应同建筑、绘画、雕塑、音乐等的艺术一样，要从自然中去借鉴确切的秩序，与自然的步骤保持一致，去模仿自然；这样，便会立刻同自然的运行一样地容易，一样地自然。"假如我们看见园丁、画家和建筑家步随自然的后尘得到了好结果，我们就该明白，教育青年的教育家是应该采取同一行径的。"②所以，夸美纽斯往往以自然界现象为依据，来说明和论证教学的要求和方法。

夸美纽斯坚持古代的艺术摹仿论，又结合文艺复兴初期科学技术发展的新成果，企图从新兴资产阶级的人文主义、民主主义的观点，按照自然界和人类社会的共同法则，自觉地、全面地来总结教育实践中的经验，探求教学中的普遍规律，制定出完整的教育学体系，这在近代世界教育史上，无疑地具有开创性的进步的意义。他在论证自己的教育理论中，经常表露出对美和艺术的看法和认识，其中有不少也包含着唯物主义的合理因素。但是，从他的自然适应性理论中不难看出，尽管他在教学论上总结、概括的某些原则，

① 《古希腊罗马哲学》，三联书店1957年版，第112页。

② 夸美纽斯：《大教学论》，人民教出版社1984年版，第91页。

例如应当根据对象适时、适量地进行教学，要循序渐进，要在实践中去学习，要复习和巩固学过的知识等等，的确符合某些教学的规律，甚至直到今天还是可以借鉴和采用的；然而，整个说来，这些教学原理与自然法则的对比，却往往是简单生硬、牵强附会的。他不懂得人固然是自然界的一部分，但人类社会却有自己独特的规律。把人完全等同于自然界，把艺术仅仅看作是对自然现象的直接摹仿，把教育的对象社会的人当作某种纯自然物，正突出地表现出夸美纽斯时代带有普遍性的机械的、形而上学的思维方式和片面狭隘的观点。

二

在夸美纽斯的教育体系中，还系统地论证了直观教学的理论。本来，在夸美纽斯以前，关于直观教学的思想已有不少人曾经提出。文艺复兴时期法国作家拉伯雷，在自己的小说《巨人传》中就描绘过直观教学的优越性。英国早期空想社会主义者莫尔，也肯定过这种直观教育易于为儿童所接受。至于强调形象教育和艺术教育的作用，则早已在古代思想家的著作中屡见不鲜。不过，只是从夸美纽斯开始，才真正从理论上详细地阐释了直观教学的意义，提出这是一种科学的教育方法，并且大大地充实和丰富了运用直观进行教学的内容。正是在论述这个具有特色的教育原理时，夸美纽斯较多地涉及美育问题，正确地指出了美育在整个教育中的地位和作用。

夸美纽斯的世界观受到16—17世纪的新自然哲学和经验主义的强烈影响。直观教学的主张就是以英国唯物主义哲学家培根的感觉论为理论基础而提出的。正如马克思、恩格斯所指出的那样，在培根看来，“感觉是完全可靠的，是一切知识的源泉。科学是实验的科学，科学就在于用理性方法去整理感性材料”。因而，在培根那里，“物质带着诗意的感性光辉对人的全身心发出微笑。但是，用格言形式表述出来的学说本身却反而还充满了神学的不彻底性”[1]。夸美纽斯的直观教学原则突出地表现出这种感觉论的时代特色。在夸美纽斯的著作中，一再强调感觉对于知识的重要性。按照夸美纽斯的看法，所谓“事物”，就是指一定的、真实的、有用的、能够在感官与想象上面印上印象的东西。所以，知识的开端永远是从感官而来的，科学的真实性与准确性也主要有赖于感官的证明；而且，感官还是“记忆的最可信托的仆役”。由这样的前提出发，夸美纽斯便给教师们定下了一条金科玉律：“在可能的范围以内，一切事物都应该尽量地放到感官的跟前。一切看得见的东西都应该放到视官的跟前，一切听得见的东西都应该放到听官的跟前。气味应当放到嗅官的跟前，尝得出的和触得着的东西应当分别放到味官和触官的跟前。假如有一件东西能够同时在几个感官上面留下印象，它便应当和几种感官去接触。”[2]如果事物本身不可能展示在面前，那就可以用制作的范本、模型或图画来替代。

当然，夸美纽斯所说的直观教学的内容，范围是相当广泛的，并不完全就是美感教育。可是，美的事物总是具体的、形象的、可感的，利用美感的特点或与美感的作用相结合的审美教育，自然也不能脱离对具体形象的感知或脱离直观性。所以，美感教育必定是直观教育，也许可以说，是一种高级形态的直观教育。换句话说，在直观教育中，必然包含着美感教育。在夸美纽斯的教育理论中，并没有把美育与其他的直观教育明确地区别开来，也没有看到美育作为直观教育的特殊性和优越性。然而，他在阐释和论证直观教学的必要性和原则性时，却举了大量美感教育和艺术教育的生动实例，并由此广泛地说明了美育的特殊功能和价值。

首先，夸美纽斯从美育的特点中，看到了它对受教育者、特别是青少年的吸引力和感染力。他说：“眼睛看到美丽的图画，耳朵听到美丽的曲调，用

---

① 《马克思恩格斯全集》第2卷，第163页。

② 夸美纽斯：《大教学论》，人民教育出版社1984年版，第156页。

不着督促就会去欣赏的。”[①]例如，儿童最容易接受形象生动的事物而厌恶抽象空洞的说教，他们开始熟识某些世俗的故事和圣经上的内容，往往就是在观看图画中而不知不觉地接受的。又如，夸美纽斯还看到，戏剧家利用对话这种适合青年的心理特点的方式，便宣传了自己的道德观，发表和阐明了自己的见解，因为这种形式适合读者的兴趣、能激起求知的欲望、留下强烈的印象，并带来轻松、愉快的气氛。因此，夸美纽斯提出，最好把教材编写成对话体裁，同时还可以把书本的内容做成提要，配以阐释性的图像或浮雕，这样就更有利于学生们的学习，把他们引导到所应达到的目标。

其次，夸美纽斯认为，直观形象的教育，特别是生动的审美教育，有助于发展想象力并便于记忆。他说，教导应在可能的范围内尽量通过感官去进行，而且最好是几种感官并用。“所教的科目不仅应该用口教，这只能顾到耳朵，同时也应该用图画去阐明，利用眼睛的帮助去发展想象。”[②]为了巩固已经学过的功课，可以把这些内容编成训条和规则，或者绘成图画和表解，挂在教室的墙上，这就能大大帮助一个教师把他的教导印在学生的心里。如果学生边听边记，或者边读边画，那就更能发挥他们的想象力，易于记牢该记的东西。“因为，一切儿童都有一种画画的天生欲望，这种练习就可以使他们感到快乐，他们的想象就可以从这种感官的双重动作得到激发。”[③]

最后，夸美纽斯还着重指出，善于运用直观教育的方式，尤其是利用艺术手段去进行教育，就能培养和提高学生的创造能力。他把旧的经院学校，只知道教学生去做一个模仿者，只是从各个作家中间去搜索引语、文句和见解来“镶补”知识，看作是“可怖的偏差”，如同《伊索寓言》中的乌鸦一样，只用别的鸟儿的羽毛去装饰自己。“因为由不同作家的言论见解汇集而

① 夸美纽斯：《大教学论》，人民教育出版社1984年版，第109、116、150、126页。

② 同上，第116页。

③ 同上，第150页。

成的知识像农夫在休假日支起的树木，虽则也有枝条、花儿、果实、花环和花冠，但是不能生长，甚至不能耐久，因为它的装饰不是从它的根儿生长出来的，只是挂在上面的。这样的树木生不出果实，附在上面的枝条会枯萎，会掉落。”①夸美纽斯要求学生通过艺术的学习和练习，掌握综合与分析的方法，学会依据熟悉的模型和规则来考查和比较不同的艺术家，从而洞悉他们“隐藏艺术的艺术”，以便创作出表现首创性的作品，直到把这种艺术品的创造的能力看成是“第二天性”为止。

夸美纽斯把学校看作“工场”，认为在让学生认识事物时还应要求他们有实际的行动。

他说：“我们希望有一种智慧的学校，而且是全面智慧的学校，即泛智学校，也就是泛智工场。”②在这个“工场”中，“凡是应当做的都当从实践去学习”。他从艺术实践的重要性中受到启示，要求在教育中不要忘记处处把认识和行动结合起来。他说，师傅并不用理论去阻留他们的徒弟，他们从早就叫他们去做实际的工作；比如，他们从雕刻去学雕刻，从画图去学画图，从跳舞去学跳舞。所以，在学校里，也应当让学生从书写去学书写，从谈话去学谈话，从唱歌去学唱歌，从推理去学推理。这样，学校才可以真正是一个营营于工作的工场。在这个教学的工场中，学生们不是“为学校而学习，而是为生活而学习”。夸美纽斯预言，从这样学校出来的青年，便会“都是有活力的，对一切事情都能胜任、精练而又勤奋的人——这样的青年，将来可以毫不担忧地委托他们做任何日常的事务。如果每一个民族都有这样的学校，那么这就成为消除怠惰和因循保守，因而也是消除混乱、贫乏和卑污的万应抗毒剂”③。

---

① 夸美纽斯：《大教学论》，人民教育出版社1984年版，第126页。

② 张焕庭主编：《西方资产阶级教育论著选》，人民教育出版社1979年版，第42页。

③ 同上，第43页。

夸美纽斯在教育学中提出的直观性原则，虽然比起前人更为充实和丰富，但仍然表现出严重的缺陷。他从经验论的哲学思想出发，过于强调了感性经验在认识中的意义，不免忽略了由感性认识上升到理性认识的重大的质的飞跃。他对美育的理解也较多地囿于这种经验的直观范围，看不到美的感受和感动，原是人类的一种特殊的精神活动，它既涉及感觉、知觉和表象，又与想象、思维和感情等许多心理活动不可分。它既不是纯粹的感性认识，当然也区别于一般的理性认识方式。另外，夸美纽斯所说的“实践”，也是局限在相当狭窄的意义上，主要是教学中的感性的听、读、写、画、操作等等。这当然还是极有限的、局部的感性直观，而不是真正能动的、革命的实践。

三

夸美纽斯从人的自然生长的一生中划分出4个时期，即婴儿期、儿童期、少年期和青年期（每个时期大约6年）；按照这4个不同的时期的特点，提出必须建立相应的4种不同的学校。“每个家庭应当有个母育学校，每个村落应当有个国语学校，每个城市应当有个高等学校，每个王国或每省应当有个大学。”[①]这些不同的学校并不是要研究不同的科目，而是要用不同的方法研究同样的科目，即按照学生的年龄及其已有的知识循序渐进地进行教导。他把学校的课程分为三类：第一类是主要课程，包括语言、哲学和神学；第二类被称为次要课程，这是为主要课程服务的辅助性课程，是为更好地掌握主要课程而设计的，历史就是这一类课程，同时还包括各种练习；最后，还有第三类课程，它们十分有助于增进健康和焕发精神，如各种娱乐和游戏其中包括戏剧表演等等。

① 夸美纽斯：《大教学论》，人民教育出版社1984年版，第221页。

这样，在所有的学校的各类课程中，都或多或少地包孕美育的内容。“在母育学校里面，外感官应该得到练习和教导去辨别周围的事物。在国语学校里面，应当利用阅读、书写、图画、唱歌、计数、量长、测重以及记忆各种事物的种种方法去训练体内感官、想象力与记忆力及其相关的器官。在拉丁语学校里，学生应当受到训练，利用辩证法、文法、修辞学以及其他根据因果法则的科学与艺术，去领悟感官收集得来的知识并加以判断。最后，大学里面学科是与意志格外有关系的，这就是四分科，其中神学教我们恢复灵魂的和谐；哲学教我们恢复心理的和谐，医学教我们恢复身体上主要功能的和谐，法学教我们恢复外界事务的和谐。”①

他把这四种学校比作一年的四季：母育学校使人想起温煦的春季，充满着各种各色的花香；国语学校代表夏天，那时眼前到处是成熟的谷穗和果实；拉丁语学校相当于秋季，因为这时野外和园中的果实均已收获，藏进了心灵的仓库；而大学则可比作冬日，那时人们便把收来的果实准备作为各种各色的用途，使人们日后的生活能够得到充分的供养。

按照夸美纽斯的意见，在母育学校里，应当把一个人在人生的旅途中所必须具备的一切知识的种子播植到他的身上。这些知识被归纳为20个项目，从草兽虫鱼、日月星辰，到伦理学的基础和宗教信仰。教育的内容既有要求儿童熟记一些韵文、获得某些关于诗词的基本概念，也有学习歌唱简易的赞美诗，懂得一点音乐的知识。对这种幼年学校的儿童来说，夸美纽斯认为施行教导的主要媒介应当是感官的知觉，其中特别重要的又是视觉。所以，他主张给儿童编写一本能够包括各种学问中的最重要内容的图画教材。这种图文并茂的儿童教科书，既能使他们易于接受，从图画中学习阅读并留下深刻的印象，又能使知识文字转化为形象，让他们在书本的学习中得到愉悦。夸美纽斯于1658年亲自动手编写出版的《世界图解》（又名《宇宙奇观》或《可见的世

① 夸美纽斯：《大教学论》，人民教育出版社1984年版，第221页。

界》），就是这样的一部附有150幅插图的百科全书式的幼儿教科书。近200年来，它在欧洲都一直是广泛流行、极受欢迎的一本模范教材。夸美纽斯还指出，对于三四岁的儿童，当看到他们有画画和写字的倾向，或者激起他们这种倾向的时候，就可以让他们练习画画或写字，让他们随意画点、画线、画弓形或圆形，并让他们知道主要的颜色，为日后学习绘画打下初步的基础。这就意味着，在最早的启蒙教育中，就包含着美感教育因素。

国语学校是一种公立学校，夸美纽斯提倡一切两性的青年都应进入这种学校。在这种学校里，不是像过去那样只是教拉丁文，而是让每种现代的语文都能同样教给学生。夸美纽斯说："我们现在是在寻求使一般人民对于文艺与科学得到了解，并发生兴趣的方法，我们所怀抱的既是这种目的，所以我们不应当说一种我们所不懂得的，而其本身又是人为的语言。"[①]他把这个学校按照年龄划分为6个班，要求每个班都有特备的书籍。这些书的内容包括应当学习的全部文学的、道德的和宗教的教材，区别不在于题材而在于根据不同年龄的特点所提示的方法和内容的深浅。前几册应当选取科目中较显著的、较易知的特点，用概略的方式去讲述，后几册则选择不很显明、比较复杂的细节，指出讨论某门科目的新的方法。但是，它们都一定要写得生动活泼，能取悦和吸引学生，特别要选拟合适的标题。夸美纽斯把整个学校比作是一座花园，说最低一班所用的书籍可以叫作紫罗兰花坛，第二班的是玫瑰花坛，第三班的则称作草地，其余依此类推。

至于拉丁语学校，除了要学习普通所说的"七艺"，还应授予学生更多的百科全书式的知识，其中包括四种语文和物理、地理、历史、伦理和神学等等。这里不能不谈到夸美纽斯对于音乐的注重。前面已经提及，从儿童开始受教育，夸美纽斯就把音乐看作是有益于健康的活动。他认为，当儿童没有别的运动和别的娱乐的时候，音乐能使他们胸怀开朗，摆脱奢望和杂念。两

① 夸美纽斯：《大教学论》，人民教育出版社1984年版，第234页。

岁的儿童便开始喜欢听外界的乐声，这时便应该使他们逐渐养成爱好，习惯于旋律与和谐的声音。三岁的儿童可以多让他们听，唱歌，或在他们面前演奏乐器。四岁儿童之中有的就可以独自歌唱，还可以教他们掌握一些合适的乐器，让他们的耳朵习惯于感知各种不同的声音。到了国语学校，就应教他们唱著名的曲调，其中凡是表现出音乐特长的学生，还需要学习一些高深的音乐理论。毕业于拉丁语学校的学生，照夸美纽斯看来，无论在理论方面还是实践方面，都要达到音乐家的水平。至于在大学里，就更要根据学生的才能去培养，或者让他们以音乐为正业，全部精力都应用在这个科目上，或者仅作为副业，继续进行一般的学习和训练。“凡是天分特别优良的学生，便应该对各科都研究，使世上才能永远能有具百科全书式知识的人。”①

为了使大学能够培养出既有百科全书式知识，又有适于经管事务能力的人才，夸美纽斯要求学校里一定要有精通科学、艺术和语文的有能力的教授，能在一切科目上面把知识灌输给全体学生，同时，还要求有一所藏有选择得当的丰富的图书，可供全体师生利用的图书馆。他认为，在大学里，学生们对于各类作家的作品都要阅读，而且还应当加以摘要。但是他反对学生们去阅读那些“没有价值的书籍”，特别是“淫佚的诗人与戏剧家的作品”。他用前人的话说：“蜜蜂避免枯萎的花儿，内容不洁的书籍不应当打开”；“睡在三叶草上最安全，因为据说没有蛇在下面行走，按照同样的原则，我们也应当限定自己，只读没有毒的书籍”。对于那种有害的诗，有人曾称之为“魔鬼的酒”，夸美纽斯表示完全赞同，“因为它可以使不当心的人陶醉，使他们入睡，一旦睡着以后，它便拿些古怪的想法、危险的诱惑和最卑下的欲望去强加于他们。所以，我们应当防备这种撒旦的迷药”②。夸美纽斯还把旅行也列为教育的内容，不过他同意柏拉图的看法，要待青年人的血气消歇，充分习

① 夸美纽斯：《大教学论》，人民教育出版社1984年版，第244页。

② 同上，第205页。

于世故，能从旅行得到益处以后才可施行。

游戏和戏剧表演等是被夸美纽斯称之为“第三类课程”的，但这并非可有可无。照他看来，正确的、良好的教学方法应当分出工作的时间与休息的时间，划出一定的时限去做纯正的娱乐。这类活动“主要不是在于促进内部的智能的陶冶，而是有助于外部的身体的灵活运动，并且借以来促进头脑的清新的发展”。[①]但他又反对把游戏看作是毫无意义的消遣，认为从正当的游戏中，“可以学到许多日后到了环境需要的时候便有用处的事项”。如让儿童玩耕种、建筑、治病、各种手艺、甚至战争和政治的游戏等等，就能使他们在消遣中从小熟悉各行各业，把他们引导到从事正经的事业上。可是，他同时又提醒说即使是玩正当的、有益的游戏，也不能过度，如果时机不合适或过分偏爱，那就一定要抑制这种欲望。

夸美纽斯把戏剧表演也列为第三类课程中的重要项目，特别是喜剧更受他重视。照他看来，让学生从事一定的戏剧表演活动是有多方面的好处的：首先，戏剧中的生动形象比起任何其他方式都有利于启迪智慧，加深记忆，易于学习；其次，让学生们一个个自己表演各种角色，这本身就是对他们的最好的鼓励；第三，要学生们担任不同的角色，可以加强他们的责任感和对自己的认识；第四，家长们看到自己孩子的表演，就是看到他们的进步和成就，也会由衷地感到高兴；最后，最重要的是，通过戏剧表演就能使儿童从小懂得和熟悉社会的人情世态，在摹仿和学习榜样中观察各种各样的事物、回答不同的问题，锻炼各方面的才智。总之，夸美纽斯认为：“对于严肃的事业来说，戏剧表演是一种最美好的准备；缺少了它，就谈不上具有心灵的充实的文化。”[②]因此，他要求每周的星期四在学校里都安排一次戏剧表演活动，并把它与各类学科结合和穿插在一起。

---

① 张焕庭主编：《西方资产阶级教育论著选》，人民教育出版社1970年版，第51页。

② 《夸美纽斯教育著作选》（俄文版）第2卷，苏联教育出版社1982年版，第71页。

夸美纽斯对于学校的环境美化也极为关心。按照他的设想，学校既然是一个“快意的场所”，那么校内校外便都应当美观、好看和富有吸引力。在室内，房屋应当光亮清洁，墙上应当装饰着图像。这些装饰既有值得崇拜的伟人的照片、地图和历史图表，也有各种优美的图画和艺术作品。在室外，要有一个空旷的地方可以散步，可以游戏，还要有一个附属的花园，让学生们时时进到花园里，在那里观赏树木、花草、植物。这样的学校，本身就堪称是一座美不胜收的大花园。夸美纽斯在自己的教育著作中处处都把教师比喻为辛勤的花丁，期望他们能懂得和掌握这门“艺术中的艺术”，细心地去播种，耕耘，浇灌，培育人类心灵的智慧之花。在这样一所枝叶繁茂、万紫千红的大花园里，任何人自然皆会受到全面的美的教育和熏陶。

（《武汉师范学院学报（哲学社会科学版）》1984年第5期；《美育》，人民教育出版社1989年版）

启蒙的智慧　华夏的反馈

——18世纪法国启蒙主义思想家对中国现代美学的影响

一 伏尔泰的“中国情结”

18世纪法国的启蒙运动，在世界史上产生过广泛而深远的影响，它的一些代表人物，对中国现代美学的建立和发展，起过相当显著的作用。几乎所有的中国著名的美学家，无论属于什么学派，都在不同的程度上，或多或少地受到过他们的思想“启蒙”和熏陶。

作为“18世纪法国启蒙时代的领袖和旗手”，法国启蒙主义早期的著名思想家伏尔泰，不仅写过大量的悲剧、史诗、散文和哲理小说，而且还专门写了《论美》、《想象》、《趣味》、《论史诗》等美学条目和文章。他的美学思想，很早就为中国学者关注。

在《西方著名美学家评传》（安徽教育出版社1991年版）一书中，有一段介绍伏尔泰的评语：

> 伏尔泰的名字前有众多的称号：启蒙思想家、文学家、哲学家、美学家、物理学家，反暴政、偏执和酷虐的斗士等等。他生前便拥有众多的崇拜者以及巨额财富，他也曾几度出入宫廷，得到君王的恩宠。然而，伏尔泰并非徒具虚名，他以他的一切证明了自己是一个健全、伟大的

人，他的时代的肖像。[①]

对于他的美学思想，该书概括为：“他对绝对美和相对美及其关系的论述，对审美趣味的异同的分析，大都是中肯和正确的。尤其是他指出审美鉴赏力的表层直观性以及鉴赏的深层理性判断，明确了美感与理性认知的特征，在美学史上具有重要的意义。作为《百科全书》的一部分，伏尔泰《哲学词典》中的美学思想，在欧洲的启蒙运动中，产生了深远的影响。”[②]这个评价在中国美学界是得到某些人的认同的。

蔡仪认为，伏尔泰在《哲学辞典》中“美”的条目“虽较为简单，却也表现一种鲜明的倾向”。并且还指出：“他也强调美和趣味的相对性，但还认为趣味尚有一定的普遍性和特殊场合的好坏标准。所以他一方面说，每个人都有他自己的趣味，关于趣味是无可争辩的；但是另一方面又说，那只是对于感性方面的趣味判断来说才对，而对可能辨别实在的美的趣味来说却不然，这种趣味判断仍有好坏之分的。”[③]蔡仪对伏尔泰的美学思想，特别是美感论多少是赞同的，可也还隐含着多多少少的质疑和非议因素。

另一位著名美学家朱光潜在自己撰写的《西方美学史》中，对伏尔泰的总的看法是：“在哲学上他相信自然神论，还未摆脱唯心主义。在政治上他提倡开明君主专制，对人民群众持鄙视的态度；在文艺上他基本上还是留恋古典主义传统，不但五体投地地钦佩拉辛，辩护三一律和其它‘规则’，而且在自己的创作实践方面，还是用古典形式写史诗和悲剧，瞧不起反映市民生活的叫做‘流泪的喜剧’的新型剧种。”[④]这种直截了当的评语，看起来批判的成分过多，也貌似苛求，可与当时中国的时代背景和学术气候是相当吻合的。

---

① 阎国忠主编：《西方著名美学家评传》，安徽教育出版社1991年版，第252页。

② 同上，第268页。

③ 蔡仪：《蔡仪文集》第6卷，中国文联出版社2002年版，第18、38页。

④ 朱光潜：《西方美学史》上卷，人民文学出版社1963年版，第240页。

伏尔泰在中国受到学术界的欢迎，还有一个重要的原因，那就是他有一种浓重的“中国情结”。他在《论荣耀》里说，中国是“世界上最古老、最广阔、最美丽、人口最多、管理得最好的国家”。许多人都乐于引用这句话，并表示满意和欣赏。他将孔子“己所不欲，勿施于人”的古训奉为至理，也使学者们津津乐道。他根据元曲《赵氏孤儿》剧本，写出了充满“中国精神”的剧本《中国孤儿》；还将中国《今古奇观》里《庄子休鼓盆成大道》的情节照搬到他的小说《查狄格》里，被赞誉为“无疑是开拓航向的先驱者”，成为中法文学交流中的“纪念碑”。

一位中国学者在《伏尔泰与中国文化》中写道：“是他，以历史学家的开放视野发现了中国古代文明；是他，以哲学家的深刻追寻中华民族的精魂；又是他，以文学家的敏锐开启了中法文学交流的历史航程。伏尔泰，这位集历史学家、哲学家和文学家于一身的西方文化巨子，以他特有的远见卓识，在中法文化关系史册上写下了最为辉煌的一章。”[①]而另一位学者在《伏尔泰曾写〈中国孤儿〉对儒家情有独钟》的文章中则表示：“在全球文明冲突日趋激烈的今天，跨文化对话对化解矛盾显得尤为重要。”这就更表达出伏尔泰为中法文化交流所做出的历史贡献，至今仍然具有强烈的现实意义。

二 狄德罗的“美是关系”说

作为《百科全书》主编的狄德罗，一方面为这部大词典撰写了“美”、“艺术”等条目，另一方面还在《论戏剧诗》、《画论》、《演员奇谈》等重要论著中精辟地阐述了自己的唯物主义美学思想和艺术观点。早在20世纪初，1903年1月，上海《大陆报》第2期上就有“底得娄”的学说介绍。1984年狄德罗逝世200周年之际，中国学者在北京、上海、扬州等地隆重举行了联合国

① 钱林森：《伏尔泰与中国文化》，《社会科学战线》1997年第4期，第45页。

教科文组织定为“狄德罗年”的庆祝活动和学术讨论会。

朱光潜在他的《西方美学史》中写道：“在启蒙运动三大领袖之中，狄德罗是最杰出的。在反对为封建宫廷服务的新古典主义文艺的斗争中，他比伏尔泰较彻底；在摸索文艺的新方向中，他比卢梭有较明确的认识和较具体的措施，他虽反对近代文艺的腐朽，却没有因此就像卢梭那样否定社会文化，要历史开倒车。他坚决地站在唯物主义的立场，坚持文艺的现实基础。从他口里我们第一次听到西方的深入农村生活的呼吁，和同情劳苦大众的呼声。”[①]与对伏尔泰和卢梭的评语相比，朱光潜显然对狄德罗有更多、更高、更肯定的总体评价，这在中国的美学界，具有一定代表性。

1984年由人民文学出版社出版的《狄德罗美学论文选》一书的“译本序”写道：“在18世纪法国的启蒙思想家中，狄德罗占有一席特殊重要的地位。虽然，论当时的社会声望，他不如伏尔泰；论后来对法国大革命的影响，他又不如卢梭；但法国启蒙思潮得以形成声势浩大的思想文化运动，狄德罗却起了重要的组织、推动作用。而且就理论上的建树和思想高度而言，狄德罗也是同时代的思想家中最为杰出的。”[②]这种表述尽管与朱光潜的观点并不完全一致，但仍可看出中国学者对狄德罗的思想和作为特别青睐。

而与朱光潜对立的另一位美学家蔡仪，对法国启蒙主义狄德罗的贡献同样高度重视和赞赏，而且在自己论著中显露特别突出。早在1942年由重庆商务印书馆出版的《新艺术论》中，作者便把狄德罗与费尔巴哈作为唯物论的代表人物而肯定他们对美学发展的贡献。相隔60年后，蔡仪在《新美学·改写本》的一开始就引用了狄德罗的美学论文：

几乎所有的人都同意有美，并且只要哪儿有美，就会有许多人强烈地

① 沈大力：《伏尔泰曾写〈中国孤儿〉对儒家情有独钟》，《人民日报》2013年4月15日。

② 《狄德罗美学论文选》，人民文学出版社1984年版，第1页。

感觉到它，而知道什么是美的人竟如此之少，这是怎么回事呢？为了使这些困难得到解决，假如可能解决的话，我们将以阐明些关于美写得较好的著者的不同意见开始，然后对这一主题提出我们的意见。

蔡仪接着以高度肯定的语气赞颂说："法国大哲学家狄德罗的这两句话，说得是多么好呀！前一句，非常恰当地说明了美的问题的复杂性；后一句，非常正确地指出了美学研究的道路。"在"美论史的回顾"、"美感论史的回顾"和"艺术论史的回顾"三个部分，蔡仪都重点论述了狄德罗的美学理论。他尤其注重狄德罗的"美在关系"的定义，特别指出："这个定义，我以为充分表现了狄德罗的美论是唯物主义的。而他在文章的论述中所以得出这个定义，还表现了他用唯物主义观点观察美学史的部分成果作了一次小结。"[①]这就是说，蔡仪不仅肯定"美在关系"定义的正确性，而且还强调它对美学研究的方法论的指导意义。

王朝闻主编的《美学概论》是中国高等院校的第一部美学教科书，是前后有20余人参加讨论、撰写的一部集体著作。在这本书中，对狄德罗的"美在关系"的定义，作出了这样的解读：狄德罗"肯定美是客观的，存在于现实事物的关系中，并且开始意识到了这种关系不仅包含自然形式的关系，而且包含具有社会内容的种种关系，这就从亚里士多德以来（认为美在自然形式关系中的观点）向前跨进了一大步，表现出企图从社会生活的关系中来把握美的本质的趋向"。显然，这是以蔡仪严厉批判过的美学上的所谓"社会学派"的观点来解读"美在关系"的。不过，他们却以不同的角度，同样高度赞扬了狄德罗的美学思想。

按照朱光潜的说法，狄德罗的"美是关系"的定义，"'关系'可能有三种不同的意义。一个是同一事物的各组成部分之间的关系，例如他所提到的

---

① 蔡仪：《蔡仪文集》第6卷，中国文联出版社2002年版，第18—19页。

比例，对称，秩序，安排之类形式因素。其次是这一事物与其他事物之间的关系，如他所说提到的这朵花与其他植物乃至全体自然界的关系。第三还有对象与人（即客体与主体）之间的关系。狄德罗所说的‘关系到我的美’，理应在于这第三种关系，即理应与对象的社会性密切相关，但是正是在这一点上他的观念非常模糊。”朱光潜在这里特别强调的是“客体与主体”之间的关系，因为他在美的本质的理解上，恰恰是“主客观统一”说的代表。狄德罗的“美是关系”的学说，之所以造成各派一致的推崇、却又有不同的理解和解说，原因恐怕比较复杂。按照某些人的看法，这是因为“作家赋予这个词的含义极为丰富，而且很有发挥的余地”。“首先，‘关系’表示事物内在的和外在的多方面联系，这就打破了观察事物时孤立的、静止的观点。另一方面，‘关系’表明一切对美的判断都是受一定条件（包括历史条件、社会条件和个人的主观条件）限制的，因此不同代、不同地域、不同的人，甚至同一个人在自己的不同阶段、不同境遇下，对美都会作出不同的判断。这样，‘关系’说就为研究美的历史内容和社会内容打开了大门。”①当然，这种说法也不一定为所有的美学派别所认同，想必仍然还会继续研究、探讨和争辩的。

三 卢梭的“真情告白”

作为启蒙思想家、哲学家、美学家、文学家、教育学家的卢梭，在人文学科的许多领域，引起中国学者长时期的热烈关注。19世纪末20世纪初，卢梭的思想便传播到中国。1895年，著名学者严复写了《论世变之亟》、《原强》、《救亡决论》和《辟韩》等政论文，对卢梭的思想进行了比较系统的介绍。接着，康有为翻译了《民约论》（即《社会契约论》）。在1901年11月至12月的《清议报》上，梁启超分三期发表了介绍卢梭的论文《卢梭学案》。1902年7

① 朱光潜：《西方美学史》，人民文学出版社1963年版，第267页。

月，他又在《新民丛报》上刊登了《民约论巨子卢梭之学说》。1923年，魏肇基根据英文节译本翻译了卢梭的《爱弥儿》，由商务印书馆出版；1994年，这部著作又按法文原版全文重译并由原印书馆出版。在卢梭诞辰300周年之际，《卢梭全集》中文版的翻译出版，更引发关于卢梭美学思想新一轮的讨论和研究。

《西方著名美学家评传》认为："卢梭是世界历史上发生过重要作用的伟大的思想家。他的思想是他那个时代精神的集中表现。卢梭为人类带来了新思想、新观念，他的反封建、反宗教的革命精神具有强大的感召力。卢梭作为激进的民主派的思想代表在启蒙运动中，从不向现存政权作任何妥协。卢梭思想的革命性超过了同时代的法国百科全书派的思想家们。"又说："卢梭的美学思想是他整个思想宝库中的一笔财富，对于它的开掘是一个有益的工作。由于卢梭的美学思想除了《论科学与艺术》这本著作外，系统性不强，散见于他的哲学、政治学、教育学等著作中。只要潜心钻研，我们是能够较为全面地了解卢梭的美学思想的。"①

在朱光潜的《西方美学史》中，对卢梭的评价有褒有贬，作者说："作为一个小资产阶级的代表（他是一位日内瓦钟表匠的儿子），他充满着狂热，幻想和摇摆性；作为一个经过穷苦生活的流浪人，他对当时腐朽的社会怀有深刻的仇恨。他因为厌恶近代社会，幻想自然生活的美满，就连文化和艺术也厌恶起来。尽管他是一个音乐家和作曲家，他对文艺的态度是否定的。"②这里所指的对文艺的否定，是对卢梭美学思想产生分歧的主要原因之一。与伏尔泰和狄德罗相比较，对卢梭思想的历史地位和作用（包括美学思想）的分歧，在中国显得更为持久和明显。

著名学者周辅成对卢梭《论科学与艺术的复兴是否有助于敦风化俗》的

---

① 阎国忠主编：《西方著名美学家评传》，安徽教育出版社1991年版，第230页。

② 朱光潜：《西方美学史》，人民文学出版社1963年版，第259页。

解读，更多地趋向于为作者申辩和正面肯定。他声称："卢梭是借用很多历史上由富而奢而灭亡的事例，企图证明18世纪法国贵族们、富人们所过的生活，是整个法国社会罪恶的最后根源。这是直接攻击到那些官方思想家所倚持的封建制度本身。所以与其说卢梭在攻击科学艺术，毋宁说是在攻击封建贵族们的穷奢极欲、倚势欺人的生活。卢梭心中的道德，也决不是封建学者们所想的道德，而是企图'来一场革命'以期打破被奴役状态和等级制的虚伪礼节，恢复人类固有的自由、平等与纯朴。人并不是生来有罪，而是天性善良的。"①这与朱光潜等人对卢梭"因噎废食"的责难和否定，有明显的不同。

钱林森在《法国作家与中国文化》一文中，则更进一步与他对中国文化的批判态度相联系，指出："跟伏尔泰的儒家文化赞美论不同，孟德斯鸠和卢梭对儒家文化采取了一种有保留的批评态度。孟德斯鸠在他的著名的《法律精神》里虽然也赞美了中国的重农政策、勤俭政策，但更多地指摘了以儒家文化为主干的中国文明的种种弊端，诸如风俗之弊、奢侈之弊、专制之弊等等；卢梭也不否认中国文明，但却得出了'文明亡国论'，他在《论科学与艺术》中明确地这么说：'在亚洲就有一个广阔无垠的国家，在那里文艺是为人尊崇摆在国家尊荣的第一位。如果科学可以敦风化俗，如果它们能教导人们为祖国流血，如果它们能鼓舞人们长勇气；那么中国人民就应该是聪明的、自由的而且是不可征服的。'"②他还认为，造成伏尔泰与卢梭之间对儒家文化的认识与接受的差异，不只是因为他们所取的视角不同，还与他们各自的文化心理和精神定向有关。

而另一位学者高宣扬从更广阔的视野着重分析了卢梭的"真情告白"："卢

① 周辅成：《代序：论卢梭的社会政治哲学》，《卢梭的社会政治哲学》，中国社会科学出版社1981年版，第3页。

② 钱林森：《法国作家与中国文化》，《文艺研究》1989年第1期。

梭对其同时代思想文化的痛切批判和反思，是把他自己对于察觉得到的生命感悟的无限信任，同对于情感和想象的肯定以及对于生命的内在信念结合在一起，使他的哲学论著不轻易引出简单的结论，也不只是满足于精确的语言表达形式，而是充分发挥语言文字的多样性、游戏性和灵活性，精益求精地试图通过语言文字的内在创造力及其多变的风格，抒发他对世间各种事务的态度，而且还寄托复杂的情感和想象的潜在力量，使他的作品永远具有再创造的活力。这就要求一切研究者不能局限于卢梭著作的文本分析，而且还要细腻体验语言内外所可能运载的延伸意义。”①

如何看待卢梭的思想遗产（包括美学和文艺思想），几百年来都存在着严重的分歧和对立，它不仅仅局限于在中国学术界、美学界。但是卢梭的“真情告白”的魅力，却是需要全世界的人们不断地、细致地、深层地剖析和体验的。无论时代如何变化，卢梭和其他启蒙运动的代表人物一样，不会被历史遗忘和抹煞。

18世纪法国启蒙主义思想家的智慧，为优秀古老文明熏陶的华夏儿女不断吸收和反馈，成为中国现代思想界和美学中的一大亮点。中法两国人民之间编织的“跨文化对话”，将会永远延续和发展；在新的21世纪中法建交50周年之际，回顾、重温和梳理18世纪法国启蒙主义思想对中国现代美学的影响，意味就更加深长和值得珍惜。

（2014年4月1日在法国巴黎太湖文化论坛上的发言；《美与时代》2014年第8期）

① 高宣扬：《西方现代性的悖论与危机：纪念卢梭诞辰300周年》，《人民论坛·学术前沿》2012年6月上。

附　录

涂途小传

涂途，本名涂武生，男，汉族。1934年5月12日生于湖北省广济县（今武穴市）大法寺镇杨门村港边坑。抗日战争爆发后，随同父母在鄂西恩施、宣恩、来凤等地读小学。日寇投降后，回武汉入湖北省第二小学，毕业后转湖北省初级中学，于中华人民共和国成立不久即毕业。自1950年2月起，因父亲涂国华调浠水县人民政府税务局会计股任副股长，全家定居湖北省浠水县城关镇。随即考入湖北省浠水县高中（今湖北省浠水县第一中学）学习。在校期间，于1951年在《湖北文艺》第3卷第2期发表了处女作《我们是年青的一代》等新诗；同时，作为《新青年报》、《读者通讯》和《湖北日报》等报纸杂志通讯员，在一些报刊上还发表过诗歌、通讯、报道、短文等多篇，开始步入毕生从事美学和文艺理论研究事业之途。1952年“五四”青年节，加入中国新民主主义青年团（即中国共产主义青年团前身）。1952年7月从浠水县高中毕业，以当年报考第一名的成绩，被东北人民大学（即今长春吉林大学前身）中文系录取。一年后，又被保送到北京俄文专修学校留苏预备班学习俄语。1954年9月，进入苏联莫斯科大学哲学系，攻读美学专业。在国外学习的5年中，担任了由我国驻苏联大使馆领导的留学生报纸《学习与生活》的编辑。1957年7月1日，在苏联莫斯科大学加入中国共产党。同年7—8月，作为中国代表团成员和《中国青年报》特约记者，出席了在莫斯科举办的第六届世界青年联欢节，并在《中国青年报》上发表了《联欢节花絮》、《高尔基公园之夜》、《一百张邮票》等多篇通讯、报道和消息。随后，又为该报撰写了毛泽东、周恩来等党和国家领导人访问莫斯科的文章《记住领袖的教导》、《周总理和留苏学生一起过春节》等等。

1959年7月，以优秀成绩在莫斯科大学通过毕业论文答辩，被授予哲学硕士学位（1998年2月11日补发证书）。随即回国被分配到中国科学院（后为中国社会科学院）文学研究所（所长为著名诗人、文艺理论家何其芳），从事美学和文艺理论研究工作，历任助理研究员、副研究员及美学组组长等职。在我国老一辈著名美学家蔡仪的领导下，于1961年参加了由他主编的高等学校文科教材《文学概论》初期的编写、讨论。1967年3月—9月，任北京市革命委员会常委兼《北京日报》军代表助理，负责恢复北京市革命委员会机关报《北京日报》的编辑工作。后下放到河南罗山、息县、明港等地“五七干校”，直到1975年回到北京。“文化大革命”后，先后参加了由蔡仪主编的《美学原理提纲》和《美学原理》两部著作的撰写；后一本著作是全国哲学社会科学“六五”规划重点科研项目，被国家教育委员会定为全国高等院校教材。同时，还兼任《美学论丛》、《美学评林》、《美学讲坛》、《世界艺术与美学》、《技术美学》、《美学通讯》等刊物编委。20世纪80年代，个人出版的专著有《西方美学史概观》（1984年漓江出版社出版）、《现代科技之花——技术美学》（1986年辽宁人民出版社出版）、《西方美育史话》（1988年红旗出版社出版）等。这些著作在当时都具有一定的开创性的意义，受到了学术界的好评，至今仍为众多论著引用和推崇。1988年加入中国作家协会，成为该会正式会员。

1990年7月起，任文艺理论刊物《文艺理论与批评》主编。9月至10月，先后赴保加利亚、罗马尼亚和苏联三国考察交流。回国后，陆续在报刊上发表了《索非亚的森林公园》（《光明日报》1991年3月2日）、《“黑海明珠”瓦尔纳》（《中国文化报》1991年3月10日）、《阿塔纳索夫的〈比较美学〉》（《文艺研究》1991年第2期）、《列宁静卧在红场》（《中流》1991第5期）、《老城·旧街·古剧场——普罗符迪夫印象》（《中国文化报》1991年8月14日）、《古堡今昔》（《散文百家》1994年第3期）等一系列文章。次年9月，被中华人民共和国文化部正式任命为中国艺术研究院马克思主义文艺理论研究所所长，兼任学位评定委员会委员。1993年被文化部聘为研究员，同年被国务院授予有突出贡献的专家称号，每月享受国务院发放的政府特殊津贴。同时，被中共北京市委研究室、首都社会经济发展研究所聘为特约研究员。

1990年3月，由世界知识出版社出版《信息论控制论系统论与美学》一书；《中国文化报》于1991年3月24日发表题为《正确评价西方文化思想的可贵探索》书评，认为此书不仅填补了我国美学领域的一个知识空白，而且还在如何正确引导和评价西方当代人文科学思潮方面进行了探索，给人以丰富的启迪。1992年和1993年，在毛泽东诞辰100周年前夕，先后与人合著《坚持与发展——毛泽东文艺思想在当代》和《毛泽东与中国文艺》两部著作，由北京出版社和河南人民出版社分别出版。1994年8月，上海交通大学出版社出版了主编的《新编文艺原理》。1995年8月，《欧洲美育思想简史》一书由暨南大学出版社出版。1998年9月，中共中央党校出版社以"迎接学习邓小平理论新高潮特别推荐"的方式，隆重推出了其主编的《邓小平文艺理论读本》，第一版发行量即11000册。1999年春节期间，赴新西兰探亲。

跨入新的21世纪，在年过66岁高龄后，于2000年6月办理退休手续。2002年10月，由辽宁美术出版社出版了与人共同撰写的《时代的旗帜——中国共产党与中国先进文化》一书，它被中共中央宣传部新闻出版总署列为迎接党的十六大重点图书。2003年5月，作为顾问和作者之一，文化艺术出版社出版了《春润人心——邓小平文艺理论科学体系》。同年6月，主编的《中国解放区文学研究论集》，也由中国文史出版社出版。2005年5月，与老伴到欧洲观光；回国后陆续撰写《转悠欧洲十国》游记，共28篇，十余万字。"年逾古稀十国游，走马观花看欧洲；半月行程千万里，不愧胜读十年书！"2006年4月，在化学工业出版社出版的《可行性研究辞典》中，担任副主编，并撰写《导论》篇中300余个辞条。除以上出版的10余种个人著作，还在《人民日报》、《光明日报》、《人民政协报》、《文艺报》、《中国文化报》、《中国教育报》、《中国科技报》、《新闻出版报》以及《红旗》、《求是》、《文学评论》、《文艺研究》、《音乐研究》、《人民音乐》、《高校理论战线》、《中流》、《前线》、《作品与争鸣》、《美与时代》等全国众多报刊发表各类（包括翻译）文章近500篇，总计约400万字。

如今已年过古稀，仍力所能及、尽力而为，坚持笔耕不辍。目前担任的社会职务有：中国解放区文学研究会顾问、北京科学技术美学协会顾问、中国社会主义文艺学会副会长、中国延安文艺学会副会长、中国大众文艺研究会常务理事、中华美学学会理事、全国毛泽东文艺思想研究会理事、中国毛泽东诗词研究会理事、欧美同学会莫斯科大学校友会理事等。还被国际传记中心聘为常务理事。《世界名人大辞典》、《世界文化名人录》、《世界华人社会大辞典》以及《中华名人大典》、《中国当代文化名人大辞典》、《中国作家大辞典》、《中国当代美学名人志》、《中华名流世家》等均收入传略。

七秩之际，偶有所感，以《自乐》为题，聊表心态："古稀老土乱弹琴，不甘落伍充网民；键盘弹奏手笨拙，知音巧遇心翻腾。换笔写作添雅趣，儿孙对话永年青；人生难得逢盛世，毕恭毕敬谢人民！"

（《中华当代文化名人大辞典》，中国广播电视出版社1992年版；《中国当代美学名人志》，光明日报出版社1997年版；《中国作家3000言》，新华出版社1998年版；百度百科、互动百科、世界名人网、中国作家网）

后　记

收录在这本自选集中的20余篇文章，是从我迄今为止已发表在全国各类报刊（包括丛刊）中的600余篇文字中选出的（已出版的10余部拙著，不在选录范围内），它们大致上记录和概括了作者从事学术研究的开始起步、逐年成长、基本定型以及涉猎的主要领域。这些论稿最早的撰写于20世纪70年代末，而最晚的则是新世纪的近几年才问世的，跨度达30余年。它们有的已成为过眼云烟和历史沉积，同我目前的认识和看法并不完全相符，或许还有多多少少的错误、缺憾、不足，但总的思想倾向和观点，并未发生根本性的变化；为尊重历史本来面目，除个别明显不当的文字语句，或编辑当时因种种原因有过的删改外，一律按发表时原稿未动。为便于阅读，粗略地将这些文章分为四辑：《经典解读》、《美学新葩》、《文化探寻》和《它山之石》；由于书稿字数的限制和照顾各辑的大体平衡，每辑各选5篇，按内容组合为序，发表时间和刊物文末均注明。附录中的文字，作为背景材料，供读者参考。

第一辑《经典解读》，是作者对马克思、恩格斯、列宁、斯大林、毛泽东等马克思列宁主义、毛泽东思想经典作家的读书笔记和学习心得，它们在当时引起过一定反响。例如，《费尔巴哈对马克思早期思想的影响》这篇长文，介入了对马克思《1844年经济学哲学手稿》的讨论，提出了一些个人的看法；最初在《美学论丛》刊出后，经有关同志推荐，又于2001年出版的《马列文论研究》第12集重新发表；到了2007年它又被收录入《中国社会科学院马克思主义研究论丛》。《斯大林论社会主义文艺》一文，也先后被收录入《马克思主义文艺思想论集》和《中国新文艺大系（1976—1982）理论一集》。

第二辑《美学新葩》是一组关于美学新兴学科的评介，它们涵盖了技术美学、信息论美学、控制论美学、系统论美学和生态美学等不同的前沿领域，最初提出时曾一度成为我国学界的热门话题和热点。这些学科的共同特点，都是社会科学、人文科学与技术科学、自然科学以及电子技术的联姻、交叉和结合。在新的21世纪，无论从理论上还是实践上对我国的社会主义现代化建设都有极其重要的推动作用。

第三辑《文化探寻》的5篇论文，代表了作者多年来对文化问题的思考和探讨。其中的两篇关于“人口文化”的文章，是从相关的一系列论文中选录的；这个问题无论从理论层面上看还是就现实意义来说，都值得进一步深入研究，但目前的现有成果甚少，作者仅仅只不过是抛砖引玉。《全球化格局下文化的碰撞和交融》一文，原是提交给2008年“太湖世界文化论坛”第一届年会的发言；这次会议的主题为“加强文明对话与合作，促进世界和谐与发展”，我的意见只不过是来自世界各地约500名代表中微弱的一孔之见、一家之言。

第四辑的《它山之石》中的几篇小文，选自迄今尚未出版的《涂途文集》中的第7卷《苏俄美学和文艺研究》和第8卷《西方美学和文艺研究》中已发表的文字。它们是作者长期对外国美学和文学艺术研讨的点滴成果，包含了并不完全成熟的某些个人的体会和看法。关于车尔尼雪夫斯基和皮萨列夫的两篇文章，无论在史料上还是基本观点上，都提出了许多与众不同的独特的意见。最后的一篇《启蒙的智慧　华夏的反馈》，则是2014年中法建交50周年之际，在“太湖世界文化论坛巴黎会议”上的大会发言稿；因为面对的主要是法国听众，所以重点是介绍我国美学界受到法国启蒙主义美学家的影响。从美学研究的视野比较系统地梳理中法两国文化交流史，在以往的文献中目前尚未见到。

“桑榆暮景”、“敝帚自珍”，感谢我们的“忘年交”王星，这次又是他协助扫描其中的一些篇章，并打印申报书稿清样。更要感谢中国艺术研究院学术文库编辑委员会，能将这部微不足道的小书，忝列于洋洋大观的“学术文库”之中；当然，还要感谢出版社有关人员，不辞辛苦地为此书的出版付出的大量艰辛的劳动！

2015年5月12日雨过天晴春暖花开之际“81叟”于京北朝阳居。